이 책은 김기호 요한 선생의 후손들이
간행비의 일부를 지원하여
발간하였습니다.

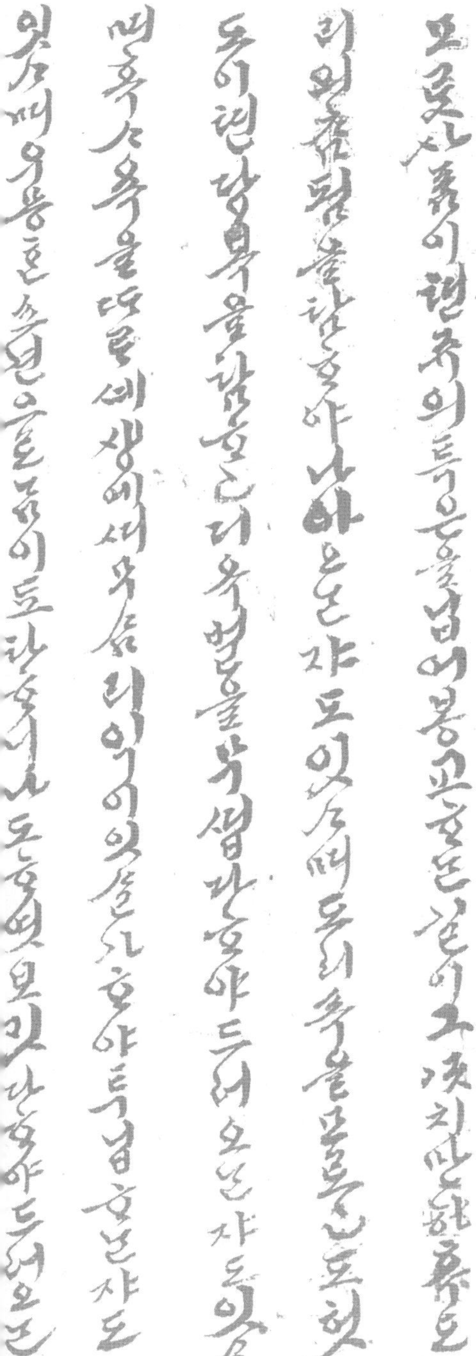

춘천교구 교회사연구소
연구총서 I

봉교자술

奉教自述

금경숙·조 광 역주

흐름

차례

II. 봉교ᄌᆞ술 한글사본 입력본

봉교ᄌᆞ술 샹편

봉교ᄌᆞ술 하편

III. 奉教自述 漢文寫本 入力本

奉教自述 下篇

IV. 봉교ᄌᆞ술 한글사본 영인본

봉교ᄌᆞ술 하편

V. 奉敎自述 漢文寫本 影印本

간행사

평신도 신앙인들을 통해 활동하신 하느님의 섭리에 대한 이해의 지평이 교회 안에 넓게 펼쳐지기를 기대하며…

최근 보편 교회는 물론 지역 교회에서도 가장 뜨거운 화두는 단연 '시노달리타스synodalitas'입니다. 교회의 생활 방식이자 활동 방식인 '시노달리타스'에 대해 이야기할 때 항상 강조되는 부분 중 하나는 하느님 백성 모든 구성원(평신도·수도자·성직자)이 공통의 사명을 수행하는 데 저마다 고유한 몫을 해야 한다는 것입니다. '시노달리타스'라는 말이 널리 사용된 기간은 짧지만, 그 정신을 살기 위한 노력은 2천 년 교회 역사 안에서 꾸준히 이어졌습니다. 물론 한국 교회 내에서도 부족하나마 그러한 노력의 흔적을 곳곳에서 발견할 수 있습니다. 그중 선교사의 수가 부족했을 때 그들과 함께 교회를 이끌었던 평신도 지도자인 '회장'의 활동은 대표적인 사례입니다.

주문모周文謨(1752~1801) 신부에 의해 처음으로 제도화된 회장직은 박해시대와 개항기에 특히 빛을 발했습니다. 이 시기에 회장은 공소의 운영과 관리는 물론이고, 신자들의 신앙생활 지도와 예비 신자·어린이들의 신앙교육, 선교사와 교우들 간의 중개 역할 등을 수행했습니다. 선교사는 전국에 널리 퍼져 있는 공소들을 방문하여 성사를 거행하고, 회장들은 신앙공동체를 직접 돌보며 성직자와 평신도가 (하느님 나라를 향해) '함께 가는 공동체'의 모습을 보여주었습니다.

이번에 춘천교구 교회사연구소에서는 김기호金起浩(요한) 회장이 저술한 책 세 권을 간행하게 되었습니다. 한국 신학적 맥락에서 볼 때, 김기호 회장은 복자 정약종丁若鍾(아우구스티노)의 전통을 살린 인물로 개항기 대표적 평신도 신학자로서의 면모를 보여주었습니다. 그의 저서는 신심·교리서(『구령요의』)와 교리문답서(『소원신종』), 그리고 본인의 신앙과 전교활동에 대한 자전적 기록(『봉교자술』)으로 그 성격이 각기 다릅니다. 그만큼 다양한 형식의 저술을 접하게 될 독자들은 김기호 회장의 해박한 신학적 지식과 깊은 신심을 엿볼 수 있을 것입니다. 또 개항기라는 시대적 배경 안에서 평신도 지도자로서의 사명을 충실히 수행한 김기호 회장을 통해, 당시 한국 교회 안에서 묵묵히 자신의 임무를 수행했던 회장들의 활동과 생각을 생생한 목소리로 확인할 수 있는 계기가 될 수 있으리라 생각합니다.

한국 교회사 연구 안에서 평신도에 관한 관심은 꾸준히 이어져 왔습니다. 하지만 개항기에 활동한 인물이나 평신도의 저술이 직접 소개된 경우는 드물었습니다. 이번에 간행되는 김기호 회장의 저술들이 개항기 한국 교회사를 더 깊이 이해하고, 그 시기 평신도의 신앙과 활동을 파악하는 데 도움이 되기를 바랍니다. 그리하여 평신도 신앙인들을 통해 활동하신 하느님의 섭리에 대한 이해의 지평이 교회 안에 넓게 펼쳐지기를 기대합니다.

마지막으로, 늘 연구소에 깊은 관심과 지지를 보내주시며 책이 간행될 수 있도록 물심양면으로 큰 도움을 주신 춘천교구장 김주영 시몬 주교님께 감사드립니다. 또 이 책이 간행되기까지 수고를 아끼지 않으신 조광 선생님과 금경숙 선생님, 권영파 선생님의 노고에 깊이 감사드립니다. 춘천교구 제7대 교구장을 지내셨고, 김기호 요한 회장님의 고손高孫(5대손)으로서 일찍이 김기호 회장 연구의 초석을 놓으신 바 있는 김운회 루카 주교님께서 큰 도움을 주셨습니다. 주교님과 주교님의 가족 여러분께 특별한 감사를 드립니다.

2023년 11월

춘천교구 교회사연구소 소장 신정호 모세 신부

개항기 평신도 신학자 김기호 전집이 출간되기까지
수고하신 분들에게 큰 축하와 감사의 인사를 드립니다

제2차 바티칸공의회에서는 평신도 사도직에 대해 "그리스도와 함께 하느님께 의탁하며 재물의 종살이에서 벗어나 영원한 보화를 추구하는 사람은, 하느님 나라를 넓히며 그리스도 정신으로 현세 질서를 바로 세우고 완성하기 위하여 아낌없이 자신은 온전히 바친다"(「평신도 교령」 4항)라고 하였습니다.

그런데 바티칸공의회가 시작되기 전에 태어나 하느님의 복음을 전하며, 평신도 사도직의 모습이 조명되기 전에 이미 삶으로 그 모범을 보인 인물이 우리 한국 교회에 있었습니다. 바로 김기호金起浩(요한) 회장입니다.

김기호 회장은 과거를 준비하는 과정에서 중병을 앓게 되었고, 이를 계기로 불교와 도교에 관심을 가지고 마음의 욕심을 없애는 방법을 공부하던 중에 천주교 신앙을 책으로 접하였습니다. 이후 세상일에 관심을 두지 않고 한역 교리서인 『성세추요』 등을 읽고 감동을 받아 입교하였습니다.

세례를 받은 후 베르뇌 주교에 의해 전교회장으로 임명된 김기호

회장은 1876년부터 본격적으로 교회 활동을 시작하며 평신도 사도직의 모범을 보여주었습니다. 외국인 선교 사제들의 조력자가 되어 그들에게 조선의 글과 문화를 가르치고, 천주에 대한 믿음과 굳센 의지로 여러 교리서를 양어깨에 메고 선교 여정을 다녀 김 외어깨[一肩]라는 별명도 있었고, 신자공동체의 지도자 역할 및 신부와 신자와의 중간 역할을 담당하였습니다. 김기호 회장은 복사服事로서 전례를 도우며 평신도의 선교 사명에도 순응하였습니다.

아브라함처럼 정든 고향을 떠나, 바오로 사도와 같이 혹독한 박해 속에서도 복음을 전파하기 위해 밤낮을 가리지 않고 강원도와 여러 지역을 다니며 전교 활동을 한 김기호는 19세기 대표적인 전교회장이었습니다.

김기호는 전교회장인 동시에 자신이 읽은 중국의 교리서를 바탕으로 학식 있는 사람들은 물론 일반 대중도 쉽게 접할 수 있도록 『봉교자술』, 『구령요의』, 『소원신종』을 저술하였습니다.

『봉교자술』은 한문 서학서를 통해 얻은 종교 지식과 자신의 신앙생활, 교회를 위한 헌신, 믿음의 일생을 자서전적으로 기술한 것으로 후손과 교우들을 위한 신앙생활의 지침이며, 『구령요의』와 『소원신종』은 천주교의 기본적인 교리를 서술하면서도 영혼의 존재에 대한 인식이 부족한 하느님 백성을 위해 동양 고전을 활용하여 천주의 존재에 대한 이해를 돕고자 저술한 교리서 내지는 신심서라고 할 수 있습니다.

김기호 요한 회장은 돈독한 성체 신심을 가지고 있었고, 실천하는 신앙인이자 기도하는 구도자였으며, 세상에 복음을 전하고 하느님 사랑으로 물들이는 한국 천주교회의 평신도 사도직의 선구자였습니다.

신념과 지식, 신앙 체험이 합쳐진 그의 저술들은 우리 신앙의 공동 자산이며 박해를 이긴 믿음의 기록으로, 개항기 교회사적 지적知的 공백을 메울 수 있는 교회사적 의미도 지니고 있습니다.

김기호 회장의 저술이 세속화로 치닫고 있는 현대를 살아가는 우리의 신앙을 돌아볼 수 있는 계기가 되기를 바라며, 이 책이 나올 수 있도록 애써주신 모든 분에게 감사의 마음을 전하며 축복합니다.

2023년 11월

춘천주교 김주영 시몬

김기호 회장의 삶과 영성에 관한 교회사적 의미를 밝히고, 개항기 천주교 신학 사상을 이해하는 데 작은 발판이 될 수 있기를 바랍니다

김기호는 황해도 수안遂安 지방의 양반 가문 출신이다. 그가 말년에 저술한 『봉교자술』은 천주교에 입교한 과정과 교회 안에서 50년 가까이 활동하고 겪었던 내용을 술회한 책이다. 처음에는 한문 필사본으로 남겼을 것이다. 한문본 맨 끝에 1901년이라는 연도를 밝히고 있는 것으로 『봉교자술』의 저술 연도를 알 수 있다. 한글 필사본도 있다. 한글 필사본에는 날짜 기록을 남기지 않았다. 어려서부터 과거시험 준비를 위한 교육을 받았기 때문에 한문본을 먼저 남기는 것이 자연스러운 것일 수도 있다. 한편 김기호가 『소원신종』과 『구령요의』를 순한글로 지었음을 감안하면, 자신의 자서전마저도 한글로 먼저 작성했을 그 혁명적 가능성을 배제하기 어렵다. 따라서 그 일대기의 한문사본과 한글사본 가운데 그 선후관계를 쉽게 단정하기에는 어려움이 있다.

김기호는 『봉교자술』을 상편과 하편으로 나누어 구성하였다. 상편에는 천주교에 관해서 알게 된 과정과 베르뇌 장張敬一(1814~1866) 주교로부터 세례와 견진성사를 받고 고향으로 내려가서 가족과 일가 친척에게 전교하다가 배척당하여 가족을 이끌고 황해도 서흥瑞興에 머물게 된 사연을 적고 있다. 그가 서흥을 중심으로 활동하면서 가장 먼저 한 일은 사람들에게 교리를 가르치고 이들 5,60명을 이끌고 한양에 와서 베르뇌 장張 주교에게 세례를 받게 한 일이었다. 김기호는 이들의 모임을 만들고 베르뇌 주교에게 모임의 이름을 지어주시기를 청하였다. 베르뇌 장 주교는 '명도회明道會'라는 이름을 지어 주었다. 김기호는 자신이 명도회장이라는 것에 늘 자부심을 가졌다. 이때 서흥에 머물면서 만난 사람이 우세영禹世英(알렉시오, 1845~1866)이다. 김기호는 우세영에게 천주교에 관해서 알려주었으며, 우세영은 이를 계기로 한양에 올라와서 나중에 세례를 받았다.

베르뇌 장張 주교는 김기호에게 황해도와 평안도 지역의 전교를 맡겼다. 평양平壤 논재 출신인 정태정鄭泰鼎(베드로, ?~1866)이 그의 동생을 서흥으로 보내 김기호를 초청하였기에, 김기호는 이들의 안내를 받으며 평양을 중심으로 평안도 지방에서 전교활동을 하였다. 이 가운데는 나중에 병인박해 때 순교한 유정률劉正律(베드로, 1845~1866)도 있었다. 김기호가 관서 지방에서 활동한 내용은 병인박해 당시 순교자들을 통해서 전해진다. 우세영·정태정·유정률은 모두 병인박해 때 순교하였다. 베르뇌 장경일 주교 재임 시 김기호의 전교활동으로 평양을 중심으로 한 관서 지방과 황해도 지역에서는 많은 사람이 천주교에 입교하였다.

김기호는 병인박해 당시 베르뇌 장 주교가 순교하고 위에서 언급한 우세영 유정률, 정태정이 순교하며 그 자신도 쫓기는 처지가 되었다. 병인박해 이후 약 10년간 은거하면서 경기도 삭녕의 박 오위장에게 초빙되어 훈장으로 지냈다. 이렇게 은거하던 중 1876년 조선에 입국한 블랑 백白圭三(1844~1890) 주교가 김기호에게 사람들을 보내어 서울로 불렀다. 블랑 백白 주교는 김기호를 만난 며칠 뒤부터 그와 함께 강원도 지역과 경기도의 공소를 방문하였다. 김기호는 1876년부터 블랑 백 주교가 선종한 1890년까지 약 14년간 블랑 백 주교를 가까이에서 도왔다. 이때 김기호는 이미 50대 나이로 교리서 2권을 저술하였다. 맨 처음 저술한 책은 『소원신종溯源愼終』이다.

이후 로베르 김 신부와 함께 강원도 양구 궁골弓洞공소를 방문하였다가 서울에서 긴급한 기별이 와서 몇 개월 머무르는 동안 교리서 『구령요의救靈要義』를 저술하였다. 한편 1890년에 블랑 백 주교가 생전에 김기호와 8도 전교회장에게 교리를 강의할 준비를 하도록 하였는데, 블랑 백 주교가 급작스럽게 선종하여 중단될 뻔한 일이 있었다. 블랑 백 주교 장사葬事 후 두세 정丁加彌(1853~1917) 신부의 지시로 8도 전교회장들을 한 곳에서 숙식하게 한 후 약 50일 동안 교리를 강의하였다. 이때 교재를 만들었다고 하는데 전해지지 않는다.

김기호가 천주교에 입문하게 되면서 초창기에 많은 서적을 읽었다고 술회하였다. 그러나 그는 근본적으로 천주교의 본질에 관하여 알고 싶어했다. 그리고 베르뇌 장경일張敬一 주교에게 성경책을 빌려서 읽은 후, 본격적으로 교리 공부를 한 후에 영세하였다. 그에게 가장 본질적인 것은 성경을 제대로 읽고 아는 일이었다. 블랑 백 주교는 신자들이 성경에 좀 더 쉽게 접근할 수 있도록 성경을 번역해야 함을 절감하고 있었다. 그리고 그 일을 김기호에게 맡겼다. 김기호는 블랑 백白 주교를 돕고 수행하는 일을 하면서 틈틈이 성경을 번역하였다.

또 김기호는 조선에 새로 입국하는 파리 외방 전교회 신부들에게 우리말을 가르쳤다. 블랑 백白 신부가 조선에 온 1년 뒤인 1877년에 리델 이李 신부가 다시 황해도를 통해서 조선에 비밀리에 입국할 때 김기호도 리델 이 신부를 영접하였다. 그는 배천白川에 거처를 마련하고 그곳에 남아서 새로 입국한 로베르 김金 신부, 두세 정丁 신부에게 우리말을 가르쳤다. 그는 블랑 백 주교를 수행하여 주교 서품식을 하는 일본의 나가사키에 가서도 조선 입국을 위해 대기하고 있던 조세 조趙 신부에게도 우리말을 가르쳤으며, 블랑 주교 선종 후 성경을 번역하기 위해 양로원에 잠시 머물 때도 새로 입국한 신부에게 우리말과 우리글을 가르쳤다.

그는 주교 서품식에 참석하는 블랑 백 주교를 수행하는 여행에서 당시로서는 드문 해외여행을 하였다. 나가사키에 도착해서는 서품식이 끝난 후에 그곳 성당을 방문하였으며, 귀국하는 길에 상해에 들른 일행은 남경대교구의 주교를 방문하고 그곳의 성당을 방문하기도 하였다. 그는 여정과 여행 중에 만난 사람들에 관해서도 기록으로 남겨 놓았는데, 이는 짧은 여행기로서도 의미가 있다. 상해의 삼덕당三德堂에 올라서는 조선에서 순교한 베르뇌 장 주교의 초상화를 보고 감회에 젖어 「삼덕당기三德堂記」라는 기문記文을 남긴 바 있었다.

김기호 요한이 블랑 백 주교에게서 받은 임무를 마지막으로 수행한 것이 성경 번역이었다. 그가 번역한 성경은 아마도 『성경직해』였을 것으로 추정된다. 『성경직해』는 주일과 축일에 봉독되는 성경의 본문을 먼저 제시하고, 이 본문에 대한 해설과 묵상을 수록한 책으로, 4복음서 원문 가운데 30% 정도의 분량을 게재 수록하고 있었다. 블랑 백白 주교 선종 후 김기호가 그 임무를 완수할 수 있도록 두세 정丁 신부가 배려하여 양로원에 거처를 마련하고 집중해서 "성경 번역"을 마쳤다.

김기호는 천주교에 관하여 알기 시작한 후 교리서를 읽었으나 더 근원적인 것을 알기 위하여 베르뇌 장張 주교를 찾아 성경을 볼 수 있기를 청한 바도 있었다. 그런 그가 블랑 백 주교가 주신 '신자들이 성경을 더 잘 이해할 수 있도록 우리말로 번역하라'는 과제를 주교 사후에 완수하였던 것이다. 이후 그는 다음 교구장 뮈텔 민閔 주교께 이 번역 원고를 '합봉合封'해서 바쳤다. 그가 번역한 『성경직해』는 뮈텔 민 주교에 의해 1892년부터 1896년 사이에 모두 9권의 책자로 간행되어, 개항기 이후 한동안 천주교의 공인을 받은 성경에 대한 부분역으로 사용되었다.

『봉교자술』 하편에서는 그가 경기도 광주군 하우현下牛峴에 자리 잡게 된 사연과 은퇴 이후의 신앙생활에 관해서 담담하게 서술했다. 또 상편에서 빠뜨린 부분에 대해서도 보충하였다. 그는 평소에 수도생활에 집중하고 싶어 해서 블랑 백 주교 생전에 은수자처럼 수행하기를 원한다는 언급을 하고 있다. 또한 결혼을 했음에도 불구하고

'혼배수정婚配守貞'을 하면 어떻겠는가를 베르뇌 장張 주교께도 청원했으나 이에 대한 승낙을 얻지 못했음을 기록하고, 블랑 백白 주교에게도 같은 사실을 전했음을 말하고 있다. 이러한 사실은 김기호가 영세 입교한 이후에는 엄격한 신앙의 실천을 추구하고 있었음을 우리에게 알려주고 있다.

김기호는 예수 마리아 요셉의 성 가정상聖家庭像을 모시고 하는 신앙생활을 강조하였으며 예수성심에 대한 신심을 따로 설명하였다. 또한, 하편에서는 하우현에 어떤 연유로 성당을 건립하게 되었는지 비교적 상세하게 설명하고 있다. 그가 급하게 체해서 몹시 힘들었을 때 사제가 계시지 않아 종부성사도 받지 못하고 죽게 될까 걱정했던 경험에 입각하여, 수원 갓등이성당의 알릭스Alix(韓約瑟, 1861~1948) 신부가 공소를 방문했을 때 성당 건립을 건의하였고, 이렇게 김기호가 주도적인 역할을 하여 하우현성당을 건립하게 되었음을 밝히고 있다. 마지막 부분에는 그의 아내 이 바울라와 관련된 내용을 기록하였다. 아내의 견고한 신앙생활, 그리고 서울에 있는 둘째 아들을 만나기 위해서 노력하다가 갑자기 선종하게 된 사연 등을 담담하게 서술하면서 맺었다.

『봉교자술』은 개인사에 관한 책이기도 하지만 교회사와 밀접하게 관련된 것이기도 하다. 공식 문서에서 알 수 없는 내용을 잘 담아내고 있다. 대표적인 것이 명동성당 건축과 관련된 것이다. 명동성당을 건립하기 위한 터를 마련하기 위해서 조선 정부와 미묘한 신경전을 벌인 것을 김기호의 필치를 통해서 볼 수 있다. 이는 블랑 주교와 조선 정부의 대표로 참석한 외아문 독판 조병식, 프랑스공사가 휴가차 본국에 가 있는 동안, 프랑스공사관과 관련된 일을 위임받은 러시아 공사 웨베르(Waeber 1841~1910)와의 대화를 긴장감이 느껴질 수 있도록 잘 표현하고 있다. 김기호는 자신은 블랑 백 주교의 지시에 따라 이 자리에 참석했다고 밝혔다. 1970년대에 발굴된 천주가사 「성당가聖堂歌」의 저자가 김기호라고 생각하는 것은 이러한 서술 내용과 부합하는 것이기도 하다.

『봉교자술』은 김기호의 말년인 1901년에 완성된 이래 그의 집안 후손이 보관하였다고 전해져 왔다. 교계教界에서는 알 만한 사람들은 알고 있었지만 대중에게 알려진 것은 경향잡지사에서 기획하여 1970년 초부터 1972년 말까지 『경향잡지』에 「복음의 증인」이라는 제목으로 게재하면서부터였다. 「복음의 증인」에는 1부에 사제 17명, 2부에는 장면 박사를 비롯한 평신도 18명의 행적이 실렸다. 김기호는 사후 70년 만에 대중에게 자신의 모습을 드러낸 것이다. 『봉교자술』은 김기호의 후손인 김운회金雲會 주교가 신학생 시절 가문의 동의를 얻어 그에 관한 자료를 가톨릭대학 신학부 교회사 교수로 있던 최석우 신부에게 기증하였다. 현재 이 자료의 원본은 한국교회사연구소에 보관되어 있다.

『봉교자술』을 처음 학문적으로 접근한 사람은 김운회였다. 그는 1984년에 『한국 천주교 창설 200주년 기념 한국 교회사 논문집』에 「金起浩 硏究-『奉教自述』을 중심으로」라는 논문을 실었다. 이 논문은 김기호를 연구하는 시발점이 되었다. 김기호의 생애와 활동, 그의 신앙이 가지는 의의 등을 꼼꼼하게 살폈다. 한편 김기호를 개항기의 지식인으로 자리매김한 사람은 조광이었다. 그는 「박해를 이긴 믿음의 기록-김기호 저 『봉교자술』」(『경향잡지』 1991년 11월호), 「개항기 한국교회의 지적 모색-김기호 저 『구령요의』」(『경향잡지』 1994년 7월호)에서 김기호가 단순한 전교회장 역할만 한 것이 아니라 신학자적인 사유를 하고 있었음을 밝히고 있다. 이 두 글은 비록 짧지만 김기호에 대한 성격을 분명하게 밝혀주고 있다.

김기호에 관한 관심은 2000년대에 들어와 활성화되었는데 이는 전교회장으로만 알려진 김기호가 이미 『소원신종』과 『구령요의』라는 교리 관련 저술을 하였으며 천주가사인 「성당가」를 지었고, 자서전인 『봉교자술』을 저술하여 드물게 많은 저작 활동을 하였음에 주목하였기 때문이다. 또한 평신도의 역할이 강조되면서 선구적인 활동을 한 인물로서 김기호가 주목을 받게 된 것이다.

원재연은 2003년에 「김기호의 생애와 활동」 『한국근현대사와 종교문화』(천주교 호남교회사연구소)에서 김기호의 가계와 당시 조선을 둘러싼 외교 문제, 김기호의 저술을 통한 그의 천주교 인식, 신앙심, 애국심 등을 고찰하였다. 민동규는 2010년에 「조선 후기 도회장都會長 김기호의 활동과 저서 연구-『봉교자술』을 중심으로」 인천가톨릭 대학교 석사학위논문에서 기존에 발표된 김기호와 관련된 논문 및 자료 등을 꼼꼼하게 검토하였고, 맨 나중에는 『봉교자술』을 번역하기도 하였다. 김기호에 관한 논문이 대부분 역사학계에서 발표된 것이었다면 윤인선이 2015년에 발표한 「"봉교자술"의 경험 서사에 나타나는 천주교 인식」『한국고전연구』(32)는 국문학계에서 발표한 최초의 논문이다. 이 글에서 윤인선은 박해를 피해 피난생활을 하면서도 성사聖事를 받기 위해 애쓰던 천주교 신자들에 관하여 연구하였다. 금경숙은 2017년에「김기호와 그의 전교 노정路程」(춘천교회사연구소 발표문)을 발표하였다. 김기호가 황해도 서흥에서 본격적으로 교리를 가르친 5·60명의 사람들과 함께 베르뇌 장張 주교께 세례를 받기 위해서 서울로 갔다고 한 기록을 중심으로 그 경로를『여지도서』를 통해서 추적했다. 금경숙은 2018년에「전교회장 김기호와 그 가문의 믿음살이」『교우촌의 믿음살이와 그 지도자들』(도서출판 형제애)에서 김기호가 시작한 이 가문의 신앙과 믿음에 관하여 고찰하였다. 그들은 교회 안에서 살며 성사를 받기 위해 교리의 가르침을 실천하려고 했음을 밝혔다.

김기호 가문의 후손들은『봉교자술』을 비롯한 김기호의 저술을 통해서 많은 영향을 받았다.『봉교자술』한글본은 기증하기까지 이 가문에서 읽혀왔을 것이다. 김기호의 행적과 신앙심은 이를 통해서 생생하게 전해졌을 것이다. 그의 후손들도 자신들이 할 수 있는 범위에서 기록으로 남기려고 애썼다. 김기호의 손자인 김성묵(요셉)은『약슬가훈』을, 김기호의 증손자이자 김성묵의 아들인 김재환(바오로)은 1979년에『신앙인의 유산-4대에 걸친 발자취』를 발간하였다. 또 1997년에 김재환 9남매가 함께 만든『가지 많은 나무에』라는 책도 이 가문을 연구하는 데 좋은 자료가 된다.

여러 연구자의 논문이나 김기호 후손들이 남긴 이러한 가문의 기록을 통해서 후손들에게 자기 조상의 삶과 신앙에 관해서 전해주려 애쓴 흔적을 곳곳에서 발견할 수 있다. 김기호에 대한 이러한 관심은 그 개인의 신앙에 대한 이해뿐만 아니라 당대 교회사의 이해를 더욱 높여주리라 생각한다. 김기호와 그가 살았던 시대에 대한 연구가 이번의 김기호 관계 자료집의 발간을 통해서 더욱 강화될 수 있을 것이다. 이 『봉교자술』도 그에 관한 연구에 기여하리라 믿는다. 이번에 간행하는 『봉교자술』은 김기호가 지은 한글본 『봉교ᄌᆞ술』을 저본으로 삼았고, 한문본을 참조하여 현대한국어 번역본을 완성해 갔다. 이 현대 한국어 번역본은 현대의 젊은이들이 사전을 찾지 않고도 읽을 수 있도록 문체를 다듬고, 가능한 한 각주를 생략하였다. 동시에 이 책이 전문연구자들의 연구 작업 자료로 활용될 수 있도록 한글본 『봉교ᄌᆞ술』과 한문본 『奉教自述』의 정본화正本化 작업도 함께 진행하였다. 그 한글본과 한문본에는 띄어쓰기를 하면서 가능한 한 충실하게 주석을 달아 두었다. 이제 우리 교회는 개항기 교회의 역동성을 대변해 주는 책자를 쉽게 접할 수 있게 되었다.

2023년 11월

금경숙·조 광

일러두기

1. **이 책의 성격과 명칭:** 김기호(金起浩) 著 『봉교자술』이 '춘천교구 교회사 연구소 연구총서 1'로 간행되었다. 이 책의 약칭을 '연구총서본'이라고 부르기로 한다.

2. **수록된 자료와 저본:** 이 '연구총서본'은 한국교회사연구소 도서관에 소장되어 있는 『봉교ᄌᆞ슐』 [한글사본] 1책과 『奉教自述』 [漢文寫本] 1책을 그 저본(底本)으로 삼았다. 그리고 이 '연구총서본'은 그 저본에 대한 교감(校勘)을 통해 정본화(定本化) 작업을 수행한 결과물이다. 또한 이 '연구총서본'에는 현대한국어 번역본을 함께 수록하여 연구자뿐만 아니라 일반 독자들도 이 책에 손쉽게 접근할 수 있도록 배려하였다.

3. **자료의 명칭:** 『봉교자술』은 한글로 쓰인 『봉교ᄌᆞ슐』 1책과 한문으로 기록된 『奉教自述』 1책 등 2종이 있다. 한글 필사본 『봉교ᄌᆞ슐』은 [한글사본]으로 표기하고, 한문 필사본 『奉教自述』은 [漢文寫本]으로 약칭하기로 한다. 또한 『봉교자술』을 현대 한국어로 번역한 자료는 [현대한국어 번역본]으로 부른다.

4. **자료의 평가**

   ① 필체 비교 분석: 한국교회사연구소에 소장되어 있는 『봉교ᄌᆞ슐』과 『奉教自述』은 김기호 자신이 직접 첨삭한 『소원신종』의 필체(筆體)와 비교할 때, 김기호의 친필본이 아닌 전사(傳寫)된 자료임이 분명하다.

   ② 자료의 내용 비교: [한글사본]과 [漢文寫本]은 대체적으로 동일한 내용으로 되어 있다. 물론, 이 두 가지 자료 사이에는 내용상 약간의 차이가 나는 부분도 있다. 이러한 차이점은 이를 정본화하여 입력본을

만드는 과정에서 각주를 통해서 밝힘을 원칙으로 한다.

③ **자료의 친저성:** 이 두 자료의 전사자나 전사 시기는 미상이다. 그리고 김기호가 [한글사본]이나 [漢文寫本] 중 하나를 저술했고, 다른 자료는 김기호가 아닌 다른 사람에 의해서 한글이나 한문으로 번역되었을 가능성은 거의 없다. 이 두 자료를 비교하여 보면 직접 경험하지 않고서는 서술할 수 없는 부분들이 [한글사본]이나 [漢文寫本]에서 각기 드러나고 있다. 또한 현재 한국교회사연구소 도서관에 소장되어 있는 이 자료들은 원래 김기호 후손들의 가장(家藏) 자료들이었다. 이러한 사정들을 감안할 때 김기호가 [한글사본]과 [漢文寫本]의 원저자였다고 판단되므로, 그 친저성(親著性)을 인정하게 된다.

④ **두 자료의 사료 가치:** [한글사본]과 [漢文寫本]은 그 저술된 시기의 선후(先後)관계를 파악하기가 현재로서는 불가능하다. 따라서 이 둘을 모두 원천자료로 인정하기로 한다.

5. 자료 배열의 순서: 이 '연구총서본'에는 먼저 좌철(左綴) 제본으로 배열한 현대한국어로 번역된 『봉교자술 : 내가 걸어온 믿음의 길』이 실려 있다. 그리고 이어서 『봉교ᄌᆞ슐』 [한글사본] 입력본과 『奉敎自述』 [漢文寫本] 입력본이 수록되었다. 그리고 우철(右綴) 제본으로 쪽수가 새롭게 부여된 『봉교ᄌᆞ슐』 [한글사본] 영인본과 『奉敎自述』 [漢文寫本] 影印本을 수록한다.

6. 자료별 특성

① **[현대한국어 번역본]:** [한글사본]을 저본으로 하여 현대 한국어로 번역한다. 가능한 한 전문 연구자가 아닌 일반인들도 읽고 이해하기 쉽게 평이한 문체로 번역한다. 각주를 최소화하여 독자들이 부담감을 느끼지 않도록 배려한다.

② **[한글사본] 입력본:** [한글사본]의 경우에는 19세기 말 한국어가 가지고 있는 특성대로 한자어를 한글로 바꿔놓은 단어들이 문장의 주류를 이루고 있다. 따라서 이에 대한 해석 없이는 현대인이 그 한글 단어나 문장을 이해하기가 어렵다. 그러므로 [한글사본] 입력본에서는 이러한 단어들의 한자어를 복원하거나 풀어서 제시한다. 특히 [한글사본]에 포함되어 있는 고어(古語)나 제도명 또는 사용 빈도가 낮은 한자어 등 단어나 문장, 그리고 오자(誤字)나 탈자(脫字), 문법상 오류 등을 주석의 대상으로 한다. 주석 과정에서 본문의 한글 단어를 각주에서는 괄호( ) 안에 한자어를 복원시키고 그 뜻을 설명한다.

③ **[漢文寫本] 입력본:** 원자료에 대한 교감(校勘)을 병행하되, 원문의 한문단어에 대한 주석은 달지 않는다. 단, 그 단어가 이두어(吏讀語)이거나 교회 관계 특수용어인 경우에는, 전통 한학(傳統漢學)만을 학습한 국내외 연구자들의 이해에 편의를 제공하기 위해 주석을 달았다. 그리고 인명, 지명 등 고유명사나 특수 사건의 명칭에도 주석을 달았다. 그리고 오자나 탈자, 문법상 오류 등도 주석의 대상으로 한다.

④ **[한글사본] 영인본:** 한국교회사연구소 도서관에 소장된 자료를 축소하여 영인 제시한다.

⑤ **[漢文寫本] 影印本:** 한국교회사연구소 도서관에 소장된 자료를 축소하여 영인 제시한다.

7. 편집 부호 등의 사용과 띄어쓰기

① **장(章)의 구분:** 『봉교ᄌᆞ슐』이나 『奉教自述』은 크게 상편(上篇)과 하편(下篇)으로만 구분되어 있다. 그리고 각 편 안에 본문보다 조금 더 큰 글씨로 장명(章名)을 제시하여 장(章)을 구분하고 있다. 그러나 이 입력본에서는 순서에 따라서 제1장(第1章), 제2장(第2章) 등과 같이 원

자료의 장수(張數)를 아라비아숫자로 밝힌다.

② **장수의 표기 위치:** 이 입력본은 원자료의 장(張)에서 앞장(前張)과 뒷장(後張)이 바뀔 때마다 별행(別行)으로 처리하여 입력하고, 원천자료의 해당 장수(張數)를 [ ] 안에 밝힌 다음 별행으로 원전 입력을 계속한다. 예: [漢文寫本 15쪽], [한글사본 20쪽] .

③ **[한글원전] 띄어쓰기와 구두점:** [한글원전]은 전체가 띄어쓰기가 없는 어어쓰기로 되어 있다. 그러나 [한글원전] 입력본은 한글 띄어쓰기를 하고, 마침표(.), 쉼표(,), "따옴표(" "), 물음표(?) 등을 부여한다.

④ **[漢文原典] 띄어쓰기:** 백문(白文)으로 되어 있는 [漢文原典]은 그 입력본에서 띄어쓰기를 한다.

⑤ **판독불능자(判讀不能字)의 처리:** [한글사본]이나 [漢文寫本]의 본문을 입력하는 과정에서 판독이 불가능한 글자의 경우에는 □로 처리한다. 그러나 추정이 가능한 글자는 ( ) 안에 넣어서 표기한다.

⑥ **활자의 색:** 청색으로 표시된 활자는 원본에는 없으나 역주자가 편의상 부여한 숫자 등을 의미한다. 또한 본문에 있는 각주의 숫자도 청색으로 표시한다.

8. 상호 비교 방법: 봉교자술 [현대한국어 번역본]과 [한글사본] 및 [漢文寫本]을 상호비교하는 데 도움을 주기 위해서 비교 대상이 되는 책자의 쪽수를 밝힌다. 이때 제시된 쪽수는 본 '연구총서본'의 쪽수를 기준으로 한다.

9. 작업 분담: 이 자료집의 편찬은 금경숙과 조광이 같이 담당했다. 금경숙은 [한글사본]과 [漢文寫本]을 일일이 판독하여 입력본을 만들었다. 그리고 이를 번역하여 [현대한국어본]을 작성했다. 조광은 자료 정리의 원칙을 금경숙과 함께 의논하여 작성하고, 이 원칙에 따라 금경숙의 입력작

업에 기초하여 [한글사본]의 교정 작업 및 띄어쓰기와 주석 작업을 완성했다. 그리고 조광은 [漢文寫本]의 교감과 함께 띄어쓰기와 주석 작업을 맡았다. 이 둘의 공동 노력에 의해 이 책이 간행될 수 있었다.

10. **감사의 말씀:** 이 책은 춘천교구 교회사연구소(소장 신정호 신부)의 연구총서 가운데 하나로 간행되었다. 이 책의 간행 과정에서 보여준 김운회 전임 교구장 주교님과 춘천교구 교구장 김주영 주교님의 특별한 관심에 감사드린다. 그리고 이 책 간행비의 상당 부분은 김기호 후손분들이 맡아주었고, 흐름출판사가 편집과 간행에 있어서 많은 도움을 주었다. 고려대학교 한국어문교육연구소의 연구교수인 장정수 박사에게도 감사의 마음을 전한다. 장 박사는 한글 고어와 한문 판독에 중요한 도움을 주었다.

I

봉교자술:

내가 걸어온 믿음의 길

[현대한국어 번역본]

[현대 한국어 번역본] 번역 작업의 기준

1. 작업의 목표와 저본(底本): 이 번역 작업의 저본은 현재 한국교회사연구소에 소장되어 있는 김기호(金起浩)가 지은 『봉교ᄌᆞ술』의 [한글사본]이다. 단, 번역 과정에서 『奉教自述』 [漢文寫本]을 참고했다.

2. 제목의 문제: 『봉교ᄌᆞ술』 이란 제목은 한문식 명칭이다. 그러므로 이 자료를 번역하는 과정에서 제목도 번역함이 옳다. 그러나 이 자료가 '봉교자술'로 불리던 오랜 전통에 따라 원제목은 그대로 두되, 이를 풀어서 부제목으로 '내가 걸어온 믿음의 길'을 병기했다.

3. 사본 비교의 원칙: 『봉교ᄌᆞ술』 [한글사본]은 『奉教自述』 [漢文寫本]과 밀접한 관계를 가지고 있다. 현대한국어 번역본에서는 본 '연구총서본'의 『봉교ᄌᆞ술』 [한글사본]과 『奉教自述』 [漢文寫本]의 쪽수를 중간에 밝혀 번역 원문과의 대조에 편의를 제공하고자 했다.

4. 역주(譯註)의 제한: 『봉교자술』 [현대한국어 번역본]은 일반 독자들이 편하게 읽을 수 있는 단어와 문장을 사용하기로 한다. 따라서 연구자들을 위한 본격적 역주는 『봉교ᄌᆞ술』 [한글사본] 및 『奉教自述』 [漢文寫本]의 입력본에 있는 주석을 참고하도록 한다.

5. 역주의 범위: 번역 과정에서 풀어쓴 한자어의 경우에는 그 구절에 이어 '[ ]'를 하고 원래의 한자어를 밝힌다. 예) '주님을 사랑하고 다른 사람을 사랑하라'[愛主愛人]: 이는 [한글사본]의 'ᄋᆡ주ᄋᆡ인'을 풀어쓴 것으로, 그에 해당되는 한자어 [愛主愛人]을 넣어두었다.

[한글사본 5쪽],[1] [漢文寫本 115쪽][2]

머리말

대체로 사람이 하느님의 특별한 은혜를 받아 하느님의 가르침을 실천하는 방법에 그 종류가 많이 있으니, 혹은 그 가르치는 교리가 참되기 때문에 나오는 사람도 있으며, 교리의 내용을 모르지만 헛되이 천국의 복을 탐하고 지옥의 벌을 무섭게 여겨 들어오는 사람도 있다. 그리고 사사로운 욕망을 따라 세상에서 무슨 이익이 있을까 하여 들어오는 사람도 있으며, 아둔한 소견으로는 다른 사람이 좋다고 하니 나도 하여보겠다고 해서 들어오는 사람도 있다.

이는 모두 계명을 지키는 길에 들어서 있는 바이니, 하느님은 전능하시므로 반드시 섭리하는 은혜를 베푸시어 영혼을 구원할 바람을 가지도록 해주신다. 그런데 신앙의 연조가 오래된 집안의 자손 가운데 게으르고 오만한 사람들의 사정을 말하자면 매우 애통할 만하다. 이는 어떤 까닭인가? 자신의 감정이나 욕망을 눌러 이기지 못하고, 게을러서 교리의 내용을 배워 알아볼 생각도 없으며, 교만하기 때문에 교리를 일찍이 다 아는 체하는 소견을 고집하여 더욱 거

1 [한글사본 5쪽]: 『봉교자술』 [현대한국어 번역본]은 봉교자술 [한글사본]을 기준으로 하여 번역하되, 경우에 따라서는 [漢文寫本]도 참조했다. 봉교자술 [현대한국어 번역본]에서는 문장 중간 해당 부분에 이 책에 합본하여 간행한 [한글사본]과 [漢文寫本]의 쪽수를 밝혀, [현대한국어본]을 원문과 대조할 경우에 편의를 제공하고자 한다.

2 [漢文寫本 115쪽]: [현대한국어 번역본] 및 [漢文寫本]과 대조하기 위해서 [漢文寫本 ○○쪽]이란 표시를 [한글사본]의 입력본 문장 중간 해당 부분에 밝혀두기로 한다.

리낌 없이 마음대로 행동[放縱]한다.

이러한 사람의 영혼 사정은 앞으로 어떻게 될 것인가? 생각이 여기에 미치니 차마 견디기가 어려워서, [한글사본 6쪽]오직 부르짖어 구하는 바는, 예수께서 일찌기 십자가를 지고 갈바리아 산으로 가시던 도중에 모든 교우들을 돌아보시고 "너희는 나를 위해 울지 말고, 너와 네 자손과 만민의 죄를 위해 울어라"(루가 23:28)라는 말씀이다. 그러니 나같이 차고 차디찬 마음으로는 짐짓 쓸데가 없으니, 다만 우리 주 예수성심의 열렬하신 사랑의 불길[愛火]을 우러러 뵈옵고 간절히 구하옵느니, 이 차디찬 마음을 불쌍히 여기시어, '주님을 사랑하고 다른 사람을 사랑하는'[愛主愛人] 열정을 다시 태워주시어, 각각 자기 영혼을 구하는 공부에 힘쓰게 하옵소서.

다시 생각하건대, 하느님을 공경하고 자기 영혼을 구하는 교리는 어디에 있는가? 『진도자증眞道自證』[3]이라는 책에 이르되, [漢文寫本 116쪽]"누구든지 구원받기를 원한다면 먼저 자기 자신을 안 다음에 하느님을 알고, 사람을 사랑하여야 하느님을 사랑함이다"고 했다. 대체로 몇 해 전만 하더라도 없었던 내가 하느님께서 사람 살리시기를 좋아하는 은혜를 베풀어 영혼과 육신을 결합시켜 나를 내셨다. 영혼은 하느님의 모상模像이므로 '기억[記含]'과 '지성[知性]'과 '사랑[愛慾]'인 영혼삼사[靈魂三司]를 갖추어 하느님을 온전히 믿고 바라고 사랑[한글사

3 『진도자증』: 예수회 선교사 샤바냑(Chavagnac)이 지은 한문 서학서로 1718년 북경에서 초간본이 간행되었고, 1796년에는 북경에서 구베아 주교의 감수로 중간된 4권 2책의 천주교 교리서이다. 조선 교회 창설 이전에 전래되어 조선인 식자들에게 널리 읽혔다.

본 7쪽]하라 한 것이다.

육신은 모두 다 원죄에 물들어, [교만하고 인색하며, 색에 빠지고 분노하며, 음식을 탐하고, 게으르며 질투하는] 일곱 가지의 사사로운 감정을 가지고 있으니, 죄만 짓게 되는 것이다. 그러나 그 영혼의 세 가지 기능[靈魂上分]은 하느님의 크디큰 은혜를 이어받아, 그 육정을 눌러 이기라 한 것이다. 그 육신이 지극히 천하고 지극히 악한 줄을 알고, 그 낳고 기르시는 하느님의 지극히 존귀하고 지극히 선하심을 알아, 무슨 죄악이든지 다 자기에게 돌려 탓하고, [좋은 것은] 결코 나에게서 생겨난 것이 아닌 줄을 알아 늘 주님의 은혜에 감사할 것이다.

또한 사람은 모두가 큰 어버이인 하느님을 닮은 자식으로 사해동포四海同胞이며 온 세상이 모두 형제이니, 어찌 벗처럼 사랑하는 성정이 없을 수 있겠는가? 그럴 뿐 아니라 공번되신 큰 어버이 하느님의 마음이 어찌하다 다치게 되면, 그 지극히 정의로운 처벌이 어느 지경까지 이르시겠는가? 성자 예수께서 일찍이 이르시기를 "사람이 만일 나의 작은아들을 속이고 업신여기면 그 목에 맷돌을 달아서 깊은 연못에 무거운 납으로 된 추를 던지듯이 던져버리겠다"(루가 17:2)고 했[한글사본 8쪽]으니 그 두렵지 아니하며, 어찌 그 차마 동포를 잊어버려 사람을 사랑하지 아니하겠는가? 사람에 대한 사랑이 없으면 곧 하느님을 사랑하지 아니함이니, 하느님을 사랑하지 아니하는 마음으로 '영혼을 구하기 위하여 계율을 지킨다'는 말을 감히 입을 열어 말하겠는가?

하느님의 열 가지 계명[天主十誡]은 모두가 하느님을 사랑하고 다른 사람을 사랑하라는 '애주애인愛主愛人'이라는 두 가지 말에 돌아가니, 누구든지 계율을 지키다가 간혹 사람을 미워하여 참기 어려운 때를 당하거든, 잠깐 인간의 이성을 뛰어넘는 교리를 생각하여, 지금 여기 [漢文寫本 11쪽]계서 밝게 보시고, 아시고, 심판하시는 하느님 삼위三位 제대 앞에 꿇어 잠잠히 구할지어다. 아멘.

이 책을 저술한 뜻은 나같이 어리석은 사람은 하느님의 은혜에 감사할 줄도 알지 못하며, 자기 죄를 통회할 줄도 알지 못하며, 주님께 기도할 줄도 알지 못하여, 스스로 책망하고 스스로 탄식을 많이 하면서, 혹시 뒷날 학식 있는 자손 중에 똑똑한 사람을 기다려 디딤돌을 삼아 각각 영신 공부에 있어서 명심하여 악을 피하고 선을 따르는 데에, 실제로 유익함이 있을까 하여 감히 천박하고 견문이 좁음을 잊어버리고 이같이 말하노라.

천주강생 1901년 신축년 3월 상순

명도회장 늙은 후배[後學老拙] 김 요한이

주님과 성모님 대전에 기도하며 삼가 쓴다.

[한글사본 9쪽]

봉교자술 상편

제1장

교회에 들어와 세례를 받은 특별한 은총에 감사드리다

나 같은 사람[4]은 본래 벼슬아치의 후예로, 시골의 큰 농가에서 태어나 어려서부터 농사에 마음이 없고, 부모와 형제들의 교훈을 받들어 글을 배워 나이 15·6살에 이르러서 과거시험의 문장에 능통하여 운문과 산문을 곧잘 지으니 세속에서 말하는 선비였다. 세속에 관계를 맺어 서울의 명예와 이익을 다투는 마당에서 지내며, 집안 친척 사이의 높은 벼슬아치나 저명한 선비들과 연결하여 헛된 공명도 얻기를 바라며, 혹 글방을 마련하고 학동學童을 많이 모아 가르치니 이는 그 사소한 권세나 이익을 취한 것이다.

이같이 즐겁게 지내며 다른 지방의 명소名所를 구경 다닌 지 십여 년에, 본디 매우 약한 몸이 세속의 풍습에 상한 곳이 많아서 그런지 중병을 얻어 매우 위험하다가 살아났다. 하루는 갑자기 생각하기를 "사람이라 하는 것은 마음 하나 먹기에 달린 것이라, 이왕에 내가 즐

4 사람: 한글 필사본 원문은 '죄인'으로 되어 있다. 박해시대 이래 해방 전후 시기까지 천주교 신자들은 교회 당국이나 성직자들에 대해 자신을 낮추어 말하며 '죄인(罪人)'이라 했다. 이는 하느님의 마지막 심판 때 성인(聖人) 이외의 모든 사람은 죄인의 입장에서 심판을 받는다는 교리에서 유래한 말로 생각되나, 해방을 전후하여 이와 같은 신자들 자신에 대한 비칭(卑稱)이 사라졌다.

겨 경영해 왔던 명예나 이익이 내 마음에 무슨 관계가 있는가?" 하여, [漢文寫本 118쪽]관계를 이어왔던 높은 벼슬아치나 저명한 선비들을 [한글사본 10쪽]상종할 마음이 없어지니 저절로 끊어졌다.

그리고 해마다 십여 차례 보던 과거시험도 생각건대, "내가 만일 과거에 합격하게 되면, 남에게 잡힌 사람이 되어 굴레를 뒤집어써 내 마음대로 못 할 것이니 싫다" 하여, 함께 공부하던 선배들에게 끌려 과거시험장에 들어가서도 그 사람들의 과거만 대신 보아주고, 나는 일체 과거시험을 보기가 싫었다. 이렇듯이 명예와 이익을 다투는 마당에 발길을 끊고 들어앉아 공부할 생각이 간절하여 두루 여러 책을 찾아보았다. 그러나 세속의 책에는 마음의 묘한 이치를 깨닫게 하는 글이 없었다.

얼마 전부터 어떤 사람이 신선 공부하는 책을 가지고 와서 보라 하기에 열어보니, 유교 도교 불교[儒佛道] 세 가지에 관해 논한 것이어서 마음에 합당치 아니했으나, 참 도리를 알지 못하던 소견으로 몸의 병도 물리치고 혹 마음에도 깨달을 단서가 있을까 하여, 여러 달 동안 공부를 혼자서 하니, 그 공부가 마음을 맑게 하고 욕심을 적게 하는 공부였다. 과연 몸의 병도 없어지고 마음의 세상 욕심도 멀어져서 마치 마음이 하늘 공중에 솟아 떠나는 듯했다. 이런 공부[한글사본 11쪽]를 하기 전에 다른 공부도 좀 했던 바가 있었으니, 이는 세속에서 일컫는바 이인異人 되는 공부였다. 운수를 점쳐서 아는 명리학命理學을 익혀 연월일시와 길흉화복을 헤아려서, 별들의 움직임과 나라의 운세가 어떠할지와 그해가 흉년인지 풍년인지를 아는 체했다.

이 모양으로 이단 허망에 빠진 죄인을 하느님이 [漢文寫本 119쪽]특별히 불쌍하게 보셨는지 우연히 '어떤 친구'[5]를 찾아볼 마음이 생겼다. 십 리 가까이 되는 곳에 가 그 문을 두드리니, 주인 혼자 있었는데 무슨 책을 보다가 덮어 감추고 일어서며 영접했다. 의심스러워 서로 인사를 나눈 후에 즉시 그 책을 들춰내어 잠깐 보니, 천주교 교리를 논의한 글이니, 책 이름은 『성세추요盛世芻蕘』[6]였다. 그 구절마다 마음을 깨우쳐 아무 의심 없이 영혼의 즐거움이 비할 데 없었다. 날이 이미 늦어서 돌아올 때에 그 책을 놓고 올 마음이 없어 수건에 싸가지고 와서 촛불을 켜고 밤을 지새우며 다 읽었다. 이튿날 다시 가서 주인을 향하여 말하기를 "이 교리책이 많을 터이니 이어서 읽지 못하면 내 마음이 견디지 못할 듯[한글사본 12쪽]하다. 어찌하여야 좋을까?" 했다. 주인이 말하기를 "그러면 나를 따라오라" 하기에 따라가니, 서소문西小門 안에 사는 홍봉주洪鳳周(1814~1866) 도마로 이전부터 아는 사람이었다.

홍봉주 도마는 내 말을 듣고 웃으며 이르기를 "그러면 이후에 책을 이어 보게 하마" 하기로, 자주 찾아가서 책을 얻어 보며 묻기를 "이 크고 높고 진실한 교리책 중에 근본 되는 책은 무슨 책인가?" 하

5 어떤 친구: [漢文寫本]에는 '南村後洞 李瑪竇家'로 되어 있다.

6 성세추요(盛世芻蕘): 예수회 소속 중국 선교사 마이야(Mailla, 馮秉正, 1669~1748)가 1733년 북경에서 5권으로 간행한 천주교 교리서이다. 목동이나 농사꾼 같은 일반 백성들이 쉽게 이해하고 익힐 수 있도록 하기 위해 저술된 책으로, 18세기 후반 정조 이래 조선에도 널리 읽히고 있었다.

고 물으니 말하기를 "성경이다"라고 했다. 하루는 가서 '내가 물어보았던 책이 없는가' 하니 "물어보았던 책이 없노라" 했다. 내가 말하기를 "성경책도 없느냐?" 하니, "없다"고 하면서 "성경의 오묘한 뜻을 새로 교리를 공부하는 사람은 알기 어렵다" 하여, "보여주지 아니하는 규칙이 있다"고도 했다. 내가 말하기를 "천주교 교리의 근본이 되는 성경을 못 보면 천주교를 봉행할 수 있겠는가?"라고 했다. 이에 홍봉주 도마가 다시 이르기를 "그러면 갔다가 내일 다시 오라"고 했다.

이튿날 일찍 가서 알아본즉, 베르뇌Berneux 장張 주교께 말씀드리니 주교가 당신이 가지고 있던 제본도 하지 아니한 책을 특별히 허락하여 내어주셨다. 이 책을 가지고 와 즐거운 마음으로 몇 날 동안에 다 열람하고 생각[한글사본 13쪽]건대 천주교 교리책이 조선에 나와 있는 것 가운데, 내가 전후로 본 것이 [漢文寫本 120쪽]대략 많은데 한 번도 의심할 줄을 모르고 마음이 항상 즐거웠다. 나는 '이런 도리를 일찍 알지 못한 것이 원통하니 빨리 봉행奉行하리라' 하여, 영세, 견진, 성체, 고해에 관한 사본문답[四本問答]과 아침기도[朝課], 저녁기도[晩課]와 묵주의 기도를 차례로 예비했다. 이때, 이전부터 뜻을 같이 하던 동향 친구 어떤 이를 생각했는데, 천주교 교리 알아볼 원의願意가 더욱 간절했던 친구 이운거李雲擧를 먼저 불러올려, 함께 봄·여름 동안 천주교 교리를 많이 배워 익혀, 그해 팔월에 영세와 견진을 같이 받았다. 이운거의 본명은 시몬이었고, 내 본명은 요한이었다.

세례와 견진을 받은 즉시 서울에 있기가 싫은 마음이 있었을 뿐 아니라 더욱 '시골에 있는 친지 간에 큰 임금이며 큰 어버이[大君大父]

를 모르는 가까운 사람들이나 친척들에게 아무쪼록 그 교리를 알게 하리라' 하여, 서울을 하직하고 본향으로 내려가 천주교 교리를 널리 전파하려 했다. 그러나 이 지방 인심이 거세고 조상제사에 홀려서 정신을 못 차렸다. 많은 친척들이 교리 말씀을 듣고 [한글사본 14쪽]'옳다'고 하면서도, 헛된 체면에 끌려 하는 말이 "크게 행해지게 된 후에 하겠노라" 했다. 또는 도리어 천주교를 금하려고 하여 무리를 모아 데리고 와서 염려하는 말이 "네가 일가친척 무리 가운데 있으면서 나라에서 금지하는 일을 특별나게 하면, 장차 친척 가운데 큰 욕을 당하는 사람이 생기게 된다"고 했다.

그들은 처음에 천주교 책을 빼앗아 없애려고 도끼로 책을 넣은 궤짝을 찍으려 했다. 이에 내가 그 궤짝 위에 올라 엎디어 이르되, "윗자리에 계신 어른의 소견이 어찌 이같이 부족하시오. 이 책만 없애고 이놈의 몸을 살려두면 이 책을 다시 있게 할 것이니, 이놈을 진작에 없게 하여야 책의 근원을 막아 끊을 수 있을 것이오니, 처분대로 하시오" 했다. 그러니 아무리 마귀 같은 짓을 하는 어른이라도 하도 기가 막히는지 도끼를 던지고 하는 말이 "할 수 없다" 하고 물러갔다. 후에 다시 모여 집을 헐려고 하기에 또 모든 이들을 향하여 이르되, "힘들여서 집을 헐기는 사람을 쫓아내겠다는 뜻이니 잠깐 그치[한글사본 15쪽][漢文寫本 121쪽]면 좋을 듯 하외다" 하고, 약간의 술과 반찬을 준비하여 대접한 후에 하직을 고하여 말하되 "지금 처자妻子를 데리고 떠나가오니, 집을 차지하여 처분대로 하옵소서"라고 했다.

나는 그날 떠나 다른 지방에 가서 빈집 한 칸을 얻어 처자를 머물게 하고, 교리책 몇 권을 보자기에 싸서 메고 마음 가는 대로 사방을 바삐 돌아다니며 교리를 전파하려 했다. 귀천貴賤과 노소老小를 가리지 아니하고 대하는 대로 다 공경하여 서로 교제하니, 이르는 곳마다 밥도 잘 먹어주고 말도 잘 들어주었다. 그러므로 믿어 따르는 사람이 점점 늘어나 오래지 아니하여 5·60명에 이르렀다.

이 사람들을 인도하여 서울로 가서 영세는 하게 했지만, 매년 성사를 받을 때 주교님을 영접할 집이 없어 몹시 불편했으므로 서흥瑞興 지방 두꺼비집 골이라 하는 곳에 공소할 집을 마련하니, 천주교 교리 듣기를 위하여 날마다 찾아오는 사람이 많았다. 그해(1863) 가을에 주교를 영접하여 성사를 받으려 할 때, 그 지방에 사는 비신자로서 큰 성씨인 처가로 인척이 되는 젊은이들이 "서양인 구경을 좀 하자" 하고 그 밤에 찾아와 [한글사본 16쪽]주교 계신 방문을 펄쩍 열고 들어섰다. 내가 바삐 일어나 데리고 밖에 나가, 함부로 구경하지 못한다는 사실을 깨달아 알아듣도록 타일러 다 쫓아 보내고 방에 들어왔다.

주교님 말씀이, "성사聖事를 안 주고 내일 가겠다"고 하셨다. "어찌 하시는 분부이옵니까?" 하니, 주교 말씀이, "아까 그 마귀 흉악하다"고 하셨다. 다시 여쭙기를 "그렇지 아니하니 아무 걱정 없나이다"고 하니, 주교께서 또 하시는 말씀이 "정말로 일 없겠느냐?"라고 하시니 "정말로 아무 일도 없삽나이다"라고 했다. 주교님 말씀이, "오냐, 네 신덕信德만 믿고 내일 성사 주겠노라"고 하셨다. 그리고 그때는 성사를 평안히 주고 가셨다. 그때 생각에도, 하느님의 특별한 은총으로 나같이 어리석을 뿐 아니라 죄의 바다에 빠져 거의 죽은 것을 특별히 건져내어, 이렇듯이 길을 열어 인도하신 것을 못내 감사하고 축하하여 즐기던 마음으로 항상 우러러 찬송하옵나니, 영광이 성부와 성자와 성령께, 처음과 같이 또한 이제와 같이 영원히. 아멘.

[漢文寫本 122쪽]

제2장

장張 주교를 모시고 전교傳教하다가 사군난私窘難[7] 겪은 일을 추억하고, 특별하신 주님의 은총을 감격한 마음으로 잘못을 뉘우치며 스스로를 책망하다

[한글사본 17쪽]이 시몬의 본향도 또한 번성한 성씨의 가문이었다. 수백 호 마을에서 홀로 한 집이 먼저 입교하고, 어른 대여섯 식구가 다 예비하여 영세하게 되었는데, 그 안주인 되는 늙은 부인이 병들어 매우 위험했다. 그 부인이 영세를 하지 못하고 죽는 것을 서러워하여 주교 영접하기를 간청했다. 이렇게 사정이 절박하여 주교 계신 곳을 탐문하여 알아보니, 마침 황해도 신천信川과 재령載寧 지방에서 전교하시는 중이었다. 병자의 연유와 영세자의 수를 기록하여 걸음걸이를 빨리하는 사람을 골라서 보내었더니, 주교가 이 편

7 사군난(私窘難): 정부의 명령에 따라 진행된 공식적인 천주교 박해와는 달리, 친족이나 지방민들이 천주교 신자들을 사사로이 박해한 일.

지를 보시고 속히 행차하여 오셨다.

주교님을 영접하여 큰 방에 모셔 쉬시고, 다음 날 아침 미사 후에 성사받을 사람 명단을 적으려 할 즈음에, 그 아랫마을에 살던 주인의 일가 되는 사람들이 관 쓰고, 긴 옷 입고, 담뱃대 들고 많이 모여 뜰에 가득하여 말하되, "장 주교가 어느 방에 계시냐? 귀한 손님을 좀 뵈옵겠다" 했다. 바삐 나가 그 사람들을 다 인도하여 바깥 넓은 마당에 좌정하여 앉게 하고, 내 말이 "여러분 점잖은 양반들이 어찌[한글사본 18쪽]하여 실수를 심하게 하시오. 우리나라 관습과 체면으로 말할지라도, 귀한 손님이면 갓 쓰고 웃옷을 입어야 서로 만나는데, 하물며 타국 손님으로 품위가 지극히 높은 이를 보자 하면서 저렇듯이 무례하고 거만하시오. 부득이 뵈올 마음 있거든 다시 의관을 갖추고 와 뵈옵도록 하시오"라고 했다.

그러니 그중에 일찍부터 낯을 아는 선비 하나가 먼저 말을 꺼내 꾸짖으며 하는 말이, "타국 손님으로 품위가 [漢文寫本 123쪽]높다는 것이 무엇이냐? 듣기를 원하노라"고 했다. 그래서 "그러면 내가 대강 말할 것이니 들어보라. 우리 사람이 어떤 이를 의론치 말고 다 천주 대군부大君父께 성품과 생명을 받아 난 줄을 아느냐?" 하니, 답하기를 "아노라" 했다. 이에 내가 말하기를 "그러면 여러 양반이 다 아시는바 공자와 맹자가 가르친 말씀에도 '선善을 하는 자는 천주가 복福으로 갚아주시고, 악惡을 하는 자이면 천주가 재앙[禍殃]으로 갚으신다' 했다. 또 예로부터 전하여 오는 말이, '착한 사람은 좋은 곳으로 돌아가고, 몹쓸 놈은 몹쓸 곳으로 간다' 했으니, 이도 다 믿어 아느냐?" 했다. 그러니 모든 이 다 잠잠히 머리를 숙이는 모양하는 노숙한 선비 하나가 대답하되 "그러나 뉘가 [한글사본 19쪽]좋은 곳과 언짢은 곳을 눈으로 보았느냐?"고 했다. 내가 말하기를 "무슨 말이 이러하냐? 아까 말에, '사람마다 천주께 생명을 받아 생겨난 줄을 다 아노라' 했으니, 그때에는 눈으로 천주를 뵈옵고 생명 받은 줄을 알았느냐? 만일 눈으로 일찍 그 죽은 조부모를 못 뵈었으면, 그 조부모가 없다 하겠느냐? 세상 사람이 이렇듯이 어리석어 많은 이가 공자의 말씀과 같이, '천주께 죄를 얻으면 빌어볼 곳이 없는 줄'[8]을 알지 못하는지라. 그러므로 장 주교 같으신 이가 천주의 명을 받아 세상 사람을 가르쳐 선善을 행하고 악惡을 피하게 하는 권한을 가지신 높은 품위"라고 했다. 그러니 모든 이 하는 말이 "천주학 하는 것들은 소진蘇秦·장의張儀[9]를 옆에 품었는지 그 말을 당할 수 없다"고 했다. 내가 말하기를 "그렇지 아니하다. 너희가 배운바 공자 말씀을 잊어버렸느냐? '바닷물을 본 자에게는 물에 관해 이야기하기 어렵고, 성인聖人 아래에서 놀아 말하는 자에게는 말하기 어렵다' 아니 했느

8 천주께 죄를 얻으면 빌어볼 곳이 없는 줄을: 論語 八佾 第三 獲罪於天 無所禱也

9 소진장의(蘇秦張儀): 기원전 4세기 중엽, 중국 전국시대(戰國時代) 책사(策士)들 가운데 제1인자로 불리던 인물이다. 소진은 전국시대 일곱 나라가 대치하고 있던 중 가장 강국이었던 진(秦) 나라의 침략을 막기 위한 방책으로 남북에 있던 6개국을 설득하여 약한 나라끼리 규합하여 강대국 진나라에 대항하도록 하여[合縱策], 6개국[燕·濟·楚·韓·魏·趙]의 재상을 겸임했던 인물이다. 장의는 소진의 추천으로 진나라 혜문왕(惠文王)의 재상이 되어 합종을 깨뜨리는 방책으로 진나라 동쪽에 있던 6개국을 설득하여 강국인 진나라와 동맹을 맺어[連衡策] 평안을 구하자고 했던 인물로, 진의 천하통일에 기여한 인물이다. '소진·장의'는 말로 다른 사람을 설득하기 잘하는 사람을 지칭하게 되었다.

냐?" 그 사람들이 대답을 못 하고 다 물러갔다.

이러한 동정을 주교[한글사본 20쪽]가 아시고, "성사를 행할 수 없다" 하여 즉시 떠나가시는 길에 악당 네다섯 명이 달려들어 가마를 붙들고 [漢文寫本 124쪽]미사 짐을 빼앗으려 하니, 마침 그 지방 큰 장날이었다. 수천백 명 장사꾼들이 이 광경을 보려 하므로 길거리에 가득하여 둘러싸였다. 뒤를 따라가다가 이 지경을 당하니 할 수 없어, 믿고 바라는 바는 오직 주님의 은총뿐이었다. 없는 용기를 떨치어 좌우로 헤치고 가마 앞에 들어서니, 주교가 미사 짐을 앞에 안고 악당의 말에 대답하시다가 눈을 들어 잠깐 보셨다. 악당이 미사 물건을 낱낱이 들추어내어 묻기를 "이것은 무엇이뇨?" 하면, 주교가 따라가며 대답하시되, "천주께 제사하는 옷이다", "촛대다", "술잔이다"라고 했다.

나중에 주교가 조선에 오실 때 청국淸國 함풍咸豐황제의 칙서勅書[10]인 '조선 만백성을 착하게 가르치라'는 글 한 장을 들추어내어 "이것은 무엇이오?"라고 했다. 주교가 눈을 크게 뜨고 이르시되 "오냐, 너의 나라 임금의 임금인 함풍황제가 조선 백성을 잘 가르치라고 주교에게 부탁하신 [한글사본 21쪽]글이다" 했다. 그러니 악당이 하는 말이, "무슨 그러하랴" 하고 그 글이 쓰인 문서를 제 꽁무니에 꽂았다. 내가 그 뒤에 섰다가 빼앗아 넓게 펴 들고 크게 소리 내어 "너희들 다 들어보라" 하고, 그 글 뜻을 자세히 풀어 낭송했다. 악당이 듣고

10 함풍황제의 칙서: 중국 청(淸)나라 조정에서 발행한 호조(護照), 즉 여행권을 '칙서'로 표현했다.

하는 말이, "그럴 수 있겠느냐" 하고 다시 빼앗아 제 바지 속에 넣었다. 주교가 잠깐 돌아보시며 하는 말씀이, "이 지방에 관장이 없느냐" 하니 그 사람이 "네, 지방은 신계新溪이옵고, 관장이 있삽나이다"라고 했다. 주교가 말씀하시기를 "그러면 관장에게로 가자" 했다. 이에 악당이 하는 말이, "우리는 수안 지방 사람이니, 수안으로 가자" 하고, 가마꾼을 위협하여 가마를 돌려 몰아갔다. 주교가 할 수 없이 "저들이 가자 하는 대로 가자"라고 분부하셨다.

날이 이미 저물어 쉴 때가 되니, 큰 장터 객줏집으로 모시고 가서 진지를 준비하여 올렸다. 주교가 말하기를 "정말로 상床을 물리라" 하신즉, 아래 몇 사람도 다 먹지 못하고 송구하여 모셨다. 그날 모였던 장사꾼과 [漢文寫本 125쪽]장터 모든 남녀 아동들이 무리 지어 구경하기 위하여 혹 집 위에도 오르며 울타리에도 오를 뿐 아니라 마당과 뜰에 [한글사본 22쪽]가득했다. 그들 중에, 간혹 주교의 얼굴과 동정도 보고 싶고 천주교 교리 내용도 알아볼 마음 있는 이는 앞에서 밀리어 주교가 계신 방문을 돌아 막을 뿐만 아니라, 더욱 밀려서 방안까지 들어와 주교의 무릎이 눌릴 듯한 지경이었다. 위력으로 물리칠 수도 없고, 주교 말씀도 "금하지 말라" 하셨다.

잠깐 돌아보니 그 둘러선 사람 중에 약간 아는 선비가 있었다. 그래서 나는 다시 생각을 돌려 가장 바짝 다가붙어 앉은 몇 사람을 조금 물러나 앉으라 하며 말하기를 "너희들이 주교의 지위가 높으신 줄을 모르고 이같이 바짝 다가앉으니 관습에 지나쳐 틀린 일이다" 했다. 그리고 천주교의 교리 말씀을 대강 말하여 차차 사람마다 영혼 하나 있는 줄을 알라 하는 데에 이르렀다. 이에 다시 내가 말하기를 "자기 영혼을 알지 못하는데, 어찌 주교의 존귀하신 품위를 알리오" 하여, 영혼의 오묘한 이치를 드러내어 하느님이 사람을 내신 본뜻을 차례차례 강론했다. 그 사람들이 제 영혼 묘리를 처음 듣고 무슨 생각이 있는 듯했다. 그들이 공손한 [한글사본 23쪽]모양으로 잠심潛心하여 들었다.

그러니 주교가 그 눈치를 아시고 당신 고난을 가벼이 여기시는 마음으로 손을 어루만져 무릎을 치시며 말씀하시기를 "오냐, 좋다! 많이 말하여라" 하셨다. 이같이 밤이 깊은 때에 이르러, 갑자기 큰 비가 내려 퍼붓듯이 하니 모든 사람은 다 흩어져 가고, 닭 울 때가 되니 비가 그쳤다. 주교의 공문을 가지고 있던 악당을 가만히 불러 돈 약간을 집어 주고 달래어, 그 문서를 찾아 주교께 바치니 즉시 행차하시겠다는 말씀을 하셨다. 비는 그쳤으나 개천물이 넘쳐서 다리를 다 넘었다. 미사 짐과 가마를 어깨에 높이 메어 아홉 구비 물을 건너 어제 트집 잡아 따지던 거리를 지날 때에 날이 해가 뜨려고 했다.

주막 사람이 잠을 깨어 문을 열고 나서며 하는 말이 "장 주교 지나간다"고 했다. 인하여 생각하기를 "장터 악당의 거취를 알아보리라" 하고 [漢文寫本 126쪽]바삐 가마 앞으로 가서 이 뜻을 말씀드렸다. 주교 말씀이, "그렇게 하라"고 하셨다. 돌아서서 그 개천 아홉 구비 찬물을 건너 장터에 당도하니, 배는 비고 몸이 떨려 조금 어려[한글사본 24쪽]웠다. 첫 술집을 찾아 한 잔 달라 하니, 늙은 주인이 일어나서 자리를 비우고 청하여 말하기를 "어찌하여 이렇듯이 다시 오셨느뇨?" 했다. 내가 말하기를 "볼일이 있노라" 했다. 주인의 말이 "어제 주교 모시고 하는 말씀을 대강 들었사오니, 다 거룩히 가르치는 말씀이라. 뉘가 항복하지 아니하리오" 하면서 술을 부어 권하기로 받아먹었다. 그 후 연달아 세 사람이 와서 주인의 말과 같이 천주교를 칭찬하고 술을 권했다. 이에 장터 다른 사람의 마음은 다 짐작하여 알겠으나, 악당 다섯 사람의 거취를 몰라 객줏집을 찾아가 알아본즉 "벌써 흩어져 제집으로 갔다"라고 하기에 의심 없이 바삐 주교 뒤를 따라 상경했다.

그때 주교 댁이 남문南門 안 싸전(쌀가게) 뒤 큰 집이었다. 하루는 미사 후에 주교를 뵈옵고 하직을 여쭈니 주교 말씀이 "사랑에 나가 있으라" 하시기로 나와 있었다. 한참 오랜 후에 복사服事 홍봉주 도마가 큰 서간지書簡紙에 가득히 글 쓴 것 한 장을 가지고 나와 건네주며, "보라" 하기에 펴 보니, "서울로부터 서북西北 모든 사람을 잘 가르치라" 하시는 회장권會長權을 다시[11] 주심이었다. [한글사본 25쪽]보기를 마친 후에 내가 말하기를 "나같이 열약한 것이 어찌 이 중임重任을 담당하리오. 못할 줄로 여쭙겠다"고 했다. 홍봉주 도마가 손을 둘러 "그렇게는 못 하는 법이다"라고 했다. 하직하고 내려오며 생각하기를 "이번에 내가 무리하게 주교를 비신자 무리 가운데에 영접했다가 감

11 다시: 봉교자술 한문사본 6張後面에는 "自京以西北諸道 傳教之權 會長差定也"으로만 되어 있다. 이로 미루어 보면, 봉교자술 한글사본의 이 부분에 나오는 '다시'라는 단어는 연문(衍文)이다.

히 주교께 고욕苦辱을 끼쳤으니, 엎디어 전능하시고 자애하신 주님과 성모님 대전에 비옵건대, 내 죄를 불쌍히 여기시어 너그럽게 용서하옵소서. 아멘.

[漢文寫本 127쪽]

제3장
주교의 명을 받들어 몇 권의 교리책을 가지고 몇 해 동안 신앙을 전파하다

내가 입교할 때 나이는 삼십이 갓 넘었다. 세속 집안일은 모두 처자에게 맡기고, 천주교 일만 본분으로 삼아 다시 천주교 교리 한문책 몇 권과 한문을 모르는 이를 위하여 한글책 두세 권을 보자기에 싸서 한쪽 어깨에 메니 조금 무거웠기 때문에 좌우 어깨에 번갈아 나누어 메니, 그때 보는 사람들이 다 '외어깨'라 이름하여 지목했다. 양심이 이끄는 대로 이리 가고 저리 갔다. 매양 세상에서 일컫는 바 학자나 글 잘한다고 하는 선비를 소문 소견대로 찾아가 인사하고 말을 주고받을 때면, 늘 주인[한글사본 26쪽]의 마음가짐과 문견을 보아가며, 사람 된 본말과 선악 상벌에 관해 이야기를 주고받으며 논의했다. 그러다가 옳다고 하면서도 다른 핑계를 대며 거절하는 이면 다만 십계명과 칠극七極 조목을 적어줄 뿐이었고, 조금 믿는 끝이 있어서 봉행할 마음을 보이는 사람이면 하루이틀 머물면서 열두 편의 기도문을 모은 『십이단』[12]과 세례성사와 성체성사 그리고 고해성사를 설명하는 『문답삼본』을 번역하여 주며, "영세 예비를 빨리하라" 하고 돌아갔다.

그 후에 다시 찾아가 권면도 하며, 또 이단을 배척하는 일이나 다른 일체 사망邪妄한 헛된 가르침 같은 것은 다 쉽게 깨부쉈으며, 유교와 도교 및 불교 세 가지 가르침을 배척하는 삼도벽파三道闢破에 이르러도 그 가르침들의 내용을 일찍이 공부하여 보았기에, 밝게 벽파하여 깨닫게 하기 쉬웠다. 그러나 오직 '그 조상을 위하노라' 하는 제례祭禮를 벽파하는 일은 사람마다 깨닫기를 어렵게 여겼다. 닥치는 대로 이렇게 권면, 저렇게 권면하기를 송도松都(지금의 개성)로부터 황해도 지방에 이르기까지 많이 다니며 권면했으나 덕이 없는 탓으로 믿어 준행遵行하는 자가 약간뿐이었다.

이때 평양에 살던 정태형鄭泰亨 원선시오Vincentio라고 하는 교우가 일찍 속세를 떠날 뜻으로 봉황대鳳凰臺라 하는 산에 들어가 살다가, 그곳에서 천주교에 관해서 듣고, 평양 시가市街로 나와 그 동생들을 가르쳤[한글사본 27쪽]다. 영세한 이후라 한번은 [漢文寫本 128쪽]그 동생 정태정鄭泰鼎을 보내어 나를 청하기에 사양할 수 없어 따라갔다. 정

12 십이단(十二端): 12편의 주요 기도문. 즉, 성호경, 삼종경, 천주경, 성모경, 종도신경, 고죄경, 관유하심을 구하는 경, 소회죄경, 천주십계, 성교사규, 삼덕송(신덕송·망덕송·애덕송), 봉헌경을 말한다. 이 십이단은 1860년대를 전후하여 조선 교회에서 통용되던 기본적 기도서로 생각된다. 김기호가 이 기도서를 번역해 전해주었다고 함을 보면 이 기도문들은 중국에서 유래한 듯하나, 현재로는 중국에서 십이단을 사용했다는 기록을 찾지 못하고 있다.

태형 원선시오가 마중 나와 평양 시가로 인도하여 하숙집을 정하고 머물러 있다가 수십 일이 되었다. 그를 아는 선비와 친구가 많아서, 날마다 몇 사람씩 불러 교리 강론을 듣게 하였다. 이에 날이 지남에 따라 듣는 사람의 수가 갑절이나 더해갔다. 그뿐만 아니라, 그중에 열정이 있는 사람들은 밤낮으로 떠나지 아니하니, 하숙집이 이들을 다 수용할 수 없었다. 이러한 형세에 따라 40~50여 명이 의론하여 밖에서 강론을 하기로 했다.

그리하여 '바깥에 장막帳幕을 설치하라'고 시키고, 보통문普通門[13] 밖 너른 벌 모래마당이나 잔디밭을 가려서 앉힌 다음에 강론을 드러내어 하기 시작했다. 그때 간혹 산책하며 길을 가던 사람들이 무슨 일인가 알려고 하여 가까이 와 엿듣는 눈치가 있으면, 매번 가까이 청하여 잘 듣게 했다. 어떤 이는 한참 듣다가 길이 바쁘다 하여 가는 이도 있었으며, 어떤 이는 가기를 잊어버리고 듣다가 석양 때가 되면 모든 이와 함께 떨쳐 일어나서 같이 하숙집으로 [한글사본 28쪽]들어와 한식구처럼 되었다. 이런 모양으로 수십 일 동안에 믿고 따르는 이들이 적지 아니했다.

어느 한 날은 "다른 지방으로 가자" 하니, 정태형 원선시오가 길을 인도하여 50리 거리가 되는 중화中和읍으로 가 하숙집을 정하고, 집마다 지휘하여 어느 날 밤이나 낮이나 청하는 대로 가서 말하여 차례로 돌려 가며 천주교 교리를 듣게 했다. 그리고 그 영혼 오묘한

13 보통문(普通門): 평양시 중구역에 있는 고구려의 성문. 현존하는 성문 가운데서 가장 오래된 것 중의 하나.

이치를 먼저 말해서 알려준 후에 "천주를 알아 믿으라"라고 했다. 그리하면 남녀를 가리지 않고 명오明悟[14]가 조금 터진 사람이면, "문답을 예비하겠노라" 했다.

며칠 후에 정태형 원선시오가 말하기를 "30리 거리가 되는 평양 동촌東村으로 가자" 하기로, 따라가 동네마다 지휘하여 천주교의 교리 말씀을 듣게 했다. 때는 장차 대맥大麥이 누런빛을 띄는 사월四月 남풍南風이 불던 때였다. 집집마다 낮이면 농사일에 바빠서 매양 밤이 되어서야 넓은 마당에 자리를 준비하고, 남녀를 구별하여 동서로 나누어 갈라 앉게 하고, 나는 가운데 들어섰다. 그런 다음에, [漢文寫本 129쪽]사람이 영혼과 육신을 결합하여 선과 악을 가릴 수 있는 오묘한 진리와 하느님이 삼위三位로 계셔 만물을 창조하시고 [한글사본 29쪽]강생하여 구속하신 은혜를 내가 아는 대로 대강 강론했다.

밤이 깊은 후에 그 듣는 이의 동정을 살펴보니, 좌우에 멀리 앉았던 이가 점점 가까이 앉게 되었다. 강론을 잠깐 멈추고 나서 좌우를 돌아보며 말하기를 "누구든지 오늘 들은 말씀이 마음에 합당치 아니함이 있으면 그 합당치 아니한 까닭을 다 말씀들 하시오" 하니, 대개 다 "옳은 도리를 좇아 행하겠노라"고 했다. 몇몇 동네를 이와 같은 방법으로 다 돌려 가며 듣게 하고, 낮이면 노는 선비들을 모아서 함께 담론하기를 마다하지 아니했다.

그러다가 하루는 평양 동촌을 떠나겠다고 말했다. 정태형 원선시

14 명오(明悟): 사물에 대하여 밝게 깨달음. 또는 그런 힘. 지성=intellectus, 영혼삼사(靈魂三司)의 하나.

오가 앞서 동행하여 황주黃州 지방까지 와서, "찾아볼 만한 동네의 선비들이 많이 있다"고 하면서 안내하여 대성大姓 이씨 집성촌을 찾아가니, 기쁜 마음으로 맞이해 주었다. 나는 그곳에서 여러 날 머물며 천주교 책도 꺼내어 보여주고, 교리 말씀도 약간 하여 권하니, 두어 동네 사람들 가운데 즐겨 따르는 사람들이 더욱 많았다. 그럭저럭 여러 달 만에 집에 돌아왔다가 [한글사본 30쪽]그해 가을에 평양에서 다시 사람을 보내어 청하기에 따라가, 지난봄에 교회에 입문하여 세례를 예비하고 있다는 사람이면 다 찾아 권면하여 말하기를 "속담에 '시작이 귀한 것이 아니라, 마침이 귀하다'라는 말을 명심해서 생각하여, 하느님의 은혜에 감사를 많이 하며, 자기 죄를 항상 통회하되 기도를 많이 하여 결실을 보도록 공부에 힘쓰라"고 했다. 그러한 다음에 현지의 회장[本會長]이 인도하는 대로 평양에서부터 순천順天 및 숙천肅川과 은산殷山 및 자산慈山의 모든 지방을 많이 다니며 세월을 허비했다. 그러나 하느님이 은총을 어떻게 베푸실지, 사람의 힘으로는 사람을 바꾸지 못하는 줄을 깨달았을 뿐이었다.

대저 평안도 사람의 기품을 의론컨대, 황해도 사람에 [漢文寫本 130쪽]비하여 상당히 다르니, 그 명오의 밝음이 조금 어둡고 남보다 앞서 나아갈 힘이 많아서, 천주교 교리를 자세히 알지 못하면서도 '좋다' 하면서, '나도 해보겠다'라고 하여 가볍게 '믿노라' 하는 이들이 많았다. 그러므로 베르뇌 장張 주교를 영접하여 성사를 행하실 때 큰 마당에 60명 혹은 80명씩 모아 영세 은혜를 받게 되었다. [한글사본 31쪽]이때 남녀 간 구경하려고 하는 사람이 많은 것을 금하지 아니하니, 영세 예비를 받지 않고서도 한 사람이 그중에 참례하여 영세한 이가 있다고도 했다. 수천 명 영세한 사람이 그 신덕信德의 뿌리가 미처 굳건하지 못해서 불행히 병인박해를 만났을 때 많이 냉담冷淡하여 무너지고, 믿는 덕이 굳어 하느님을 위해 순교한 사람은 합하여 불과 열 사람뿐이었다.

반면에 황해도 교우들의 신덕 도리는 상당히 밝았던 고로, 황주黃州 병영兵營에서 잡혀 죽은 이가 40여 명이고 해주海州 순영巡營에서 80여 명이며, 각 고을의 옥에서 죽은 수는 몇십 명인지 자세히 듣지 못했다. 어째서인가. 그때에 서흥瑞興 지방에 있다가 베르뇌 장張 주교가 잡히신 소식을 들었다. 할 수 없이 집과 약간의 세간살이들은 다 하느님의 것이니 도로 하느님께 바치고, 다만 성서와 성물을 거두어 가지고 처자와 함께 산성山城 어리골이라 하는 곳에 가서 숨어 수계守誡하는 교우 집에 의지하여 지냈다.

이렇게 하고 있으니, 차차 서울과 지방의 교우가 찾아와 함께 피난하는 자가 많아져서, 바깥소문에는 수백 인이 모여 있다고 했다. 그리하여 관가에서 포졸을 보내어 고을 경계 밖으로 쫓아내려[한글 사본 32쪽]는 뜻으로 집을 불살라 버렸다. 그래서 할 수 없어 각각 나뉘어 혹 석굴에도 숨고 땅을 헤쳐서 지은 움집에서도 지냈다. 그러다가 서울과 지방의 포교捕校 무리가 얼굴 생김새를 그려[容貌疤記][漢文寫本 131쪽]가지고 날마다 드나들어 서울과 지방으로 잡혀가 죽은 교우가 모두 40여 명이었다. 이러므로 그때 각처 교우의 잡힌 수만 대강 들었지 그 치명致命이 잘되고 잘못된 사정은 도무지 모르겠다. 그러나 나같이 아무러한 공功과 조그마한 덕도 없는 사람은 전후에 한 번도 포교를 만나보지 못하여, 하느님이 이렇듯이 큰 잔치를 베풀어 많이 상을 주시는 은혜에 빠졌으니 스스로 탄식하며 부끄러워할 뿐이다.

제4장

병인군난 때에 목자 잃은 양이 되어 동서로 피해 다니다가 외교인 지방에서 허송세월하던 일을 기억하며 스스로 탄식하고 스스로를 꾸짖다

베르뇌 장張 주교가 잡혀 새남터에서 순교하신 후에 풍파가 상당히 줄어들었다. 그러다가 덕산德山 일[15] 후에 대원군이 독한 마음을 먹고 교우의 씨를 없애고자 하여, 무작정 잡아 죽였다. 이에 어리골에서 처자는 먼저 떠나갔고 가족도 각각 흩어졌다. 나중에는 나 혼자 할 수 없이 [한글사본 33쪽]성물聖物과 성서를 다 거두어 굴에 감추어 두고, 달려 나가 외인 친척에게 헌 관망을 얻어 쓰고 단장을 끌며 지향 없이 이리 뒤척 저리 뒤척 하여, 강원도 영동지방과 영서지방을 다 두루 다녔다. 금강산에 들어가 일만 이천 봉 경치도 구경하며, 팔도 사

15 덕산 일: 1868년 무진년 충청남도 덕산(德山)에서 있었던 오페르트(Ernst Oppert) 일행의 남연군(南延君) 묘 도굴사건을 말한다. 이 사건으로 '무진군난'(戊辰窘難)이 일어났다.

람이 모여 금강산을 관광하는[遊山] 실정도 살펴보며 세월을 보냈다.

그러다가 돌아오는 길에 경기 삭령朔寧 살꼬지라 하는 동네에서 박 오위장朴五衛將 집을 찾아가니, 주인 영감이 간곡하게 대접하며 그 손자 두 아이를 가르쳐 달라고 하기에 "좋다" 하고 머물러 있었다. 마침 그 지방 관장官長이 글을 좋아하므로 시부詩賦 글 제목을 열 개씩 출제하여, 각 면面, 각 리里에 돌려보내어 글을 지어 바치라 했다. 주인어른이 [漢文寫本 132쪽]그 손자 아이들이 명성을 얻도록 하기 위하여 시詩와 부賦 각각 열 장帳을 지어 달라 간절하게 요청했다. 주인과 손님 사이에 마다하기 어려웠지만, 서책書冊이 없는 지방에서 참고서를 얻어 볼 수 없으니, 글의 제목이 가지고 있는 뜻을 모르고는 글을 지을 수 없었다.

마음의 괴로움이 적지 아니하여 주저하다가 홀연 생각을 돌려, 이왕에 지방 선비들을 등용하기 위해 치르던 절일제節日製나 대궐 안에서 보던 정시庭試에서 뜻을 모르고도 글을 짓던 모양과 같이 하리라 하여, 두 아이 이름으로 각 열 장帳을 지어 써 보냈다. 몇 [한글사본 34쪽]날 후에 글을 평가하여 합격자 명부[榜目]와 같이 나왔기에 펴보니, 글장마다 붉은 비점批點[16]을 많이 두드려 좋은 점수로 장원이 되었다. 주인어른이 합격자 명부를 보고 매우 기뻐하여, 대하는 사람마다 자랑하여서 글 잘한다는 이름이 멀리 전하여 퍼졌다.

그러나 내 마음은 도리어 황겁했다. 잠잠히 생각하건대 본디 변

16 비점(批點): 과거(科擧)시험에서 시관(試官)이 시가(詩歌)와 문장을 비평하여 아주 잘 된 곳에 찍던 둥근 점.

변치 못한 글이었지만, 천주교에 입교한 후에는 다 잊어버려 없는 것이거늘, 이렇듯이 헛되기만 한 글 잘한다는 이름이 널리 퍼지는 것이 혹시 영혼에 해가 될까 염려되었다. 그러나 이는 도무지 하느님의 은총으로만 돌려서 고마운 마음을 다 표현할 길이 없었다.

몇몇 해 동안을 처자와 함께 평안히 지내었으니, 과연 입교하던 처음부터 글자로 인연함이었다. 그 동네 모든 사람들이 다 그 자식을 가르쳐 달라고 하여 글방을 크게 마련한 후에 강사료를 후하게 책정하고, 생활필수품도 간곡히 대접해 주었다. 그럭저럭 허송세월할 때에 교우를 하나도 만나볼 수 없어 성교회와의 연락이 저절로 끊어지니 매일축일표를 얻어 볼 수 없어서 주일과 주일 사이에 있는 축일과 4대 축일을 차츰 미루어 짐작하여 적어보면서 스스로 탄식하고 책망해 가면서 주님의 분부만 기다렸다.

1876년 병자년 가을에, 이전부터 친하게 알던 김 요한과 [한글사본 35쪽]임 베드로 성실이 두 벗이 찾아와, 블랑 백白 신부[17]의 명을 전하여 말하되, "너를 부르신다"고 했다. 반갑고 놀라워 "어찌 된 말이냐?" 한즉 대답하기를 "백 신부가 청나라 차쿠[岔溝]성당에 오래 계시다가 4월에 영접하여 지금 서울에 계시니, '차쿠에서 네 이름을 많

17 블랑 백(白) 신부: 블랑(Blanc, 1844~1890) 신부. 1866년 서품 후 조선 선교사로 임명되었고, 1876년 5월8일 드게뜨 신부와 함께 황해도 초도(椒島) 앞바다에서 김성흠, 박순집, 오요셉의 안내로 조선에 입국했다. 한편, 리델 주교는 1877년에 입국하여 활동하다가 1878년 1월 28일 체포당해서 그해 6월 24일에 청국으로 추방당했다. 이 상황에서 블랑은 1878년부터 조선대목구의 부주교로 임명되어 활동하다가 1883년 7월 8일(양력) 주교로 서품되어 조선대목구장에 취임했다. 김기호는 블랑 백 주교의 복사가 되었다.

이 들어 아노라' 하시면서, 우리 두 사람에게 '찾아서 부르라' 하시어서 여름 내내 사방으로 찾아다니다 왔노라"라고 했다.

두 벗을 따라 서울로 올라와 신부를 뵈오니 분부하시되 [漢文寫本 133쪽]"임 베드로와 함께 교우들이 있는 각 지방을 찾아다니며 성사 준비를 빨리 시켜라"라고 하셨다. 그리하여 강원도 이천伊川, 평강平康, 춘천春川, 낭천狼川 등지와 경기 지평砥平과 그 밖의 몇 지방에 두루 다니며 일깨워 주었다. 1876년 10월 19일(음력)에 서울에 들어와 하루를 쉬고 20일에 백 신부를 모시고 전교길을 떠나니, 그때 복사服事는 김 바오로 여선이었다. 양주楊州 지방 한 공소와 철원鐵原 대광리大光里의 한 공소를 차례로 방문하여 성사를 주셨다. 그러고 나서 이천伊川 곰의골[熊洞]공소에서 40여 일을 머무시며, 각처의 교우들을 불러들여 모두 400여 명에게 성사를 주시고 돌아오셨다.

삭령朔寧 살꼬지[矢揷里]공소에서는 백 신부를 외교인 무리 가운데에서 대낮에 행차하여 모시니 [한글사본 36쪽]외교인들이 구경하려고 하는 이가 약간 있었다. 이들을 다 쫓아 보내고 취결례첨례[주님 봉헌 축일] 날에 성사를 거행하셨다. 신부가 즐거워하며 말씀하기를 "다른 공소와 같지 아니하니, 너의 임기응변으로 인하여 하느님의 영광이 적지 아니하여 매우 좋다"고 하셨다. 살꼬지를 떠나 낭천狼川 사자동[獅洞]공소에 가셔서 해를 넘기시고, 정월 초4일에 길을 떠나 춘천春川 지방 두 공소를 보시고, 또 지평砥平의 두 공소에서 많은 교우에게 성사를 주셨으니, 낭천에서부터 성사받은 교우 수가 합하여 200여 명이었다.

1877년 그해 2월 초9일에 서울로 돌아와 몇 날 쉬더니, 하루는 미사 후에 분부하시기를 "네가 즉시 내려가 처자를 데리고 3월 안에 황해도 백천白川으로 이사하라" 하시기에 연유를 물었다. 그러하니 블랑 백 신부는 "새 신부 영접하기를 위함이라"고 했다. 나는 분부대로 내려와 백천으로 이사했다. 그러나 그해의 경우에는 영접 길이 바다 위에서 어긋나 맞아들이지 못했다. 그러다가 그해 8월에야 리델 이李 주교가 두세Ducet 정丁 신부 및 로베르 김金 신부와 함께 오셨다.

리델 이 주교는 서울로 올라가시고, 두 분 신부는 백천白川에 마련한 공소집으로 들어와 조선 말씀을 배우기 시작했다. 가르쳐 주는 공부에 힘쓴 지 한 달 [한글사본 37쪽]쯤 지나자, 로베르 김 신부가 본 공소 교우에게 성사를 행하실 수 있었다. 강원도 이천伊川 지방의 교우들이 주교께 청하여 로베르 김 신부를 맞이하여 [漢文寫本 134쪽]떠나갔다. 그해 음력 12월 20일 전후에 이르러 두세 정丁 신부를 모시고 구월산九月山공소에 가 성사를 주시고 설을 쇠었다.

그런데 정월 초3일에 백천공소에서 두 교우가 급히 와 보고하는 말이, "바로 정월 초하룻날 서울 포도청의 포교와 포졸들 여러 패로 모두 20여 명이 백천읍 사무소에 달려들어 묻기를 "읍내에서 동으로부터 10리쯤 되는 곳인 새터에서 서양인西洋人과 같이 있는 김 선생의 집이 어디냐"라고 물었다 했다. 그리고 현지 백천의 포졸들을 얼마 더 데리고 나갔다 한다. 어떤 연고인가를 물어보니, "의주義州 변문邊門에서 조선 교우 두 사람이 청국淸國 차쿠성당과 오고 가던 편지가 드러나 잡힌 까닭으로, 리델Ridel 이李 주교가 음력 12월 27일에 잡혀 포도청에 계시고, 서양인과 같이 있는 김金 선생을 붙잡으려 함이라"고 했다.

이에 두세 정 신부는 판공을 그치고 구월산 꼭대기 곤하사라고 하는 곳에 가 피신하셨다. 리델 이 주교가 추방되어 청나라로 들어가신 다음 6월에야 신부를 모시고 4백여 리 거리에 있는 곡산谷山 문바위[文巖]에 계신 로베르Robert 김 신부를 찾아가 [한글사본 38쪽]몇 날 머무셨다. 그 후 두세 정 신부는 영남嶺南 지방으로 차차 전교하여 가셨다. 그리고 내가 삭령朔寧으로 나올 때에 로베르 김 신부가 부탁하는 말씀이 "나를 위하여 삭령 지방에 학당學堂 할 만한 집을 하나 마련하라" 하시기에, 돌아와 소소小沼둔치라 하는 교우 동네에 집을 하나 마련하고 김 신부를 맞아들여 학동을 불러 가르치게 했다.

이때에 블랑 백白 신부가 으뜸신부가 되어 조선 천주교 일을 총괄하시게 되었다. 블랑 백 신부는 당시 전라도에 계시다가 차차 전교하여 충주忠州 숭선崇善공소에 와서 계시면서, 배경집 회장을 보내어 로베르 김 신부를 부르셨다. 로베르 김 신부가 "함께 가자" 하시기에 김 신부를 모시고 길을 떠나, 가는 길목에 있는 공소에서 차례대로 전교하여 숭선공소에 이르러 한 주일 동안 계셨다. 백 신부의 명을 받들어 숭선에서부터 충주 소창이[小倉]공소와 제천 강릉 등지의 [漢文寫本 135쪽]공소를 따라가며 로베르 김 신부가 전교하실 때, 양양襄陽, 간성杆城 지나 샛령[間領]을 너머 양구楊口 궁꼴공소에 이르시니, 때는 4월 남풍南風이 불던 때였다.

그때 갑자기 한 사람이 서울에서 내려와 드게트Deghette 최 신부가 잡힌 소식을 알리니, 로베르 김 신부가 판공을 그치고 궁꼴에서 여름을 지내실 때였다. 날은 길[한글사본 39쪽]고 아무 일도 없으니 신부의 말씀이 "그저 놀면 모든 악의 근원이니, 책을 하나 준비하여 구령救靈을 잘하려는 뜻으로 날마다 한 조목씩 공부하여 기록하라"고 하셨다. 나는 사양할 수 없어 『구령요의救靈要義』라 제목하고, 날마다 붓을 들고 예수님과 성모 마리아께 지혜를 열어주시기를 자주 구하면서, 몇 달 동안에 책을 하나 엮어내어 신부께 바치니 "좋다"라고 하셨다.

그리고 하는 말씀이 "차쿠성당에 가는 인편이 있는 대로 리델 이李 주교께 보내어 감준(출판 허가)을 받게 하겠다"고 하셨다. 그 후 선교사를 조선에 맞아들이는 사람 편에 부탁하여 이 책을 리델 이 주교에게 보내셨다. 그때 맞아들인 분은 뮈텔Mutel 민閔 신부와 리우빌Liouville 류 신부 두 분이었다. 바다 위에서 서로 만나 짐을 인수인계할 때에 뮈텔 민 신부가 이 책을 들춰 보시고 "나는 권한이 없으므로 감준하지 못한다" 하여 가지고 오셨다가, 후에 블랑 백 주교께 드렸지만 지금까지 주교 책 상자에 다른 책과 같이 쌓여 있을 뿐이다.

그해 8월에야 로베르 김 신부가 다시 전교를 시작하여 낭천狼川 밤까시공소에 가셨다. 그날 김金 도마 열경悅卿이 블랑 백 신부의 편지를 가지고 왔기에 받아 보니, "즉시 평안도 냉담 교우들을 찾아다니며 깨우쳐서 속히 성사를 받게 하라" 하신 분부였다. 이 까닭을 로베르 김 신부께 여쭈어 [한글사본 40쪽]보니 신부의 말씀이, "윗신부의 분부를 거스를 수 없다마는 서울 교우들의 냉담한 모양이 또한 말할 수 없으니, 네가 먼저 나를 위하여 서울 교우를 깨우쳐 달라"고 권고하였다. 로베르 김 신부가 말하기를 "내가 차차 전교하며 속히 서울에 당도하겠으니, 너는 내일 떠나 바로 서울에 가서 교우를 가르쳐 낱낱이 성사를 타당히 받게 하여라"라고 하셨다. 그리고 서울 회장에게 분부하시는 편지를 써주셨다.

그래서 할 수 없이 서울로 바로 가서 한 달여 동안에 서울 회장과 함께 문안·문밖·강대[18]로 다니며 [漢文寫本 136쪽]밤낮을 헤아리지 아니하고 도리 말씀을 부지런히 권면하였다. 모든 교우가 다 좋다 하여 두세 번 다시 청하는 집이면 따라가며 원의대로 깨우쳐 인도해 주었다. 그 후 로베르 김 신부가 서울에 들어오신 후에 뵙고 하직을 고했다. 로베르 김 신부가 다시 부탁하시는 말씀이 "평양으로 가는 길 도중, 평산平山 지방에 한 공소가 있으니 네가 찾아가 몇 날 동안 지체될지라도 많이 일깨워 주어라" 하면서, 서로 만나는 날짜를 적어주시기로 받아 가지고 내려와 로베르 김 신부 분부대로 시행했다.

18 강대: 한자어는 '江帶'인 듯하며, 경강 일대(京江一帶)의 준말로 생각된다. 예전에 서울 주변 강가에 있는 마을을 이르던 말이다. [漢文寫本]에는 '上下江村'으로 나온다. 당시 서울 지역의 선교 단위가 대략 성내, 성외와 강대로 나뉘어 있었던 듯하다.

[한글사본 41쪽]

제5장

블랑 백 신부 명을 받들어 평안도 지방의 냉담 교우를 찾아다니며 깨우쳐 주기를 부지런히 했으나, 덕이 없는 탓으로 3년 동안에 성사聖事를 받게 한 숫자가 불과 80여 명뿐이다. 어찌 부끄럽지 아니하겠는가

블랑 백 신부는 처음에 청국淸國에서 10년 동안 전교하시다가, 차쿠 성당에서 조선 교우에게 "김 요한이 베르뇌 장張 주교의 명으로 평안도 지방에서 전교를 많이 한 일을 일찍 들었노라"라고 한 바가 있었다. 그러던 차에 블랑 백 신부가 경향 각 지방 회장들에게 물으시되, "누가 평안도의 냉담한 사람들을 귀화하게 하겠느냐?"라고 했다. 그러니 모든 회장이 여쭙기를 "김 요한밖에는 다시 없나이다"라고 했으므로 이렇듯이 분부했다.

그때에 내가 로베르 김 신부의 부탁으로 서울 교우에게 성사聖事를 준비시키고 평산 지방 공소까지 왔다가 바로 평양으로 가니, 그때 평양 시내에는 앞서 배교했다가 회두回頭한 교우가 3~4인이 있었다. 그 교우를 찾아가서 의논하여 냉담한 벗들이 사는 곳과 그 이름과 그 생사生死를 물어 탐지하여, 겨우 120여 명을 기록해 가지고 각처로 찾아다니는 [漢文寫本 137쪽]모양이 매우 어긋날 뿐 아니라 매우 위험하기도 했다.

때는 시월 찬 바람이 이는 때였다. 도처에서 인심이 매우 사나[한글사본 42쪽]워 아무 동네든지 들어가 그 사람의 성명을 가리키며 집을 물으면 선뜻 대답하지 아니하며 차림새를 살펴보니 서울 사람 차림인 듯하여 늘 의심하며 그 집을 일러주지 않고 머뭇머뭇하다가 하는 말이 "그런 사람 여기에 없소" 했다. 간혹 그 집을 멀리서 묻고 바로 찾아가 "주인 계시오" 한즉, 주인이 나와 "어디서 왔소?" 하거늘 대답하되, "댁 이름이 아무개라 하오?" 한즉 물끄러미 보다가 "나는 아니오. 아무 동네에 가서 물어보시오" 하니, 할 수 없었다.

날은 저물었는데 주막은 멀고 갈 곳이 아득하여 객실이 있을 만한 집을 찾아가 하룻밤 드새기[19]를 청해도, 매번 "객실이 없노라"고 했다. 그 지방 풍속에서는 객실 문의 바깥을 막고 안으로 두어, 제 친사돈 간이나 접대할 뿐이었다. 내 말이, "이 동네는 서재방도 없느냐?"라고 하니, "저기 있다"고 하기에 찾아가 선생과 인사하고 한기寒氣가 있는 방 한끝에서 자고 일어났으나 아침저녁 얻어먹을 법은 도무지 없었다. 또 어떤 지방은 가서 찾은즉 사랑舍廊에 동네 사람이 많이 모여 있다가 나왔기로, 인사 후에 천주교 형편을 잠깐 말하여 성사를 준비하는 말을 하니, 그 사람이 갑자기 [한글사본 43쪽]얼굴빛이 파랗게 변하고 머리를 돌려 하는 말이 "지금도 사람 죽일 놈이 다닌다" 하고 들어가더니 수삼십 명이 마당에 가득히 나섰다. 그 상황을 보고 나서 찬찬히 걸어오면서 생각하기를 "오냐, 저 사람들이 쫓아오면 내가 해줄 말이 있다" 하고 주님과 성모님의 은혜만 바라

19 드새다: 길을 가다가 집이나 쉴 만한 곳에 들어가 밤을 지내다.

고 그리며 오다가 멀리서 바라보니 아무 움직임이 없었다.

이전에 [漢文寫本 138쪽]베르뇌 장張 주교를 맞아들여 공소를 세웠던 은산殷山과 자산慈山 몇몇 동네는 다 세례를 받았던 사람이건만 한 집도 찾아보지 못했다. 숙천肅川과 안주安州 지방에 이르러서는 앞서 오래전부터 인연이 있던 몇 사람을 우연히 만나 성사를 받을 준비하기로 허락받은 이가 모두 7~8명뿐이었다. 그럭저럭 때는 음력 2월이 되어 다시 찾아볼 곳도 별로 없었다. 이에 서울로 돌아와 그런 까닭을 블랑 백 신부에게 자세히 말씀드리니 "7~8명이 돌아오는 것도 오히려 적지 않다"라고 하셨다.

그다음 해 시월에 또 블랑 백 신부의 분부로 평안도에 두 번째로 다시 갈 때, 새로 천주교에 입교한 아이 하나를 데리고 형편에 따라 겨울옷 한 벌을 준비하여 가지고 평양부平壤府에 이르렀다. 몇 교우와 더불어 의논하기를, "은산과 자산 지방에는 특별한 방법을 쓰지 아니하면 [한글사본 44쪽]작년과 같을 터이니, 이번은 함지박 장사 모양으로 행장을 차려 가지고 가 집마다 문밖에서 찾아 '헌 함지박이나 나무박 기우시오' 하여, 어떤 집이든지 기워달라 하면 기워주고 값을 헐하게 받는다면 필경 기워달라 하는 집이 많을 터이고, 혹 유숙留宿하게도 될 것이다. 그렇게 되면 그 사람들이 보는 데에서 성호聖號를 그리거나, 성경을 낭송하면 필경 묻는 사람이 있을 것이다. 그러면 천주교 교리와 우리나라가 처한 상황을 드러내어 말을 주고받아 보겠다" 하니, 그 교우들의 말이 "그렇지 않다. 그 사람들의 포악한 기품을 모르고 하는 말이다. 말을 주고받기 전에 큰 모욕을 당할 것이니 결코 그렇게 하지 못한다"라고 만류하기에, 이 말도 그럴듯하여 그만두었다.

다시 생각해서, 도처에 어떤 사람이든지 만나 묻기를 "무엇하러 다니는 사람이냐?"라고 하면서 모든 이단 사술邪術의 이름을 각각 들추어 말하면, 말하는 대로 따라 대답하되 "알지 못한다"라고 하다가, 나중에 [漢文寫本 139쪽]"혹 의술을 아느냐" 하는 사람이면 내 대답이, "마음병이 있는 사람이면 의원 노릇하여 더러 고쳐주었다"라고 했다. 그 사람[한글사본 45쪽]은 마음병을 고치는 명의라는 말을 전파시켜서, 어떤 병든 사람과 많은 말을 주고받게 되었다. 그중에 이전부터 알던 사람이 있어서 말을 주고받을 뿐 아니라, 앞서 회개한 이의 친인척을 찾아 이야기를 나누며 성사 준비를 허락받은 수가 40~50명에 이르렀다. 모두 로베르 김 신부에게 인도하여 보내어 성사를 받게 했다.

그해에도 2월에 돌아와 블랑 백 신부를 뵙고 그 회개한 교우 40~50명 명단을 바치니, 블랑 백 신부의 말씀이 "좋다"고 하셨다. 그 다음 해 시월에도 또 "가라" 하시니, 사양하지 못하여 즉시 떠났다. 그리하여 중화中和 지방에 가서 그곳의 윤 회장을 찾아 앞세우고 따라다니니 처음과 같이 생소하지 않았다. 말을 주고받기가 익숙한 고을에서 성사 준비를 허락하는 사람이 새로이 30~40명에 이르렀다. 이들을 다 인도하여 성사를 받게 한 후에 돌아오니, 그때도 또한 2월이었다. 그 성사받을 사람의 명단을 블랑 백 신부께 바치고 말씀드리기를 "제가 덕이 없는 탓으로 3년 동안에 별다른 실효가 없음이 이 지경에 이르렀으니, 너그럽게 용서하시고 나중에는 그 지방의 담당 회장[한글사본 46쪽]에게 분부하시어 전교하게 하시옵소서"라고 했다. 블랑 백 신부가 말씀하기를 "오냐, 성모의 은혜로 네 공로가 적지 않다" 하셨다.

제6장

블랑 백 신부가 전라도에 계시다가 서울 교우의 사정을 보살피려고 올라오신 후에 복사服事를 맡아볼 사람이 없다고 하여 사람을 보내어 부르셨기에 로베르 김 신부께 하직하고 올라와 블랑 백 신부를 모시고 지내던 일을 추억하며 슬퍼하다

[漢文寫本 140쪽]로베르 김 신부 모시고 5~6년 동안에 블랑 백 신부의 명으로 가을 전교 때면 세 번이나 평안도에 다녀온 후, 그해 가을에 블랑 백 신부가 서울의 교우를 두루 보살필 책임을 지고 올라와 계시면서 부르시니, 윗신부의 명을 어길 수 없었다. 서울로 올라와 필동筆洞에 초가집 하나를 마련하고, 안복사[20]로는 조 발바라를 부르고, 사환으로 일할 사람은 강성삼姜聖參[21]이 선정되었다. 지금 강

20 안복사: 선교사의 선교활동을 보좌하던 복사(服事)의 일종으로, 선교사나 성직자의 의식(衣食) 등 집안 생활을 담당하는 사람들에 대한 지칭이다.

21 강성삼(姜聖參, 1866~1903): 충남 부여군 홍산(鴻山) 출신으로 페낭 신학교에서 수학하다가 귀국하여, 1890년 용산 예수성심신학교에서 학업을 마친 후 1896년 강도영(姜道永, 1863~1929), 정규하(鄭圭夏, 1863~1943)와 함께 서울 약현성당에서 서품

성삼 신부는 신학생으로 선발되기 전에 그 고모인 강 마리아의 부탁으로 블랑 백 신부의 밑에 같이 있었다. 나는 그에게 글자도 가르치며 견진 준비를 시켜 대부代父까지 섰다. 그가 신학당 공부에 뜻이 있었으므로 블랑 백 신부께 말씀드려 말레이시아 페낭까지 가서 신학 공부를 힘써 했다. 그 결과 강성삼은 신품神品 성사를 받았으니, 주님의 은혜에 감사 많이 드린다.

그 후 4~5년 동[한글사본 47쪽]안에 성사를 집전하실 때면, 블랑 백 신부가 매번 분부하시기를 "남녀 교우에게 성사를 준비하는 절차를 다른 회장에게 시키지 말고, 네가 착실히 가르쳐 통회하는 지향을 발하게 한 다음에 고해하도록 하고, 큰 성사의 준비를 더욱 타당하게 하여 자격 없이 함부로 받는 폐단을 없게 하라"고 하셨다. 이때껏 서울 남녀 교우들은 블랑 백 신부의 온후하고 명백한 덕행을 고맙게 여기며 잊지 못하고 있다.

리델 이李 주교가 청국으로 들어간 다음 돌아가신 후에 교종敎宗의 명으로 블랑 백 신부가 일본에 들어가 주교로 승품하시게 되니, 때는 1883년 계미년 5월 15일경이었다. 오치옥吳致玉이라 하는 교우와 함께 블랑 백 신부를 모시고 길을 떠나, 그날로 제물포에 이르러 일본 배 진서환鎭西丸을 잡아타고 여섯 날 만에 [漢文寫本 141쪽]나가사키[長崎島]에 도착하여 조선관朝鮮館 성당에 알리니, 코스트Coste 고 신부와 죠조Jozeau 조 신부가 문 비리버를 데리고 와 영접했다.

을 받았다.

제물포에서부터 같이 온 교우로서 상해上海 영사관에 근무하던 요셉이 먼저 대성당에 들어가 그가 동행하여 온 까닭을 여쭈니, 프티장Petitjean 대주교가 기쁘게 맞아주고 나서 전보로 나가사키교구 산하 오사카[大阪]의 로케뉴Laucaigne 부주교와 모든 신부들에게 양력 7월 초8일 성부聖婦 엘리사벳 황녀皇女 축일날에 조선대목구 주교가 승품한다는 사실을 공고하여 다 알게 하셨다.

그날을 맞이[한글사본 48쪽]하여 부주교와 각처의 신부들이 다 모여 대미사 중에 우리 블랑 백 주교가 승품하실 때, 프티장 대주교가 주재하시고, 부주교와 대리감목 코스트 고 신부 두 분은 좌우에서 보좌하여, 축성하시는 예절이 거룩하고 아름다워 다 형용하여 기록하기 어려웠다. 우리 백 주교는 금관을 쓰시고 금지팡이를 짚으시며 성당을 두루 걸어 다니시니 위엄이 있으셨으며, 모든 신부들과 많은 신학생들이 서로 손을 모아 절을 했다. 이날에 성당을 둘러 구경하며 우러러보던 사람은 모두 합하여 3천여 명이라 했다.

조선교구 소속 신부 두 분과 교우 이 원선시오, 김 도마, 문 비리버, 최 누가, 박 바오로 다섯 사람이 함께 거처하는 숙소는 본디 프랑스 사람의 집이니 매년 집세는 120원씩 주고 있는 곳이었다. 담 안에 좋은 우물도 있고 과일나무도 약간 있어서 임시로 지내는 재미가 적지 아니했다.

그때 일본 프티장 대주교에게 축하의 글과 사언율시四言律詩 한 장을 지어 바치고, 또 조선에서 가지고 간 호피虎皮 한 장과 [漢文寫本 142쪽]약간 물건을 포장하여 드리니, 프티장 대주교가 많이 기꺼워하여 그 글은 당신이 계시는 방 벽에 걸고, 호피는 일본 기술로 산 호랑이 눈같이 꾸며 방에 두고 항상 보셨다. 하루[한글사본 49쪽]는 프티장 대주교의 생신이라 하는 고로, 조선 교우 5~6인이 함께 가서 축하를 드리니 강복하시고 상으로 돈을 얼마쯤 주셨다.

그때 도쿄[東京]의 오주프 주교는 본디 블랑 백 주교와 절친한 사이여서 세 번이나 전보로 연락하여 서로 만나보기를 간청했다. 그래서 블랑 백 주교가 코스트 고 신부와 함께 화륜선을 잡아타고 그달 초10일에 도쿄로 떠나가면서 분부하시기를 "너는 그사이에 죠조 조趙 신부의 방에 자주 들어가 조선 물정과 조선말을 많이 가르치라"고 하셨다.

하루는 죠조 조 신부가 "오륜五倫이 무엇이냐?" 하기에 오륜 뜻을 풀어 노랫말 26구절을 지어드리니 몇 날 동안 공부하여 깨닫고, "매우 좋다" 하셨다. 블랑 백 주교와 코스트 고 신부가 도쿄[東京]로 가신 지 한 달 가까이 되었다. 7월 12일에 오사카[大阪]에서 오시니, 그 이튿날은 성모승천대첨례였다. 여덟 시 반에 우리 블랑 백 주교가 대미사를 행하실 때 예절이 매우 거룩하고, 남녀 교우가 모여 참례하는 자가 수천 명이었고, 성당 밖에서 바라보던 사람의 수는 알지 못했다. 하루는 죠조 조 신부와 함께 배를 타고 우라카미[浦上]라 하는 지역의 큰 성당을 찾아가니, 교우의 집이 천여 호였고 신자 수가 5천 명에 이른[한글사본 50쪽]다고 했다.

7월 28일에 상하이[上海] 화륜선이 출항한다는 급보를 고하는 고로, 바삐 행장을 차려 그날 8시에 블랑 백 주교가 죠조 조 신부를 데리고 같이 배를 타니 지난번에 동행하던 상해 영사관의 요셉이 있고, 또 조선 사람 세 명이 있으니 김은진金恩津과 안 사과安司果와 [漢文寫本 143쪽]박 서방朴書房이었다. 이들과 같이 숙식하며 천주교 교리를 많이 강론하니 다 좋은 마음으로 들었다. 주교가 또한 너그럽고 후하게 대접하시니, 그 사람들이 주교의 덕을 찬송하여 '호好선생'이라 일컬었다. 다음 날에 끝없이 넓은 큰 바다에 이르러 풍랑이 크게 일어나서, 뱃길에 파도가 크게 넘실거려 사람마다 혼미한 중에 블랑백 주교도 또한 구토가 심하여 잠자기와 음식 먹기가 평안치 못하시다가, 8월 초하룻날에 이르러서야 바람의 세기가 상당히 그치어 평온해졌다.

양쯔강揚子江을 지나 오후 두 시에 배가 부두에 닿으니, 중국인 신부 세 분이 나와 기다리다가 영접하여 각각 수레에 올라 삼덕당三德堂으로 들어가시고, 나는 오치옥과 함께 종선從船을 타고 따라 들어가니, 지난번 일본의 성당에서 만났던 만주 공貢 신부와 치淄 신부와 그 두 복사가 머물러 있다가 손을 잡고 기뻐하는 마음을 이기기 어려워했다. 며칠을 쉰 후에 삼덕당의 위층 좌우의 벽 위[한글사본 51쪽]에 조선에서 순교하신 주교와 신부 열네 분의 상본像本을 현판으로 만들어 걸어둔 것을 뵈오니, 혹 상투와 관이나 망건을 쓰셨는데, 베르뇌 장 주교 모습은 조선에서 뵈올 때와는 달라서 기억에 흐릿하여 알지 못할 듯했다. 그리운 정情이 새로워 이에 삼덕당의 뜻을 기록하여, 조선 출신 후학後學으로 베르뇌 장 주교의 사적을 추억하여 잊어버리지 말게 하고자 함이다.

아름답다. 우리 하느님은 만 가지 덕을 온전히 갖추어 계시나, 오직 신망애 삼덕으로 우리 사람에게 태워주심은 어떤 까닭인가? 무릇 사람이 믿음이 없으면 수레에 바퀴가 없음과 같으니, 수레에 바퀴가 없으면 갈 수 없을 것이오, 사람에게 바람望이 없으면 농부에게 가을이 없음과 같으니, 농부가 가을이 없으면 거둘 수 없을 것이다. 사람에게 사랑愛이 없으면 불에 뜨거움熱이 없음과 같으니, 불에 뜨거움이 없으며 쬘 수 없을 것이니라.

오직 한 분의 큰 주님이 우리 인류를 위하여 [漢文寫本 144쪽]비로소 만 가지 이치[萬理]를 판단하셨으니, 다 선善하시고 [한글사본 52쪽]다 아름다우시다. 어찌 그 능력을 사람에게 주지 아니하시고, 경계誡하시며 책벌하시겠는가? 무릇 그 시초에 영혼을 부여해 주실 때에, 각각 선善을 행하는 양능良能과 악을 피하는 양지良知를 갖추어 주셨다. 그러므로 영혼 삼사三司에는 만 가지 이치理致가 충만했으니, 기함記含의 실實함과 명오明悟의 분별함과 애욕愛欲의 발發함이 사람 마다마다 그러했다. 슬프다. 우리 원조原祖가 하느님의 명을 어긴 후에 일곱 가지 죄의 종자가 육신을 얽고, 육신과 세속과 마귀 세 원수가 세상에 들어와 선과 악이 뒤섞여서 영혼과 육신이 함께 위태하니, 어찌 탄식하고 애석해 하지 아니하겠는가!

믿기는 믿으나 믿음에 살고 죽음의 다름이 있으며, 바라기는 바라나 바람에 헛되고 거짓된 염려가 있으며, 사랑하기는 사랑하나 사랑에 보편되거나 사사로운 욕심이 있도다. 큰 주님을 믿지 아니하고 다른 헛것[邪妄]을 믿으면, 이에 죽은 신神을 믿는 일이다. 큰 주님께 바라지 아니하고 다른 권리를 바라면, 이에 헛된 바람일 뿐이다. 큰 주님을 사랑치 아니하고 다른 세상 물질[歲物]을 사랑하면, 이에 사사로운 사랑이 되도다.

이러므로 우리 큰 임금이며 어버이[大君父]께서 특별히 자애하신 은혜를 베푸시어, 강생해서 세상을 구원하시고, 지극히 보편되고, 오직 하나뿐인 천주교[한글사본 53쪽]회를 세우시어, 성총聖寵을 부쳐주어 모든 영혼의 생명이 되게 하셨다. 일찍이 천주교를 믿어, 항상 성총 지위에 있는 사람은 가히 신망애信望愛 세 가지 덕이 있는 복된 사람이라 하려니와, 비록 천주교를 믿더라도 성총의 은광恩光을 보존하지 못한즉, 신망애 덕이 없는 불행한 사람이라 할 수 있으니, 어찌 몹시 두려워 경계하지 아니하랴.

중국은 땅이 넓고 인물이 번화繁華하니, 하느님이 강복하심이 예로부터 이제까지 미치고 있다. 강희康熙[1662~1722] 연간에 선교가 자유로워 성전聖殿을 세움이 2백여 곳이었으니, 삼덕당三德堂의 이름이 어찌 우연함이랴. 또 동치同治 원년[1862]을 기다려 새 조서詔書를 반포하여, 이전의 금지령을 철폐하고 네 성당을 중수重修했으니, 거룩하고 아름답도다. 감히 바라건대, 중화中華의 모든 [漢文寫本 145쪽]군자들은 삼덕당에 올라 그 덕을 사모하며 이 이름을 들으니, 그 뜻을 알아 각각 그 몸을 닦고 각각 그 덕德을 힘써 함께 뛰어난 복락을 누리게 함이여, 나의 자그마한 정성으로 간구하는 바이로다.

조선 명도회 후학 김 요한은 삼가 기록하노라.

[한글사본 54쪽]상하이上海 시내 안에는 서양 여러 나라의 조계지가 각각 있다. 집은 다 높고 화려하게 꾸며 혹 이층이나 삼층이고, 문 앞의 길은 크고 넓어 수레와 말이 몰리고 붐벼서 떠드는 소리에 밤낮이 없으니, 짐짓 동양과 서양이 서로 어우르는 대도회처都會處이다. 시내에 있는 큰 성당 다섯 곳에 다 들러 참배했다. 남경南京교구의 대감목 예倪 주교는 상해 서쪽 지역 20리 지점에 있는 큰 성당에 계셨다.

하루는 우리 블랑 백 주교와 죠조 조 신부를 모시고 수레를 같이 타고 서쪽 지역으로 가실 때, 멀리 바라보노라니 평원 광야에 높은 집이 빽빽이 들어차서 스스로 하나의 큰 마을을 이루었더라. 큰 성당에 이르러 예 주교 앞에서 가락지에 친구하고 뵈었다. 예 주교는 나이가 59세인데 창백한 흰 얼굴에 흰 머리카락이 의젓하여 천사와도 같았다. 두 분의 주교와 모든 신부를 따라 성당 구내 네 곳에 세워진 시설들을 두루 보았다. 한 곳은 여러 동물들을 갖추어 배열했으니 길짐승과 날짐승, 크고 작은 사슴이며, 물고기와 자라 등과 같은 동물을 옮겨놓은 것들이었다. 한 곳은 성서聖書나 성상聖像·성물聖物 등을 만드는 사람들이 일하는 곳이었다. 한 곳은 돌로 쌓은 10층 전망대展望臺가 구름 사이에 높게 꽂혀 있는 것이었다. 한 곳은 수사修士와 수녀修女가 기르고 가르치는 아이들의 글 읽는 소리였다. 이 성당에서 우러러 사모하니, 하느님이 만물을 생육하시는 기상과 우리 주님 예수께서 영[한글사본 55쪽]원토록 교양하시는 참다운 사랑[眞愛]을 볼 수 있을 듯했다.

이달 27일(양력 1883.9.27)에 다행히 조선으로 가는 영국 배편이 있어서 [漢文寫本 146쪽]7시에 행장을 수습하여 배에 올라 돌아보니, 조선 사람 6~7명이 있었다. 이는 조선 정부에서 명하여 보낸 기계관器械官 김명균金明均 일행이었다. 배의 빠르기가 화살과 같아 29일 7시에 제물포에 다다랐다. 김명균이 뜻밖에 명함을 블랑 백 주교께 드리고 보기를 청했다. 블랑 백 주교가 반갑게 접대하여 통성명하고 여러 가지로 말을 주고받았다. 김명균이 먼저 내린 후에 검사하는 장교가 들어왔지만 조금도 상관함이 없이 나갔다.

블랑 백 주교는 오치옥에게 말하기를 "먼저 육지에 올라가 모든 절차를 주선하라"고 했다. 해 질 녘에 오치옥이 들어와 고하는 말이, "나가서 상황을 살펴보았으나 아무 염려가 없습니다"라고 했다. 블랑 백 주교가 청나라 사람들의 옷으로 바꾸어 입고 프랑스 교우와 함께 하륙下陸하여 교우 김 선생의 집으로 가시니, 밤이 이미 깊었다. 이튿날 적지 아니한 짐들을 무사히 김 선생의 집으로 다 옮겨왔다. 그리고 즉시 사람을 서울로 보내서, 가마 네 대[한글사본 56쪽]를 보내달라고 했다. 우리 일행이 초2일(양력 10월2일) 아침에 제물포를 떠나 서울에 들어오니, 회장들과 모든 교우가 약간 술과 과일을 가지고 나와 맞아주었다. 블랑 백 주교는 서강西江을 건너 댁으로 가시고, 죠조 조 신부는 마포를 거쳐 명동으로 들어오셨다. 대저 이번 여행길에 조금도 방해를 받지 아니하고 갔다가 오심은 도무지 우리를 성모께서 보호해 주신 은혜였다. 바라건대 모든 교형자매는 마음을 한가지로 쓰고, 소리를 같이하여 만만번 감사드리고 축하드립시다. 아멘.

제7장

블랑 백 주교가 승품하신 후 여덟 해 동안에 모시고 지낸 일을 기록하나 고마움을 다 표현할 길이 없고, 잘못을 뉘우치며 스스로를 꾸짖다

조선교구장 안티고넨시스 명의주교 블랑 백 요왕은 본성이 너그럽고 교리를 깊이 연구하여 교우를 어루만져 순순히 가르치셨다. [漢文寫本 147쪽]승품 후에는 그 두루 사랑하시는[兼愛] 덕행이 더욱 탁월하셨다. 위로는 항상 국왕을 뵈옵고 싶은 마음이 있었지만 기회가 없음을 탄식했다. 아래로는 재상들을 상종하여 친하기를 좋아하[한글사본 57쪽]는 고로, 간혹 재상을 만나는 자리에서는 짧게 교리를 말씀하여 십계十誡를 강론하기도 하셨다. 먼저 고아원을 세워서 어린이 수백 명을 모아 기르고 가르치시며, 서양 수녀를 청하여 고아들을 돌보도록 했고, 조선 수녀를 많이 모아 어린이들을 가르치게 하셨다. 또 양로원을 설립하여 신자가 아닌 늙은 사람을 많이 모아 기르고 가르쳐 구령 공부에 힘쓰게 했다. 또 무연고자의 장례를 주관하도록 인애회仁愛會를 창설했다. 블랑 백 주교 당신이 수백 금金을 도와주어 죽은 이를 장사 지낼 뿐 아니라 그 연옥 영혼들을 돕기를 위하여 미사 몇 대씩 드리게 조처했다.

한 해는 남도 사람이 흉년을 만나 굶어 죽는 사람이 많다고 하는 말을 들으시고, 측은하신 마음을 이기지 못하셨다. 재물을 많이 가지고 있던 독일 사람 묄렌도르프Möllendorf를 보시고 그 말씀을 하시니, 묄렌도르프가 "나도 그 마음이 있으나 구제할 방법도 모르고 길이 없어서 못 했는데, 주교 말씀이 매우 좋소" 하고 은전銀錢 얼마를 배정해 주었다. 그 은을 남도에 있는 보두네Baudounet 윤사물尹沙勿 신부에게 보내어 가난한 백성의 사정과 형세를 [한글사본 58쪽]살펴 따라가며 나누어 주며 얼마간 구제하게 하셨다.

또 십 년 동안에 걸쳐 종현鍾峴성당 건축을 계획하여, 처음에 한 집씩 차차로 사들여 인쇄소도 세우시고 수녀원도 마련하며 주교관도 세웠다. 그 후에 성당 터를 닦으려 하니, 정부 대신들이 반대를 많이 했다. 그때 외아문外衙門 독판督辦은 조병식趙秉式[22]이었는데, 서울주재 프랑스공사公使는 본국에 들어가고 러시아공사가 대신하여 일을 보고 있었다. 터를 닦기 시작한 지 몇 날 만에 독판이 외아문의 여러 관원을 데리고 왔으며, 포졸도 몇 명을 불러서 터 닦는 곳 곁에 매복시켜 놓고 왔다.

22 조병식(趙秉式, 1823~1907): 1858년 문과에 급제한 후, 대한제국기 궁내부 특진관, 외부대신, 참정대신을 역임한 관료. 1889년 흉년을 이유로 방곡령(防穀令)을 실시했다가 일본에 배상금을 지불한 바 있으며, 1894년 동학농민혁명 때 탐관(貪官)으로 규탄받은 바 있고, 1898년에는 황국총상회장이 되어 황국협회를 조직하여 독립협회를 타도하는 데 앞장섰다.

러시아공사도 또한 와서 참관하였다. 블랑 백 주교를 모시고 가서 살펴보니, [漢文寫本 148쪽]독판 조병식은 동편에 서고, 웨베르 공사는 서편에 마주 섰으며, 블랑 백 주교는 동북편에 독판 가까이 서 계셨다. 조병식 독판이 소리를 높여 영희전永禧殿[23]을 맡아보는 관리를 불렀다. 그 관리가 대답하고 허리를 굽히고 빨리 걸어가 조병식 독판 앞에 엎드렸다. 독판이 분부하기를 "절목節目 책을 올려라" 하니 그 관리는 다시 허리를 굽혀 빨리 갔다 와 책을 올렸다. 조병식 독판이 책을 뒤적거리다가 끝장을 펴 들고 [한글사본 59쪽]블랑 백 주교께 보시기를 청했다. 블랑 백 주교가 보시니, 영희전 뒤 산줄기를 파헤쳐 집을 짓지 못한다는 규정이 있었다. 백 주교가 그 간사한 계교로 절목의 끝장에 새로 덧이어 쓴 자취를 훤히 아시고, 러시아 공사에게 책을 건내주면서 서양 말로 그 간교한 뜻을 알게 하셨다.

러시아공사는 본디 혹독한 성품이어서, 눈을 크게 뜨고 얼굴에 핏대가 일어서니 머리카락이 위로 치솟았다. 러시아공사는 조병식 독판을 노려보다가 책을 들어 독판을 칠 듯했으나, 책은 조병식 독

23 영희전(永禧殿): 원문 영휘전은 오식이다. 조선왕조의 태조, 세조, 원종(인조의 부친), 숙종, 영조 등의 어진이 봉안되어 있었다. 오늘날 서울특별시 중구 중부경찰서와 영락교회 등이 자리 잡고 있는 지역에 임진왜란 이후 1619년 새롭게 건립되어 조선 후기 태조 이하 역대 왕들의 어진(御眞)을 모시고 제사 지내던 전각이다. 숙종과 정조(正祖) 대를 거치면서 종묘에 버금가는 왕실 조상의 공적을 기념하는 장소가 되었다. 그러나 1885년 한성조약 결과 영희전 일대가 일본인들의 거주지와 상업지역으로 바뀌어 갔고, 1898년 명동성당이 영희전을 내려다보는 위치에 건립된 이후, 국가적 제향 장소로서의 위상에 타격을 받게 되어, 순종은 1907년 이곳에 봉안되었던 어진들을 창덕궁 안에 있던 선원전(璿源殿)으로 옮기게 되었고, 영희전 터는 일본인들의 활동지로 바뀌게 되었다.

판의 발등에 떨어졌다. 러시아공사가 분한 마음을 참기 어려워 다시 책을 집어가지고 가져다가 멀리 팔매치니, 영희전의 담당 관리가 따라가 거두었다. 러시아 공사는 말없이 내려가 버렸고, 조병식 독판은 고개를 숙이고 숨도 제대로 못 쉬는 모양이었다. 이에 백 주교가 그 소매를 당기어 같이 내려가자 하시고, 인도하여 방에 들어가 십여 명이 자리를 잡고 앉으려 할 때, 백 주교가 돌아보시며 눈짓하는 고로 따라 들어가 참여했다.

블랑 백 주교가 술을 부어 술잔을 돌릴 때에 독판이 말하길 "우리나라 풍속은 추진하던 일을 마친 후에야 술을 마시는 법이니, 혹 취하여 일을 실수[한글사본 60쪽]할까 염려하기 때문이다"라고 했다. 이에 블랑 백 주교가 대답하기를 "그렇지 아니하다. 조금씩 마셔 기맥氣脈을 통하게 하면 좋다"라고 하셨다.

조병식 독판이 블랑 백 주교에게 말하기를 "이 터를 닦는 자리는 우리 대군주大君主의 조상 위하는 영희전 뒤 산줄기다. 만일 고집하여 천주당을 세우면 우리 대군주의 마음이 매우 좋지 않다 하시리니, 달리 마음의 합당한 곳을 청하면 바꾸어 주겠다"라고 했다. 블랑 백 주교가 선뜻 대답하기를 "그러면 새문안 대궐 [漢文寫本 149쪽]빈 터를 달라" 하셨다. 조병식 독판이 말하기를 "아무리 빈터인들 대궐 자리라 사람으로서 해야 할 일이거나 이치에 마땅하겠는가? 그 일은 못하겠다" 블랑 백 주교가 말씀하기를 "그러면 내 마음에 합당한 곳은 이곳밖에는 없으니 다시 아무 말도 마시오"라고 했다. 조병식 독판이 나를 돌아보며 하는 말이, "위의 한 곳밖에는 도무지 모르는 구나"라고 했다. 내가 말하기를 "주교 대인도 '우리 대군주를 모르노라' 함이 아니오니, 독판 대인께서 많이 생각하여 처리하실 일입니다"라고 했다. 그러고 나서 술을 따라 다시 잔을 돌린 후에 서로 아무 말 없이 작별했다. 그 후 며칠이 지나서 조병식 독판이 기별하기를 "성당 터를 산 전후 집문서를 [한글사본 61쪽]모두 모아 외아문으로 보내라" 하기에 보내었다. 한 보름 동안 회답을 지체하다가 한성부의 관인官印을 찍어서 보내었으므로 다시는 아무 말 없이 성당을 짓게 되었다.

블랑 백 주교는 또 모든 교우들을 가르치기 위하여 많고 많은 성서를 다 번역하기가 제일 원하던 바였다. 그러므로 나같이 부족한 사람도 불러 가르쳐 가며 번역시키셨다. 그런고로 겨를 없던 중에도 당신이 서양 사람의 집이나 다른 회의에 출입하실 때면 늘 나를 데리고 가셨다. 그리고 간혹 화목하게 지내지 못하는 교우가 있거나 새로 입교한 교우가 있다 하면 번번이 나를 보내셨다. 한번은 블랑 백 주교를 모시고 번역하다가 붓을 머무르고 아뢰기를 "제가 입교한 이후 처음부터 성년광익聖年廣益이나 성인전聖人傳을 한결같이 보아왔는데, '하느님을 가까이 모시고 사랑하는 길은 세상을 등지고 조용한 곳에 머물러 일하는 데에 있다'고 되어 있어서 그러한 원의가 항상 간절했습니다. 주교께서는 너그럽게 여기시어 저를 놓아주시면, 책 몇 권만 가지고 깊은 산 돌구멍이나 참나무 밑을 찾아가 생명 주시는 날까지 지내어 볼까 합니다"라고 했다. 주교가 눈을 들어 잠깐 돌아보시고 적이 [한글사본 62쪽][漢文寫本 150쪽]웃으며 말씀하시되, "저

많은 책 번역은 누가 하랴. 나는 그렇게는 못 하겠다"라고 했다. 그럭저럭 지내다가 몇 해 후에 다시 이 뜻을 다시 여쭈니, 블랑 백 주교가 대답하시기를 "남의 좋은 마음을 막을 수 없다마는 신앙의 자유가 주어지기를 조금 더 기다려라"라고 하셨다. 이에 내가 말하기를 "어째서 그렇습니까?" 한즉 "지금은 사람이 없기 때문이다"라고 하셨다.

그래서 나는 할 수 없이 떠나지 못하여 모시고 지내는 중에, 내가 어리석고 사리에 어두웠던 탓으로 한두 번 백 주교가 얼굴빛을 붉히시고 꾸지람을 하신 적이 있었으므로 항상 황송하게 여겨왔다. 블랑 백 주교가 우연히 병환에 걸리셨다. 기력이 왕성하신 터에 "설마 어떠하시랴" 하여, 약을 쓰며 성모님의 도우심만을 바랐지만 어쩔 수 없었다. 우리 동국東國 교우들이 복이 없던 탓인지. 아니면 백 주교 당신이 공을 갖추시고 덕이 온전하시어 주님이 부르시는 명령이신지, 그해 3월 초3일에 세상을 버리셨다. 예절을 갖추어 용산 삼호정三湖亭 뒤에 장사葬事하여 모셨다.

이때에 조선 8도 전교회장 몇 사람이 왔다가 장사에 참례까지 했는데, 이는 블랑 백 주교가 지시하여 부른 사람들이었다. 별수 없이 다 돌려보내면서, '성모성탄 때에 다시 올라오라'고 했다. [한글사본 63쪽]두세 정丁 신부가 하루는 나를 불러 말씀하시기를 "천주교 교리책을 하나 공부하여 만들어 보도록 하라"고 하셨다. 내가 묻기를 "어찌하시는 분부입니까?"라고 말하니, 두세 정 신부가 말하기를 "가을이면 시골에서 전교회장들이 올라오겠지만, 그 사람들은 도무지 교리를 모른다. 그러니 어떻게 제대로 전교하겠느냐?"라고 했다. 내가 말하기를 "그 사람들에게 교리를 알게 할 수 있겠습니까?"라고 했다. 두세 정 신부가 말하기를 "오냐, 나와 함께 의논하여 힘써보자" 하시고 책 만들 종이를 주셨다. 할 수 없어 종이를 받아가지고 날마다 두세 정 신부 방에 가서, 정 신부가 가르쳐 인도하시는 대로 제목을 따라가며 말을 만들어 갔다. 제목의 차례는 대개 하느님이 천지를 창조함과, 천당복락과 지옥영벌과, 원조 아담과 에바가 하느님의 명을 어김과, 하느님이 강생하심과 수난구속과 일곱 가지 성사와, 죽은 다음의 심판과, 조선은 이단 지방이기 때문에 모든 이단을 배격하는 제목을 각각 제시하여 논의하는 내용이었다.

두세 정 신부가 틈틈이 방에 들어오시어 말 만든 것을 보시고, "잘 되었다" 하시기도 하며, 잘못된 것이면 "고치라"고 하시니, 다시 고쳐 기록해 갔다. 그리하여 한 달 동안에 크게 엮어놓은 책 하나가 되었다. 성모성탄 때에 이르러 과연 각 도道의 회장들 모두 열세 사람이 [한글사본 64쪽]왔다. 두세 정 신부가 준비해 놓은 강의안을 내어주시며 분부하기를 "너희들이 한 방에 모여 이 책을 돌려 보아 가면서 모르는 것은 저 요한에게 물어서 안 다음에, 각각 책을 가지고 자신의 생각과 도량대로 교리를 설명하는 말을 만들어 누가 잘하나 보자" 하셨다.

날마다 같이 한 방에 모여 제목을 따라가며 공부하기를 50여 일에 이르니, 이단을 깨부수는 논의가 제일 많았다. 신부도 날마다 그 말 만드는 것을 보아 가시며 좋은 도리 말씀을 많이 가르치시었다.

그 회장들을 이렇듯이 잘 가르쳐 각각 짐을 챙겨 고향으로 돌려보낸 후에 두세 정 신부가 또 내게 분부하시기를 "네가 블랑 백 주교의 명으로 성경 번역을 해왔는데, 못다 한 것이 몇 책이냐?"라고 물으셨다. 내가 대답하기를 "열아홉 권 본문에서 열 권까지만 번역했고, 아홉 권은 아직 못다 했습니다"라고 했다. 두세 정 신부가 말하기를 "그러면 양로원에 있는 더운 방에 가서 숙식하면서, 부지런히 마치도록 하라"고 하셨다. 그리하여 9월부터 시작하여 밤낮을 헤아리지 않고 하되, 혹 눕든지 앉았든지 붓을 잡아 기록하니 글자 모양이 변변치 못하여 제대로 이루어지지 못하다가 설을 지난 후 2월까지 하여 다 [한글사본 65쪽]마쳤다.

뮈텔 민閔 주교가 그해 1월 15일에 두 분 샤르즈뵈프Chargeboeuf, J. M. Etienne(1867~1920) 송宋 신부와 뒤테르트르Dutertre, Léon Pierre(1866~1904) 강姜 신부를 데리고 오셨다. 뮈텔 민 주교는 뒤테르트르 강 신부를 양로원에 머물게 하시고, "조선말을 가르치라"고 하셨다. 내가 얼마 동안 가르쳤는데, 뒤테르트르 강 신부는 3월 피정 후에 강원도 이천伊川으로 가셨다. 피정 후에 나는 성경 번역한 것을 봉하여 뮈텔 민 주교에게 바치고 하직을 고했다. 뮈텔 민 주교는 말씀하기를 "네 마음대로 하라" 하시니, 이는 하느님의 특별한 은혜였다.

블랑 백 주교의 장례가 끝난 다음 즉시 물러가야 했겠지만 그렇게 하지 아니한 까닭은, 새 주교가 오시면 주교 문서 등을 이어받아 맡아볼 것인데, 혹시 살펴보시다가 물으실 일이 있을 듯하여 머물러 있다가 [漢文寫本 152쪽]이렇듯이 물러가기를 아뢰니 뮈텔 민 주교가 특별히 허락하셨다. 이런 감사하고 고마운 은혜가 다시없는 듯하여 즐거운 마음으로 물러 나와 모든 벗님들에게 하직을 고했다. 마침 둘째 아들 시몬이 그 모친이 돌아가신 후 첫 번째 기일의 연도煉禱를 바치기 위하여 서울에 올라와 기다리고 있었다. 나는 그날 자식을 따라 광주廣州 토구리 집으로 내려왔다. 이곳 산골 조그마한 집터에는 허울은 좋으나 거친 땅에 불과한 며칠갈이 밭이 있고, 약간의 과일나무도 있었다. 내가 블랑 백 주교를 모시고 있을 때에, 어떤 교우가 [사사로이 가해지던 박해인] 사군난私窘難을 만나 갈 곳이 없노라" 하기에, 블랑 백 주교께 말씀드리[한글사본 66쪽]고, 교회 재물 수백여 금을 빌려서 사 주었는데, 그 사람이 끝내 오지 않아 집 둘이 비어 있었다. 그래서 나는 큰아들 몇 식구를 먼저 이사시켰다. 이사 후 4~5년경에는 작은며느리가 병을 치료하기 위하여 내려와 있다가 실수로 불을 내어 집과 의복 등을 모조리 태우고 다시 집을 지어 들어가 살았다.

그 후 차차 가난한 교우들이 화전火田을 일구기 위하여 들어온 이도 있었고, 근처에 살고 있던 새로 입교한 사람들이 수계守誡하기를 위하여 이사한 이도 많았다. 그리하여 이 골짜기 통 안에 세 개의 동네가 이루어졌고, 집들도 모두 합하여 여러 30호가 되었다. 어찌 하느님의 은혜로 마련된 곳이 아니겠는가! 갈수록 주님의 은혜에 감사 못다 할 일이 있으니, 몇 해 전에 성당을 설립하여 크지는 못하나 재력대로 건축해서 신부를 맞아들여 모시고 지내니, 이 또한 하느님의 은혜 위에 은혜로 더하심이 아니겠는가! 바라건대, 우리 형제자매들은 항상 이러하신 하느님의 은총에 감사하며, 항상 자기 죄를 뉘우치며, 항상 주님을 사랑하고, 사람을 사랑하는[愛主愛人] 덕의 길로 인도하여 주시기를 성모님께 빌어 감사하고, 통회하고, 기도하는 세 가지 정을 힘써 발할지어다. 찬미 예수. 아멘.

[한글사본 67쪽][漢文寫本 153쪽]

봉교자술 하편

제8장

시골살이 십 년 동안 지낸 일을 대강 기록하여 하느님의 은혜에 감사드리다

서울에서 남쪽으로 40리를 가서 광주廣州 지방 토구리에 있는 아들의 집으로 내려온 후에, 이전부터 생각해 오던 숨어서 고행하며 수도생활하는[隱苦修] 일을 생각해 보았다. 수도생활을 할 곳을 아들 집 가까이에 두려고 하니 자식들 체면에 걸리고, 멀리 가자 하니 정신력이 떨어지고 신체가 연약하여 그 결과가 두려웠다. 할 수 없이 방 한 칸 정하여 고요히 거처하면서, 서울이나 지방을 가리지 않고 찾아오는 교우 손님이면 교리를 가르쳐 주기도 했다. 교우가 아닌 외인 손님이면 다른 방으로 보내고, 일요일이나 그 밖의 주요 축일에는 동네 교우가 다 모여 성경도 보며 다른 기도를 하기로 규칙을 세워 수계하는 척도 했다.

그러나 우리 사람들은 각각 자기주장을 가지고 있던 탓인지, 한마음과 한뜻으로 주님을 공경하지 못했다. 그러던 중에 내가 내 마음을 살펴 생각해 보니, 정신이 지극히 흐려져서 나에게는 죄가 없는 듯도 했고, 큰 죄[大罪]와 작은 죄[小罪]를 구별하거나 죄의 가볍거나 무거움을 분별하지 못했다. 그러면서 내 마음에 미루어 보아 "남도 다 그런가?"라고 의심도 했다.

때로는 간혹 가다가 생각하기를 "나 같은 것은 사죄死罪를 지었을 뿐이다. 하나도 남과 같은 것이 없다"라고 생각하기도 했다. 그럴 때면, 예수의 고난과 성모의 통고를 새롭게 하기 위한 마음을 통해볼까 해서 엎디어 기도를 드렸다. 또 예수께서 일찌기 이르시기를 "네 죄와 네 자손을 위하여 울라"(루가, 25:28) 하신 명을 돌이켜 생각하며, 내 죄를 참회하며 우는 체도 했다. 또 성찰하지 못한 죄와 알아내지 못한 죄가 많다고 생각하여 고해성사를 보기도 했다.

이렇게 스스로 통회하며 스스로 책망하기를 그치지 아니하던 중에도 천주교가 가르치는 원래의 교리를 가지고 생각해 보니, 누구나 계명을 지켜서 자기 영혼을 구하려면 마땅히 성교회聖教會가 가르쳐 주는 관상[對越]기도와 묵상默想기도를 드렸다. 관상觀想은 하느님이 하시는 말씀을 직접 듣게 되는 단계의 기도이며, 묵상默想은 하느님의 말씀을 깨닫고자 하는 기도를 말하는데 이 기도 중에 힘써, 삼위일체이신 하느님을 공경하되, 성부는 어떻게 계셔 무슨 일을 하시며, 내게 무슨 은혜를 베푸시는지 생각하여 감사해야 한다. 그리고 성자聖子는 어떻게 계시면서 무슨 일을 하시며, 내게 무슨 은혜를 베푸시는지 생각하여 감사해야 한다. 또한 성령聖靈은 어떻게 계시면서 무슨 일을 하시며, 내게 무슨 은혜를 베푸시는지 생각하여 감사해야 한다.

또 하느님이 나의 영혼에 박아주신 [기억과 지성과 사랑이란 세 가지 기능靈魂三司과 관련되는] [한글사본 69쪽]바 신망애信望愛 삼덕으로

[漢文寫本 154쪽]온전히 하느님을 믿고 바라고 사랑해야 한다. 이렇듯이 수계하기 위한 요긴한 길은 도무지 감사感謝하며 통회痛悔하고 기도祈禱하는 세 가지 마음에 돌아간다. 각각 자기 생각이나 말이나 행위를 성찰하되, 모든 일을 하느님 은혜로 알아 감사하는가, 잘못된 일을 자기 죄로 알아 통회하는가, 내 힘으로 못하는 줄을 알아 기도하는가? 이 세 가지를 항상 묵상하여, 이 세 가지 정이 내 마음에 충만하여 잠깐 사이라도 떠나지 아니하여야 주님을 받들고 자기 영혼을 구하는[事主救靈] 길이라 할 만하다.

또한 성聖 교회가 가르치신바 삼로三路 공부를 알아 힘써야 하는데, 삼로는 연로煉路, 명로明路, 합로合路를 말한다. 연로 공부는 무엇인가? 항상 자기 죄를 단련하여 순금[精金]이나 아름다운 옥玉같이 천당을 꾸미는 재료가 되게 하는 길이다. 명로는 무엇인가? 삼위일체의 교리에 밝아, 항상 예수의 표양을 본받기에 힘쓰는 길이다. 합로는 무엇인가? 내 생각이나 말이나 행위 한 가지라도 그릇됨도, 틈도 없어서 지극히 착하시고, 아름답고, 좋으신[萬善美好] 하느님과 합하는 길이다.

우리 교우의 수계守誡 범절이 엄하고 혈함을 의론치 말고 각각 그 처지대로 죄를 단련할 때에도 "예수의 모범을 [한글사본 70쪽]본받기를 겸하여 힘쓰면, 마치 하늘에 날아오르는 새가 두 날개를 같이 부치는 것과 같아서 하느님과 합치되는 길이 빠르리라" 했다. 그러니 우리 형제자매들은 이 교리 말씀을 진실하게 믿으며, 주님의 도와주심을 간절히 바라고, 주님이 가르쳐 주신 "주님을 사랑하고, 다른 사람을 사랑하라"[愛主愛人] 하신 명을 항상 사랑하고 그리워하여 자기 영혼과 남의 영혼을 구하기에 함께 힘쓰기를 바란다.

위에 이른바 감사·통회·기도라는 세 가지의 마음은 예수성심聖心에 합하여 즐기시는 바이니, 우리 주님께서 친히 성녀 제르트루다[24]에게 이르심이라. 이 세 가지 마음으로 찬송하는 글을 이 아래에 기록하여, 우리 사람들이 함께 예수성심을 저으기 위로하여 즐겁게 함이 될까 생각하며 찬송하고자 한다.

감사: 우리 주님, 사랑하올 성심이여, 내가 모든 천사들과 모든 사람의 뒤를 따라 당신의 인자하심을 찬양하며, 당신의 사랑에 감사드리기를 원하나이다. 나는 비록 공이 없는 사람이오나,[漢文寫本 155쪽]당신이 사랑으로 나를 만드시고 보존하시며, 우리를 보배로운 피로 대신 구속하시고, 우리를 성체聖體로 기르시나이다. 또 우리는 은혜를 저버린 무리이오나, 당신의 사랑으로 [한글사본 71쪽]오히려 참으시고 은혜를 베푸시나이다. 당신의 마음이 우리 가운데 계신 줄은 성체 안에서 보겠으며, 당신의 은혜가 사람 사이에 갖추어 있음은 성사 안에서 살피리니, 나는 이제 이 사랑에 감사드리고자 하여 당신 마음의 거룩한 정과 당신 마음의 영원한 광영을 당신께 돌려드리나이다.

---

24 셩녀 제르트루다: [한글사본]에는 '성여 에도다'로 되어 있고, [漢文寫本]에는 '聖女日多達'로 되어 있다. 이는 서양식 이름을 음사(音寫)한 것으로 추정되나, 구체적 성명은 미상이다. 그러나 관화(官話)의 발음을 감안할 때, 아마도 중세시대 예수성심 신심을 강조했던 제르트루다(Gertruda, 1256~1302)를 지칭했을 가능성이 크다고 보아 이를 '제르트루다'로 읽었다.

통회: 예수성심이여, 인애仁愛하심이 끝이 없으시되, 당신은 날마다 당신의 은혜를 저버리는 모욕을 당하시나이다. 내가 당신 대전에 엎디어 모든 사람들의 모진 마음을 깊이 미워하옵고, 더욱 내 자신의 죄과를 뉘우치옵니다. 다른 사람뿐만 아니라, 나마저도 당신에 대한 공경을 잃었으며, 다른 사람뿐만 아니라 나마저도 당신을 자주 욕되게 했음을 깊이 미워하나이다. 다른 사람뿐만 아니라 나마저도 당신의 인자함을 거슬러 어기며, 다른 사람과 나마저도 당신의 은혜에 항거함을 깊이 뉘우치나이다. 아름답다. 우리 주님의 성심이여, 우리들을 불쌍히 여기시어 우리들의 모질음을 변화시키시고, 우리 마음을 당신께 끌어 인도하소서.

기도: 지극히 인자하신 예수성심이여, 엎디어 구하노니, 당신의 인자하심을 내게 [한글사본 72쪽]크게 드러내소서. 우리 사람은 비록 낮고 더러움이 지극하오나, 또한 당신의 어짊에 목욕하며, 당신의 은총에 젖기를 우러러 바라나이다. 아름답다. 당신의 인자하심이여! 당신의 열애하심이여! 만일 내 몸을 거룩하게 하여 당신을 영광스럽게 아니 한다면, 그 인자하심과 열애하심인들 무엇이 나에게 유익하오리이까? 그러므로 구하건대, 당신 마음의 인애하심이 항상 나를 거룩하게 하고, 내가 당신을 영광스럽게 하는 샘의 근원이 되시옵소서. 그러하셔야만이 비로소 내가 제 자리를 찾아 본뜻을 잃지 아니하리이다. 아멘.

제9장

하느님의 섭리하신 은혜로 이 지방에 성당을 설립하여 신부를 맞이했음을 감사드리다

[漢文寫本 156쪽]청계산 남쪽 하우현 아래 서편으로 터진 골짜기 통 안에 약간의 논과 밭이 있으나 거칠고, 좌우에 수목이 무성하여 외양으로 보면 사람 살 듯 아니 하나, 이로운 점을 말한다면 곡초로는 밀과 보리가 잘되어 수확이 있었다. 그러므로 박해가 지나간 다음 가난한 교우들이 차차 모여들었으니, 어찌 천주께서 일찍이 배치하신 곳이 아닌가 생각된다.

집자리를 정하고 살아간 지 1~2년[한글사본 73쪽]쯤 되어서, 하루는 마른 음식을 먹은 것이 체하여 창자를 당기어 끊는 듯이 아파 몸을 굽히거나 일으키고 팔다리를 굽혔다 폈다 하는 일을 도무지 할 수 없어서 졸지에 죽을 지경이 되었다. 자식들이며 동네 사람이 다 모여들어 주무르며 약을 많이 퍼부었으나 조금도 꼼작이는 움직임이 없던 가운데 정신은 맑아 생각하기를 "내가 종부성사도 받지 못하고 이 모양 죽으면, 내 영혼 일이 어떻게 되랴"라고 생각하니, 원통한 마음이 찢어지는 듯하여 예수님과 성모께 부르짖는 생각뿐이었다. 그러다가 우연히 갑자기 일어나 허리를 펴고 꼿꼿이 앉아서 속이 뒤집히는 듯이 구토를 하니 무슨 핏덩어리 같은 것이 입으로 나와서 맞은편 벽에까지 튀겼다. 그러고 나서는 몸을 굽히거나 일으키고, 팔다리를 굽혔다 폈다 하는 일이 평상 때와 같았고, 더 이상 아무 병도 없었다.

그해 가을 판공 때에 수원 본당의 알릭스Alix 한약슬韓若瑟 신부를 이 집에 모시고 여쭈며 "제가 신앙을 실천한 후부터 항상 바라기를, 죽을 때 종부성사 받기로 주모 대전에 원의를 드렸었는데, 금년 봄에 위급한 병을 만나 종부성사를 받을 수 없이 죽을 뻔했습니다. 신부께서는 이 늙은 사람의 정상情狀을 불쌍히 여겨 서울에 오고 가실 때에 자주 들러 돌보아 주시기를 원하옵니다"라고 했다. 알릭스 한 신부의 말씀이, "그러[한글사본 74쪽]면 좋은 법이 있다. 여기에 성당을 하나 배치하면 나도 서울을 오갈 때 자주 들어올 것이오. 차차 다른 신부도 영접하게 되리라"고 했다.

내가 말하기를 "매우 좋은 분부이오니, 신부께서 오늘 곧 성당 터를 정하옵소서"라고 했다. 한 신부는 즉시 젊은 교우 [漢文寫本 157쪽] 몇 사람을 데리고 가시더니 한참 후에 돌아와 하시는 말씀이, "여기와 원 터, 두 곳을 보았다마는, 여기가 더 좋다"고 했다. 내가 말하기를 "그렇지 아니합니다. 이 통 안에 교우 동네가 셋이 있는데 가운데 동네에 성당을 지어야 교우들의 마음이 '다 좋다' 하여야 일이 쉽습니다"라고 했다.

이에 한 신부가 "그렇다"라고 하여, 지금 성당 자리를 정하시고, 성당을 창설하기 위하여 당신이 먼저 돈 150원을 내어주시었다. 본동 매호에 각각 힘대로 추렴하고, 또 근방 각 공소에 글을 보내서 얼마씩 추렴하게 했다. 그리고 즉시 목수를 청하여 공사비를 얼마로 작정하고, 모든 교우가 동심합력하여 이 성당을 일으켰다. 성당은 비록 열 칸間밖에 되지 않는 조그마한 집이었으나, 재력은 거의 5,000여 원이 들었다.

그때 즉시 뮈텔 민덕효 주교께 신부 한 명을 보내주시기를 청했으나, 지방 각처에 신부를 배정配定하시[한글사본 75쪽]기를 힘쓰던 때였다. 이에 뮈텔 민덕효 주교가 말하기를 "신부를 배정할 겨를이 없다"고 하시기에, 몇 해 동안 기다리고 바라다가 작년부터 신부를 영접하여 모시고 지내니, 이런 즐거운 뜻으로 우리 모든 벗님네는 함께 감축할지어다.

제10장

성가회聖家會에 들어 성가정聖家庭 상을 모신 후로는 큰 집, 작은 집 모든 식구들의 영혼과 육신을 오로지 우리 주님 예수와 성모 마리아와 대성인大聖人 요셉의 가르침을 받들어 들여 맡겨두다

알릭스 한약슬 신부가 이 지방에서 전교하실 때에, 교종의 반포하신 명을 전하면서 말씀하셨다. 즉 '성가회'의 기도문을 외우면서 내가 겪게 되는 삶과 죽음, 그리고 화를 입고 복을 받는 데에 있어서 항상 믿고 바라고 사랑함은 오직 성가정을 이루는 예수·마리아·요셉 세 분이 보호하시고 도와주시는 은혜와 덕택이었다. 그러므로 큰 집이나 작은 집의 식구 중에 남녀노소를 가리지 말고 무슨 위급한 병이나 걱정되는 일이 있으면, [漢文寫本 158쪽]성가정 상본 앞에 꿇어 구하면 얻지 못함이 없으니, 예수·마리아·요셉이 이렇듯이 보호하시고 도와주시는 은혜를 어떻게 감사하고 축하드려야 은혜를 저버린 사람이 아니라 할 수 있겠다. 우리 본회 제형자매들은 한결[한글사본 76쪽]같은 마음으로 우리 주님을 더욱 사랑하고 성모를 더욱 공경하고 요셉을 더욱 찬송하여서, 이를 성가정 상본을 모시고 기도하는 성가회원의 본분으로 삼기를 바란다.

나의 너절한 소견으로는 우리 주님을 사랑하는 일은 성체를 자주 받아 모시는 일보다 더 큰 기도는 없다. 성체를 자주 모시지 못할 터이면 성교회에서 가르치신 법대로, 마음으로만 성체를 영하는 신영성체神領聖體를 함이 더욱 좋겠다. 그 까닭은 아무 때나 아무 곳에서나 다 마땅히 할 수 있기 때문이다. 이전에 블랑 백白 주교가 말씀하기를 “성사를 마음으로 받아 모시는 신령법神領法을 행하는 이들은 하루에 여러 번을 모셔도 더욱 좋다” 하셨으니 주를 항상 모셔서 떠나지 아니하기 때문이다.

또 성모를 공경하는 데에는 묵주의 기도를 정성스럽게 바치는 일보다 더 큰 기도가 없다. 묵주의 기도 15단을 다 외우지 못할지라도 날마다 환희의 신비, 고통의 신비, 영광의 신비를 생각할 때에 매번 특별히 주의를 기울여 성모를 더욱 공경함이 좋을 듯하다. 또 요셉을 찬송함이 예수 마리아를 찾아 부를 때면, 요셉 성인의 거룩한 이름을 이어서 부름보다 더 큰 기도가 없겠다. 죽을병을 만나거나 무슨 위급함을 당한 때에 항상 예수·마리아·요셉이라는 세 분의 거룩한 이름을 함께 통하여 부름이 더욱 좋을 듯하다. 이는 우리보다 앞서 사셨던 성인들이 각각 드러내 주셨던 조목을 가지고 드리는 말씀일 뿐이지, 성교회[한글사본 77쪽]가 움직일 수 없는 교리로 확정한 것은 아니다. 그렇지만 모든 교형들은 다시 생각하여 성가회 회원의 본분을 지키는 데에 있어서 유익한 방법으로 쓸 수 있겠다.

제11장

천주교를 믿고 실천한 후 40~50년 동안에 수계守誡한다고는 해왔으나 행하는바 모든 기도가 때에 따라 건성으로 하거나 알차게 하기도 했고 유익한 경우도 있고 무익한 경우도 있으니 스스로 부끄럽고 스스로 탄식함을 마지 아니하다

무릇 사람이 천주교에 입교한 다음 처음에는 늘 어설픈 열심이 지나치게 마련이다. 나는 나이 30여 세 때에 하느님의 특별한 은총으로 베르뇌 장張 주교께 세례를 받은 다음 [漢文寫本 159쪽]서울에서는 살기 싫은 마음이 들어서 고향으로 내려간 다음 비신자 마을의 번잡함을 피하고 산골 고요한 곳을 가리어 몇몇 교우들과 함께 집칸 몇 개를 배치하고 수계하고자 했다. 그때 생각하기를 "수계하는 도리에 큰 축일이면 묵주의 기도 15단을 다 하고, 다른 날에는 5단만 바치기로 했다. 이는 손발에 굳은살이 박이도록 해야 하는 육신을 기르는 일에 해로움이 있을까 함이었다. 그러나 나는 어려서부터 육신을 편하게 했으니, 이를 보속하기 위하여 날마다 묵주의 기도 15

단을 다 하기로 성모님 앞에서 허원하[한글사본 78쪽]고, 이때까지 빠지지 아니하려는 마음으로 지내왔다.

또 생각하기를 "내가 성체성사를 자주 받을 길이 없으니, 성교회에서 가르쳐 주신 분부대로 마음으로 성체를 영하는 신령법神領法을 활용하여 예수의 사랑에 보답하리라"고 했다. 그리하여 날마다 [직접 미사에는 참례하지 못하나 기도서에 나오는 미사 통상문을 바치면서 미사참례를 하는 듯 기도하는] 망미사望彌撒를 하면서 신령법으로 하느님을 공경하여 이때까지 하루도 궐한 적이 없었다.

또 생각하기를 "내가 일찍 천주교리를 알았던들 장가를 아니 들고 독신으로 살았을 것을 이미 세상의 풍습대로 혼인했으니 무엇을 할 수 있는가? 그러나 성교회에는 혼인했지만 독신처럼 지내는 혼배수정법婚配守貞法이 있으니 시험하여 볼만하겠다" 하고 아내와 의논한즉, 아내의 말이 "좋다"라고 허락했다. 이에 베르뇌 장張 주교께 연유를 말씀드렸으나 대답하지 아니하였다. 그래도 물러 나와 다시 아내와 더불어 의논하여 그렇게 하기로 원의願意를 정하고 지냈다. 그러다가 병인년 박해의 풍파를 만나 그 약속이 깨질 뻔한 위험을 여러 번 겪기도 했다. 그 후에 블랑 백 주교께 이렇듯이 지낸 사정을 말씀드렸다. 그러니 블랑 백 주교가 물으시기를 "그때 베르뇌 장 주교께 아뢰었느냐?"라고 물으셨다. 이에 나는 "아뢰었습니다"라고 했다. 블랑 백 주교는 또 말씀하기를 "베르뇌 장 주교는 어떻게 대답하셨느냐?"라고 했다. 이에 나는 "대답이 없었습니다"라고 대답했다.

한번은 블랑 백 주교께 질문하기를 "성체를 마음으로 영하는 신령神領한 날은 같은 날에 두 번은 못 합니까?"라고 여쭈어 보니, "백 번이라도 좋다"라고 하셨다. 또 한번은 [한글사본 77쪽]블랑 백 주교께 날마다 묵주의 기도 15단을 다하는 사정을 말씀드리고, 박해 때에도 묵주를 항상 몸에 지니고 다녔던 까닭은 내가 만일 포졸을 만나 "성교聖教를 하느냐?"라고 물으면, 내가 대답하기를 "'아니로다'라는 말은 못 하고 '하노라' 할 터이다. 그때 이 묵주는 내 자신이 신자라는 증거물이 될 것이다. 그뿐 아니라 내 정성이 아무리 부족할지라도 성모 마리아의 자애하신 은혜로 [漢文寫本 160쪽]도우심이 있을 수도 있겠다"라고 생각하며 항상 몸에 지니고 다녔습니다"라고 했다. 그리고 간혹 밤이나 낮이나 깊은 산 위험한 길을 다닐 때면, 묵주를 항상 손에 받들어 기도하던 사정을 낱낱이 여쭈었다.

블랑 백 주교가 또 묻기를 "그 묵주가 세례를 받을 때 받은 첫 묵주인가?"라고 했다. 내가 대답하기를 "네, 그러합니다" 하니, 블랑 백 주교는 "그러면 지극한 보배로다. 서양에서도 첫 묵주를 다 귀중히 여겨 종신토록 잘 지니고 있다가, 죽은 후에도 떠나지 아니하려 하여 관 속에까지 넣는 사람도 간혹 있다. 그런데 하물며 박해를 겪은 묵주임에랴! 너의 공로를 참작하여 성모님이 너를 반드시 천국으로 뽑아 올리시어 연옥에도 있게 아니 하시리라"라고 했다.

그러고 나서 나는 그 묵주를 블랑 백 주교에게 잠시 보관해 두고 있었다. 그 후 일본인 편에 작은아들 시몬에게 블랑 백 주교를 찾아가서 그 묵주를 받아 오도록 기별했다. 블랑 백 주교는 문 비리버가 조선으로 나오는 편에 과연 그 묵주를 돌려보[한글사본 80쪽]냈다. 나는 묵주를 받아서 지금까지 모시고 성모님을 공경하는 기도를 해왔다. 내가 앞서 언급했던 기도 조목은 이러하여 군난 때든지, 주교 휘하에 있으면서 아무리 바쁜 때라도 별로 궐한 적은 없었다. 그러나 매양 입에 혀만 들락날락거렸지 무슨 기도라 하겠는가?

대저 모든 기도는 다 하느님을 받들어 드리는 영혼의 일이다. 하느님을 관상觀想하여 온전한 마음과 온전한 뜻으로, '감사·통회·기도'라는 세 가지 정을 항상 드러내야 할 필요가 있다. 그러나 나 같은 것은 이왕 수계하여 오던 내용을 돌아보고 살펴보자면, 허탄한 세속에 물든 일도 많고, 진실한 교리대로 밟아 행하지 못한 죄도 많았다. 그러하니 어찌 감히 마음과 뜻을 온전히 가다듬어 감사·통회·기도 세 가가지 정을 몇 번이나 발하여 보았노라고 하겠는가! 내가 다른 사람을 권고하는 말에는 비록 밝더라도, 하느님을 공경하여 섬기는 행실은 매우 어두웠다. 주교나 신부 밑에서 행하던 일과, 체면에 끌렸던 일을 생각건대, 하느님 앞에 만만번 죄송하며 사람들의 앞에 낱낱이 부끄러울 뿐이다.

[한글사본 81쪽]

제12장

한번 태어나 한번 죽는 일[一生一死]은 세상 사람의 일반적인 일이지만 나는 이 세상에 한번 태어나서 감당해야 할 본분마다 다 잘 못했으니 한편으로는 원통冤痛하고 한편으로는 두렵기도 하다

무릇 사람이 세상에 태어나서는, 하느님이 명하신 본분을 지키어, 부모 된 이는 부모의 본분, 자녀 된 이는 자녀의 본분, 임금 된 이는 임금의 본분, 신하 된 이는 신하의 본분, 남편 된 이는 남편의 본분, 아내 된 이는 아내의 본분, 어른 된 이는 어른의 본분, 아이 된 이는 아이의 본분, 친구 된 이는 친구의 본분이 있다. 이 본분대로 아니 하면 누가 사람이라 하겠는가? 우리 교우가 된 사람도 각각 교회에서 가르친 본분을 지켜야 구원받게 될 사람이라 할 수 있겠다. 그런데 나같이 어리석은 사람은 입교한 이후 처음부터 마땅히 본분을 따라가야 했으나 성실하지 못했던 일이 많았으리라 생각한다. 그렇지만 여기에 대강 기록하겠다.

내가 처음 황해도 서흥瑞興 지방에서 외교인을 귀화시킨 사람이 40~50여 명이었다. 이들이 매년 판공성사를 받을 수 있도록 [선교사의 초빙에 필요한 경비를 마련하기 위한] 재물을 얼마간 모았다. 그리고 마치 계 모임의 장부같이 책을 만들어 베르뇌 장張 주교에게 이 모임의 이름을 하나 지어주시기를 청했다. 이에 베르뇌 장 주교 말씀이 "내가 중국 남경南京에서 10년 동안 전교할 때, 남경 교우들에게 흔히 명도회明道會[25]라는 모임이 있었다. 이렇게 이름[한글사본 82쪽]함은 '외교인을 권고하고 교화시켜 교리를 밝히는 뜻'이니 매우 좋았다"고 말씀하셨다. 이에 이 모임의 이름을 명도회라고 이름하여 교리를 밝히기에 힘쓰고자 했으니, 그때 나는 명도회장이란 직책을 맡고 있었다.

수년 후에 베르뇌 장 주교 명命으로 서북西北 각 지방에 전교하고자 했으니, 그때는 전교회장이란 명칭을 가졌다. 그러나 불행하게 병인년(1866) 박해를 겪게 되어 명도회라는 이름도 없어지고, 전교하던 일도 성실치 못했다. 그 후에 블랑 백白 주교가 조선에 오시어 전교하실 때, 각 공소의 회장을 새로 정하여 임명하시고 분부하시기를 "너희들이 본분대로 주교께 아뢸 일이 있거든, [漢文寫本 162쪽]먼저 도회장都會長[26]에게 알게 하여 도회장이 주교께 아뢰게 하여라. 서양의 나라에서는 이를 총회장總會長이라 부르니 그 권한이 매우 크다. 또한 중국에서는 이를 당회장堂會長이라 부르지만, 조선에서는 도회장都會長이란 이름으로 저 김 요안을 임명하겠다"라고 했다.

그때 한 날은 블랑 백 주교가 새문안 집에 계신 뮈텔 민閔 신부를 만나보시고 돌아와 하시는 말씀이 "각 도에 전교회장을 배치하겠으

25 명도회(明道會): 중국 교회에서 조직되었던 평신도 단체이다. 우리나라에는 주문모(周文謨, 1752~ 1801) 신부의 소개로 설립되어 정약종(丁若鍾)이 회장(會長)을 맡은 바 있었다. 이 명도회는 박해로 인해서 활동이 중지되었다. 그 후 명도회의 전통을 잇고자 하는 노력이 신자들 사이에 진행되었다. 이러한 분위기에서 베르뇌(張敬一, Berneux, 1814~1866) 주교는 김기호에게 이 명칭을 사용하도록 권했다.

26 도회장(都會長): 우두머리 회장, 총회장.

니, 어떻게 하면 좋겠는가를 누가 잘 만드나 보자" 하시며, 각 지역에 회장을 배치할 방법을 제시하기를 "서울에 있는 집을 하나 [한글사본 83쪽]선택하여, 네가 베르뇌 장張 주교께 받았던 회會의 이름을 그대로 써서 명도회明道會라고 하든지 명도원明道院이라 하든지 적절히 정하고, 그 회의 책임자 하나를 정하겠다. 그리고 각 도道에 한 사람이나 두세 사람씩을 선정하여, 해마다 피정할 때처럼 일제히 서울 집에 모여 몇 날 동안 공부한 다음에, 나뉘어 각 도로 다니며 전교하게 하겠다"라고 하셨다. 이에 내가 말하기를 "각 도에 전교할 만한 회장도 불러 얻기가 어렵거니와, 서울에서 이 일을 주관할 사람을 구하기는 더욱 어렵겠습니다"라고 했다. 이에 블랑 백 주교 말씀이 "너도 못 하겠느냐?" 하셨다. 그러다가 뮈텔 민閔 신부는 본국으로 들어가시고, 블랑 백 주교는 성당을 설립하시는 일에 골몰하시어 잊어버리고 지내시다가 불행히 세상을 떠나셨기에 전교회장에 관한 일도 이루어지지 못했다.

또 한번은 블랑 백白 주교가 일본의 새 주교를[27] 축성하러 가실 때에, 내 사촌형제의 아들인 도마를 데리고 가신 후에 프와넬 박朴 신부가 재정 담당 신부의 직책상 블랑 백 주교의 방을 보살피기 위

27 일본의 새 주교: 1885년 9월 21일 쿠쟁 주교(Jules-Alphonse Cousin)가 오사카(大阪)에서 서품되었다. 그의 주교 서품식은 일본 북위대목구장인 도쿄(東京)의 오주프(Osouf) 주교가 주례를 맡았고, 조선대목구의 블랑(Blanc) 주교와 일본 북위대목구 소속 선교사인 에브라르(Félix Evrard) 신부가 보좌했다. cf. A-MAP Vol.580(CORÉE), f.1350~1350-1, "Vous avez su, sans doute, que le Sacre de Mgr Cousin a eu lieu à *(f. 1350-1)* Osaka le 21 7bre. L'évêque consécrateur était Mgr Osouf, assisté de Mgr Blanc et du P. Evrard."

하여 난동(현재의 회현동 2가)의 집에 와 계셨다. 나는 프와넬 박 신부를 날마다 만날 수 있었고, 프와넬 박 신부는 업무 시간이 지난 다음에도 매번 나를 불러 무슨 일이든지 시키셨다. 하루는 프와넬 박 신부가 말씀하기를 "각 공소에서 [漢文寫本 163쪽][판공성사를 주기 전에 구두로 교리를 시험 치는 '찰고察考'를 하는데, 공소에 따라서는] 잘하거나 잘못하는 폐단이 있다. 그러하니 모든 공소들이 다 잘할 수 있는 방법으로 말을 만들어 책을 지어보도록 하라"고 하셨다. 이에 나는 사양할 수 없어서 [한글사본 84쪽]두어 발 두루마리에 가득히 기록하여 드리니, 프와넬 박 신부가 보시고 "좋다"고 하였다. 그러면서 하시는 말씀이, "공소에서 혹 늙은 교우와 여교우들에게 말을 낮추어 하는 것이 양심에 매우 거북하니, 말을 완전히 낮추지 말고 반말투로 끝을 맺어 말하라"라고 하셨다. 이에 나는 물러 나와 신부의 명대로 고쳐서 기록하여 드리니 "좋다"라고 말하며 받아두었다.

또 하루는 프와넬 박 신부가 말씀하기를 "내가 몇몇 공소를 전교하여 보니 어리석은 교우도 많고, 그 자식들을 가르치지 아니하여 자식들은 아무것도 모른다. 그러니 그 사람들이 어떻게 자기 영혼을 구하는 공부를 하겠는가? 어리석은 이라도 알아듣기 쉽도록 말을 만들어 가르치면 좋을 듯하다"라고 했다. 내가 말하기를 "사본문답보다 더 알기 쉽게 할 수 있느냐는 말씀입니까?"라고 했다. 프와넬 박 신부의 말씀이 "오냐, 아무거나 만들어 보아라" 하셨다. 나는 물러 나와 기초 잡을 책 하나 준비하여 가지고 날마다 몇 장씩 말을 만들어 갔다.

여기에는 하느님의 천지창조와 원조의 범명과 강생구속과 칠성사와 사후심판과 천당지옥과 같은 여덟 개의 제목을 미리 정했다. 그리고 각 제목별로 개개의 내용을 세워, 교리를 자세히 풀어가며 기록해 갔다. 그러면서 날마다 저녁이면 신부 방에 들어가 작성한 내용을 분별하여 판정해 가며 넣을 것은 넣고 뺄 것은 빼 나갔다.

하루[한글사본 85쪽]는 "사람의 영혼을 하느님의 모상에 따라 부여해 주셨다" 하는 교리를 논하는 과정에서 "사람이 가지고 있는 기함記含(memoria)은 성부의 모상이요, 명오明悟(intellectus)는 성자의 모상이요, 애욕愛慾(desiderium)은 성령聖靈의 모상이라" 한 말씀에 이르러, 이것이 어찌 말인가?" 하고 물으셨다. 이에 나는 '기함' 두 글자 뜻이 어떠함을 풀어, 전능하신 성부와 같은 모상이며, '명오' 두 글자 뜻이 어떠함을 풀어 전지全知하신 성자와 같은 모상이며, 애욕 두 글자 뜻이 어떠함을 풀어 전선全善하신 성령과 같은 모상임을 밝히 말씀드렸다. 그러나 프와넬 박 신부는 전에 배워 익힌 대로 [漢文寫本 164쪽]내밀어 우기셨다. 나는 할 수 없이 붓을 던져 공부를 그치고 이틀 동안을 논쟁했으나 프와넬 박 신부의 마음만 상하게 할 뿐이지 끝이 없을 지경이었다. 제3일에는 신부 앞에 나아가 다시 말씀드리기를 "저도 박 신부님과 같이 알았는데, 블랑 백白 주교께 이 교리에 관한 말씀을 들어보니, 처음에는 책에서 가르치신 말씀과 다른 고로 의심이 났으나 성령의 은총이 오셨는지 의심이 다 풀어지고 마음이 새롭게 즐거웠습니다. 그 후에 간혹 똑똑한 교우를 만나면 이런 강론을 몇 번 했습니다"라고 하니, 프와넬 박 신부가 다시 고집하지는 아

[한글사본 86쪽]니하시고, "그대로 쓰라"고 하셨다.

블랑 백 주교가 일본 가신 지 한 달 반 후에 돌아오시니, 프와넬 박 신부가 인사를 드린 후 즉시 블랑 백 주교께 보고하기를 "그사이에 김기호 요한이 공부를 많이 했습니다"라고 했다. 프와넬 박 신부가 가신 후에 즉시 블랑 백 주교가 말씀하시기를 "네가 공부한 책을 가져오라"고 하여, 지은 책을 가져다 바쳤다. 블랑 백 주교는 당신 손으로 몇 조목에서 뺄 것은 빼고, 고칠 것은 고쳐 감준하신 후에 "코스트 고高 신부께 보내어 책판冊版을 만들어 간행해서 교우에게 보급하겠다"고 하였다. 그러나 그때는 종현鐘峴성당 터를 닦는 일에 골몰하고 있었으므로 책의 출간을 정지했다.

이 책의 제목을 처음에는 『우몽문답愚蒙問答』이라 했더니 블랑 백 주교의 말씀이 "책 이름을 점잖게 하라"고 하셨다. 이에 이 책의 제목을 고쳐 이름하여 『소원신종溯源愼終』[28]이라 하니, "근원을 찾아 생각하여 마침을 삼가 조심한다"라는 뜻이다. 대저 천주교의 교리에 관한 일도 점차적으로 밝혀져 가는 줄을 알 수 있겠다. 그러나 뮈텔 민閔 주교도 이 책을 살펴보셨건만, 이때껏 준허하여 출판하라는 지시가 없으니 어떻게 되는 일인지 알 수 없다. 또 달리 생각해 보건대 직책상으로 수행한 일이라도 다 실제의 효험이 없는 경우도 있다고 할 것이다.

28 소원신종(溯源愼終): 김기호가 1885년에서 1890년 사이에 저술한 교리서. 김기호의 친필 고본(稿本)을 조광 교수가 교감 정본화(定本化)하여 춘천교회사연구소 연구총서 제1집으로 2023년 춘천교구 교회사연구소에서 간행한 바 있다.

최근 나는 이 지방에서는 별다른 직책상의 일이 없고, 다만 자식들을 가르칠 본분만 조금 남아 있다. 왜 그러한가? [한글사본 87쪽]나는 세속을 멀리할 마음으로 낙향하여 할 수 없이 자식에게 의탁하여 지내고 있다. [漢文寫本 165쪽]그래서 의복이나 음식을 자식들이 주는 대로 달게 받으며 지낸다. 간혹 외인이나 교우들 간에 나를 비웃으며 흉보아 모욕하는 일을 당하여도, 도무지 판단하지 아니하며 대답하지 아니하여 죽은 사람의 모양같이 살아가면서 동네나 집안 모든 일을 도무지 아는 체하지 아니하니, 마음이 태평하고 한가하여 성찰할 내용들이 적은 듯하니 이는 매우 좋은 일이다.

그런데 사랑하는 자식들이 간혹 잘못하는 일은 곧 내가 잘못함이나 다름이 없어, 항상 나의 양심을 보채고 있다. 그러므로 간혹 자식들의 잘못한 것을 보거나 들으면 죽은 체하고 지내기가 매우 어려워 약간 말 마디나 하여도, 자식들이 순명하지 아니할 때면 마음이 더욱 괴롭기로 참기가 매우 어려워서 성찰거리에 가깝기도 했다. 죄가 무서워서 죽은 사람처럼 지내야 하겠는가, 꿈적거려야 하겠는가? 내가 자식들을 가르쳐 순명하지 아니하는 때라도 본분대로 조금 말하고 있으니, 내가 채 죽지 못한 것이 걱정이라 하겠다.

[한글사본 88쪽]

제13장

신망애 삼덕은 자기 영혼 구하는 본덕本德이며, 구령하는 본길本道은 죄를 끊음이며 죄를 끊는 본법本法은 각 사람이 자기 모병毛病과 습관된 것을 알아 고침이다

무릇 사람이 자신의 영혼삼사靈魂三司(記含·明悟·愛欲, memoria·intellectus·desiderium)에 신망애信望愛 삼덕을 포함하여 갖추어 왔으니, 교회가 가르치신 법대로 삼위일체로 계신 하느님을 관조觀照하여 묵상하되, 성부聖父는 어떻게 계시면서 일하시며, 내게 무슨 은혜를 베푸시는지를 묵상한다. 성자聖子는 어떻게 계시면서 무슨 일을 하시며 내게 무슨 은혜를 베푸시는지를 묵상한다. 성령聖靈은 어떻게 계시면서 무슨 일을 하시며, 내게 무슨 은혜를 베푸시는지를 묵상한다. 이 묵상을 통해 하느님의 그 전능全能·전지全知·전선全善으로 계신 본체本體와 성품과 내게 베풀어 주시는 은혜를 알아, 믿고 바라는 마음으로 사랑하는 정情을 발하여 자기 영혼의 본분을 다해야 한다.

[漢文寫本 166쪽]그리하면 하느님은 나를 버리지 아니하시어 '영원한[常生]' 길로 인도해 주신다. 그러나 만일 하느님이 매우 미워하시는 큰 죄가 하나만 있어도 영혼의 생명 되는 성령의 은총길이 끊기어 '영원한 고통[永苦]'에 떨어질 것이니, 어찌 원통하지 아니하겠는가. 이러한 죄의 길을 끊으려 하면 각 사람이 자기 모병毛病과 습관을 알아 이겨내야 할 것이다.

모병과 습관은 무엇인가? 교만하고 건방지게 행동하는 '교오驕傲'와, 소심하고 인색하게 구는 '간린慳吝'과, 성적性的 욕망에 빠져드는 미색迷色[한글사본 89쪽]과 지나치게 성을 내는 '분노憤怒'와 먹고 마시기에 빠져들며 남의 재물을 탐내는 '탐도貪饕'와, 착한 일을 하는 데 게으른 '해태懈怠'와, 우월한 사람을 시기하는 질투嫉妬 등 '일곱 가지 죄의 씨앗[七罪種]'에 영혼이 물들었다. 이 병을 다스리려 하면, 마치 터럭 하나가 뽑힌 구멍에 곁가지가 생겨나서 둘이나 셋씩 포기를 지어서 나오는 것처럼 한 가지 죄를 지을 때 일곱 마귀가 엿보다가 몇 가지 죄를 더하여 짓게 하므로 '모병毛病'이라 한다.

일곱 가지 모병 중에, 그 육신이 맑고 탁濁한 분수에 따라 맑은 이는 일곱 가지 죄의 씨앗[七罪種]의 맞머리 되는 교만하고 건방진[驕傲] 버릇을 익혀, 저 자신이 교만하고 건방진 줄을 모르는 것이다. 또한 탁한 이는 싫어하는 버릇으로 더러운 돼지와 같이 동산의 향기로운 화초를 쑤셔 더럽게 하는 심술을 늘려 가서, 마치 뒷간에 사는 쥐가 그 더러운 냄새를 익혀 알지 못함과 같으므로 이를 습관이라고 한다. 이 '모병'이나 '습관' 됨을 구별하여 알기 어려울 뿐 아니라 알고도 끊어 고치기가 더욱 어려우니, 어찌하면 이 모병 습관을 알아 고쳐 '영원히 사는[常生]' 복락을 얻어 누리겠는가?

누구든지 영원한 삶[常生]을 얻어 누리려는 마음이 간절하다면, 먼저 삼위일체이신 하느님의 은혜를 알아 믿고, 바라고, 사랑해야 한다. 또 자신의 '생각과 말과 행위[思言行爲]'를 돌아보아, 아무것도 믿고 바라고 사랑할 만한 점이 자신에게는 도무지 없는 줄을 알아야 한다. 그리하여 이왕에 이를 모르고 자기만 믿고 바라고 사랑하[한글사본 92쪽]던 마음을 온전히 다른 사람에게 옮겨, 의심이 되는 사람이나 원수가 되는 이에게까지 그 영혼을 믿고 바라고 사랑하여야 이에 하느님을 믿고 바라고 사랑함이라 하겠다.

이런 가르침대로 항상 조심하여 자기 영혼을 구하려는 기도에 힘써야 우리 주님 예수께서 거룩한 피를 흘리신 공로를 통하여 상생영복永福을 얻어 누릴 수 있겠다. [漢文寫本 167쪽]모든 여러 형제들은 각각 마음에 새겨 잊지 말고 '주님을 사랑하고 다른 사람을 사랑하라[愛主愛人]'라는 두 가지 덕행을 잠시간이라도 그치거나 끊지 말아야 한다. 아멘.[29]

제14장

하느님이 처음부터 우리에게 가르쳐 주신 교教의 이름 세 가지를 생각하여 항상 우러러 그리워하며 감격하다

하느님이 태초에 창조하여 사람의 영혼과 육신을 결합시키실 때에, 육신은 '흙과 물과 공기와 불[土水氣火]'이라는 네 가지 원소[四元行][30]로

29 아멘: [한글사본]에는 '아멘'이 빠져 있으나 [漢文寫本]에는 '亞孟'이 들어 있다.

30 토수기화(土水氣火) 사원행(四元行): 모든 물질의 근원을 말하는 아리스토텔레스의 사원소설(四元素說)을 말한다. 동양 전통의 목(木), 화(火), 토(土), 금(金), 수(水) 등의 오행설(五行說)과는 차이가 있다. 오행설에서 '오행'은 다섯 종류의 기본 물질이라기보다는 다섯 가지의 기본 과정을 나타내려는 소산이며, 영원히 순환운동을 하고

만드시고, 영혼에는 당신의 '열 가지 계명[十誡命]'을 박아주시어, 마치 돌이나 나무에 글자를 새기듯이 펼쳐서 가르쳤다. 이는 인간의 본성에 태워주신 가르침으로 이른바 성품교性品教[31]이다. 태초에 이어서 중고中古시대 모세 성인 때에, 두 조각의 돌판에 십계를 새겨내어 모든 사람들이 다 눈으로 볼 수 있도록 가르쳤다. 이는 글로 쓰인 가르침으로 이른바 서교書教이다.

중고시대 이후 천여 년에 하느님의 제2위 성자聖子께서 친히 [한글 사본 93쪽]세상에 내려오시어 33년 동안에 걸쳐 이스라엘 백성들을 불쌍히 여기시어 [주님을 섬기고 자기 영혼을 구하라는] '사주구령事主救靈'의 교리를 가지고 많이 가르치셨다. 그러다가 당신께서 구속救贖하실 약속된 시기에 이르러 악당에게 잡혀 죽으시고 사흘 만에 부활하여 40일 동안 자주 나타나 보이셨다. 그러면서 성교회聖教會의 전례와 칠성사를 정하시고, 사도들에게 특권을 부여하여 만방에 나누어 가르치게 하시다가 승천하셨다.

당신이 승천하신 후 40일이 되는 날에 성령을 보내어 불혀 모양으로 강림해서 모든 사도들의 마음을 뜨겁게 하고, 혀를 열어 만국의 방언을 통달하여 널리 가르치게 했다. 이는 이른바 총교寵教이다. 즉, 총교는 성령의 은총으로 가르치신다는 말씀이다.

우리 사람이 아무리 어리석다고 한들, 자기 영혼의 양심에 박힌

있는 다섯 개의 강력한 힘을 나타낸다.

31 성품교(性品教): 하느님이 인간에게 품부(稟賦)하여 인간 본성의 일부가 된 하느님의 가르침.

성품교의 계명을 온전히 잊어버리겠는가? 자신의 눈으로 밝게 볼 수 있는 서교書敎의 계명을 온전히 모르노라고 하겠는가? 그러나 혹 핑계하여 하느님의 계명을 많이 범한다면, 다 '영원한 벌[永罰]'을 받게 되므로 하느님이 이렇듯이 자애하신 [漢文寫本 168쪽]은총을 베풀어 온 누리를 가르치게 하였다. 그리하여 나처럼 비천한 큰 죄인에게까지 은총을 퍼붓듯이 베풀어 주심을 항상 감격하여 잊어버릴 수 없으므로, 대강 기록하여 하느님의 보편적인 [한글사본 94쪽]은혜를 같이 입은 후학들과 함께 감사하고자 함이다.

처음 장張 주교께 세례와 견진성사의 은총을 받은 다음 물러가 전교하고자 하며 다닐 때에, 나는 영세하여 하느님의 자식이 된 보람이 어떠한 줄을 미처 깨닫지 못했다. 그러나 견진성사를 받은 다음 예수의 용감한 병사가 된 효험은 도처에서 드러나 '세속과 육신과 마귀라는 세 가지 원수[三仇]'에 맞서 겨룰 마음으로 무서운 것은 다만 죄뿐이었다. 성경을 보다가 알지 못할 말씀이나, 누가 성교회聖敎會의 도리를 물었지만 대답할 수 없던 때나, 또는 어떤 큰일을 당하여 어찌해야 좋을지 모를 때는 하느님께 간구하는 마음으로 생각을 조금 머물러 기다렸다. 그러면 홀연히 성경 말씀도 자세히 이해되고, 교리 질문에 관한 대답할 힘이 돋고, 간구하던 마음도 열려 그대로 시행하니, 한번도 실수함이 별로 없어서 일마다 무사태평이었다. 천賤한 나이가 칠팔십이 되도록 이 모양으로 살아가나, 하느님의 이러하신 은총을 보답할 만한 공로는 조금도 없다. 그저 공의公義하신 하느님 앞에 엎디어 몹시 두려운 마음으로 나의 모든 죄만 부르짖으며 아쉬워할 따름이다. 아멘.

[한글사본 95쪽]

제15장
하느님이 우리 사람을 위하여 베푸신 은혜 중에 무슨 은혜가 제일 큰가를 의론하여 못내 감사드리다

하느님이 일찍 이르시되 "세 사람이 머리를 모아 내 가르침을 논의하면 내가 반드시 참여하겠노라"(마태, 18,15-20) 하셨다. 옛적에 세 명의 선비가 모여 "하느님의 은혜는 모두 다 크지만 그중에 무슨 은혜가 제일 큰가?"라는 문제를 가지고 각각 말했다. 어떤 이는 "만물을 창조하신 은혜가 가장 크다"라고 말하는 이도 있었으며, "인류를 구속救贖하신 은혜가 제일 크다"[漢文寫本 169쪽]라고 말하는 이도 있었다. 또 다른 선비는 "성령이 강림降臨하신 은혜가 무엇보다도 크다"라고 말하는 이도 있어서, 서로들 네 말이 옳으니 내 말이 옳으니 서로 다투었다. 이 즈음에 하느님이 천사를 보내어 이르시되 "너희들 말이 다 옳은 듯하다마는, 내 생각에는 성체聖體의 은혜가 제일 크니라. 이는 창조하시고 구속하시고 강림하신 은혜의 근원되시는 성체를 신자들에게 온전히 허락하여 주심이니, 이보다 더 큰 은혜가 또 다시 있겠는가?"라고 하셨다.

성체는 이미 모든 은총의 근원이 되시어 모든 선함과 모든 덕행

[萬善萬德]을 갖추어 계신 천주성은 감추시고, 하느님이 성체를 통해서 그 영혼과 육신을 결합하여 하나가 되신 후에는, 무슨 선善이나 무슨 덕德이든지 내게 베풀어 주시지 아니하실 것이 있겠는가! 그러므로 문답 말씀에, "성체는 [한글사본 96쪽]육정肉情을 누르고, 사사로운 욕망[私慾]을 금지하고, 바른 교리를 순히 좇게 하신다"라고 아니 했는가? 성체는 하느님의 지극한 은혜이며 지극한 사랑이시다.

나 같은 것은 입교한 처음에는 이렇게 오묘한 이치를 채 알지 못하면서도, 다만 풋 열심에서 마음으로 성체를 모시는 신령법神領法을 시험하여 날마다 궐하지 아니하고 지내었으나, 진실되고 오묘한 이치의 효험을 깨닫지 못했다. 그러다가 블랑 백白 주교의 장례를 치른 다음 다만 숨어서 홀로 수도생활을 하는 방법에 비추어 헤아려서 이 지방에 내려와 고요히 거처하고자 한 다음에야 실제의 효과가 있는 듯하니 육신과 세속과 마귀라는 세 가지의 원수[三仇]의 공격이 조금 멀어졌는지, 여전히 성찰할 것이 별로 없는 듯이 지내고 있다.

그러나 간혹 판공성사를 받을 때면, 도리어 이 때문에 몹시 두렵다. 우리 주님 예수께서 일찍이 교훈하신 말씀을 생각하여, 내가 성찰하지 못한 죄와 혹 자손의 죄와 만민의 죄를 대신하여 우는 듯이 고해할 때가 많았다. 이는 타당치 못하다는 생각이 들어 항상 마음의 괴로움을 적지 아니하게 겪으며 지내고 있다. 바라건대 모든 벗님네는 이 말을 세상 물정을 모르는 소리라고만 하지 말고 찬찬히 시험하여 보면, 날마다 은총에 젖어서 그 새로운 빛을 스스로 깨닫지 못하더라도 달마다 다르고 해마다 같지 아니할 것이다.[漢文寫本 170쪽] 아멘.

[한글사본 97쪽]

第16장

옛 성인 성녀들이 실천했던 예수 성체와 성심을 공경하는 규칙 가운데 내 마음에 알맞은 몇 조목을 가리어 정해서, 내가 날마다 묵상을 통해 참례하는 규칙으로 삼으니 효과가 있는 듯하므로 이를 대강 기록하여 마음과 뜻이 같은 후학들이 시험삼아 실천해 보면 간혹 유익함이 있을까 한다

새벽 일찍 일어난 후에 즉시 성호 긋고 생각하기를 "내가 오늘도 하느님의 은혜로 우리 주님 예수와 같이 부활했도다"라고 한다. 이어서 "원죄에 물들지 않고 평생 동정이시오, 죄인의 의탁이신 성모께 부탁하여 휘황하시고 찬란한 십자가 기호를 손에 잡으신 성자 대전에 인도하여"[32] 혹 미사에 직접 참례하든지, 아니면 (미사에 직접 참례하지는 못하나 묵상을 통해 미사에 참례하는) 망미사望彌撒를 한다. 이때 생각하기를 "이 미사는 성체를 이루어 하느님께 제사를 드리는 큰 전례이니, 이는 예수의 수난이 우리에게 남겨준 표이며, (하느님의 은총을 누리는 신약시대 이래의 가르침인) 총교寵教의 제례祭禮입니다. 미사는 우리들이 날마다 짓는 죄를 날마다 구속救贖하심이며, 우리들이 각각 자기 십자가를 지고 만나는 고난을 달게 참아 받음으로써, 당신 뒤를 따라

32 원죄에 물들지 않고……성자 대전에 인도하여: [漢文寫本]에는 이를 "共與吾主耶穌復活也 記於聖母引到於聖子臺前"(오주 예수의 부활을 함께 하고, 성모께 기억케 하여, 성자(聖子) 대전에 인도하며)라고 간단히 서술하고 있다.

스스로 속죄하고 스스로 제헌祭獻하는 귀중한 대가를 얻어 당신과 함께 영원한 생명[常生]과 영원한 복락[永福]을 누리게 하고자 하심입니다.

미사는 지극한 은혜이며 지극한 사랑이시니, 따라서 생각건대, 우리 주님이 강생하실 때에 성모의 [한글사본 98쪽]깊으신 속마음과 거룩하신 정이 하느님의 아들 성자聖子의 기묘하신 덕과 합하여 그 원하시는 의향과 행하시는 정情이 조금도 다르심이 없으시도다. 또 성모님도 자주 성체를 영하셨으니, 하느님의 아들 예수의 성심과 그 어머니 마리아의 성심이 같으신 은혜로 오늘도 예수를 이끌어 우리 마음에 계시게 하여, 우리가 큰 은혜를 입으며, 그 달콤한 맛을 맛들이며, 그 사랑하온 정이 분명하고 깊게 스며들어 주님을 사랑하고 다른 사람을 사랑하는[愛主愛人] 덕을 얻게 하소서"라고 기도한다.

그런 다음에 실제로 성체를 영할 때와 같은 마음으로 내 마음에 성체를 모신 후에 조용히 생각하기를 "지극히 존귀하신 하느님이 나 같이 비천한 사람에게 이렇듯이 오시어 계시는 듯하여, 극히 황송하고 감격하옵니다. 수많은 천사들이 [漢文寫本 171쪽]내 마음에 계신 예수를 두루 에워싸 절하며, 성모 마리아는 오른쪽 어깨에 오시고, 요셉 아버지는 왼쪽 어깨에 오시어, 함께 예수를 모시고 즐기시도다. 예수의 거룩한 마음[聖心]이 나의 비천한 마음과 합하여 하나가 되어 여기 계시옵니다. 생활하신 성부를 사랑하는 불이 활활 타오르는 위에 십자가가 박혀 있고, 여러 어려움[萬苦萬難]의 가시들이 모여들어 거룩하신 마음을 찌르고, 만민의 죄를 아파하여 피를 흘리시도다. [한글사본 99쪽]내 영혼은 예수의 영혼과 결합하여 어떤 죄도 다 없어지고, 내 마음은 예수의 성심과 이어져서 희게 되어 깨끗하고, 내 몸은 예수의 천주성天主性과 인성人性이 합하여 나의 부족함을 채워주고 나의 과실을 고쳐 새롭게 하시는도다.

나는 본디 지극히 비천하여 작은 티끌이요 작은 벌레 같은 존재이며 죄만 짓는 종이거늘, 예수는 마치 충성한 영혼의 어진 벗과 같이 마음을 허락하시며, 몸을 아시며, 선善으로 꾸짖으시는도다. 또 '큰 임금이며 큰 어버이[大君大父]'이며 영혼의 왕이시니, 교훈하시고 명령하시는 대로 하며, 먹고 쓸 것을 주시는 대로 하며, 모든 일을 돌아보시어 지휘하시는 대로 하며, 또 영혼의 의사이시니, 온갖 '마음의 병[心病]'을 다 고쳐주시며, 육정肉情을 누르고 '사사로운 욕망[私慾]'을 금지하고, '올바른 이치[正理]'를 순히 따르게 하시도다.

그러나 이에 감추어 계시고 숨어 계시니, 마치 하느님이 세상에 태어나실 때 그 천주성天主性을 감추시고 성체 안에서는 그 인성人性까지 감추심과 같도다. 이 기이하고 오묘하신 은혜를 본받아 감히 스스로 나타내어 사람에게 찬미함을 요구하지 않고, 오히려 사람에게서 업신여김과 욕되게 함을 참아 받고 즐거워하였으니, 예수성심께서 받으신바 모든 욕됨을 위로[한글사본 100쪽]해 드리고자 합니다.

또한 나는 다른 사람의 꾸짖음과 다른 사람이 나를 평하는 말을 판단하지 않고 대답하지 않으므로, 예수성심께서 나에게 베푸신바 모든 은혜를 갚고자 합니다. 또 우리 주님이 성체 안에 계시면서 묵묵히 말씀이 없으시고 오직 성부와 더불어 말씀하시니, 나는 이제 예수의 거룩하신 표양과 비슷하게 하고자 하여, 마땅히 침묵함에 힘써 정성된 마음으로 온전히 우리 주님을 우러러 그리워하나이다. 우리 주님 밖에는 나의 지식이 다른 것을 앎을 구할 것이 없고, 내 마음이 다른 것을 사랑할 틈을 원할 것이 없는도다. [漢文寫本 172쪽]세상 즐거움을 온전히 끊어버리고, 고행을 하고, 자신을 이기는 일에 온전히 힘써 예수와 함께 괴롭게 살다가 괴롭게 죽으려 하옵니다. 사랑하올 예수여, 내가 이제 당신 앞에서 원의를 말하오니, 오늘 내가 행하는 일들을 다 가져 당신의 성심께 받들어 드리오니 당신이 쓰시고 거룩하게 하시어, 당신이 행하심과 합하게 하여 함께 받들어 성부께 드리시어 영원한 영광이 되게 하소서. 아멘.

제17장

삼위일체로 계신 하느님을 관상觀想하는 길을 열어야 선善을 따르고 악惡을 피하라고[追善避惡] 가르쳐 주신 교리에 대한 묵상이 쉬울 것이다. 교리에 대한 묵상을 부지런히 힘써야 하느님을 관상觀想함에 스스로 친근하게 되다

[한글사본 101쪽]자기 영혼을 구하고자 하는 우리 사람에게 가장 요긴한 기도는 관상과 묵상이다. 왜 그러한가? 삼위일체로 계신 하느님을 관상觀想할 수 없다면 생활한 믿음이 아니니, 어찌 "영원한 생명을 얻으리라"는 말을 하며, 죄악을 피하고 선행에 힘쓸 일을 묵상하

지 아니하면 이는 하느님의 계명을 범함이니, 어찌 "자기 영혼을 구하겠노라"는 말을 할 수 있겠는가? 대체로 보아서, 삼위일체라는 말씀은 하느님이 전능全能·전지全知·전선全善으로 생활하신 세 가지 성품을 이르는 것이다.

전능하신 성부는 '하느님의 나라[神國]'에 계셔 아니 계신 곳이 없으시니, '한 포기의 풀이나, 한 마리의 벌레[一草一虫]'도, 모든 시대의 모든 사람[萬歲萬民]도 다 함께 성부의 체體에서 움직이며 숨 쉬고 서로 통하여 생활하는 것이다. 전지全知하신 성자聖子는 '하느님 나라의 임금[神王]'으로 계셔 알지 못함이 없으시니, 사람의 삶과 죽음, 화복禍福과 길흉吉凶이 도무지 그 손안에 쥐어져 있어 착한 이를 상 주시고, 악한 이를 벌하시는[賞善罰惡] 힘을 가지고 계시는 것이다. 전선全善하신 성령은 '하느님 나라의 빛[神光]'으로 계셔 비추어 주시지 않는 때 없으시니, 성부께서 만물을 낳아 기르심과 성자께서 [漢文寫本 173쪽]구속하신 은총을 드러내어 항상 우리 사람을 도와주신다.

이렇듯이 관상생활을 하면서 각각 제 생각이나 말이나 행함으로 범한 악惡을 끊어버리고 피할 법과 선善[한글사본 102쪽]을 향하여 빨리 걸어가 나아갈 길을 묵상하지 아니하면, 스스로 하느님을 멀리하여 떠날 것이다. 이런 사람은 늘 간사한 마귀를 마주 보면서 영원한 벌[永罰]을 받을 일만 생각함이니, 어찌 원통하지 아니하며 불쌍하지 아니하겠는가?

비유컨대 우리 사람의 생각과 도량이 한 개의 그릇 같아서 비어 있지 못할 것인데, 만일 향기로운 즙을 담아두면 그 향기로운 기운이 올라가 비추이지 아니할 수 없으니, 만일 위를 향하여 비추면 하느님도 거울같이 마주 비추어 서로 사랑할 것이다. 혹 아래로 보아 비추면 간사한 마귀가 마주 응하여 서로 연결된다. 이것이 이른바 유감에 빠짐이니, 어찌 위험하지 아니하겠는가? 우리 교형 자매들은 항상 자기 영혼을 구하는 요긴한 길을 찾아 묵묵히 생각하여 보기를 바란다. 아멘.

제18장

하느님의 많은 은혜는 다 예수성심으로 말미암아 베푸시는 열두 가지 규칙을 기[한글사본 103쪽]록하여 같은 신앙을 가진 모든 벗들과 더불어 삼가하여 예를 실천하며 힘써서 각각 실효를 얻기를 바라다

예수께서 친히 성녀 말가리다Margarita[33]에게 나타나서 이르시되, "내 마음을 특별히 공경하는 이에게는 그 '하느님의 사랑[神愛]'이라는 보배를 줄 것이다. 또 다른 사람을 권하여 삼가하여 예를 실천하게 하는 사람에게는 은택恩澤을 왕성하게 베풀어 '하느님의 힘[神力]'을 얻어

33 성녀 말가리다(聖女瑪加利大): 성녀 마르가리타(Sancta Margarita Maria Burgunda, 1647~1690)는 프랑스 가톨릭교회의 수녀이자 신비가이며, 예수성심에 대한 신심을 보급하는 데 크게 기여한 인물이다. 1864년 교황 비오 9세에 의해 시복되고, 1920년에는 교황 베네딕토 15세에 의해 시성되었다. 축일은 10월 16일이다.

그 잔인한 사람의 마음을 감화시킬 수 있게 하겠노라"고 하셨다. 이를 대체로 생각건대, 영혼을 구하려는 책임에 힘쓰는 사람은 다 마땅히 이 공부를 일을 중하게 여겨야 한다. 예수께서 친히 교훈하신 '열두 가지 은총'의 조목은 아래와 같다.

1은, 나의 성심을 공경하는 사람에게는 지위에 긴요한 모든 은혜를 줄 것이오.

2는, 그들의 집안에 평화함을 줄 것이오.

3은, 그들이 곤궁[漢文寫本 174쪽]한 가운데에서도 위로가 될 것이오.

4는, 살 때와 특별히 임종할 때에 내가 그에게 진실한 의탁이 될 것이오.

5는, 그의 행사에 풍부히 강복할 것이오.

6은, 죄인들이 내 마음에 있는 자애함의 샘과 바다를 얻을 것이오.

7은, 냉담한 사람은 열심한 사람이 될 것이오.

8은, 쉽게 덕행 지위에 이를 것이오.

9는, 나의 성심상聖心像을 모셔 공경하는 집에는 큰 은혜를 베풀 것이오.

10은, 매우 악한 마음을 가진 사람이[한글사본 104쪽]라도 감화시키는 재능을 사제에게 줄 것이오.

11은, 나의 성심을 공경하는 규칙을 전하는 사람들의 이름을 내 마음에 새겨 영원토록 남아 있게 할 것이오.

12는, 아홉 달 동안에 매월 첫 토요일마다 영성체하는 이에게는 선善에의 항구함과 죄과를 벗어남과 성사를 받고 죽는 은총을 줄 것이오. 또한 임종 때 나의 성심이 그의 진실한 의탁이 되리라는 것을 나는 극히 자비한 마음으로 너에게 허락하노라.

이상과 같이 말씀하셨다. 나 같은 것은 별로 널리 영혼을 구할 책임은 없으나, 자기 영혼과 딸려 있는 자식들의 영혼을 구할 본분이 있으므로 항상 예수와 성모 마리아의 성심이 함께 베푸시는 은혜만 믿고 바라고 구할 따름이다. 날마다 누워 잠을 잘 때면, 늘 성체 안에 계신 성심이 성부를 우러러 사모하여 평안히 쉬시며 말없이 조용하게 분심에 들지 아니하심을 생각한다. 생각이 이에 이르면 나의 졸음이 우러러 성심과 합하여 들숨과 날숨, 움직임과 가만히 있음이 모두 다 주를 사랑하는 정과 마음을 드리는 뜻을 이루어 성심께 받들어 드리지 아니할 것이 하나라도 없을까 염려된다.

그래서 기도하기를 "엎디어 구하건대 [한글사본 105쪽]우리 주님의 성심을 받아들이시어 나에게 졸음을 주어 육신을 평안히 기르게 하셔야 힘을 다하여 주님을 섬길 수 있게 하려 하나이다. 아멘"이라고 한다. 또 이어서 외우되 "지극히 달고 단 예수 예수성심이여, 이날 모든 은혜를 네게 감사하오며, 오늘 밤 내 영혼과 육신을 네게 부탁하여 네 성심 가운데 평안히 쉬려 하오나, 깨어서 주를 찬송하지 못하므로, 네 성심께 구하여 보속하려 하오며, 내 마음이 몇 번간 움직이니 네 또한 대신하여 몇 번 찬송하심이오니, 매양 숨 쉴 때마다 네 성심이 받아들여 마치 내외와 같은 정을 삼아 성부께 드리심과 같이 하실지어다. 내 뜻이 이미 이같이 성실하오니, [漢文寫本 175쪽]이 밤이 마치도록 호흡하는 수대로, 차례를 따라서 주님을 찬송하오며 주님을 사랑하옵기를 원함이로소이다. 아멘"이라고 한다.

제19장

미사 참례하는 기도이다 이 기도는 성녀 말가리다가 지은 바이니, 우리들이 그 마음을 본받아 외우면 열심의 효험을 더할 수 있을 듯하다

아버지 하느님[聖父]이여, 이제 당신이 특별히 사랑하시는 하느님의 아들[聖子] 예수께서 십자가 위에서의 고난을 통해 남겨주신 행적에 따라 이 미사를 바칩니다. 내가 감히 예수의 뒤를 따라 자신의 십자가를 [한글사본 106쪽]지고, 만나는 고난을 달게 참아 받을 마음으로 당신께 받들어 드리며 엎디어 기도하오니, 이 거룩히 제헌하는 희생 제물을 받아드리시어 우리 영혼을 유익하게 하소서. 또한 예수의 성심이 간직하고 있는 모든 원과, 모든 뜻과, 모든 정과, 모든 행동을 함께 받아들이시어, 우리들이 스스로 조심하고 스스로 경계하는 보배로운 기준으로 삼아 예수와 같이 영원한 생명과 영원한 복락[常生永福]을 누리게 하소서.

우리에게는 이 원의밖에 도무지 다른 원의가 없으니, 예수성심의 모든 행위는 우리 마음의 모든 행위와 연관되지 아니할 것이 없습니다. 이미 우리 마음의 모든 행위도 예수의 모든 행위에 연관되므로 우리가 당신에게 제사를 드림이 마땅한 듯하오니, 엎디어 구하건대 받아들이시어 우리들의 죄를 면제받아 당신의 큰 은혜를 감사하게 하시며, 우리에게 꼭 필요한 은총을 더하시며, 우리의 임종 때, '주님의 특별한 도움[聖佑]'을 주시어 마치 우리들이 진실한 사랑과 흠숭하는 예禮와 찬미하는 뜻을 위하여 하는 듯이 하소서. 대개 당신을 공

경하고 당신에게 영광을 돌려드릴 수 있음은 오직 당신의 성심에서 말미암았으므로, 이제 그 성심을 당신이 앉아 계신 자리 앞에 받들어 드리고자 하옵니다. 아멘.

[한글사본 107쪽]

제20장

하느님이 사람을 살리기를 좋아하시는 덕을 베푸시어 이미 나를 내신 후에는 각각 처자를 정하여 주시되 그 본분을 서로 지켜 선시善始 선종善終하라고 하신 명을 우러러 그리워하니 한편으로는 감사할 까닭도 많으며 한편으로는 기도할 실마리[端]도 많도다

이 바울라는 본래 종실宗室의 후예로, 지체가 높은 훌륭한 집안의 규수이다. 그 나이가 스무 살이 되던 해에 교우가 아닌 사람과 결혼했다. 바울라는 신분이 귀하고 덕이 갖추어져 있었기 때문에 외교인이었던 나와 결혼[漢文寫本 176쪽]하고 나서 10여 년이 지난 다음, 내가 먼저 천주교에 입교하고 나서 고향에 내려가 있을 때 즉시 한마음과 한뜻으로 하느님을 공경하여 자기 영혼을 구하기에 힘쓰기로 했다. 바울라의 본성이 꾸미거나 숨김이 없이 정직하여, 어찌 보면 사리에 어두운 듯도 했다. 그러나 대체로 부모에게 효도로 순종하며, 동기간 화목함이나, 모든 사람을 사랑하는 도리에 조금도 흠결이 없었다. 그러나 매양 경박한 세속의 태도에서는 벗어나는 단서가 많았다. 그러므로 처음부터 성교회聖教會의 도리를 확실히 믿어서 결혼했더라도 금욕생활을 실천하며, 덕을 닦기 위해 부부가 상호 수정守貞하는 생활을 자원했다. 병인년(1866) 박해를 만나 위험한 경우를 겪기도 했지만, 삼가 피신하여 그 조찰한 덕을 항상 보존했으므로 그 '어질고 너그러운 마음[心德]'에 탄복할 만했다.

바울라는 이 지방에 살던 큰아들 베드로에게 의탁하여 먼저 내려와 살고 있었다. 그때 나는 그 영혼[한글사본 108쪽]에 관한 일에 도움을 주기 위하여, 마음만으로라도 성체를 모시는 듯이 기도하는 신령성체神領聖體의 교리 말씀 대강 기록하여 "시험하여 보라"고 부탁했다. 그 후 몇 해가 지나서 깨우쳐 다시 물어본즉 "날마다 시행한다"라고 했다. 그가 종신토록 신영성체를 수행한 노고는 믿을 수 있다. 그 후에 서울에서 살고 있던 작은아들 시몬과 바울라의 대녀代女이기도 한 작은며느리 아네스를 보고 싶은 마음으로 서울에 올라와 얼마 동안 지내다가 우연히 병들었다. 병세가 위험한 고로, 큰아들에게 기별하여 오라고 하고, 프와넬 박朴 신부를 영접하여 고해하고 봉성체를 했다. 그날 기다리던 큰아들이 도착하니, "왔느냐?"라고 말하며 기쁘게 보고 이야기를 나눈 다음에 잠자듯이 곱게 임종하니, 그가 선종했다는 증거로는 여러 가지가 있다. 그의 평생에 걸친 행위를 보든지, 그가 임종을 예비하던 마음가짐이든지, 그의 시체가 깨끗하여 아름다운 모양이든지, 보고 듣는 사람은 찬미할 만했다.

서울의 남녀 교우들이 많이 모여 연도도 하며 예의범절을 지켰고, 부의를 많이 베풀기로 관곽을 후히 준비하고 상여를 떠나보내는 범절을 규모 있게 차렸다. 글 배우던 아동 10여 명이 좌우에 등불을 밝히고, 새벽에 행상行喪하여 용산 삼호정 뒤 동남향 '왼쪽 자리左局'에 장사했다. 그때 바울라의 나이가 66세였다. 예수와 성모 마라아의 은혜로 이렇듯이 그가 잘 태어나서 살다가 그 생애를 잘 마침[善始善終]을 못내 감사드린다. [한글사본 109쪽]

나의 아들 형제와 그에게 딸린 바 남녀 모든 식구의 영혼을 구하는 일은 아직 그들이 수계守誡한 내용도 알 수 없고, 예수와 성모 마리아의 은혜도 어떠하실지 알지 못한다. 그러나 다만 큰집과 작은집 식구들 모두를 오로지 우리 주님 예수와 성모 마리아와 요셉 아버지의 성가상聖家像 앞에 받들어 드리고, 항상 보우하시는 은혜로 각각 잘 태어나서 살다가 그 생애를 잘 마치기를 간절히 기도할 따름이다. 아멘.

34

김약한金若翰에 사대자손四代子孫

↓천주天主

김동金桐—□전□殿

소화昭和 4년

김재민金在旼

김재환金在晥

김재홍金在哄

34 이 부분은 [한글사본]의 마지막 쪽에 낙서처럼 기록되어 있다. 이는 이 [한글사본]의 필사연대이거나, 이를 읽은 연대로 추정된다. 이는 이 [한글사본]의 제작연대가 소화 4년(1921년)과 연관되어 있으리라 생각된다.

II

봉교주술

[한글사본 입력본]

봉교ᄌ술 [한글사본 입력본] 교감 감수의 원칙

1. **작업의 목표와 저본(底本)**: 이 번역 작업의 저본은 현재 한국교회사연구소에 소장되어 있는 김기호(金起浩)가 지은『봉교ᄌ슐』의 [한글사본]이다. 단, 번역 과정에서『奉教自述』[漢文寫本]을 참고했다.

2. **[한글사본 입력본]의 주석**: 고어(古語)나 제도명 또는 사용 빈도가 낮은 한자어 단어나 문장 등 그리고 오자(誤字)나 탈자(脫字), 문법상의 오류 등을 주석의 대상으로 했다.

3. **편집의 원칙**: 이 입력본에는 [한글사본]에는 없는 일련번호를 각 장(章)의 제목 앞에 순서대로 부여했고, 본문의 문장은 띄어쓰기를 했다.

4. **사본 비교의 원칙**:『봉교ᄌ슐』[한글사본 입력본]은『奉教自述』[漢文寫本]과 밀접한 관계를 가지고 있다. [한글사본 입력본]에서는 본 '연구총서본'에 실린『봉교ᄌ술』[한글사본]과『奉教自述』[漢文寫本]의 쪽수를 중간에 밝혀주어 원문과의 대조에 편의를 제공하고자 했다.

[한글사본 5쪽],[1] [cf. 漢文寫本 115쪽][2]

봉교ᄌᆞ슐 셔

모ᄅᆞᆺ 사ᄅᆞᆷ이 텬쥬의 특은을 닙어 봉교ᄒᆞᄂᆞᆫ[3] 길이 그 끗치 만하, 혹 도리의 ᄎᆞᆷ됨을 탐ᄒᆞ야 나아오ᄂᆞᆫ 쟈도 잇ᄉᆞ며, 도리 쇽[4]을 모르고도 헛도이 텬당복을 탐ᄒᆞ고 디옥벌을 무셥다 ᄒᆞ야 드러오ᄂᆞᆫ 쟈도 잇ᄉᆞ며, 혹 ᄉᆞ욕을 ᄯᆞᄅᆞ 셰샹에셔 무ᄉᆞᆷ 리익이 잇ᄉᆞᆯ가 ᄒᆞ야 투닙[5]ᄒᆞᄂᆞᆫ 쟈도 잇ᄉᆞ며, 우몽ᄒᆞᆫ 쇼견으로 ᄂᆞᆷ이 됴타 ᄒᆞ니 나도 ᄒᆞ엿보깃다 ᄒᆞ야 드러오ᄂᆞᆫ 쟈도 잇ᄉᆞ니, 이ᄂᆞᆫ 다 슈계길에 들어 텬쥬의 젼능안ᄇᆡ ᄒᆞ시ᄂᆞᆫ 은혜로 그 구령의 ᄇᆞᄅᆞᆷ이 잇ᄉᆞ련이와,[6] 소위 구교[7]의 ᄌᆞ숀 즁 그 ᄒᆡ

---

1 [한글사본 5쪽]: 봉교자술 [한글사본 입력본]은 원전의 면(面)이 바뀔 때마다 별행(別行)으로 처리하여 입력하고, 해당 면수(面數)를 [ ] 안에 밝힌 다음 원전 입력을 계속한다.

2 [cf. 漢文寫本 115쪽]: [한글사본]을 [漢文寫本]과 대조하기 위해서 [cf. 漢文寫本 ㅇㅇ쪽]이란 표시를 [한글사본 입력본] 문장 중간에 해당 부분을 밝혀둔다.

3 봉교(奉教)하다: 천주교의 가르침을 믿고 실천하다.

4 쇽: 속, 즉 감추어진 일의 내용.

5 투닙(投入): 들어오다.

6 텬쥬의……잇ᄉᆞ년이와: 한문 원전에는 "天主以全能 必施安排之恩 而將有求靈之望"으로 되어 있다. 이를 정확히 번역하자면 "천주는 전능하시므로, 반드시 섭리하는 은혜를 베푸시어 영혼을 구원할 바람을 가지게 된다"이다. 이 사례에서와 같이 『봉교자술』은 한글사본과 한문 원전의 문장이 정확히 일치하지는 않는다. 그러나 그 대의에 있어서는 대체적으로 볼 때 큰 차이가 없다. 그런데 [한글사본] 『봉교자술』과 [漢文寫本] 『奉教自述』 두 사본을 비교해 보면, [한글사본] 『봉교자술』에 기록되지 않은 좀 더 자세한 내용들이 [한문사본] 『奉教自述』에서는 약간씩 보완된 부분이 드러나기도 하며, 반대로 [한글사본]의 서술이 [漢文寫本]보다 더 자세한 곳도 나타난다. 그러므로 [한글사본]과 [漢文寫本] 사이에서 그 선후관계를 논하기가 현재로서는 불가능하다. 이 두 사본은 김기호의 친필본인 『소원신종』과 비교해 볼 때 그 필체가 다르므로 후일의 필사본임에 틀림없으나 그 정확한 필사자 및 필사 연대는 미상이다.

ᄐᆡ오만[8]ᄒᆞᆫ 쟈의 ᄉᆞ졍을 말ᄒᆞᆯ진대, 심히 ᄋᆡ통ᄒᆞᆯ 만ᄒᆞᆫ지라. 엇짐이뇨? 극긔ᄒᆞᆯ 쥴 몰나 ᄒᆡᄐᆡ ᄒᆞᆷ으로 도리 쇽을 ᄇᆡ화 알아볼 ᄉᆡᆼ각도 업고, 오만ᄒᆞᆷ으로 도리ᄅᆞᆯ 일ᄌᆞᆨ 다 아ᄂᆞᆫ 톄ᄒᆞᄂᆞᆫ 소견을 고집ᄒᆞ야 더옥 방죵ᄒᆞ니, 이런 사ᄅᆞᆷ의 령혼ᄉᆞ졍이 장ᄎᆞᆺ 엇더케 되리오. ᄉᆡᆼ각이 이에 밋ᄎᆞ매 ᄎᆞᆷ아 견ᄃᆡ기 어려워,

[한글사본 6쪽]오직 ᄇᆞᄅᆞ지져 구ᄒᆞᄂᆞᆫ 바ㅣ 예수ㅣ 일ᄌᆞᆨ 십ᄌᆞ가ᄅᆞᆯ 지시고 갈와럇 산으로 가실 때 즁노[9]ᄋᆡ셔 모든 교우ᄅᆞᆯ 도라보시고 교훈ᄒᆞ신 말ᄉᆞᆷ이 "너희ᄂᆞᆫ 나ᄅᆞᆯ 울지 말고 너와 네 ᄌᆞ숀과 만민 죄ᄅᆞᆯ 울나" ᄒᆞ심이라. 그러나[10] 나ᄀᆞᆺ치 ᄎᆞ고 찬 ᄆᆞᄋᆞᆷ으로ᄂᆞᆫ 진짓 쓸 ᄃᆡ 업ᄉᆞ니 ᄒᆞᆯ 수 업셔, 다만 우리 쥬 예수셩심의 염염ᄒᆞ신 ᄋᆡ화ᄅᆞᆯ[11] 우러러 뵈옵고 ᄀᆞᆫ구ᄒᆞ옵ᄂᆞ니, 이 ᄂᆡᆼ담ᄒᆞᆫ ᄆᆞᄋᆞᆷ을 긍련이 넉여 ᄋᆡ쥬ᄋᆡ인ᄒᆞᄂᆞᆫ 열졍을 다시 ᄐᆡ와주샤, 각각 ᄌᆞ귀 령혼 구ᄒᆞᆯ 공부ᄅᆞᆯ 힘쓰게 ᄒᆞ옵소셔. 다시 ᄉᆡᆼ각컨대, 텬쥬ᄅᆞᆯ 공경ᄒᆞ야 ᄌᆞ긔 령혼 구ᄒᆞᄂᆞᆫ 도리 어ᄃᆡ 잇ᄂᆞ뇨. 진도ᄌᆞ징[12]

7 구교(舊敎): 신앙의 연조가 오래된 사람

8 해태오만(懈怠傲慢): 게으르고 건방지다

9 즁노(中路): 길을 가던 중

10 ᄒᆞ심이라. 그러나: 이는 루가복음 23:28의 말씀이다. 『奉教自述』 [漢文寫本]에는 'ᄒᆞ심이라……그러나' 사이에 "凡爲基利斯當者 皆可遵奉此聖訓"(무릇 그리스도인인 사람은 모두가 이 성스런 가르침을 존중하고 받들어야 하지만")이 첨가되어 있다.

11 예수셩심의 염염(冉冉)ᄒᆞ신 ᄋᆡ화(愛火)ᄅᆞᆯ 우러러 뵈옵고: 타오르는 사랑의 불길 같은 예수성심을 우러러 받들고.

12 진도ᄌᆞ징(眞道自證): 『진도자증』은 예수회 선교사 샤바냐(Chavagna)이 지은 한문 서학서로 1718년 북경에서 초간본이 간행되었고, 1796년에는 북경에서 구베아 주교의 감수로 중간된 4권 2책의 천주교 교리서이다. 조선 교회 창설 이전에 전래되어 조선인 식자들에게 널리 읽혔다. 영조 연간의 처사였던 홍정하(洪正河)는 『진도자증』을 비판한 『증의요지(證義要旨)』를 저술한 바 있고, 안정복(安鼎福)도 이에 관한 비판의 글을 남겼다.

ᄎᆡᆨ의 닐너시ᄃᆡ, [cf. 漢文寫本 116쪽]"누구던지 구령코져 ᄒᆞᆯ진대, 몬뎌 ᄌᆞ긔를 안 후에 텬쥬를 알고 사ᄅᆞᆷ을 ᄉᆞ랑ᄒᆞ여야 텬쥬를 ᄉᆞ랑ᄒᆞᆷ이라" ᄒᆞᆫ 지라. 대뎌 몃 ᄒᆡ 젼에 업던 내가 텬쥬의 호싱ᄒᆞ시ᄂᆞᆫ 은혜로 령혼 육신 결합식여 내셧시니, 령혼은 텬쥬 모샹으로 삼ᄉᆞ를 ᄀᆞᆽ초아 텬쥬를 온젼이 밋고 ᄇᆞ라고 ᄉᆞ랑

[한글사본 7쪽]ᄒᆞ라 ᄒᆞᆫ 거시오. 육신은 다 원죄에 무드러 칠졍ᄉᆞ욕[13]을 가져신 즉 죄만 짓게 된 거시라. 그러나 그 령혼샹분[14]이 텬쥬의 홍우를 승슌ᄒᆞ야 그 육졍을 눌너 이긔라 ᄒᆞᆫ 거시니, 그 몸됨이 지쳔지악ᄒᆞᆫ 줄을 알고, 그 싱양ᄒᆞ시ᄂᆞᆫ 텬쥬의 지존지션ᄒᆞ심을 알아, 무ᄉᆞᆷ 죄악이 던지 다 ᄌᆞ긔게 돌녀 ᄐᆞᆺᄒᆞ고, 일뎡 텬쥬를 원망ᄒᆞ거나 사ᄅᆞᆷ을 ᄐᆞᆺᄒᆞ지 못ᄒᆞᆯ 거시오. 엇더ᄒᆞᆫ 션덕이던지 다 텬쥬ᄭᆡ로 돌녀보내고, 일뎡 내게셔 난 거시 아닌 줄을 알아, ᄆᆡ양 감샤쥬은ᄒᆞᆯ 거시며, 또 사ᄅᆞᆷ됨이 다 텬쥬ᄃᆡ부[15]의 모샹으로 삼계나셔 서로 형뎨됨인즉, 만일 형뎨간 우ᄋᆡ 업ᄉᆞ면 무ᄉᆞᆷ 사ᄅᆞᆷ의 셩졍이라 ᄒᆞ리오.[16] 그럴 쁜 아니라 공번되신 대부

13 칠졍ᄉᆞ욕(七情私慾): [漢文寫本] 『奉教自述』에는 "肉軀則皆染原罪 而胚胎驕傲·慳吝·迷色·憤怒·貪饕·懈怠·嫉妬七罪矣"(육신은 모두 원죄에 물들어 교오·인색·미색·분노·탐도·해태·질투와 같은 일곱 가지 죄를 배태하고 있다.)로 되어 있다.

14 령혼샹분(靈魂上分): 영혼이 서로 나누어 맡은바 세 가지 기능인 기함(記含, memoria)과 명오(明悟, intellectus 또는 intelligentia)와 애욕(愛欲, amor 또는 desiderium)을 뜻한다.

15 텬쥬ᄃᆡ부(天主大父): 하느님에 대한 전통적 호칭은 대군대부(大君大父), 대군부(大君父), 대부(大父), 대군(大君) 등으로 불리었다.

16 또 ᄉᆞ람됨이……ᄒᆞ리오.: 『奉教自述』 [漢文寫本]에는 '또 ᄉᆞ람됨이……셩졍이라 ᄒᆞ리오' 사이에 '且人皆爲天主大父之肖子 四海同胞 天下皆兄弟 則豈無友愛之性情乎"(또한 사람은 모두가 큰 어버이인 하느님을 닮은 자식으로 사해동포이며 천하가 모두 형제이니, 어찌 벗처럼

의 ᄆᆞ음이 엇더케 샹해ᄒᆞ야, 그 공의ᄒᆞ신 ᄎᆡᆨ벌이 어ᄂᆞ 디경ᄭᆞ지 니ᄅᆞ시겟ᄂᆞ냐? 셩ᄌᆞ 예수ㅣ 이런 죄벌 구쇽ᄒᆞ시기를 위ᄒᆞ야 십ᄌᆞ가에 못 박혀 죽으신 형샹을 네 이제 잠간 우러러 볼지어다. 예수ㅣ 일즉 니ᄅᆞ시ᄃᆡ, "사ᄅᆞᆷ이 만일 내 적은 아ᄃᆞᆯ을 쇽여 업수이 넉이면, 그 목에 매돌을 ᄃᆞᆯ아 깁흔 못ᄉᆡ 무거온 연추[17] 던지ᄃᆞᆺ ᄒᆞ깃노라" ᄒᆞ셧

[한글사본 8쪽] 시니, 그 두렵지 아니ᄒᆞ며, 엇지 그 ᄎᆞᆷ아 동포ᄋᆡ 니져버려 사ᄅᆞᆷ ᄉᆞ랑을 아니ᄒᆞ겟ᄂᆞ냐. 사ᄅᆞᆷ ᄉᆞ랑이 업ᄉᆞ면 곳 텬쥬ᄅᆞᆯ ᄉᆞ랑치 아니ᄒᆞᆷ이니, 텬쥬ᄅᆞᆯ ᄉᆞ랑치 아니ᄒᆞᄂᆞᆫ ᄆᆞ음으로 구령ᄒᆞ기ᄅᆞᆯ 위ᄒᆞ야 슈계ᄒᆞ노라 말을 감히 입을 열어 ᄒᆞ겟ᄂᆞ냐. 텬쥬십계 도모지 ᄋᆡ쥬ᄋᆡ인 두 가지에 도라가니, 누구던지 슈계ᄒᆞ다가 혹 사ᄅᆞᆷ을 뮈워ᄒᆞ야 ᄎᆞᆷ기 어려온 때ᄅᆞᆯ 당ᄒᆞ거든, 잠간 초셩도리ᄅᆞᆯ ᄉᆡᆼ각ᄒᆞ야, 즉금 여긔 [cf. 漢文寫本 117쪽]계셔 ᄇᆞᆰ이 보시고 아시고 심판ᄒᆞ시ᄂᆞᆫ 텬쥬 삼위 ᄃᆡ젼에 ᄭᅮᆯ어 잠잠이 구ᄒᆞᆯ지어다.[18] 아멘.

이 ᄎᆡᆨ을 ᄌᆞ슐ᄒᆞᆫ 뜻은 나ᄀᆞᆺ치 혼몽ᄒᆞᆫ 것ᄉᆞᆫ 텬쥬 은혜ᄅᆞᆯ 감샤ᄒᆞᆯ 줄도 아지 못ᄒᆞ며, ᄌᆞ긔 죄ᄅᆞᆯ 통회ᄒᆞᆯ 줄도 아지 못ᄒᆞ며, 쥬ᄭᅴ 긔구ᄒᆞᆯ 줄도 아지 못ᄒᆞ야 ᄌᆞᄎᆡᆨᄌᆞᄐᆞᆫ을 만이 ᄒᆞ면셔, 혹 후학 ᄌᆞ숀 즁 명리ᄒᆞᆫ 쟈ᄅᆞᆯ 기

사랑하는 성정이 없을 수 있겠는가?")이다.

17 연추(鉛錘): 납추.

18 사ᄅᆞᆷ을 뮈워ᄒᆞ야……구ᄒᆞᆯ지어다: 이 부분은 『奉教自述』[漢文寫本]에서는 "憤發難忍之時 以超性道理 卽 想三位一體 天主在此 俯鑑垂聽之公義 則俄頃憤火 庶幾自消矣"(분노가 폭발하여 참기 어려운 때에는, 이성을 뛰어넘는 도리[超性道理]를 가지고 삼위일체의 천주께서 여기에 계시면서, [인간들을] 내려다보며 귀 기울여 들어주시는 공의[公義]를 생각한다면, 잠깐 동안에 분노의 불길은 스스로 소멸되리라.)로 되어 있다.

ᄃᆞ려, 그 증계홈을 삼아 각각 령신 공부샹에 명심ᄒᆞ야 피악추션[19]ᄒᆞᄂᆞᆫ 실효의 유익홈이 잇슬가 ᄒᆞ야, 감히 젼루홈을[20] 니져버리고 이ᄀᆺ치 말ᄒᆞ노라.

天主降生一千九百一年 辛丑 春三月 上澣 明道會長 後學老拙 金若翰 主母臺前 祈求謹誌

19 피악추션(避惡推善): 악행을 피하고 선을 받들다.

20 젼루(謭陋): 지식이 천박하고 견문이 좁음.

[한글사본 9쪽]

봉교ᄌᆞ술 샹편

제1장[21]

립교 령셰ᄒᆞᆫ 특은을 감샤홈이라

나 ᄀᆞᆺᄒᆞᆫ 죄인이 본ᄅᆡ 잠영[22] 후예로 시골 대셩 농가에 나셔, 어려셔브터 농ᄉᆞ에ᄂᆞᆫ ᄆᆞᄋᆞᆷ이 업고 부형의 교훈을 밧드러 글ᄌᆞ을 ᄇᆡ화 나히 십오륙에 니ᄅᆞ매, 능히 과문[23]을 통ᄒᆞ야 시부간[24] 셩편 모양ᄒᆞ기로 셰쇽이 닐ᄏᆞᆺᄂᆞᆫ 바 션ᄇᆡㅣ라. 셰쇽에 련루홈으로 경도 명리쟝즁[25]에 노라, 쵹쳑간 혹 ᄌᆡ샹이나 명ᄉᆞᄅᆞᆯ 쳬결ᄒᆞ야, 헛된 공명도 경영ᄒᆞ며, 혹 글방을 ᄇᆡ치ᄒᆞ고 학동을 만히 모화 ᄀᆞᄅᆞ치니, 이ᄂᆞᆫ 그 사소 권리ᄅᆞᆯ 취홈이라. 이ᄀᆞᆺ치 오유관광[26]ᄒᆞᆫ지 십여 년에, 본ᄃᆡ 심히 열약ᄒᆞᆫ 몸이 쇽루[27]에 샹ᄒᆞᆫ 곳이 만아 그러ᄒᆞᆫ지, 즁병을 엇어 ᄆᆡ오 위험ᄒᆞ다가 살아난지

---

21 제1장: 『봉교ᄌᆞ술』 [한글사본]은 상편(上篇)과 하편(下篇)으로만 구분되어 있고, 각 장(章)의 경우에는 그 제목만 굵은 글씨로 되어 있다. 그러나 『봉교자술』의 교감본을 작성하는 과정에서 연구자의 편의를 위해서 각 장 앞에 일련번호를 부여했다.

22 잠영(簪纓): 관원이 쓰던 비녀와 갓끈. 양반이나 지위가 높은 벼슬아치 또는 그 지위를 비유적으로 이르는 말. 높은 벼슬아치들이 잠영을 쓴 데에서 유래하였다.

23 과문(科文): 문과(文科) 과거에서 시험을 보던 여러 가지 문체.

24 시부간(詩賦間): 시(詩)와 부(賦) 즉 운문과 산문 모두를 아우르는 말.

25 명리쟝즁(名利場中): 명예와 이익을 추구하는 곳.

26 오유관광(娛遊觀光): 즐겁게 지내며 다른 지방의 명소(名所)를 구경다님.

27 쇽루(俗陋): 세속의 구차한 풍습에 젖음.

라. ᄒᆞ로ᄂᆞᆫ 홀연 ᄉᆡᆼ각키를, 사ᄅᆞᆷ이라 ᄒᆞᄂᆞᆫ 거ᄉᆞᆫ ᄆᆞᄋᆞᆷ ᄒᆞ나 쥬쟝이라. 이왕의 내 노라 경영ᄒᆞᆫ 바 명리가 내 ᄆᆞᄋᆞᆷ의 무ᄉᆞᆷ 관계 잇ᄂᆞᆫ고 ᄒᆞ야, [cf. 漢文寫本 118쪽]쳬결ᄒᆞ던 ᄌᆡ샹 명ᄉᆞ를

[한글사본 10쪽][28]샹죵ᄒᆞᆯ ᄆᆞᄋᆞᆷ이 업셔 절노 끈치이고, ᄆᆡ년의 십여 ᄎᆞ 보던 과거도 ᄉᆡᆼ각건대, '내 만일 과거를 엇어 ᄒᆞ면, ᄂᆞᆷ의게 잡힌 사ᄅᆞᆷ이 되여 굴네를 뒤집어셔 내 ᄆᆞᄋᆞᆷᄃᆡ로 못ᄒᆞᆯ 거시니 슬타ᄒᆞ야',[29] '동졉ᄒᆞ던[30] 션ᄇᆡ들의게 끄을녀 과쟝 즁에 드러가셔도 그 사ᄅᆞᆷ들의 과거만 보와주고, 나ᄂᆞᆫ 일명 보기 슬흔지라'[31] '이러ᄐᆞ시 명리쟝[32]에 길을 끈코 드러안뎌 공부ᄒᆞᆯ ᄉᆡᆼ각이 ᄀᆞᆫ졀ᄒᆞ야 두루 방문ᄒᆞ나, 셰쇽 ᄎᆡᆨ에ᄂᆞᆫ ᄆᆞᄋᆞᆷ 묘리 ᄭᆡᄃᆞᆺ게 ᄒᆞᆫ 글이 업ᄂᆞᆫ지라. 뎌간에 엇던 사ᄅᆞᆷ이 신션공부 ᄒᆞᄂᆞᆫ ᄎᆡᆨ을 가지고 와셔 보라 ᄒᆞ기로 열어보니, 유도 션도 불도 세 가지 의론이라. ᄆᆞᄋᆞᆷ의 합당치 아니ᄒᆞ나 참 도리를 아지 못ᄒᆞᄂᆞᆫ 소견으로, 몸의 병도 물니치고 혹 ᄆᆞᄋᆞᆷ도 ᄭᆡᄃᆞᄅᆞᆯ 끗치 잇ᄉᆞᆯ가 ᄒᆞ야, 수월 동안의 공부를 고독히 ᄒᆞ니, 그 공부ㅣ가 ᄆᆞᄋᆞᆷ을 ᄆᆞᆰ게 ᄒᆞ고 욕심을 적게 ᄒᆞᄂᆞᆫ 공

28 [한글사본 10쪽]: 이 부분은『奉教自述』[漢文寫本] 118쪽에 해당하는 부분이다. 김기호가 천주교에 입교하기 이전에 거쳤던 사상적 편력은『奉教自述』[漢文寫本]에 좀 더 자세히 실려 있다.

29 내 만일……슬타ᄒᆞ야: [한문사본]에는 '爲人羈縻 自不能從心所好 仰不愧天 俯不怍人乎'(다른 사람에게 고삐가 잡히게 되면, 좋아하는 바를 마음대로 스스로 하지 못하여, 하늘을 우러러 부끄러움이 없고, 내려다보아 다른 사람에게 무안하지 않겠는가.)로 되어 있다.

30 동졉(同接): 같은 곳에서 함께 공부함.

31 동졉ᄒᆞ던……슬흔지라: 조선왕조에서는 19세기에 들어서서 각종 과폐(科弊)가 만연하고 있었다. 여기에서 서술된 현상도 과폐의 일종인 '대술(代述)' 혹은 '대작'(代作) 즉 타인 명의로 과거를 대신 응시해 주는 행위를 말한다.

32 명리쟝(名利場): 명예나 이익을 다투는 곳.

부ㅣ라. 과연 몸의 병도 업셔지고, ᄆᆞ음의 셰욕도 멀어, 마치 ᄆᆞ음이 하놀 공즁에 소사 떠ᄂᆞᆫ ᄃᆞᆺᄒᆞ더라. 이 모양 공부

[한글사본 11쪽]ᄒᆞ기 젼에 다ᄅᆞᆫ 공부 좀 잇셔시니, 이ᄂᆞᆫ 셰쇽의 닐ᄏᆞᆺᄂᆞᆫ 바 이인 되ᄂᆞᆫ 공부ㅣ라. 영산 공부롤 닉혀 년월일시 길흉화복을 계교ᄒᆞ야, 텬도순환과 국죠쟝단과 셰지흉풍을 아ᄂᆞᆫ 뎨 홈이라. 이 모양으로 이단 허망에 ᄲᅡ진 죄인을 텬쥬ㅣ [cf. 漢文寫本 119쪽]격외로 불샹이 보심인지, 우연이 '엇더ᄒᆞᆫ 친구[33]롤' ᄎᆞ자볼 ᄆᆞ음이 내ᄃᆞ라. 근 십 리 되ᄂᆞᆫ 곳에 가 그 문을 두ᄃᆞ리니, 쥬인 혼자 잇셔 무ᄉᆞᆷ 칙을 보다가 덥허 곰초고 니러셔 영졉ᄒᆞᄂᆞᆫ지라. 의심됨을 인ᄒᆞ야 서로 인ᄉᆞ 후에 즉시 그 칙을 들쳬내여 잠간 보니, 텬쥬도리 의론ᄒᆞᆫ 글이니, 칙 일홈은 셩셰추요[34]ㅣ라. 그 구졀마다 ᄆᆞ음을 ᄭᅵ쳐 아모 의심 업시 령신 즐거옴이 비홀 ᄃᆡ 업ᄂᆞᆫ지라. 날이 임의 느즈매, 도라올 때에 그 칙을 노코올 ᄆᆞ음이 업셔 슈건에 ᄊᆞ가지고 와셔 명쵹달야[35]ᄒᆞ야 다 보고, 니튼날 다시 가셔 쥬인을 향ᄒᆞ야 ᄀᆞᆯ오ᄃᆡ,[36] "이 도리 칙이 만흘 터이니 니어 보지 못

33 엇더ᄒᆞᆫ 친구: 한문 원전에는 '南村後洞 李瑪竇家'로 되어 있다. 李瑪竇는 칼레 신부의 '1866년 조선 순교자 보고서'에 나오는 이덕보 마테오로 추정된다. cf. A-MEP V.579,1255, ff.8~12 등.

34 셩셰추요(盛世芻蕘): 예수회 소속 중국 선교사 마이야(Mailla, 馮秉正, 1669~1748)가 1733년 북경에서 5권으로 간행한 천주교 교리서이다. 목동이나 농사꾼 같은 일반 백성들이 쉽게 이해하고 익힐 수 있도록 하기 위해 저술된 책으로, 18세기 후반 정조 시대 이래 조선에도 널리 읽히고 있었다.

35 명쵹달야(明燭達夜): 촛불을 켜고 밤을 새우다.

36 니튼날 다시 가셔 쥬인을 향ᄒᆞ야 ᄀᆞᆯ오ᄃᆡ,: [漢文寫本]에는 '니튼날 다시 가셔'와 '쥬인을 향ᄒᆞ야 ᄀᆞᆯ오ᄃᆡ,' 사이에 "翌日復去 袖其書下一卷 而來 依昨閱覽 次早去 向主人(曰)"(다음 날 다시 가서 그 책 하권 하나를 가지고 와서 어제처럼 읽고 난 다음 일찍 가서 주인에게 말하기

ᄒᆞ면 내 ᄆᆞ옴이 견ᄃᆡ지 못ᄒᆞᆯ지

[한글사본 12쪽]라, 엇지ᄒᆞ여야 됴흘고?" ᄒᆞ니, 쥬인왈, 그러면 "나ᄅᆞᆯ ᄯᆞ라오라" ᄒᆞ기로 ᄯᆞᄅᆞ가니, 셔소문 안 사ᄂᆞᆫ 홍도마[37] 이젼 아ᄂᆞᆫ 사ᄅᆞᆷ 이라. 내 말을 듯고 우ᄉᆞ며 닐오ᄃᆡ, "그러면 이후에 ᄎᆡᆨ을 ᄂᆡ여 보게 ᄒᆞ마" ᄒᆞ기로, 자조 ᄎᆞ자가셔 ᄎᆡᆨ을 엇어 보며 무로ᄃᆡ, "이 크고 놉고 진실ᄒᆞᆫ 도리 ᄎᆡᆨ 즁에 조종[38]됨이 무슴 ᄎᆡᆨ이뇨" ᄒᆞᆫ즉, 왈, "셩경이니라" ᄒᆞ로ᄂᆞᆫ 가 "무ᄅᆞᆫ 즉ᄎᆡᆨ이 업노라" ᄒᆞ거ᄂᆞᆯ, 내 말이 "셩경ᄎᆡᆨ도 업ᄂᆞ냐" 왈 "업노라" ᄒᆞ니 이ᄂᆞᆫ 셩경 오묘ᄒᆞᆫ 뜻을 신문교[39]ㅣ 알기 어렵다 ᄒᆞ야 뵈지 아니ᄒᆞᄂᆞᆫ 규구ㅣ라. 내 말이 "셩교도리의 조종되ᄂᆞᆫ 셩경을 못 보면 셩교봉ᄒᆡᆼ ᄒᆞᆯ 수 잇ᄂᆞ냐" 도마ㅣ 다시 닐오ᄃᆡ, "그러면 갓다가 ᄅᆡ일 다시 오라" ᄒᆞ기로, ᄂᆡ튼날 일즉 가 알아본즉, 쟝 쥬교ᄭᅴ 품달ᄒᆞ매 쥬교ㅣ 당신ᄭᅴ 잇셔 쟝ᄎᆡᆨ도 아니ᄒᆞᆫ 것ᄉᆞᆯ 특별이 허급ᄒᆞ신지라. 가지고 와 즐거온 ᄆᆞ옴으로 몃날[40] 동안에 다 열남ᄒᆞ고, ᄉᆡᆼ각

[한글사본 13쪽]건대, 셩교도리 ᄎᆡᆨ이 죠션에 나와 잇ᄂᆞᆫ 것ᄉᆞᆫ 내가 젼후에 본 거시 [cf. 漢文寫本 120쪽]대략 만흐ᄃᆡ[41] ᄒᆞᆫ 번도 의심ᄒᆞᆯ 줄을 모

를)이 생략되어 있다.

37 홍도마: 홍봉주(洪鳳周)를 말한다. 베르뇌 주교의 복사였다. 1801년의 박해 때 순교한 홍낙민(洪樂敏)의 손자였다.

38 조종(祖宗): 으뜸, 시조가 되는 조상

39 신문교(新聞教): 새로 들어온 신자, 새로 입문(入聞)한 사람.

40 몃날: [漢文寫本]에는 '近一朔間'(거의 한달 동안)으로 나온다.

41 내가 젼후에 본 거시 대략 만흐ᄃᆡ: 이 구절로 미루어 보아, 시골 선비였던 김기호가 세례를 받기 전에 이미 천주교 서적을 읽었음을 알 수 있고, 이를 통해 당시 천주교 서적의 보급 정도를 짐작하게 된다.

르고, ᄆᆞ음의 ᄒᆞᆼ샹 즐거워, "이런 도리를 일즉 아지 못ᄒᆞᆫ 거시 원통ᄒᆞ니 밧비 봉힝ᄒᆞ리라" ᄒᆞ야, 문답사본과 조만과와 ᄆᆡ괴경[42]을 ᄎᆞ례로 예비ᄒᆞᆯ ᄉᆡ, 이왕의 뜻을 ᄀᆞᆺ치 쓰던 동향친구 모모를 ᄉᆡᆼ각키여, 셩교도리 알아볼 원의 더욱 ᄀᆞᆫ졀ᄒᆞᆫ 니우운거를[43] 몬뎌 불너올녀, ᄒᆞᆫ 가지로 춘하간에 셩교도리를 만히 강습ᄒᆞ야, 그ᄒᆡ 팔월분에 령견진[44]을 ᄀᆞᆺ치 ᄒᆞ니, 니우[45]의 본명은 시므이오. 내 본명은 요안이라. 즉시 셔울 잇기 슬흔 ᄆᆞ음쁜 아니라, 더욱 "시골 친지간 대군대부를 모로ᄂᆞᆫ 사ᄅᆞᆷ들의게[46] 아므조록 도리[47]를 알게 ᄒᆞ리라" ᄒᆞ야, 셔울을 하직ᄒᆞ고 본향으로 류락ᄒᆞ야 텬쥬도리를 널니 젼파ᄒᆞ려 ᄒᆞ나, 이 디방 인심이 거세고 이단[48]에 고혹ᄒᆞᆫ지라 만흔 쪽쇽이 도리 말솜을 듯고

42 문답사본과 조만과와 ᄆᆡ괴경: 사본문답(四本問答 즉 영세문답, 고해문답, 성체문답, 견진문답)과 조과(朝課 ; 아침기도), 만과(晩課 ; 저녁기도) 그리고 매괴경(玫瑰經 ; 묵주기도)을 말한다. 이 교리문답과 기도문들은 김기호가 입교하던 당시는 세례를 받기 위해서 학습하여 외어야 할 기본적 교리 지식이었으리라 생각된다.

43 니우운거(李友雲擧)를: 벗인 이운거를

44 령견진: 영세와 견진을 말한다. '령'다음에 '셰'(洗)가 빠져 있다. 한편, '령견진'을 '견진(堅振)을 (領)하다'로 볼 수는 없다. 왜냐하면 이 문장에 이어서 'ᄀᆞᆺ치ᄒᆞ니'라는 단어가 나옴을 감안할 때, '령견진'은 영세와 견진을 축약하여 사용한 단어이다. 김기호는 1854년 조선에 입국한 베르뇌 주교에게 세례와 견진을 동시에 받은 때는 대략 1856년경으로 연구되어 있다. cf. 이석원, 2024, '김기호=김형옥 요한 회장 관련 자료 모음' "교회사학" 24, 334쪽.

45 니우(李友): 벗[友]인 이운거(李雲擧).

46 사ᄅᆞᆷ들의게: [漢文寫本]에는 '尤切親族間'(더욱이 매우 가까운 친구나 친척 사이에)으로 기록되어 있다.

47 도리(道理): [漢文寫本]에는 '令忠孝於大君父' 즉, '모두 대군에게 충성하고 대부에게 효도하도록'으로 되어 있다. 이는 김기호가 천주교 도리의 핵심을 대군대부인 천주께 충성과 효도를 드리는 것으로 이해했음을 말한다.

48 이단(異端): 한문 원전에는 '祭先異端' 즉 '선조에게 제사를 드리는 이단'으로 기록되어 있다.

[한글사본 14쪽]올타 ᄒᆞ면셔도, 헛된 톄면에 끄을녀 ᄒᆞᄂᆞᆫ 말이, “대힝된 후에 ᄒᆞ깃노라. 도로혀 셩교롤 금ᄒᆞ고져 ᄒᆞ야 당을 모화 다리고 와셔 져히ᄂᆞᆫ 말이, ”네가 일가 춍즁에 잇셔 국금되ᄂᆞᆫ 일을 독별나게 ᄒᆞ면, 쟝ᄎᆞ 친쳑간 슈욕이 크게 된다“ᄒᆞ고 쳐음은 셩교칙을 ᄲᅢ앗ᄉᆞ 업시코져 ᄒᆞ야 독긔롤 가지고 칙궤롤 찍으려 ᄒᆞ기에, 내가 그 궤 우희 올나 업ᄃᆡ여 닐오ᄃᆡ, ”우희되신 어룬의 소견이 엇지 이ᄀᆞᆺ치 부죡ᄒᆞ시오. 이 칙만 업시ᄒᆞ고 이 놈의 몸을 살녀두면 이 칙을 다시 잇게 ᄒᆞᆯ 거시니, 이 놈을 진ᄌᆞᆨ 업시 ᄒᆞ여야 칙의 근원을 가히 막아 끈을 거시오니, 쳐분 ᄃᆡ로 ᄒᆞ시오” ᄒᆞᆫ즉, 아모리 마역[49]ᄒᆞᄂᆞᆫ 어룬이라도 하 긔가 막히ᄂᆞᆫ지 독긔롤 던지고 ᄒᆞᄂᆞᆫ 말이, “ᄒᆞᆯ 수 업다” ᄒᆞ고 물너가더니, 후에 다시 모듸여 집을 헐녀 ᄒᆞ기에, 또 모든 이롤 향ᄒᆞ야 닐오ᄃᆡ, “슈고로이 집을 헐기ᄂᆞᆫ 사ᄅᆞᆷ을 쫏ᄂᆞᆫ 뜻이니, 잠간 긋치

[한글사본 15쪽][cf. 漢文寫本 121쪽]면 됴흘 듯ᄒᆞ외다” ᄒᆞ고, 략간 주찬을 예비ᄒᆞ야 ᄃᆡ졉ᄒᆞᆫ 후에, 하직을 고ᄒᆞ야 ᄀᆞᆯ오ᄃᆡ, 즉금 쳐ᄌᆞ롤 다리고 떠ᄂᆞ가오니, 집을 ᄎᆞ지ᄒᆞ야 쳐분ᄃᆡ로 ᄒᆞ옵소셔. 그날 떠ᄂᆞ 다른 디방에 가 뷘집 ᄒᆞᆫ 간을 엇어 쳐ᄌᆞ롤 머물너두고, 도리칙 몃 권을 보ᄌᆞ에 ᄡᅡ메고, ᄆᆞ음 가ᄂᆞᆫ ᄃᆡ로 동셔분찬[50]ᄒᆞ야, 권화 모양을 ᄒᆞᄃᆡ 귀쳔노소롤 의론치 아니ᄒᆞ고, ᄃᆡᄒᆞᄂᆞᆫ ᄃᆡ로 다 공경ᄒᆞ야 샹졉ᄒᆞ니, 니ᄅᆞᄂᆞᆫ 곳마다 밥도 잘 먹이고 말도 잘 듯ᄂᆞᆫ지라. 그러므로 밋어 졷ᄂᆞᆫ 쟈ㅣ ᄎᆞᄎᆞ 적지 아니ᄒᆞ야 오륙십 명에 니른지라. 이 사ᄅᆞᆷ을 인도ᄒᆞ야 셔울 가셔 령세ᄂᆞᆫ

49 마역(魔役): 마귀와 같은 나쁜 행동.

50 동셔분찬(東西奔竄): 사방을 바삐 돌아다니다.

ᄒᆞ게 ᄒᆞ엿건이와, ᄆᆡ년 판공 시 쥬교 영졉ᄒᆞᆯ 집이 업셔 난편ᄒᆞᆫ[51] 고로, 셔흥 디방 두껍의집골이라 ᄒᆞᄂᆞᆫ 곳에 공소ᄒᆞᆯ 집을 ᄇᆡ치ᄒᆞᆫ 후에, 텬쥬도리 듯기를 위ᄒᆞ야 날마다 ᄎᆞ자오ᄂᆞᆫ 사ᄅᆞᆷ이 만흔지라. 그ᄒᆡ[52] ᄀᆞ을에 쥬교를 영졉ᄒᆞ야 판공ᄒᆞ려 ᄒᆞᆯ시. 그 디방 외인대셩 쳐쪽 되ᄂᆞᆫ 소년들이, "양인 구경을 좀 ᄒᆞ자" ᄒᆞ고 그 밤에 ᄎᆞ자와

[한글사본 16쪽]쥬교 계신 방문을 펄적 열고 드러셔ᄂᆞᆫ지라. 밧비 니러나 다리고 밧긔 나가, 구경 못ᄒᆞᄂᆞᆫ 줄노 효유ᄒᆞ야 다 쫏ᄎᆞ보내고, 방에 드러와 뫼시니, 쥬교 말솜이, "셩ᄉᆞ 아니 주고 ᄅᆡ일 가겟다" ᄒᆞ시ᄂᆞᆫ지라. "엇지 ᄒᆞ시ᄂᆞᆫ 분부ㅣ오잇가?" 쥬교 말솜이, "앗가 그 마귀 흉악ᄒᆞ다." 다시 엿줍기를, "그러치 아니ᄒᆞ야 아모 걱졍 업ᄂᆞ이다." 쥬교ㅣ 또 말솜이 "일뎡 일 업ᄉᆞᆯ랴?" "일뎡 아모 일도 업ᄉᆞᆸᄂᆞ이다." 쥬교 말솜이, "오냐 네 신덕만 밋고 ᄅᆡ일 셩ᄉᆞ 주겟노라." 그번 판공을 평안이 지내고 가시니라. 그때 ᄉᆡᆼ각에도, 텬쥬ㅣ 격외은춍으로 나ᄀᆞᆺ치 우몽ᄒᆞᆯ ᄲᅮᆫ 아니라 죄바다에 ᄲᅡ져 거위 죽은 것슬 특별이 건져내여, 이러ᄐᆞ시 길을 열어 인도ᄒᆞ시ᄂᆞᆫ 줄을 못ᄂᆡ 감축ᄒᆞ야, 즐기던 ᄆᆞ옴으로 ᄒᆞᆼ샹 우러러 찬숑ᄒᆞᄋᆞᆸᄂᆞ니, 영광이 부와 ᄌᆞ와 셩신ᄭᅴ 처음과 ᄀᆞᆺ치 또ᄒᆞᆫ 이제와 ᄒᆞᆼ샹 무궁셰에 잇셔지이다. 아멘.

51 난편(難便)ᄒᆞᆫ: 몹시 불편한.

52 그ᄒᆡ: 베르뇌 주교의 서한을 검토하면 이때는 1863년 9월 19일 이전이다.

[cf. 漢文寫本 122쪽]

第2장

쟝 쥬교롤 뫼시고 젼교ᄒᆞ다가 ᄉᆞ군난[53] 격근 일[54]을 추억ᄒᆞ야 특별ᄒᆞ신 쥬은을 감격ᄒᆞᆫ ᄆᆞ옴으로 회과ᄌᆞ칙[55]홈이라

[한글사본 17쪽]

니시믄의 본향도 또ᄒᆞᆫ 대셩가문이라. 수빅호 촌즁에 홀노 ᄒᆞᆫ 집이 몬뎌 문교ᄒᆞ고,[56] 대인 오륙 식구ㅣ 다 예비ᄒᆞ야 령셰ᄒᆞ게 되엿더니, 그 안쥬쟝 되ᄂᆞᆫ 늙은 부인이 병드러 미오 위험ᄒᆞᆫ지라. 령셰 못ᄒᆞ고 죽기롤 셜워ᄒᆞ야 쥬교 영졉ᄒᆞ기롤 ᄀᆞᆫ쳥ᄒᆞ기로, ᄉᆞ졍이 졀박ᄒᆞ야 쥬교 계신 곳을 탐지ᄒᆞ니, 마츰 황히도 신재령[57] 디방에 젼교ᄒᆞ시ᄂᆞᆫ지라. 병쟈의

53 ᄉᆞ군난(私窘難): 정부의 명령에 따라 진행된 공식적인 천주교 박해와는 달리, 친족이나 지방민들이 천주교 신자들을 사사로이 박해한 일.

54 ᄉᆞ군난 격근 일: 1863년 9월에 발생했다. 김기호의 『봉교자술』 기록과는 1년의 차이가 있다. 그러나 김기호(김형옥)는 『병인치명사적』 下, 한국교회사연구소 영인본 1630~1633쪽에서 사건이 일어난 날짜로 1863년 8월 초7일(양력 9월 19일)로 증언하고 있다. 한편 베르뇌 주교도 이 사건이 일어난 때를 1863년 9월에 일어났다고 하고 있다.(한국교회사연구소 역주, 2018, 『베르뇌주교 서한집』, 469쪽) 이상 이석원, 2024, 「김기호(요한)와 김형옥(요한) 자료 비교연구 ; 동일인물 확인」 『교회사학』 24호, 수원교회사연구소, 109, 115쪽 참조.

55 화과ᄌᆞ칙(悔過自責): 자신의 잘못을 뉘우치며 스스로를 책망하다.

56 문교(聞教): 원래는 '교리를 듣다'로 풀이된다. 그러나 19세기 조선 천주교 용어로는 오늘날의 입교(入敎)와 같은 의미로 사용되었으니, 즉 '교리를 듣고 믿어 실천하다'는 의미를 가지고 있다.

57 신재령: ① [漢文寫本]은 "適傳教在載寧信川等地也"(마침 載寧, 신천 등 자방에서 전교ᄒᆞ시ᄂᆞᆫ지라)로 되어 있다. 이로 미루어 보면 한글사본에 나오는 '신재령'이 신천(信川)과 재령(載寧)의 합성어이거나, 신천재령(信川載寧)에서 '천(川)' 자가 탈락된 단어일 수도 있다. ② 재령은 원래 황해도 중부에 있던 지방 도시로, 1415년 재령군(載寧郡)으로 승격되었다. 1519

연유와 령셰쟈의 수를 긔록ᄒᆞ야 힝보 뵐니 ᄒᆞᄂᆞᆫ 사ᄅᆞᆷ을 골희여 보내엿더니. 쥬교ㅣ 이 편지를 보시고 쇽히 힝ᄎᆞᄒᆞ야 림ᄒᆞ신지라. 영졉ᄒᆞ야 큰 방에 뫼셔 쉬시고, 아ᄎᆞᆷ[58] 미샤 후에 셩ᄉᆞ 발긔[59]를 젹으려 ᄒᆞᆯ 즈음에, 그 아ᄅᆡ마을 쥬인의 일가 되ᄂᆞᆫ 사ᄅᆞᆷ들이[60] 관 쓰고 긴 옷 닙고 담비ᄃᆡ 들고 만히 모듸여 뜰의 ᄀᆞ득ᄒᆞ야 말ᄒᆞᄃᆡ, "쟝 쥬교ㅣ 어ᄂᆞ 방에 계시냐? 귀ᄒᆞᆫ 손님을 좀 뵈옵깃노라" ᄒᆞᄂᆞᆫ지라. 밧비 나가 그 사ᄅᆞᆷ들을 다 인도ᄒᆞ야 밧겻 너른 마당에 좌뎡ᄒᆞ야 안게 ᄒᆞ고, 내 말이, "여러분 점ᄌᆞᄂᆞᆫ 양반들이 엇지

[한글사본 18쪽]ᄒᆞ야 실수를 과이 ᄒᆞ시오. 우리나라 톄도톄면[61]으로 말ᄒᆞᆯ지라도, 귀ᄒᆞᆫ 손님이면 갓 쓰고 웃옷 닙어야 샹졉ᄒᆞ거든, ᄒᆞ믈며 타국 숀님 품위 극존ᄒᆞᆫ 이를 보자 ᄒᆞ면셔 뎌러ᄐᆞ시 셜만ᄒᆞ시오.[62] 부득이 뵈올 ᄆᆞ옴 잇거든 다시 의관 ᄀᆞᆺ초고 와 뵈옵게 ᄒᆞ시오" ᄒᆞᆫ즉 그즁

년 전염병으로 인해서 장수산 남쪽에 있던 관아를 지금의 장수산성으로 소재지를 옮겼다. 신재령은 이렇게 옮긴 곳의 지명인 듯하다. 그러나 오늘에 이르러서는 신구(新舊)의 구별이 없이 재령으로 부르고 있다.

58 아ᄎᆞᆷ: 漢文寫本에는 '翌朝' 즉 '다음 날 아침'으로 되어 있다.

59 셩ᄉᆞ 발긔(聖事 發記): '발기'는 사람이나 물건의 이름을 죽 적어놓은 것을 뜻하는 순수 한글이다. 그런데 漢文寫本에서는 이를 '發記'로 기록하고 있으나, 이는 '발긔'에 대한 음차(音借)일 뿐이다. 선교사의 기록을 보면, 방문한 공소에서 고해성사를 본 사람의 숫자, 성체를 받아 모신 사람의 숫자 등을 매번 기록하여 부활절 전후에 이를 종합해서 교구장에게 보고했다. '성ᄉᆞ 발긔'는 이와 같이 성사 관계 기록을 정리한 내용을 말한다.

60 아ᄅᆡ마을……사ᄅᆞᆷ들이: 漢文寫本에는 '上下村中 好事者 數三十名'(아래·윗마을의 호사자 30여 명이)으로 되어 있다.

61 톄도톄면(體度體面): 체도(體度)는 '체모(體貌)와 태도'를 말하며, 여기에 '체면'을 더하여 이르는 말.

62 셜만하다: 설만하다. 하는 짓이 무례하고 거만하다.

에 일즉 낫촐 아는 션비ᄒᆞ나히 츌반ᄒᆞ야[63] 힐칙ᄒᆞᆫ 말이, "타국 숀님 품위 [cf. 漢文寫本 123쪽]놉흔 거시 무엇시뇨? 듯기를 원ᄒᆞ노라," "그러면 내 대강 말ᄒᆞᆯ 거시니 들어보라. 우리 사ᄅᆞᆷ이 엇던 이를 의론치 말고 다 텬쥬대군부ᄭᅴ 셩픔과 싱명을 밧아 난 줄을 아ᄂᆞ냐?" 답, "아노라." 내 말이, "그러면 여러 양반이 다 아시ᄂᆞᆫ 바 공밍의 ᄀᆞᄅᆞ친 말ᄉᆞᆷ에도 '션을 ᄒᆞᄂᆞᆫ쟈ㅣ면 텬쥬ㅣ 복으로ᄡᅧ 갑하주시고, 악을 ᄒᆞᄂᆞᆫ쟈ㅣ면 텬쥬ㅣ 화앙으로ᄡᅧ 갑ᄒᆞ신다' ᄒᆞ엿고, 또 녜로브터 젼ᄒᆞ야 오ᄂᆞᆫ 말이, '착ᄒᆞᆫ 사ᄅᆞᆷ은 됴흔 곳으로 도라가고, 몹슬 놈은 몹슬 곳으로 간다' ᄒᆞ엿시니, 이도 다 밋어 아ᄂᆞ냐?" ᄒᆞᆫ즉, 모든이 다 좀좀이 머리를 숙히ᄂᆞᆫ 모양ᄒᆞ고, 노숙ᄒᆞᆫ 션비 ᄒᆞ나히 ᄃᆡ답ᄒᆞᄃᆡ, "그러나 뉘가

[한글사본 19쪽]됴흔 곳과 언ᄌᆞᄂᆞᆫ 곳을 눈으로 보왓ᄂᆞ냐?" 내 말이, "무ᄉᆞᆷ 슈작이 이러ᄒᆞ냐? 앗가 슈작에, '사ᄅᆞᆷ마다 텬쥬ᄭᅴ 싱명을 밧아 상겨난 줄을 다 아노라' ᄒᆞ엿시니, 그때에ᄂᆞᆫ 눈으로 텬쥬를 뵈옵고 싱명 밧은 줄을 알앗ᄂᆞ냐? 만일 눈으로 일즉 그 죽은 조부모를 못 뵈앗시면, 그 조부모ㅣ 업다 ᄒᆞ갯ᄂᆞ냐? 셰샹 사ᄅᆞᆷ이 이러ᄐᆞ시 우몽ᄒᆞ야 만히 공ᄌᆞ의 말ᄉᆞᆷ과 ᄀᆞᆺ치, '텬쥬ᄭᅴ 죄를 엇으면 빌어볼 곳이 업ᄂᆞᆫ 줄'을[64] 아지 못ᄒᆞᄂᆞᆫ지라. 그러므로 쟝 쥬교 ᄀᆞᆺᄒᆞ신 이가 텬쥬의 명을 밧ᄌᆞ와 셰샹 사ᄅᆞᆷ을 ᄀᆞᄅᆞ쳐 션을 힝ᄒᆞ고 악을 피ᄒᆞ게 ᄒᆞᄂᆞᆫ 권을 가지신 놉흔 품위라" ᄒᆞ니, 모든 이 ᄒᆞᄂᆞᆫ 말이 "텬쥬학ᄒᆞᄂᆞᆫ 것들은 소진쟝의[65]를 엽

63 출반(出班)하다: 여러 사람이 모인 자리에서 맨 먼저 말을 꺼내다.

64 텬쥬ᄭᅴ 죄를 엇으면 빌어볼 곳이 업ᄂᆞᆫ 줄을: 『論語』 八佾 第三 「獲罪於天 無所禱也」.

65 소진장의(蘇秦張儀): 기원전 4세기 중엽, 중국 전국시대(戰國時代) 책사(策士)들 가운데 제

히 품엇는지 그 말을 당홀 수 업다" 흐는지라, 내 말이 "그러치 아니흐다. 너희 빅혼 바 공ᄌ 말솜을 니져ᄇ렷ᄂ냐? '바닷물을 본 쟈의게는 물 되기 어렵고, 셩인 문에 노라 말흐는 쟈의게는 말흐기 어렵다' 아니흐엿ᄂ냐?" 그 사룸들이 딕답을 못흐고 다 물너가는지라. 이러흔 동졍을 쥬교

[한글사본 20쪽]ㅣ 아시고, "셩ᄉ롤 힝홀 수 업다" 흐야 즉시 떠ᄂ가시는 길에, 악당 ᄉ오 인이 달녀들어 쟝승교[66]롤 붓들고 [cf. 漢文寫本 124쪽]미샤 짐을 ᄲ앗ᄉ려 흐니, 마촘 그 디방 큰 쟝날이라.[67] 수쳔빅 명 쟝군ᄉㅣ 이 광경을 보려 홈으로 만산편야[68]흐야 돌나쏘는지라. 뒤롤 ᄯᄅ 가다가 이 디경을 당흐매 할 수 업셔 밋고 ᄇ라는 바ㅣ 오직 쥬은이라. 업는 용을 떨처 좌우로 헷치고 승교 압희 들어셔니, 쥬교ㅣ 미샤 짐을 압희 안고 악당의 말을 딕답흐시다가 눈을 들어 잠간 보시는지라. 악당이 미샤 물건을 낫낫치 들처내여 뭇기롤, "이것슨 무어시뇨" 흐면,

---

1인자로 불리던 인물이다. 소진은 전국시대 일곱 나라가 대치하고 있던 중 가장 강국이었던 진(秦)나라의 침략을 막기 위한 방책으로 남북에 있던 6개국을 설득하여 약한 나라끼리 규합하여 강대국 진나라에 대항하도록 하여[合縱策], 6개국[燕·濟·楚·韓·魏·趙]의 재상을 겸임했던 인물이다. 장의는 소진의 추천으로 진나라 혜문왕(惠文王)의 재상이 되어 합종을 깨뜨리는 방책으로 진나라 동쪽에 있던 6개국을 설득하여 강국인 진나라와 동맹을 맺어[連衡策] 평안을 구하자고 했던 인물로, 진의 천하통일에 기여한 인물이다. '소진·장의'는 말로 다른 사람을 설득하기 잘하는 사람을 지칭하게 되었다.

66 쟝승교: 한문 원전에는 '乘轎'로 나온다. '쟝승교'에서 '쟝'은 아마도 연문(衍文)이거나, 아니면 일반적 가마보다 길이가 긴 가마를 뜻하는 장승교(長乘轎)인 듯하다.

67 그 디방 큰 쟝날이라: 1863년 9월 19일의 사건이다. cf. 『병인재판록』 9권 1985쪽, 권치문 증언 ; 이석원, 2024, 「김기호=김형옥 요한 회장 관련자료 모음」 『교회사학』 24호, 335쪽 참조.

68 만산편야(滿山遍野): 산과 들에 가득함. 사람이 많음을 비유적으로 이르는 말.

쥬교ㅣ ᄯᆞᄅᆞ가며 ᄃᆡ답ᄒᆞ시ᄃᆡ, “텬쥬ᄭᅴ 졔ᄉᆞᄒᆞᄂᆞᆫ 옷시다, 촛ᄃᆡ다, 슐잔이다” ᄒᆞ다가, 나죵에 쥬교ㅣ 죠션 오실 때 청국 함풍황졔의 칙셔[69] 죠션 만ᄇᆡᆨ셩을 착ᄒᆞ게 ᄀᆞᄅᆞ치라 ᄒᆞᆫ 글쟝을 들쳐내여 “이것슨 무어시뇨?” ᄒᆞ거놀 쥬교ㅣ 눈을 크게 ᄯᅳ시고 닐ᄋᆞ시ᄃᆡ, “오냐 너의 나라 님군의 님군 함풍황졔가 죠션 ᄇᆡᆨ셩을 잘 ᄀᆞᄅᆞ치라고 쥬교의게 부탁ᄒᆞ신

[한글사본 21쪽]글이다” ᄒᆞ신 즉 악당의 말이, “무슴 그러랴” ᄒᆞ고 그 글쟝을 뎨 ᄭᅩᆼ문이에 ᄭᅩᆺ눈지라. 내가 그 뒤에 셧다가 ᄲᅢ앗ᄉᆞ 넓게 펴 들고 크게 소ᄅᆡᄒᆞ야, “너희들 다 드러보라” ᄒᆞ고 그 글 ᄯᅳᆺ슬 ᄌᆞ셰히 플어 낭송ᄒᆞ니, 악당이 듯고 ᄒᆞᄂᆞᆫ 말이, “그럴 수 잇ᄂᆞ냐” ᄒᆞ고 다시 ᄲᅢ앗ᄉᆞ 뎨 바지 쇽에 넛눈지라. 쥬교ㅣ 잠간 도라보시며 ᄒᆞᄂᆞᆫ 말솜이 “이 디방에[70] 관쟝이 업ᄂᆞ냐” 네, “디방은 신계읍고 관쟝이 잇습ᄂᆞ이다.”, “그러면 관쟝의게로 가자” ᄒᆞ신즉, 악당의 말이, “우리ᄂᆞᆫ 슈안 디방 사ᄅᆞᆷ이니 슈안으로 가ᄌᆞ” ᄒᆞ고, 교군을 공갈ᄒᆞ야 승교를 돌려 모눈지라. 쥬교ㅣ 할 수 업시 “뎌의 가ᄌᆞ ᄒᆞᄂᆞᆫᄃᆡ로 가쟈” 분부ᄒᆞ시더라. 날이 임의 져무러 쉴 때 되매, 큰쟝터 여긱집[71]으로 뫼시고 진지 예비ᄒᆞ야 올니니, 쥬교ㅣ 일뎡 샹을 물니라 ᄒᆞ신즉, 아ᄅᆡ 몃 사ᄅᆞᆷ도 다 먹지 못ᄒᆞ고 숑구ᄒᆞ야 뫼시니, 그날 모듸엿던 쟝군ᄉᆞ와 [cf. 漢文寫本 125쪽]쟝터 모든 남녀 ᄋᆞ동들이 무리 지어 구경ᄒᆞ기를 위ᄒᆞ야 혹 집 우희도 올으며 울

69 함풍황제의 칙셔: 중국 청(淸)나라 조정에서 발행한 호조(護照), 즉 여행권을 '칙서'로 표현했다.

70 디방에: [漢文寫本]에는 '地方新溪'(이 신계 지방에는)로 되어 있다.

71 여긱집[旅客]: 객주[客主]집. 여각(旅閣). 조선 후기에, 연안 포구나 장시(場市)에서 상인들의 숙박, 화물의 보관, 위탁 판매, 운송 따위를 맡아보던 상업시설.

타리에도 오롤 쁜 아니라 마당과 뜰이

[한글사본 22쪽]ᄀᆞ득ᄒᆞᆫ 즁에, 혹 쥬교 얼골과 동졍도 보고 시프고, 텬쥬 도리 쇽도 알ᄋᆞ볼 ᄆᆞ음 잇ᄂᆞᆫ 이ᄂᆞᆫ 압셔 밀니여 쥬교 계신 방문을 돌나 막을 쁜더러, 더옥 밀니여 방안ᄭᆞ지 드러와 쥬교 무릅히 눌릴 ᄃᆞᆺᄒᆞᆫ 디경이라. 위력으로 물니칠 수도 업고, 쥬교 말솜도, “금치 말나” ᄒᆞ시ᄂᆞᆫ지라. 잠간 도라보매 그 위립[72]ᄒᆞᆫ 사ᄅᆞᆷ 즁에 략간 아ᄂᆞᆫ 션비잇기로 다시 ᄉᆡᆼ각을 돌녀 ᄀᆞ쟝 압근[73]ᄒᆞᆫ 몃 사ᄅᆞᆷ을 조곰 물너안ᄌᆞ라 ᄒᆞ야 닐오ᄃᆡ, “너희들이 쥬교의 디위 놉흐신 줄을 모로고 이ᄀᆞᆺ치 압근ᄒᆞᆷ은 톄도의 과히 틀님이라” ᄒᆞ고, 텬쥬 도리 말솜을 대강 ᄒᆞ야 ᄎᆞᄎᆞ 사ᄅᆞᆷ마다 령혼 ᄒᆞ나 잇ᄂᆞᆫ 줄을 알나 ᄒᆞᄂᆞᆫ 디경에 니ᄅᆞ러, 다시 내 말이, “ᄌᆞ긔 령혼을 아지 못ᄒᆞᆯ진대, 엇지 쥬교의 존귀ᄒᆞ신 품위롤 알니뇨” ᄒᆞ야, 령혼 묘리롤 드러내여 텬쥬ㅣ 사ᄅᆞᆷ 내신 본뜻을 ᄎᆞ례ᄎᆞ례 강론ᄒᆞ니, 그 사ᄅᆞᆷ들이 뎨 령혼 묘리롤 처음 듯고 무솜 ᄉᆡᆼ각이 잇ᄂᆞᆫ ᄃᆞᆺᄒᆞᆫ지라. 공슌ᄒᆞᆫ

[한글사본 23쪽]모양으로 잠심ᄒᆞ야 드ᄅᆞ매, 쥬교ㅣ 그 눈치롤 아시고 당신 고난을 ᄀᆞᆸ야이 녁이시ᄂᆞᆫ ᄆᆞ음으로 숀을 어ᄅᆞ문져 무릅흘 치시며 말솜ᄒᆞ시기롤 “오냐, 됴타! 만이 말ᄒᆞ여라” ᄒᆞ시더라. 이ᄀᆞᆺ치 밤이 깁흔 ᄯᆡ에 니ᄅᆞ러, 홀연 큰비롤 ᄂᆞ리워 퍼붓ᄃᆞ시 ᄒᆞ니 모든 사ᄅᆞᆷ은 다 흣터져 가고, 닭울 때 되매 비 긋치ᄂᆞᆫ지라. 쥬교의 공문 가진 악당을 ᄀᆞ만이 불너 돈량간 집어 주고 돌내여, 그 글쟝을 ᄎᆞ자 쥬교ᄭᅴ 밧치니, 즉시 힝ᄎᆞᄒᆞ실 말솜을 ᄒᆞ시ᄂᆞᆫ지라. 비ᄂᆞᆫ 긋처시나 ᄀᆡ쳔 물이 창일

72 위립(圍立): 빙 둘러섬.

73 압근(狎近): 압핍(狎逼). 버릇없이 어른에게 바싹 다가붙음.

ᄒᆞ야 다리 다 넘ᄂᆞᆫ지라. 미샤 짐과 승교를 엇기에 놉히 메어 아홉 구뷔 물을 건너 어제 힐난[74]ᄒᆞ던 거리를 지날 때에 날이 쟝ᄎᆞ 평명[75]이라. 숣막 사ᄅᆞᆷ이 좀을 끼여 문을 열고 나셔며 ᄒᆞᄂᆞᆫ말이, "쟝 쥬교 지나간다" ᄒᆞ거ᄂᆞᆯ, 인ᄒᆞ야 ᄉᆡᆼ각키를, "쟝터 악당의 거취를 알ᄋᆞ보리라" ᄒᆞ고 [cf. 漢文寫本 126쪽]밧비 승교 압흘 당ᄒᆞ야 이 뜻을 품달ᄒᆞᆫ즉, 쥬교 말ᄉᆞᆷ이, "그러라" ᄒᆞ시ᄂᆞᆫ지라. 도라서셔 그 ᄀᆡ쳔 아홉 구뷔 찬물을 건너 쟝터의 당ᄒᆞ니 ᄇᆡᄂᆞᆫ 뷔고 몸이 떨녀 조곰 어려온

[한글사본 24쪽]지라. 첫 숣집을 ᄎᆞ자 ᄒᆞᆫ 잔 ᄃᆞᆯ나 ᄒᆞ니, 늙은 쥬인이 니러셔 자리를 뷔고 쳥ᄒᆞ야 ᄀᆞᆯ오ᄃᆡ, "엇지ᄒᆞ야 이러ᄐᆞ시 다시 오시뇨?" 내 말이, "볼일이 잇노라" ᄒᆞᆫ즉, 쥬옹의 말이, "어제 쥬교 뫼시고 ᄒᆞᄂᆞᆫ 말ᄉᆞᆷ을 대강 드럿ᄉᆞ오니 다 거륵히 ᄀᆞᄅᆞ치ᄂᆞᆫ 말ᄉᆞᆷ이라. 뉘가 항복지 아니ᄒᆞ리오" ᄒᆞ면셔, 숣을 브어 권ᄒᆞ기로 밧아 먹은 후 련ᄒᆞ야 셰 사ᄅᆞᆷ이 와 쥬옹의 말과 ᄀᆞᆺ치 셩교를 칭찬ᄒᆞ고 숣을 권ᄒᆞᄂᆞᆫ지라. 이에 쟝터 다른 사ᄅᆞᆷ의 심법은 다 짐족ᄒᆞ야 알깃시ᄃᆡ, 악당 오 인의 거취를 몰나 려긱집을 ᄎᆞ자가 알ᄋᆞ본즉, "발셔 훗터져 뎨 집으로 갓다" ᄒᆞ기로 의심 업셔 밧비 쥬교 뒤를 ᄯᆞᄅᆞ 샹경ᄒᆞ니, 그때 쥬교ᄃᆡᆨ이 남문안 쑬젼 뒤 큰 집이라. ᄒᆞᄅᆞᄂᆞᆫ 미샤 후에 쥬교끠 뵈옵고 하직을 엿ᄌᆞ오니, 쥬교 말ᄉᆞᆷ이, "ᄉᆞ랑에 나가 잇ᄉᆞ라" ᄒᆞ시기로 나와 잇더니, ᄒᆞᆫ참 오ᄅᆡᆫ 후에 복ᄉᆞ 홍도마ㅣ 큰 간지 ᄀᆞ득히 글 쓴 것 ᄒᆞᆫ 쟝을 가지고 나와 주며, "보라" ᄒᆞ기로, 펴 본즉, "셔울노 조차 셔북 모든 사ᄅᆞᆷ을 잘 ᄀᆞᄅᆞ치라" ᄒᆞ

74 힐난(詰難): 트집을 잡아 거북할 정도로 따지고 듦.

75 평명(平明): 해가 뜨는 시각, 또는 해가 돋아 밝아질 때.

시ᄂᆞᆫ 회쟝권을 다시 주심이라.

[한글사본 25쪽]보기ᄅᆞᆯ ᄆᆞᆺᄎᆞᆫ 후에 내 말이, “나ᄀᆞᆺ치 열약ᄒᆞᆫ 것시 엇지 이 즁임을 담당ᄒᆞ리오. 못ᄒᆞᆯ 줄노 엿줍깃다” ᄒᆞᆫ즉, 도마ㅣ 숀을 들너 “못ᄒᆞᄂᆞᆫ 법이라” ᄒᆞ더라. 하직ᄒᆞ고 ᄂᆞ려오며 ᄉᆡᆼ각키ᄅᆞᆯ, “이번 내가 방ᄌᆞ이 쥬교ᄅᆞᆯ 외인 춍즁[76]에 영졉ᄒᆞ엿다가 감이 쥬교의 고욕을 낏쳣시니, 업ᄃᆡ여 젼능ᄒᆞ시고 ᄌᆞᄋᆡᄒᆞ신 쥬모ᄃᆡ젼[77]에 비옵건대, 내 죄ᄅᆞᆯ 불샹이 넉이샤 관샤ᄒᆞ옵쇼셔. 아멘.

[cf. 漢文寫本 127쪽]

제3장

쥬교의 명을 밧드러 략간 도리칙을 가지고 몇 ᄒᆡ간 권화ᄒᆞᄂᆞᆫ 톄홈이라

봉교ᄒᆞᆯ 때 나히 삼십이 갓 넘은지라. 셰쇽 가무[78]ᄂᆞᆫ 도모지 쳐ᄌᆞ의게 맛기고, 셩교 일만 본분을 삼아, 다시 셩교도리칙 진셔[79] 몃 권과 한문 모로ᄂᆞᆫ 이ᄅᆞᆯ 위ᄒᆞ야 언셔칙 이삼 권을 보ᄌᆞ에 ᄊᆞ ᄒᆞᆫ 엇ᄀᆡ에 메니 조

76 외인 춍즁(外人叢中): ‘외인’은 비신자를 말하며, ‘총중’은 떼를 지은 뭇사람 가운데 있음을 가리킨다.

77 쥬모ᄃᆡ젼(主母臺前): 천주와 성모의 자리 앞에.

78 가무(家務): 집안일.

79 진셔(眞書): 예전에, 우리글을 언문(諺文)이라고 낮춘 데에 상대하여 진짜 글이라는 뜻으로 ‘한문’을 높여 이르던 말.

곰 무거온지라. 좌우 엇ᄀᆡ 쳬번[80]ᄒᆞ야 통공[81]ᄒᆞᆷ으로, 그때 보ᄂᆞᆫ 사ᄅᆞᆷ이 다 '외엇ᄀᆡ'[82]라 일홈ᄒᆞ야 지목ᄒᆞ더라. 량심 궤이ᄂᆞᆫ ᄃᆡ로 이리 가고 뎌리 가ᄃᆡ, ᄆᆡ양 쇽에 닐ᄏᆞᆺᄂᆞᆫ 바 학쟈ㅣ나 글 잘ᄒᆞᆫ다 ᄒᆞᄂᆞᆫ 션ᄇᆡᄅᆞᆯ 소문소견ᄃᆡ로 ᄎᆞ자가 인ᄉᆞᄒᆞ고 슈ᄌᆞᆨᄒᆞᆯ 때면 ᄆᆡ양 쥬인

[한글사본 26쪽]심법과 문건을 보아 가며 사ᄅᆞᆷ된 본말과 션악 샹벌을 담론ᄒᆞ야 올타 ᄒᆞ면서도, 추탁[83]ᄒᆞᄂᆞᆫ 이면 다만 십계와 칠극 조목을 적어줄 쁜이오, 조곰 밋ᄂᆞᆫ 끗치 잇셔 봉힝ᄒᆞᆯ ᄆᆞ음을 뵈ᄂᆞᆫ 쟈ㅣ면, 일이일간 류슉ᄒᆞ며 십이단[84]과 문답삼본[85]을 번역ᄒᆞ야 주며 령셰예비 밧비 ᄒᆞ라 ᄒᆞ고 갓다가, 후에 다시 ᄎᆞ자 권면도 ᄒᆞ며, 또 이단벽파에 다ᄅᆞᆫ 샤망 ᄀᆞᆺᄒᆞᆫ 거ᄉᆞᆫ 다 쉽고, 유노셕[86] 삼도벽파[87]에 니ᄅᆞ러도 그 도ㅣ라 ᄒᆞᄂᆞᆫ 쇽을 일ᄌᆞᆨ 공부ᄒᆞ야 보왓기로 ᄇᆞᆰ이 벽파ᄒᆞ야 ᄭᆡᄃᆞᆺ게 ᄒᆞ기 쉬오나, 오직 '그 조샹 위ᄒᆞ노라' ᄒᆞᄂᆞᆫ 졔례 벽파ᄂᆞᆫ 사ᄅᆞᆷ마다 ᄭᆡᄃᆞᆺ기ᄅᆞᆯ 어렵게

---

80 체번(替番): 순번의 차례로 갈마듦.

81 통공(通功): 어떤 일을 나누어 하면서 그 일을 이룸.

82 외엇ᄀᆡ: 한쪽 어깨.

83 추탁(推託): 다른 일을 핑계로 거절함.

84 십이단(十二端): 12편의 주요 기도문. 즉, 성호경, 삼종경, 천주경, 성모경, 종도신경, 고죄경, 관유하심을 구하는 경, 소회죄경, 천주십계, 성교사규, 삼덕송(신덕송·망덕송·애덕송), 봉헌경을 말한다. 이 십이단은 1860년대를 전후하여 조선 교회에서 통용되던 기본적 기도서로 생각된다. 김기호가 이 기도서를 번역해 전해주었다고 함을 보면 이 기도문들은 중국에서 유래한 듯하나, 현재로는 중국에서 십이단을 사용했다는 기록을 찾지 못하고 있다.

85 문답삼본(問答三本): 천주교 교리의 핵심 교리인 영세, 고해, 성체에 관한 교리문답으로, 한문 원전에는 『삼본문답(三本問答)』으로 되어 있다. 이는 천주교의 핵심 교리인 영세문답, 고해문답, 성체문답을 한 책으로 엮은 책이다.

86 유노셕(儒老釋): 유교(儒教)와 노자(老子)의 도교(道教), 석가(釋加)의 불교를 이른다.

87 삼도벽파(三道闢破): 유교, 도교, 불교 세 가지 도리를 배격하여 깨뜨림.

넉이눈지라. 당ᄒᆞᄂᆞᆫᄃᆡ로 이러케 권면 뎌러케 권면ᄒᆞ기롤, 숑도로브터 황히도 디방에 만이 둔이며 ᄒᆞ엿시나, 덕 업는 톳ᄉᆞ로 밋어 준힝ᄒᆞ는 쟈ㅣ 략간쁜이라. 이때 평양 사는 졍원션싱[88]ㅣ라 ᄒᆞ는 교우ㅣ 일즉 피셰홀 뜻으로 봉황ᄃᆡ[89]라 ᄒᆞ는 산에 드러가 사다가, 그곳의셔 문교ᄒᆞ고, 평양 본촌으로 나와 그 동싱들을 ᄀᆞᄅᆞ쳐

[한글사본 27쪽]다 령셰훈 후ㅣ라, 훈번은 [cf. 漢文寫本 128쪽]그 동싱을 보내여[90] 청ᄒᆞ기로 ᄉᆞ양홀 수 업셔 ᄯᆞᄅᆞ갓더니, 원션싱ㅣ 마조 나와 평양 부즁으로 인도ᄒᆞ야, ᄉᆞ관[91]을 뎡ᄒᆞ고 머물너 잇슨 지 수십 일에, 그 아는 션비와 친구ㅣ 만흔지라. 날마다 몃 사ᄅᆞᆷ식 불너 도리 강론을 듯게 홈으로, 날을 ᄯᆞᄅᆞ 듯는 쟈ㅣ 수롤 갑졀이나 더홀 쁜더러, 그즁에 열졍 잇는 쟈는 주야롤 ᄯᅥᄂᆞ지 아니ᄒᆞ니, ᄉᆞ관이 능히 용납홀 수 업는 지라. 시셰롤 ᄯᆞᄅᆞ ᄉᆞ오십 원이 의론ᄒᆞ야, 밧겻흐로 쟝셜예비[92]롤 식이고, 보통 문밧 너룬 벌 모릐마당이나 잔ᄃᆡ밧홀 골히여 안즌 후에 강론 시족을 드러내여 홀 때에, 혹 유산길[93] 가는 사ᄅᆞᆷ들이, 무숨 일인가 알고져 ᄒᆞ야 갓가이 와 엿듯는 눈치 잇ᄉᆞ면, ᄆᆡ양 갓가이 청ᄒᆞ야 잘 듯게

88 졍원션싱: 漢文寫本에는 '平壤人鄭泰亨'(평양 사람 정태형)으로 나온다.

89 봉황ᄃᆡ(鳳凰臺): 여기에서 말하는 봉황대는 평안도 평양 부근의 지명으로 생각된다. 봉황대라는 지명은 경주, 밀양, 춘천 등 여러 곳에서 확인되는바, 그 대개는 산세(山勢)가 봉황처럼 생겼다고 하여 붙인 이름이다.

90 동싱을 보내여: 한문 원전에는 동생의 이름이 '泰鼎'으로 나온다. 이는 치명일기 335번 '경 베드루 태졍'과 동일인으로 생각된다.

91 ᄉᆞ관(舍館): 일정한 방세와 식비를 내고 남의 집에 머물면서 숙식함. 또는 그런 집. 하숙.

92 쟝셜예비(帳設豫備): 장막 등을 설치하여 미리 준비해 두는 일.

93 유산(遊山)길: 한문 원전에는 '遊散'으로 되어 있다. 오늘날 '산책'에 해당하는 단어이다.

ᄒᆞ니, 엇던이ᄂᆞᆫ ᄒᆞᆫ춤 듯다가 길이 밧부노라 ᄒᆞ야 가ᄂᆞᆫ 이도 잇ᄉᆞ며, 엇던 이ᄂᆞᆫ 가기ᄅᆞᆯ 니져버리고 듯다가 셕양 때 되면 모든 이와 ᄒᆞᆫ 가지로 떨쳐 니러셔 ᄀᆞᆺ치 ᄉᆞ관으로

[한글사본 28쪽]드러와 ᄒᆞᆫ 식구 되ᄂᆞᆫ지라. 이 모양으로 수십 일 동안에 신죵[94]ᄒᆞᄂᆞᆫ 쟈ㅣ 적지 아니ᄒᆞᆫ지라. ᄒᆞᆫ 날은 "다ᄅᆞᆫ 디방으로 가자" ᄒᆞ니, 원션신ㅣ 길을 인도ᄒᆞ야 오십 리 되ᄂᆞᆫ 즁화읍으로 가 ᄉᆞ관을 뎡ᄒᆞ고, 집마다 지휘ᄒᆞ야 어ᄂᆞ 날 밤이나 낫이나 쳥ᄒᆞᄂᆞᆫ ᄃᆡ로 가 말ᄒᆞ야, ᄎᆞ례로 돌녀가며 텬쥬도리ᄅᆞᆯ 듯게 ᄒᆞᄃᆡ, "그 령혼 묘리ᄅᆞᆯ 몬뎌 말ᄒᆞ야 안 후에 텬쥬ᄅᆞᆯ 알아 밋으라" ᄒᆞᆫ즉, 남녀 간 명오[95] 조곰 터진 쟈ㅣ면, 문답 예비ᄒᆞ깃노라 ᄒᆞ더라. 몃 날 후에 원션신의 말이, "삼십 리 되ᄂᆞᆫ 평양 동촌으로 가자" ᄒᆞ기로, ᄯᆞᄅᆞ가 동ᄂᆡ마다 지휘ᄒᆞ야 텬쥬의 도리 말ᄉᆞᆷ을 듯게 ᄒᆞᆯ ᄉᆡ, 때ᄂᆞᆫ 장ᄎᆞ 대ᄆᆡᆨ이 누른 빗ᄎᆞᆯ 띄ᄂᆞᆫ ᄉᆞ월남풍이라. 집집이 낫이면 농ᄉᆞ일에 분주ᄒᆞ기로, ᄆᆡ양 밤에야 너ᄅᆞᆫ 마당에 자리ᄅᆞᆯ 예비ᄒᆞ고, 남녀ᄅᆞᆯ 분별ᄒᆞ야 동셔에 갈나 안게 ᄒᆞ고, 가온ᄃᆡ 드러션 후에, [cf. 漢文寫本 129쪽]사ᄅᆞᆷ의 령혼 육신 결합ᄒᆞ야 션악 분변 잇ᄂᆞᆫ 묘리와, 텬쥬ㅣ 삼위로 계셔 조셩ᄒᆞ시고

[한글사본 29쪽]강ᄉᆡᆼ구쇽ᄒᆞ신 은혜ᄅᆞᆯ,[96] 나 아ᄂᆞᆫ ᄃᆡ로 대강 강론ᄒᆞ야,

---

94 신죵(信從): 믿고 따라 좇음.

95 명오(明悟): 사물에 대하여 밝게 깨달음. 또는 그런 힘. 지성=intellectus, 영혼삼사(靈魂三司)의 하나.

96 사ᄅᆞᆷ의……은혜ᄅᆞᆯ: 한문 원전에는 "先以人皆有靈魂肉身 善惡分辨之妙理 詳論之 繼以造成萬物 降生救贖 聖神降臨 諸恩 第次詳言之 夜已深矣"(먼저 사람은 모두 영혼과 육신을 가지고 있으며, 선과 악을 분별해 내는 오묘한 이치를 가지고 있음을 자세히 논했다. 그리고 이어서 (하느님이) 만물을 조성하고, 강생구속하셨으며, 성령이 강림했고, 여러 은

밤이 깁흔 후에 그 듯는 이에 동졍을 살펴보니, 좌우의 멀니 안뎌던 이가 졈졈 갓가와진지라. 강론을 잠간 머무ᄅᆞ고 좌우롤 도라보와 골오ᄃᆡ, "누구던지 오날 드른 말솜이 ᄆᆞ음에 합당치 아니홈이 잇거든, 그 합당치 아니ᄒᆞᆫ 연유롤 다 말솜들 ᄒᆞ시오" ᄒᆞ니, 대개 다, "올흔 도리롤 조차 힝ᄒᆞ깃노라" ᄒᆞ더라. 몃몃 동니롤 이 모양으로 다 돌녀 듯게 ᄒᆞ고, 낫이면 노ᄂᆞᆫ 션비 사롬을 모화 다리고 담론ᄒᆞ기롤 마지 아니ᄒᆞ다가, ᄒᆞ로ᄂᆞᆫ 떠나오기롤 말ᄒᆞ니, 원션싱ㅣ 압셔 동힝ᄒᆞ야 황주 디방ᄭᆞ지와 ᄎᆞ자볼 만ᄒᆞᆫ 동니 션비 사롬이 만타 ᄒᆞ고 인도ᄒᆞ야 대셩 니촌[97]을 ᄎᆞ자가니, 흔열ᄒᆞᆫ ᄆᆞ음으로 연졉[98]ᄒᆞᄂᆞᆫ지라. 여러 날 류ᄒᆞ야 셩교칙도 내여 뵈고 도리 말솜도 략간 ᄒᆞ야 권ᄒᆞ매 두어 동니 사롬들이 락종[99]ᄒᆞᄂᆞᆫ쟈ㅣ 더옥 만터라. 그렁구러 수샥 만에 집에 도라왓다가,

[한글사본 30쪽]그 ᄀᆞ을에 평양셔 다시 사롬을 보내여 쳥ᄒᆞ기로 ᄯᆞᄅᆞ가, 봄에 문교ᄒᆞ야 예비ᄒᆞᆫ다 ᄒᆞᄂᆞᆫ 사롬이면 다 ᄎᆞ자 권면ᄒᆞ야 골오ᄃᆡ, "쇽언에, '시족이 귀ᄒᆞᆫ 거시 아니라, 마촘이 귀ᄒᆞ다' ᄒᆞᆫ 말을 명심 싱각ᄒᆞ야, 텬쥬 은혜롤 감샤 만히 ᄒᆞ며, ᄌᆞ긔 죄롤 홍샹 통회ᄒᆞᄃᆡ, 긔구롤 만이 ᄒᆞ야[100] 결실ᄒᆞᆯ 공부롤 힘쓰라" ᄒᆞᆫ 후에, 본회쟝 인도ᄒᆞᄂᆞᆫ ᄃᆡ로

혜가 있음을 다시금 자세히 말하니, 밤이 이미 깊었다.)라고 되어 있다. 이는 당시 입교자에게 필수적으로 요청되던 교리 내용으로 인간의 영혼육신, 선악 구별에 대해서 먼저 가르치고 천주가 만물 조성, 강생구속했으며 성령이 강림하고 그 밖의 여러 은혜 들을 강론했음을 알 수 있다.

97 대셩 니촌(大姓李村): 李氏 同族村.

98 연졉(延接): 영접(迎接).

99 락종(樂從): 즐겨 좇음.

100 긔구롤 만이 ᄒᆞ야: 이 부분이 [漢文寫本]과 차이가 있다. [漢文寫本]에는 "主母臺前 多祈多

평양셔부터 슌슉쳔[101]과 은ᄌᆞ산[102] 모든 디방으로 만이 ᄃᆞᆫ이며 셰월을 허비하엿시나, 텬쥬ㅣ 은춍을 엇더케 베프실지, 사ᄅᆞᆷ의 힘으로ᄂᆞᆫ 사ᄅᆞᆷ을 환ᄒᆞ지 못ᄒᆞᄂᆞᆫ 줄노 알 ᄲᅮᆫ이로라. 대뎌 평안도 사ᄅᆞᆷ의 긔픔을 의론컨대, 황ᄒᆡ도 사ᄅᆞᆷ의게 [cf. 漢文寫本 130쪽]비ᄒᆞ야 적이 다ᄅᆞ니, 그 명오 빗쵬이 조곰 어둡고,[103] 남보다 압셔 나아갈 힘이 만하, 텬쥬 도리를 ᄌᆞ셰이 아지 못ᄒᆞ고도, 됴타 ᄒᆞ니 나도 ᄒᆞ여 보깃다' ᄒᆞ야, ᄀᆞᄇᆞ야이 밋노라 ᄒᆞᄂᆞᆫ 쟈ㅣ 만흔지라. 그러므로 쟝 쥬교ㅣ 영졉ᄒᆞ야 힝셩ᄉᆞ[104] ᄒᆞ실 때 ᄒᆞᆫ 마당에 륙십 명 혹 팔십 명식 모화 령셰 은혜ᄅᆞᆯ 밧게 되매

[한글사본 31쪽]남녀 간 구경코져 ᄒᆞᄂᆞᆫ 사ᄅᆞᆷ이 만흔 거ᄉᆞᆯ 금치 아니ᄒᆞ기로, 예비 업시 ᄒᆞᆫ 사ᄅᆞᆷ이 그즁에 ᄎᆞᆷ예ᄒᆞ야 령셰ᄒᆞᆫ 이 잇다 ᄒᆞ더라. 수쳔 명 령셰ᄒᆞᆫ 사ᄅᆞᆷ이 그 신덕 ᄲᅮ릐[105] 밋쳐 굿지 못ᄒᆞ야셔, 불힝이 병인풍파[106]ᄅᆞᆯ 맛ᄂᆞ매, 만히 닝담ᄒᆞ야 문허지고, 밋ᄂᆞᆫ 덕이 굿어 위쥬치

求"(천주의 모친[성모] 대전에 기구를 많이 하라)고 하였으나, [한글사본]에는 이 부분이 빠져 있다.

101 슌슉쳔(順肅川): 평안남도 대동강 중류 부근에 있는 순천(順天)과 평안남도 서부에 있는 숙천(肅川)의 준말.

102 은ᄌᆞ산(殷慈山): 평안남도 중부지방에 위치한 은산(殷山)과 자산(慈山)의 준말.

103 조곰 어둡고: [漢文寫本]에는 '猶如爲白紙一張所掩 而明不捷矣(백지 한 장으로 가리운 바처럼 밝기가 확실하지 않았다.)로 되어 있다.

104 힝셩ᄉᆞ(行聖事): 영세, 견진, 성체, 고해와 같은 성사를 행함. [漢文寫本]에는 '行聖事於大庭中'(큰 마당 가운데서 성사를 행하다)으로 되어 있다. 즉, '집 안에 있는 큰 마당'에서 반(半)공개적으로 성사를 행했음을 표현하고 있다.

105 ᄲᅮ릐: 뿌리.

106 병인풍파(丙寅風波): 병인년(1866)의 천주교 박해.

명[107]ᄒᆞᆫ 쟈ㅣ 합ᄒᆞ야 불과 열 사ᄅᆞᆷ ᄲᅮᆫ이오. 황히도 교우들의 신덕도리ᄂᆞᆫ 적이 ᄇᆞᆰ은 고로, 황주 병영에셔 잡혀 죽은 이 ᄉᆞ십여 명이오, ᄒᆡ주 슌영에셔 팔십여 명이오, 각 고올 옥에셔 죽은 수ᄂᆞᆫ 몃십 명인지 ᄌᆞ셰이 듯지 못ᄒᆞ엿노라. 엇짐이뇨? 그때에 셔흥 디방에 잇다가 쟝 쥬교 잡히신 소식을 듯고 할 수 업시 집과 략간 셰업 등물은 다 텬쥬의 것시라 텬쥬ᄭᅴ 밧치고, 다만 셩셔와 셩물을 거두어 가지고, 쳐ᄌᆞ와 ᄒᆞᆫ 가지로 산셩 어리골[108]이라 ᄒᆞᄂᆞᆫ 곳에 가 숨어 슈계ᄒᆞᄂᆞᆫ 교우 집에 붓치여 잇ᄉᆞ매, ᄎᆞᄎᆞ 경향 교우ㅣ ᄎᆞ자와 ᄒᆞᆫ 가지로 피난ᄒᆞᄂᆞᆫ 쟈ㅣ 만흐니, 밧겻 소문의 수ᄇᆡᆨ 인이 모듸엿다 ᄒᆞᄂᆞᆫ지라. 관가에셔 포졸을 보내여 축출타경ᄒᆞ

[한글사본 32쪽]ᄂᆞᆫ 뜻으로 집을 불ᄉᆞ르매,[109]할 수 업셔 각각 ᄂᆞᆫ호어, 혹 셕굴에도 숨으며 ᄯᅡᄒᆞᆯ 헤쳐 움집에도 잇더니, 경향 포교ᄇᆡ 용모파긔[110]ᄒᆞ여 [cf. 漢文寫本 131쪽]가지고 날마다 드나드러 경향으로 잡혀가 죽은 교우ㅣ 합 ᄉᆞ십여 명이라. 이러므로 그때 각쳐 교우의 잡힌 수만 대강 들엇지 그 치명이 잘되고 잘못된 ᄉᆞ졍은 도모지 모로건이와, 나ᄀᆞᆺ치 아모 공과 미ᄒᆞᆫ[111] 덕이 업ᄂᆞᆫ 것슨 젼후에 ᄒᆞᆫ 번도 포교를 맛ᄂᆞ보

107 위쥬치명(爲主致命): 하느님을 위해 순교함.

108 산셩 어리골: [漢文寫本]에서는 '山城 於里谷'.

109 집올 불ᄉᆞ르매: '집올 불ᄉᆞ르매'와 '할 수 업셔' 사이에 [漢文寫本]에는 '近七十名男女教友'(70여 명에 가까운 남녀 교우들이)라는 문장이 들어가 있다.

110 용모파긔(容貌疤記): 어떤 인물의 얼굴 생김새나 신체상의 특징을 적은 기록.

111 미(微)ᄒᆞᆫ: [漢文寫本]에는 '如我無德無功之人'(나처럼 덕이 없고 공도 없는 사람)으로 나온다. 이로 미루어 보면 [한글사본]의 '미ᄒᆞᆫ'은 '미(微)한'으로 생각된다.

지 못ᄒᆞ야, 텬쥬ㅣ 이러ᄐᆞ시 큰 잔치를 베퍼 만히 샹주시ᄂᆞᆫ 은혜에 ᄲᅧ젓시니, ᄌᆞᄐᆞᆫᄌᆞ괴ᄒᆞᆯ 쁜이로라.

제4장

병인군난 때에 목쟈 일은 양이 되여 동셔분찬ᄒᆞ다가 외인 디방에셔 허송셰월ᄒᆞ던 일을 긔억ᄒᆞ야 스ᄉᆞ로 ᄐᆞᆫ식ᄒᆞ고 스ᄉᆞ로 꾸지좀이라

쟝쥬교ㅣ 잡혀 새남터 치명ᄒᆞ신 후에 풍파ㅣ 적이 침식ᄒᆞ더니, 덕산 일[112] 후에 대원군이 홈독[113]ᄒᆞᄂᆞᆫ ᄆᆞ음으로 교우의 씨를 업시코져 ᄒᆞ야, 무ᄌᆞᆨ뎡 잡아 죽이ᄂᆞᆫ지라. 어리골셔 쳐ᄌᆞᄂᆞᆫ 몬뎌 떠ᄂᆞ 각각 흣터지고, 나종에 나 혼자 ᄒᆞᆯ 수 업기로

[한글사본 33쪽]셩물과 셩셔를 다 거두어 굴에 장치ᄒᆞ고, 내ᄃᆞᄅᆞ 외인 친쳑의게 헌 관망을 엇어 쓰고, 단쟝을 끄을며 지향 업시 젼젼반측ᄒᆞ야,[114]강원도 령동 령셔를 다 편답ᄒᆞ고, 금강산에 드러가 만쳔봉 경ᄀᆡ도 구경ᄒᆞ며, 팔도 사ᄅᆞᆷ이 모듸여 유산ᄒᆞᄂᆞᆫ 물경도 살펴 셰월을 보내

112 덕산 일: 1868년 무진년 충청남도 덕산(德山)에서 있었던 오페르트(Ernst Oppert) 일행의 남연군(南延君) 묘 도굴사건을 말한다. 이 사건으로 '무진군난(戊辰窘難)'이 일어났다.

113 홈독(含毒): 독기를 지님. 독한 마음을 먹음.

114 '젼젼반측ᄒᆞ야' 이하: 이 이후 한문 원전에는 "是時 大兒伯多祿 年方十五六 以窘難 驚惕之心 奔竄 在兔山大場垈外人家 放蕩無賴矣 訪得率去 轉向江原道"[이때 큰아들 베드로는 나이가 바야흐로 15세였는데, 놀라 두려운 마음으로 도망을 가서 토산(兔山) 큰장터(大場垈)의 비신자 집에 있으면서 행실이 좋지 못하고 예의와 염치를 잊어버리고 함부로 행동했다. 그곳에 찾아가 내가 그를 데리고 강원도로 돌아 들어가]라는 구절이 들어 있다.

다가, 도라오는 길에 경긔 삭령 살꼬지라 하는 동닋 박오위쟝 집을 ᄎᆞ자가니, 쥬옹이 관곡히 ᄃᆡ졉ᄒᆞ며, 그 숀ᄌᆞ 두 ᄋᆞ히를 ᄀᆞ라쳐 돌나 ᄒᆞ기로, "됴타" ᄒᆞ야 머무러 잇더니, 마츰 본디방 관쟝이 글을 됴화홈으로 시부 글뎨 각 열식 내여보내여 각면 각리에 돌녀 글을 지어 밧치라 ᄒᆞᆫ지라. 쥬옹이 [cf. 漢文寫本 132쪽]그 숀ᄌᆞ ᄋᆞ히들 명셩 엇기를 위ᄒᆞ야 시부 각각 열 쟝을 지어 돌나 ᄀᆞᆫ걸[115]ᄒᆞ니 쥬직 된 ᄉᆞ이에 마다ᄒᆞ기 어러오나 셔칙 업는 디방에셔 ᄒᆡ뎨[116]를 엇어볼 수 업ᄉᆞ니 글뎨 뜻을 모르고는 글 지을 수 업는지라. ᄆᆞ음 고로옴이 적지 아니ᄒᆞ야 ᄌᆞ져ᄒᆞ다[117]가, 홀연 ᄉᆡᆼ각을 돌녀 이왕 졀뎨[118]나 뎡시[119] 쟝즁에 어뎨[120] 뜻을 모로고도 글을 짓던 모양과 ᄀᆞᆺ치 ᄒᆞ리라 ᄒᆞ야, 두 ᄋᆞ히 일홈으로 각 열 쟝을 지어 써 보내엿더니 몃

[한글사본 34쪽]날 후에 글을 꼬나[121] 방목[122]을 안동[123]ᄒᆞ야 나왓기로 펴보니, 글쟝마다 불근 비점을 만히 두ᄃᆞ려 고등ᄒᆞ야 쟝원이 된지

---

115 ᄀᆞᆫ걸(懇乞): 바람이나 용서 따위를 간절히 빎.

116 ᄒᆡ뎨(解題): 문제를 풂. 문제를 자세히 설명해 놓은 책.

117 ᄌᆞ져(趑趄)하다: 주저하다.

118 졀뎨(節製): 조선시대에 성균관과 지방의 유생을 대상으로, 명절인 인일절(人日節)·상사절(上巳節)·칠석절(七夕節)·중양절(重陽節)에 실시한 과거. 의정부, 육조 등의 당상관이 성균관에서 제술로 인재를 뽑았다. =절일제.

119 뎡시(庭試): 조선시대에 나라에 경사가 있을 때 대궐 안에서 보이던 과거.

120 어뎨(御題): 국왕이 친히 보이던 과거의 글제.

121 꼬느다: 잘잘못을 따져서 평가하다.=꼲다.

122 방목(榜目): 고려 및 조선왕조 시대 과거 합격자 명부이다. 그러나 여기에서는 고을의 글짓기 대회인 백일장(白日場)에 준하는 행사였으므로 이를 일반 합격자 명부로 볼 수 있다.

123 안동(眼同): 사람을 데리고 함께 가거나 물건을 지니고 감.

라. 쥬옹이 방목을 보고 ᄆᆡ우 희락ᄒᆞ야 ᄃᆡᄒᆞᄂᆞᆫ 사ᄅᆞᆷ마다 ᄌᆞ랑을 ᄒᆞ기로 글 잘ᄒᆞᄂᆞᆫ 일홈이 멀니 젼파ᄒᆞ매, 내 ᄆᆞ음이 도로혀 황겁ᄒᆞ야 좀좀이 ᄉᆡᆼ각건대, 본ᄃᆡ 변변치 못ᄒᆞᆫ 글이 봉교 후에 다 니져버러 업ᄂᆞᆫ 것시어ᄂᆞᆯ, 이러ᄐᆞ시 헛된 문명이 낭ᄌᆞᄒᆞᆷ은 혹 령신의 해 될가 념녀ᄒᆞ야, 도모지 쥬은으로만 들녀 감샤무디ᄒᆞᄂᆞᆫ ᄆᆞ음으로 몃몃 ᄒᆡ 동안을 쳐ᄌᆞ와 ᄒᆞᆫ 가지로 평안이 지내엿시니, 과연 봉교ᄒᆞᆯ 처음브터 글ᄌᆞ로 인연ᄒᆞᆷ이라. 그 동ᄂᆡ 모든 사ᄅᆞᆷ들이 다 그 ᄌᆞ식을 ᄀᆞᄅᆞ쳐 돌나 ᄒᆞ고 글방을 크게 ᄇᆡ치ᄒᆞᆫ 후에 강미[124]ᄅᆞᆯ 후히 ᄒᆞ야 일용범졀에 관곡히 ᄃᆡ졉ᄒᆞ더라. 그렁뎌렁 허송세월ᄒᆞᆯ 때에 교우 ᄒᆞ나 맛ᄂᆞ볼 수 업셔 셩교회 길이 절노 끈치니 일표[125]ᄅᆞᆯ 얻어볼 수 업기로 쥬일과 ᄉᆡ 쳠례[126]와 ᄉᆞ대 쳠례[127]ᄅᆞᆯ ᄎᆞᄎᆞ 밀위여[128] 짐작ᄒᆞ야 적어 보면셔 ᄌᆞᄐᆞᆫᄌᆞ칙ᄒᆞ야 쥬명만 기ᄃᆞ리더니 병ᄌᆞ년[129] ᄀᆞ을에 이젼 친히 아ᄂᆞᆫ 김요안셩흠이와

[한글사본 35쪽]임베드루셩실이 두 벗시 ᄎᆞ자와 ᄇᆡᆨ 신부[130]의 명을

124 강미(講米): 조선시대에 서당 선생에게 보수로 주던 곡식이나 금전.

125 일표(日表): 주일(主日)과 축일(祝日)을 기록한 표. 첨례표(瞻禮表)라고도 했다.

126 ᄉᆡ 쳠례(間瞻禮): '새 첨례'는 한문 원전에는 '間瞻禮'로 나온다. 주일과 주일 '사이에 있는 첨례[祝日]'들을 뜻하는 것으로 생각된다.

127 ᄉᆞ대 쳠례(四大瞻禮): 예수부활, 성령강림, 성모승천, 예수성탄 등 네 가지 중요한 축일.

128 밀위다: '미루다'의 옛말.

129 병ᄌᆞ년: 1876년. 조선이 일본과 수호조약을 체결하여 문호를 개방한 해이다.

130 ᄇᆡᆨ 신부(白神父): 블랑(Blanc, 1844~1890) 신부. 1866년 서품 후 조선 선교사로 임명되었고, 1876년 5월 8일 드게트 신부와 함께 황해도 초도(椒島) 앞바다에서 김성흠, 박순집, 오 요셉의 안내로 조선에 입국했다. 한편, 리델 주교는 1877년에 입국하여 활동하다가 1878년 1월 28일 체포당해서 그해 6월 24일에 청국으로 추방당했다. 이 상황에서 블랑은 1878년부터 조선대목구의 부주교로 임명되어 활동하다가 1883년 7월 8일(양력) 주교로 서품되어 조선대목구장에 취임했다.

젼ᄒᆞ야 골오ᄃᆡ, "너를 브ᄅᆞ신다" ᄒᆞ기로, 밧겁고 놀나와, "엇진 말이냐?" ᄒᆞᆫ즉, ᄃᆡ답이 "빅 신부ㅣ 쳥국 측후 셩당에 오릐 계시다가 ᄉᆞ월[131]에 영졉ᄒᆞ야 즉금 셔울 계시니, '측후의셔 네 일홈을 만히 들어 아노라' ᄒᆞ시고, 우리 두 사ᄅᆞᆷᄃᆞ려 'ᄎᆞ자 브ᄅᆞ라' ᄒᆞ시기로, 여름 내 ᄉᆞ면으로 방문ᄒᆞ야 왓노라" ᄒᆞᄂᆞᆫ지라 두 벗을 ᄯᆞᄅᆞ 샹경ᄒᆞ야[132] 신부ᄭᅴ 뵈온즉 분부ᄒᆞ시ᄃᆡ, [cf. 漢文寫本 133쪽]임베드루와 ᄒᆞᆫ 가지로 교우 잇ᄂᆞᆫ 각 디방에 ᄎᆞ자ᄃᆞᆫ이며 셩ᄉᆞ예비 밧비 식이라 ᄒᆞ시기로 강원도 이쳔 평강 춘쳔 낭쳔 등디와 경긔 지평 몃 디방에 두루 ᄃᆞᆫ이며 뎨셩[133] 모양을 략간 ᄒᆞ고, 그ᄒᆡ[134] 십월 십구일에 립경ᄒᆞ야 ᄒᆞ로 쉬고 이십일일에 신부를 모시고 젼교길을 ᄯᅥ나니, 그ᄯᅢ 복ᄉᆞᄂᆞᆫ 김반로 여션이라. 양주 디방 ᄒᆞᆫ 공소, 쳘원 대광이 ᄒᆞᆫ 공소 ᄎᆞ례로 판공ᄒᆞ시ᄃᆡ, 이쳔 곰의골공소에셔 ᄉᆞ십여 일을 류ᄒᆞ시며 각쳐 교우를 블너 합 ᄉᆞ빅여 명 셩ᄉᆞ주시고 도라오시다가, 삭령 솔ᄭᅩ지공소 외인춍즁[135]에 빅주 힝ᄎᆞᄒᆞ야 뫼시니 [한글사본 36쪽]외인 구경코져 ᄒᆞᄂᆞᆫ이 략간 잇ᄂᆞᆫ지라. 다 ᄶᅩᄎᆞ보내고 취결례 쳠례날에[136] 힝셩ᄉᆞᄒᆞ시매, 신부ㅣ 즐거워ᄒᆞ시ᄂᆞᆫ 말ᄉᆞᆷ이, "다른

131 ᄉᆞ월: 음력이다. 김기호는 자신의 『봉교자술』 기록에서 음력을 사용하고 있다. 블랑 신부가 입국한 날짜는 양력으로 1876년 5월 8일이었다.

132 샹경ᄒᆞ야: 김기호는 1876년 가을부터 블랑 신부의 지시로 강원도와 경기 지역에서 신자들을 찾는 작업을 수행했다.

133 뎨셩(提醒): 잊어버렸던 것을 생각하여 깨우치게 함.

134 그ᄒᆡ: 1876년.

135 외인춍즁(外人叢中): 비신자 무리 가운데.

136 취결례 쳠례날에: 취결례쳠례는 '성모취결례쳠례'의 약칭이다. 구약성서의 규정에 남자아이는 출생 후 40일째 되는 날에 성전에 제물을 바치던 규정에 따라 성탄대축일 후 40일

공소와 ᄀᆞᆺ지 아니ᄒᆞ니 네 권도를 인ᄒᆞ야 쥬의 영광이 적지 아니ᄒᆞ야 ᄆᆡ오 됴타" ᄒᆞ시더라. 살꼬지셔 떠ᄂᆞ 낭쳔 사지동공소에 림ᄒᆞ야 과셰ᄒᆞ시고, 졍월 초ᄉᆞ일에 떠ᄂᆞ 춘쳔 디방 두 공소를 보시고, 또 지평 두 공소만흔 교우의게 셩ᄉᆞ 주셧시니, 낭쳔셔브터 셩ᄉᆞ 밧은 교우수ㅣ 합 이ᄇᆡᆨ여 명이라. 그 이월 초구일[137]에 립경ᄒᆞ야 몃 날 쉬더니, ᄒᆞ로ᄂᆞᆫ 미샤 후에 분부ᄒᆞ시기를, "네가 즉시 나려가 쳐ᄌᆞ 다려고 삼월 안에 ᄇᆡᆨ쳔[138]으로 니사ᄒᆞ라" ᄒᆞ시기로 연유를 뭇ᄌᆞ온즉, 새 신부 영졉ᄒᆞ기를 위ᄒᆞᆷ이라. 분부ᄃᆡ로 ᄂᆞ려와 니사ᄒᆞ엿더니,[139] 그번 영졉 길이 바다 우희셔 어긋나 아니 되고, 그 팔월[140]이야 니 쥬교ㅣ 뎡 신부 김 신부[141] 두 위와 ᄒᆞᆫ 가지로 림ᄒᆞ신지라. 니 쥬교ᄂᆞᆫ 셔울노 올나가시고, 두 위 신부ᄂᆞᆫ ᄇᆡᆨ쳔 ᄇᆡ치ᄒᆞᆫ 공소 집으로 드러와 말숨 ᄀᆞᄅᆞ치ᄂᆞᆫ 공부[142]를 힘쓴 지 월

짜 되는 날인 2월 2일에 성모마리아가 성전에 가서 예수를 하느님께 봉헌한 일을 기념하는 축일이다. 오늘날에는 이를 주님봉헌축일로 부르고 있다. 한글사본에는 '첨' 다음에 두 글자가 결락(缺落)되어 있나. 한문 원전에는 이를 '瞻禮日'로 표기하고 있다. 이에 근거하여 결락된 글자를 보충해서 '첨례날'로 기록했다.

137 그 이월 초구일: 1877년 2월 9일은 음력이고, 이를 양력으로 환산하면 1877년 3월 23일(금)이다.

138 ᄇᆡᆨ쳔(白川): 최지혁(崔智爀)의 1877년 12월 29일(양력 1878년 1월 31일) 포도청에서 진술한 내용을 보면, 이때 김기호는 배천 읍에서 동쪽으로 10리 지점에 있는 새터[新基]로 이주했다.

139 니사ᄒᆞ엿더니: 김기호가 배천으로 이사한 때는 정사년 3월 1일은 양력으로 1877년 4월 14일(토)이다. 이를 보면 김기호는 양력으로 1877년 4월 하순에서 1877년 5월 중순 사이에 배천으로 이사했다.

140 팔월: 정확히는 정축년 8월 17일이고, 양력으로는 1877년 9월 23일(일)이다.

141 니 쥬교 뎡 신부 김 신부(李主教, 丁神父, 金神父): 리델(Ridel) 주교, 두세(Ducet) 정 신부, 로베르 (Robert) 김 신부.

142 말숨 ᄀᆞᄅᆞ치ᄂᆞᆫ 공부: cf. A-MEP Vol. 580. ff.288~335. 로베르 신부의 서한에 의하면

[한글사본 37쪽]여에, 김 신부ㅣ 능히 본 공소 교우의게 힝셩ᄉᆞᄒᆞ시ᄂᆞᆫ 지라. 이쳔 디방 교우들이 쥬교끠 쳥ᄒᆞ고 김 신부ᄅᆞᆯ 영졉ᄒᆞ야 [cf. 漢文寫本 134쪽]간 후에, 그ᄒᆡ 납월[143] 념간[144]을 당ᄒᆞ야 뎡신부ᄅᆞᆯ 모시고 구월산공소에 가 판공ᄒᆞ시고 과셰ᄒᆞ더니, 졍월 초삼일[145]에 ᄇᆡᆨ쳔 본 공소 두 교우ㅣ 급히 와 보ᄒᆞᄂᆞᆫ 말이, “바로 초일일[146]에 경포교 여러 ᄑᆡ 이십여 명이 ᄒᆡ읍[147] 질쳥[148]에 ᄃᆞᆯ녀드러 뭇기ᄅᆞᆯ “읍지동[149] 십 리 새터 양인과 ᄀᆞᆺ치 잇ᄂᆞᆫ 김 션ᄉᆡᆼ의 집이 어ᄃᆡ냐” ᄒᆞ고, ᄒᆡ읍 포졸을 얼마 더 다리고 나갓다 ᄒᆞ니, 엇진 연고ㅣ뇨?” “의주 변문에셔 조션 교우 두 사ᄅᆞᆷ이 쳥국 ᄎᆞᆨ후 셩당에 왕복ᄒᆞ던 편지 들어나 잡힌 연고로, 니 쥬교ㅣ 납월 이십칠 일[150]에 잡혀 포쳥에 계시고, 양인과 ᄀᆞᆺ치 잇ᄂᆞᆫ 김 션ᄉᆡᆼ을 추착ᄒᆞ려 ᄒᆞᆷ이라” ᄒᆞ기로 신부ㅣ 판공을 ᄀᆞᆺ치고 구월산 꼭다기 곤하ᄉᆞ

로베르 김 신부와 두세 정 신부가 김기호에게서 1877년 9월 22일부터 조선어를 배웠다는 사실이 확인된다.

143 납월(臘月): 음력 섣달을 달리 이르는 말.

144 념간(念間): 음력 스무날의 전후.

145 졍월 초삼일: 양력으로는 1878년 2월 4일(월)이다.

146 초일일: 음력으로 1878년 1월 1일은 양력으로는 1878년 2월 2일(토)이다. 리델 주교와 함께 체포된 최지혁(崔智爀)이 정사년 12월 29일자 포도청의 신문 과정에서 배천읍 동쪽 10리 지점의 새터 '김훈장' 댁에 들어갔음을 말했다. 이 신문이 있은 지 3일 만에 포도청의 관리들이 배천읍에 도착하여 김훈장 즉 김기호를 찾아내고자 했다.

147 ᄒᆡ읍(該邑): 해당 읍.

148 질쳥(秩廳): 군아(郡衙)에서 구실아치가 일을 보던 곳≒椽廳, 作事廳, 作廳, 길廳. 단, 漢文寫本에는 이 단어가 '將廳'으로 되어 있다.

149 읍지동(邑之東): 읍의 동쪽.

150 납월 이십칠일: 음력 정축년 12월 27일은 양력으로 1878년 1월 29일(화)이다.

ㅣ라 ᄒᆞᄂᆞᆫ 곳에 가 피신ᄒᆞ시다가, ᄂᆡ 쥬교ㅣ 견축ᄒᆞ야[151] 청국으로 드러 가신 후 륙월에야 신부를 모시고 ᄉᆞᄇᆡᆨ여 리 곡산 문바위 계신 김 신부를 ᄎᆞ자와

[한글사본 38쪽]몃 날 류ᄒᆞ다가, 뎡 신부ᄂᆞᆫ 령남으로 ᄎᆞᄎᆞ 젼교ᄒᆞ야 가시고, 나ᄂᆞᆫ 샤령으로 나올 때에 김 신부ㅣ 브탁ᄒᆞᄂᆞᆫ 말ᄉᆞᆷ이, "나를 위ᄒᆞ야 샤령 디방에 학당ᄒᆞᆯ 만ᄒᆞᆫ 집 ᄒᆞ나 비치ᄒᆞ라" ᄒᆞ시기로, 나와 소쇼둔치라 ᄒᆞᄂᆞᆫ 교우 동ᄂᆡ에 집 ᄒᆞ나 ᄇᆡ치ᄒᆞ고 김 신부를 영졉ᄒᆞ야 학동을 불너 ᄀᆞᄅᆞ치게 ᄒᆞ니라. 이때에 ᄇᆡᆨ 신부ㅣ 웃듬신부ㅣ 되여 조션 셩교 일을 총찰ᄒᆞ시ᄂᆞᆫ지라. 젼라도에 계시다가 ᄎᆞᄎᆞ 젼교ᄒᆞ야 충주 슝션 공쇼에 림ᄒᆞ야 계시고, ᄇᆡ회쟝 경집이를 보내여 김 신부를 브ᄅᆞ신지라. "ᄒᆞᆷᄭᅴ 가ᄌᆞ"[152] ᄒᆞ시기로, 김 신부를 모시고 길을 ᄯᅥᄂᆞ 가ᄂᆞᆫ 공소 ᄎᆞ례ᄃᆡ로 젼교ᄒᆞ야 슝션공소에 니ᄅᆞ러 ᄒᆞᆫ 쥬일 동안 계시다가, ᄇᆡᆨ 신부의 명을 밧드러 슝션셔붓터 충주 소창이공소와 뎨쳔 강릉 등디 [cf. 漢文寫本 135쪽]공소를 ᄯᆞᄅᆞ가며 김 신부ㅣ 젼교ᄒᆞ실ᄉᆡ, 양간셩을 지나 싯령을 너머 양구 궁꼴공소에 림ᄒᆞ시니, 때ᄂᆞᆫ ᄉᆞ월 남풍이라. 홀연 ᄒᆞᆫ 사ᄅᆞᆷ이 셔울노조차 와 최 신부 잡힌 소식을 보ᄒᆞ매, 김 신부ㅣ 판공을 긋치고 궁꼴셔 여름을 지내실 ᄉᆡ, 날은 길

[한글사본 39쪽]고 아모 일도 업ᄉᆞ니, 신부의 말ᄉᆞᆷ이, "그뎌 놀면 모든

151 견축(見逐)ᄒᆞ야: 축출당하다. 내쫓김을 당하다.

152 ᄒᆞᆷᄭᅴ 가ᄌᆞ: 김기호와 로베르 신부가 함께 황해도와 강원도 공소를 방문한 시기는 1878년 12월 26일 삭녕 소소둔치공소 신학당을 출발했고, 1879년 2월까지 순방을 계속했다. cf.A-MEP Vol.580. ff.675~717.

악의 근원이니 ᄎᆡᆨᄒᆞ나 예비ᄒᆞ야 구령 잘ᄒᆞᄂᆞᆫ 뜻으로 날마다 ᄒᆞᆫ 조목식 공부ᄒᆞ야 긔록ᄒᆞ라” ᄒᆞ시ᄂᆞᆫ지라. 샤양ᄒᆞᆯ 수 업셔 구령요의라 뎨목ᄒᆞ고 날마다 붓ᄉᆞᆯ 들고 쥬모ᄭᅴ 명오 열어주시기ᄅᆞᆯ 자조 구ᄒᆞ면셔, 몃ᄃᆞᆯ 동안에 ᄎᆡᆨ ᄒᆞ나 셩편ᄒᆞ야 신부ᄭᅴ 밧치니 “됴타” ᄒᆞ시고, ᄒᆞᄂᆞᆫ 말ᄉᆞᆷ이, “축후셩당 인편 잇ᄂᆞᆫ ᄃᆡ로 니쥬교ᄭᅴ 보내여 감뎡ᄒᆞ짓노라” ᄒᆞ시더니 그 후 영졉 인편에 븟쳐 보내시더라. 그때 영졉은 민 신부와 류신부 두 위라. 바다 우희셔 샹졉ᄒᆞ야 짐을 샹고ᄒᆞᆯ 때에, 민 신부ㅣ 이 ᄎᆡᆨ을 들쳐보시고, “감준치 못ᄒᆞᆫ다”[153] ᄒᆞ야 가지고 오셧다가, 후에 ᄇᆡᆨ쥬교ᄭᅴ 드린고로, 즉금ᄭᆞ지 쥬교 ᄎᆡᆨ고에 다ᄅᆞᆫ ᄎᆡᆨ과 ᄀᆞᆺ치 ᄡᆞ혀 잇ᄉᆞᆯ ᄲᅮᆫ이니라. 그ᄒᆡ 팔월이야 김 신부ㅣ 다시 젼교 시작ᄒᆞ야 낭쳔 밤ᄭᆞ시공소에 림ᄒᆞ셧더니, 그날 김 도마 열경[154]이가 ᄇᆡᆨ 신부의 셔간을 가지고 왓기로 밧아보니, “즉시 평안도 ᄂᆡᆼ담 교우들을 ᄎᆞ자ᄃᆞᆫ이며 뎨셩ᄒᆞ야 쇽히 셩ᄉᆞᄅᆞᆯ 밧게 ᄒᆞ라” ᄒᆞ신 분부ㅣ라. 이 연유ᄅᆞᆯ 김 신부ᄭᅴ 엿ᄌᆞ

[한글사본 40쪽]온ᄃᆡ 신부의 말ᄉᆞᆷ이, “웃신부의 분부ᄅᆞᆯ 거ᄉᆞ릴 수 업다마ᄂᆞᆫ 셔울 교우의 ᄂᆡᆼ담ᄒᆞᆫ 모양이 또ᄒᆞᆫ 말 못되니 네가 몬뎌 나ᄅᆞᆯ 위ᄒᆞ야 셔울 교우ᄅᆞᆯ 뎨셩권면[155]ᄒᆞ여라. 내가 ᄎᆞᄎᆞ 젼교ᄒᆞ야 쇽히 셔울 당ᄒᆞ짓시니, 네가 ᄅᆡ일 ᄯᅥᄂᆞ 바로 셔울 가셔 교우ᄅᆞᆯ ᄀᆞᄅᆞ쳐 낫낫치 셩ᄉᆞᄅᆞᆯ 타당이 밧게ᄒᆞ라” ᄒᆞ시고 셔울 회쟝의게 분부ᄒᆞ시ᄂᆞᆫ 편지ᄅᆞᆯ 써주

153 감준치 못ᄒᆞᆫ다: 당시 교회 서적의 감준권은 교구장에게 있었으므로, 뮈텔(閔德孝) 신부가 이를 감준할 권한이 없으므로 이와 같이 했다.

154 김 도마 열경: 한문 원전에는 '金多默悅卿'으로 나온다.

155 뎨셩권면(提醒勸勉): 도리를 밝히어 권면함.

시거늘, 할 수 업시 셔울노 바로 가셔 월여 동안에 셔울 회쟝과 흔 가지로 문안 문밧 강딕[156]로 둔이며 [cf. 漢文寫本 136쪽]밤낫슬 혜지 아니ᄒᆞ고 도리 말솜을 브ᄌᆞ런이 권면ᄒᆞ니, 모든 교우ㅣ 다 됴타 ᄒᆞ야, 두셰 번 다시 쳥ᄒᆞᄂᆞᆫ 집이면 ᄯᆞᄅᆞ가며 원의ᄃᆡ로 열어 인도ᄒᆞᄂᆞᆫ 모양 ᄒᆞ다가, 김 신부ㅣ 립경ᄒᆞ신 후에 뵈옵고 하직을 고ᄒᆞ매, 신부ㅣ 다시 붓탁ᄒᆞ시ᄂᆞᆫ 말솜이, "평양으로 가ᄂᆞᆫ 길ᄀᆞ 평산 디방에 흔 공소 잇ᄉᆞ니, 네가 ᄎᆞ자가 몃 날 동안 지톄될지라도 뎨셩을 만히 ᄒᆞ라" ᄒᆞ면셔 영졉 일ᄌᆞ롤 적어 주시기로 밧아 가지고 ᄂᆞ려와 신부 분부ᄃᆡ로 시힝ᄒᆞ니라.

[한글사본 41쪽]

第5장

빅 신부 명을 밧드러, 평안도 디방에 닝담 교우롤 ᄎᆞ자둔이며 뎨셩ᄒᆞ기롤 브ᄌᆞ런이 ᄒᆞᄂᆞᆫ 쳬ᄒᆞ나 덕이 업ᄂᆞᆫ 툿ᄉᆞ로 삼 년 동안에 셩사 밧게 흔 수ㅣ 무과 팔십여 인쁜이라 엇지 붓그럽지 아니ᄒᆞ리오

빅 신부ㅣ 처음에 쳥국셔 십 년 젼교ᄒᆞ시다가, 측후 셩당에셔 조션 교우의게 "김요안이 쟝 쥬교 명으로 평안도 디방에 젼교 만히 흔 일을 일족 드럿노라" ᄒᆞ시ᄂᆞᆫ ᄎᆞ에, 경향 각 디방 회쟝들의게 무ᄅᆞ시ᄃᆡ, "뉘

156 강딕: 한자어는 '江帶'인 듯하며, 경강일대(京江一帶)의 준말로 생각된다. 예전에, 서울 주변 강가에 있는 마을을 이르던 말이다. [漢文寫本]에는 '上下江村'으로 나온다. 당시 서울 지역의 선교 단위가 대략 성내, 성외와 강대로 나뉘어 있었던 듯하다.

가 능히 평안도 닝담훈 사룸들을 귀화케 ᄒᆞ짓ᄂᆞ냐?" ᄒᆞ신즉, 모든 회장이 엿좁기롤, "김요안 밧긔는 다시 업ᄂᆞ이다" 홈으로 이러ᄐᆞ시 분부ᄒᆞ심이라. 그때에 내가 김 신부의 브탁으로 셔울 교우의게 셩ᄉᆞ 예비식이고, 평산 디방공소ᄭᆞ지 왓다가 바로 평양으로 가니, 그때 부즁에, 압셔 회두훈 교우 삼ᄉᆞ 인이 잇눈지라. 그 교우롤 ᄎᆞ자 의론ᄒᆞ야 닝담훈 벗들의 사는 곳과 그 일홈과 그 싱ᄉᆞ롤 무러 탐지ᄒᆞ야, 계오 일빅이 십여 명을 긔록ᄒᆞ야 가지고, 각쳐로 ᄎᆞ자돈이는 [cf. 漢文寫本 137쪽]모양이 심히 셔어홀[157] 쁜 아니라 심히 위험ᄒᆞ니, 때는 십월 츤 ᄇᆞ람이이라. 도쳐 인심은 ᄀᆡᄀᆡ강포[158]ᄒᆞ

[한글사본 42쪽]야 아모 동ᄂᆡ던지 드러가 그 사룸의 셩명을 ᄀᆞᄅᆞ치며 집을 무룬즉 션뜩 ᄃᆡ답지 아니ᄒᆞ고 물식을 술펴보매 긔ᄂᆡ물식[159]인고로 늘 의심ᄒᆞ야 그 집을 닐너주지 아니ᄒᆞ고 머뭇머뭇ᄒᆞ다가 ᄒᆞ는 말이, "그런 사룸 여긔 업소" ᄒᆞ며, 혹 그 집을 멀니셔 뭇고 바로 ᄎᆞ자가 "쥬인 계시오" 훈즉, 쥬인이 나와, "어ᄃᆡ셔 왓소" ᄒᆞ거놀, ᄃᆡ답ᄒᆞᄃᆡ, "일홈이 아무ㅣ라 ᄒᆞ오" 훈즉, 물끔이 보다가 "나는 아니오. 아모 동ᄂᆡ 가 무러보시오" ᄒᆞ니, 홀 수 업셔, 날은 져믄ᄃᆡ 쥬막은 멀고 갈 곳이 망연ᄒᆞ야, 긱실 잇는 집을 ᄎᆞ자가 ᄒᆞ로밤 드시기롤 쳥훈즉, ᄆᆡ양 "긱실 업노라" ᄒᆞ눈지라. 그 디방 풍쇽이 긱실 문을 밧겻흔 막고 안으로 두어, 데

157 셔어(齟齬/鉏鋙)ᄒᆞ다: '셔어'는 '져어'의 오식으로 생각된다. '져어'는 틀어져서 어긋나다는 뜻이다.

158 ᄀᆡᄀᆡ강포(慨概强暴): 인심이 분개할 만하고 매우 사납다.

159 긔ᄂᆡ물식(畿內物色): 서울·경기 지방 출신자.

친사간이나 졉ᄃᆡ홀 쁜이라. 내 말이 "이 동ᄂᆡᄂᆞᆫ 셔ᄌᆡ방도 업ᄂᆞ냐" "뎌긔 잇다" ᄒᆞ기로 ᄎᆞ자가 션ᄉᆡᆼ과 인ᄉᆞᄒᆞ고 찬 방 ᄒᆞᆫ 끗ᄒᆡ셔 자고 니러나스나, 아ᄎᆞᆷ져녁 엇어먹을 법은 도모지 업더라. 또 엇던 디방은 가 ᄎᆞ즌즉 ᄉᆞ랑에 동ᄂᆡ 사ᄅᆞᆷ이 만히 모듸여 잇다가 나왓기로, 인ᄉᆞ 후에 셩교시세ᄅᆞᆯ 잠간 말ᄒᆞ야 셩ᄉᆞ예비 말을 드러내니 그 사ᄅᆞᆷ이 홀연

[한글사본 43쪽]얼골빗치 프르어 도라셔며 ᄒᆞᄂᆞᆫ 말이 "즉금도 사ᄅᆞᆷ 죽일 놈이 ᄃᆞᆫ닌다" ᄒᆞ고 드러가더니 수삼십 명이 마당에 ᄀᆞ득히 나셔ᄂᆞᆫ지라 그 동졍을 보고 춘춘이 거러오면셔 ᄉᆡᆼ각키ᄅᆞᆯ, "오냐 뎌 사ᄅᆞᆷ들이 쪼ᄎᆞ오면 내가 닐올 말이 잇다" ᄒᆞ고 쥬모의 은혜만 앙모ᄒᆞ야 오다가, 멀니 ᄇᆞ라보니 아모 동졍도 업더라. 이왕 [cf. 漢文寫本 138쪽]쟝쥬교ᄅᆞᆯ 영졉ᄒᆞ야 공소ᄒᆞ던 은ᄌᆞ산 몃몃 동ᄂᆡᄂᆞᆫ 다 세밧은 사ᄅᆞᆷ이언마ᄂᆞᆫ ᄒᆞᆫ 집도 ᄎᆞ자보지 못ᄒᆞ고, 슉쳔과 안주 디방에 니ᄅᆞ러ᄂᆞᆫ 압셔 슉연[160] 잇던 몃 사ᄅᆞᆷ을 우연이 맛ᄂᆞ 셩ᄉᆞ 예비ᄒᆞ기로 허락밧은 이 합 칠팔 명쁜이라. 그렁뎌렁 때ᄂᆞᆫ 춘이월이 되매, 다시 ᄎᆞ자볼 곳도 별노 업기로, 도라와 그런 연유ᄅᆞᆯ ᄇᆡᆨ감[161]ᄁᆡ ᄌᆞ세히 픔ᄒᆞ매, "칠팔 인 회두도 오히려 적지 아니타" ᄒᆞ시더라. 그 후년 십월에 또 ᄇᆡᆨ감의 분부로 두 번ᄌᆡ 다시 갈ᄉᆡ, ᄉᆞ셰ᄃᆡ로 신문교 ᄋᆞᄒᆡ ᄒᆞ나 다리고 동의 ᄒᆞᆫ 벌 예비ᄒᆞ야 가지고 평양부에 니라러 몃 교우로 더브러 의론ᄒᆞᄃᆡ, "은ᄌᆞ산 디방에ᄂᆞᆫ 별법을 쓰

160 슉연(宿緣): 오래된 인연.

161 ᄇᆡᆨ감(白監): 백(白, Blanc) 감목(監牧)의 준말로 생각된다. 원래 '감목'은 '주교'를 가리키는 용어이나, 김기호는 주교뿐만 아니라 신부 등 성직자에게 '감'이란 약칭을 사용하고 있다. 당시 리델 주교가 와병 중이었으므로, 블랑 백 신부가 조선에 주재하는 선교사 가운데 선임 선교사로 교회 사무를 처리했다. 김기호는 그를 '白監', 웃신부' '으뜸신부'로 불렀다.

지 아니ᄒᆞ면

[한글사본 44쪽]죽년과 ᄀᆞᆺ흘 터이니, 이번은 기기쟝ᄉᆞ[162] 모양으로 힝장을 ᄎᆞ려 가지고 가 집마다 문밧긔셔 ᄎᆞ자 "헌 함지나 남우박 기우시오" ᄒᆞ야, 엇던 집이던지 기워달나 ᄒᆞ거든 기워주고, 갑슬 헐ᄒᆞ게 밧으면, 필경 기워달나 ᄒᆞᄂᆞᆫ 집이 만흘지라. 혹 류숙ᄒᆞ게도 될 거시니 그 사ᄅᆞᆷ들 보ᄂᆞᆫᄃᆡ 셩ᄒᆞ노코 신공ᄒᆞ면, 필경 뭇ᄂᆞᆫ 사ᄅᆞᆷ이 잇슬 거시니, 셩교도리와 시셰를 드러내여 슈죡이나 ᄒᆞ여 보짓노라" ᄒᆞ니, 그 교우들의 말이, "그러치 아니ᄒᆞ다. 그 사ᄅᆞᆷ들의 강포ᄒᆞᆫ 긔품을 모로고 ᄒᆞᄂᆞᆫ 의론이로다. 슈죡디경 젼에 큰 릉욕을 맛늘 거시니 일명 못ᄒᆞᆫ다." 만류ᄒᆞ기로, 그럴듯ᄒᆞ야 그만두고 다시 ᄉᆡᆼ각ᄒᆞ야 도쳐에 엇던 사ᄅᆞᆷ이던지 맛나 뭇기를, "무엇ᄒᆞ려 ᄃᆞᆫ이ᄂᆞᆫ 사ᄅᆞᆷ이냐?" 모든 이단샤슐의 일흠을 각각 들추어 말ᄒᆞᄂᆞᆫ ᄃᆡ로 ᄯᅩᄅᆞ ᄃᆡ답ᄒᆞᄃᆡ, "아지 못ᄒᆞ노라." 나죵에 [cf. 漢文寫本 139쪽]"혹 의슐을 아ᄂᆞ냐" ᄒᆞᄂᆞᆫ 쟈ㅣ면, 내 ᄃᆡ답이 "심병 잇ᄂᆞᆫ 사ᄅᆞᆷ이면 의원 노릇ᄒᆞ야 더러 곳쳐주노라" ᄒᆞ니, 그 사ᄅᆞᆷ

[한글사본 45쪽]이 ᄉᆡᆼ각에 심병 곳치ᄂᆞᆫ 명의라 ᄒᆞ야 말을 젼파ᄒᆞ기로, 무솜 병든 사ᄅᆞᆷ이 만히 슈죡ᄒᆞ게 되ᄂᆞᆫ지라. 그즁에 이왕 아던 사ᄅᆞᆷ이 잇셔 슈죡흘 ᄲᅳᆫ 아니라, 압셔 회두ᄒᆞᆫ 이에 돈령[163]을 인ᄒᆞ야 ᄎᆞ자 슈죡ᄒᆞ야 셩ᄉᆞ예비 허락밧은 수ㅣ ᄉᆞ오십 명에 니른지라. 다 김 신부ᄭᅴ로

162 기기쟝ᄉᆞ: [漢文寫本]에는 '咸之箔修補商人'(함지박 고쳐 주는 상인)으로 나온다.

163 돈령: 의미가 미상이다. 고어사전이나 다른 데에서 나오지 않는 단어이다. 그런데 [한문사본]에는 '先此回頭者之親緣'으로 나온다. 이 문장에 미루어 볼 때 '돈령'은 '친연관계'라는 의미로 생각된다.

인도ᄒᆞ야 보내여 셩ᄉᆞ밧게 ᄒᆞ엿시니, 그ᄒᆡ에도 이월이야 도라와 ᄇᆡᆨ감ᄭᅴ 뵈옵고, 그 회두ᄒᆞᆫ 교우 ᄉᆞ오십 명 발긔를 밧치니, ᄇᆡᆨ감 말ᄉᆞᆷ이 됴타 ᄒᆞ시더라. 그 후년 십월에도 또 "가라" ᄒᆞ시니, ᄉᆞ양타 못ᄒᆞ야 즉시 ᄯᅥᄂᆞ가, 즁화 디방 윤회장을 ᄎᆞ자 압셰우고 ᄯᆞ르둔이니, 처음 ᄀᆞᆺ치 싱쇼치 아니ᄒᆞ야 슈죡이 닉은 고을 셩ᄉᆞ예비 허락ᄒᆞᄂᆞᆫ 쟈ㅣ 새로이 삼ᄉᆞ십 명에 니ᄅᆞᆫ지라. 다 인도 ᄒᆞ야 셩ᄉᆞ 밧게ᄒᆞᆫ 후에 도라오니, 그때도 ᄯᅩᄒᆞᆫ 이월이러라. 그 셩ᄉᆞ수 발긔를 ᄇᆡᆨ감ᄭᅴ 밧치고 품ᄒᆞᄃᆡ, "죄인이 덕업ᄂᆞᆫ ᄐᆞᆺ수로 삼 년 동안에 실효 업ᄉᆞᆷ이 이 디경에 니ᄅᆞ엇ᄉᆞ오니 관샤ᄒᆞ시고, 후에ᄂᆞᆫ 그 디방 본회쟝

[한글사본 46쪽]의게 분부ᄒᆞ샤 젼교케 ᄒᆞ시옵쇼셔" ᄒᆞ니 ᄇᆡᆨ감 말ᄉᆞᆷ이 "오냐, 쥬모의 은혜로 네 공로ㅣ 젹지아니라" ᄒᆞ시더라.

제6장

ᄇᆡᆨ 신부ㅣ 젼라도 계시다가 셔울 교우의 ᄉᆞ졍을 권고[164]ᄒᆞ샤 올나오신 후에 복ᄉᆞ 거힝ᄒᆞᆯ 이 업다 ᄒᆞ야 사ᄅᆞᆷ을 보내여 브라시기로 김 신부ᄭᅴ 하직ᄒᆞ고 올나와 모시고 지내던 일을 추억ᄒᆞ야 감창ᄒᆞᆷ[165]이라

[cf. 漢文寫本 140쪽]김 신부 모시고 오륙 년 동안에 ᄇᆡᆨ감 명으로 ᄀᆞ을 젼교 ᄯᅢ면 세 번이나 평안도 왕환ᄒᆞᆫ 후, 그 ᄀᆞ을에 ᄇᆡᆨ감이 셔울 교우를

164 권고(眷顧): 관심을 가지고 보살피다.

165 감창ᄒᆞ다: 기분이 나른히 풀리다.

춍찰ᄒᆞ실 본분으로 올나와 계셔 브ᄅᆞ시매, 웃신부의 명을 어길 수 업ᄂᆞᆫ지라. 상경ᄒᆞ야 필동 죠가집 ᄒᆞ나 빅치ᄒᆞ고, 안복ᄉᆞ[166]ᄂᆞᆫ 죠발ᄇᆞ라롤 브ᄅᆞ고, ᄉᆞ환홀 사ᄅᆞᆷ은 즉금 강 신부[167] 학동되기 젼에 그 고모 강 마리아의 쳥으로 신부 의ᄒᆞ에 ᄀᆞᆺ치 잇셔, 글ᄌᆞ도 ᄀᆞᄅᆞ치며, 견진 예비롤 식여 ᄃᆡ부ᄭᆞ지 셔고, 학당 공부[168] 원의 잇숨으로 빅감ᄭᅴ 품ᄒᆞ야 빈랑[169]ᄭᆞ지 가 공부롤 힘써 신품위에 올나시니,[170] 쥬은 감사 만히 ᄒᆞᄂᆞ이다. 그 후 ᄉᆞ오년 동

[한글사본 47쪽]안에 판셩ᄉᆞ[171]하실 때면, 신부ㅣ 뫼양 분부ᄒᆞ시기롤, "남녀 교우의 셩ᄉᆞ예비범졀을 퇴쟝식이지 말고, 네가 착실이 ᄀᆞᄅᆞ쳐 통회지향을 발ᄒᆞᆫ 후에 고명케 ᄒᆞ고, 큰셩ᄉᆞ 예비롤 더욱 타당이 ᄒᆞ야 모령[172]ᄒᆞᄂᆞᆫ 폐 업게 ᄒᆞ라" ᄒᆞ시ᄂᆞᆫ고로, 이때것 셔울 남녀 교우ㅣ 빅감

---

166 안복ᄉᆞ[內服事]: 선교사의 선교활동을 보좌하던 복사(服事)의 일종으로, 선교사나 성직자의 의식(衣食) 등 집안 생활을 담당하는 사람들에 대한 지칭이다.

167 강 신부(姜神父): 강성삼(姜聖參, 1866~1903) 신부. 충남 부여군 홍산(鴻山) 출신으로 페낭 신학교에서 수학하다가 귀국하여, 1890년 용산 예수성심신학교에서 학업을 마친 후 1896년 강도영(姜道永, 1863~1929), 정규하(鄭圭夏, 1863~1943)와 함께 서울 약현성당에서 서품을 받았다.

168 학당 공부(學堂工夫): 블랑은 1882년 서울 붓재[筆洞] 부근에 '한한학교(漢韓學校, École de Chinois-Corénne)'를 세워 학동을 모아 가르치기 시작했다. 이 학당은 일반 학생뿐만 아니라 성직을 지망하는 학생들의 초등교육을 담당했다. 그러나 김기호가 여기에서 '학당 공부'라고 말하는 것은 페낭에 있던 신학당(神學堂)을 뜻한다. 강성삼은 필동의 한한학교를 거쳐서 페낭신학교로 유학을 떠났다.

169 빈랑(檳榔): 말레이반도에 있는 도시명. Penang.

170 올나시니: [漢文寫本]에는 이어서 "此於爲我東邦敎友者 豈非大榮而感恩何等哉"(우리 동방 교우를 위해서 어찌 큰 영광이며 은혜에 감사하지 않겠는가)라는 구절이 들어가 있다.

171 판셩ᄉᆞ(判聖事): 세례, 고해, 성체, 견진 등 성사를 집전하다.

172 모령(冒領): 마땅한 자격이 없는데도 함부로 받다[受領]. 모령성사는 성사를 받을 준비가

의 혼후명빅[173]ᄒᆞ신 덕힝을 감츅불망ᄒᆞᄂᆞᆫ지라. 니 쥬교[174]ㅣ 청국으로 들어가 샹ᄉᆞ난 후에[175] 교종[176] 명으로 빅감이 일본 드러가[177] 쥬교 승품ᄒᆞ시게 되니 때ᄂᆞᆫ 계미[178] 오월 망간이라.[179] 오치옥[180]이라 ᄒᆞᄂᆞᆫ 교우와 ᄒᆞᆫ 가지로 빅감을 모시고 길을 떠ᄂᆞ 당일 졔물포에 니로러, 일본 비 진셔환[181]을 잡아ᄐᆞ고 여ᄉᆞᆺ 날만에 [cf. 漢文寫本 141쪽]쟝긔도[182]에 득달ᄒᆞ야 죠션관 셩당에 품달ᄒᆞ시고, 고 신부[183]와 죠 신부[184]ㅣ 문비리 버롤 다리고 와 영졉ᄒᆞ더라. 졔물포에셔브터 ᄀᆞᆺ치온 교우 상히 령ᄉᆞ관 요셉이 몬뎌 큰 셩당에 드러가 그 동힝ᄒᆞ야 온 연유롤 품달ᄒᆞ매, 대쥬

되어 있지 않거나 자격이 없는데도 성사를 받는 경우를 말한다.

173 혼후명빅(渾厚明白): 온후명백(溫厚明白), 성질이 온후하고 의심할 바 없다.

174 니 주교: 리델(Félix Claire Ridel, 1830~1884, 李福明), 프랑스외방전교회 회원으로 1861년 조선에 입국했다. 1869년 조선교구 제6대 교구장에 취임했다. 1881년 나가사키에서 뇌일혈이 발병하여 회복이 어렵게 되자, 수석 선교사였던 블랑(Blanc) 신부가 그 임무를 대행했다.

175 니 쥬교ㅣ……샹ᄉᆞ난 후에: 리델 이 주교는 1881년 나가사키에서 발병하여 중국 상하이, 홍콩 등지로 옮아가 정양했으나 회복되지 못했다. 본국 프랑스에 귀국하여 그곳에서 세상을 떠났다. 김기호는 리델 주교가 청나라에서 세상을 떠났다고 잘못 알고 있었다.

176 교종(教宗): 교황(教皇).

177 드러가: 한문 원전에는 '入日本長崎縣大學堂'(일본 나가사키현 大學堂에 들어가)로 되어 있으나, 한글사본에서는 '大學堂'이 빠졌다. '大學堂'은 大神學校를 가리키는 말로 생각된다.

178 계미(癸未): 계미년은 1883년이다.

179 오월 망간(五月望間): 1883년 음력 5월 15일경. 양력으로는 1883년 6월 19일(화)경이다.

180 오치옥: [漢文寫本]에는 '吳致玉'으로 되어 있다.

181 진셔환: [漢文寫本]에는 '鎭西丸'으로 되어 있다.

182 쟝긔도: 장기도(長崎島)는 일본의 나가사키이다.

183 고 신부: 코스트(Eugene Jean George Coste, 高宜善, 1842~1896) 신부. 1868년 6월 6일 사제 서품을 받다. 1874년 조선 선교를 지망하여 리델 주교를 도와 많은 일을 했다.

184 죠 신부: 죠조(Jozeau, 趙得夏, 1866~1894) 신부.

교[185]ㅣ 흔연 영졉 후에 젼승[186]으로 쟝뇌[187] 되판 부쥬교와 모든 신부들의게 양력 칠월 초팔일 셩부 이사벳 국후 쳠례날에, 죠션 쥬교 승품ᄒᆞᄂᆞᆫ 뜻을 보ᄒᆞ야 다 알게 ᄒᆞ시더라. 그날을 당

[한글사본 48쪽]ᄒᆞ야 부쥬교와 각쳐 신부ㅣ 다 므듸여, 대미샤 즁에 우리 쥬교ㅣ 승픔ᄒᆞ실 ᄉᆡ, 대쥬교ㅣ 쥬졔ᄒᆞ시고 부쥬교와 ᄃᆡ리감목 고신부 두위 좌우에 뫼셔[188], 축셩ᄒᆞ시ᄂᆞᆫ 예졀이 거룩ᄒᆞ고 아룸다와, 다 형용ᄒᆞ야 긔륵ᄒᆞ기 어려울너라. 우리 쥬교ㅣ 금관을 쓰시고 금쟝[189]을 의지ᄒᆞ야 두루 셩당에 유힝ᄒᆞ실 ᄉᆡ 뎨뎨창창[190]ᄒᆞ야 모든 신부와 만흔 학ᄉᆞ[191]들이 셔로 ᄇᆡ읍ᄒᆞ며, 이날에 셩당을 둘너 구경ᄒᆞ야 쳠앙ᄒᆞᄂᆞ

185 대쥬교(大主教): 당시 나가사키교구에는 프랑스외방선교회의 프티장(Petitjean) 대주교가 상주하고 있었다.

186 젼승(電繩): 전선(電線) 즉 여기에서는 전보(電報)를 말한다.

187 장뇌: 나가사키에 교구청을 두고 있던 일본남위대목구에 속하는 오사카(大阪)에는 나가사키의 프티장 주교 휘하에 로케뉴(Mgr Laucaigne, Evêque d'Apollonie) 보좌주교(évêque auxiliaire, coadjuteur)가 상주하고 있었다. 김기호가 여기에서 블랑 주교 서품식에 참석한 오사카 보좌주교를 '쟝뇌'라고 기록한 것은 그 성명을 잘못 기억한 결과이다.

188 대쥬교……좌우에 뫼셔: cf. A-MEP Vol.570 (Japon Méridional), ff. 2779-2782. M.Tissier à M.Armbruster, 9 Juillet 1883, Nagasaki(f.2780). "Je vous écris au lendemain d'un bon beau jour. Hier Mgr Blanc a été sacré à Nagasaki. Mgr Laucaigne était présent; Mgr Osouf, à la veille de son départ pour l'Amerique, n'a pu répondre à l'invitation de Mgr Petitjean.

189 금쟝(金杖): 금빛 지팡이.

190 뎨뎨창창(濟濟蹌蹌)하야: 제제는 장엄하고 웅장한 모습을 말하며, 창창(蹌蹌)은 사대부(士大夫)의 위의(威儀)가 있는 모양을 뜻한다.

191 학ᄉᆞ(學士): 당시 관행상 '士'라는 존칭은 성인(成人)들에게만 부여되고 있음을 감안할 때, 아마도 대신학교 신학생들을 가리키는 용어로 사용되었으리라 생각된다. 이러한 용어가 후일 한국 교회에서는 대소신학교 모든 신학생들에게 확대 적용되어 오늘에 이르고 있

쟈ㅣ 외교[192] 합 삼쳔여 인이라 ᄒᆞ더라. 죠션 신부 두 위와 교우 니원션 싀 김 도마 문 비리버 최 누가 박 바로 다ᄉᆞᆺ 사ᄅᆞᆷ이 ᄒᆞᆫ가지로 거쳐ᄒᆞᄂᆞᆫ 사관은 본ᄃᆡ 법국 사ᄅᆞᆷ의 집이니, ᄆᆡ년 셰은 일ᄇᆡᆨ이십 원식 주고 잇ᄂᆞᆫ 곳이라. 담 안에 움물도 됴코 과일나무도 략간 잇기로, 우졉ᄒᆞᄂᆞᆫ ᄌᆞ미 젹지 아니ᄒᆞ더라. 그때 일본 대쥬교ᄭᅴ[193] 감하문[194]과 ᄉᆞ률[195] ᄒᆞᆫ쟝을 지어 밧치고, 또 죠션셔 가지고 간 호피 ᄒᆞᆫ쟝과 [cf. 漢文寫本 142쪽] 략간 물죵을 봉ᄒᆞ야 드리니, 대쥬교ㅣ 만히 깃거워 ᄒᆞ야, 그 글쟝은 당신 계신 방 벽샹에 걸고, 호피ᄂᆞᆫ 명ᄒᆞ야 일본 ᄌᆡ죠로 산 호랑이 눈 ᄀᆞᆺ치 ᄭᅮᆷ여 방에 두고 ᄒᆞᆼ샹 보시더라. ᄒᆞ로

[한글사본 49쪽]ᄂᆞᆫ 대쥬교의 ᄉᆡᆼ신이라 ᄒᆞᄂᆞᆫ 고로, 죠션 교우 오륙인이 ᄒᆞᆫ 가지로 가 헌하ᄒᆞ매,[196] 강복ᄒᆞ시고 돈 얼마 샹급ᄒᆞ시더라. 그때 동경 쥬교[197]ㅣ 본ᄃᆡ ᄇᆡᆨ 쥬교와 절친ᄒᆞᆫ ᄉᆞ이라. 셰 번이나 젼승으로 긔별

다. 한편, 당시 대신학생과 소신학생을 통칭하던 용어로는 신생(神生)이란 용어가 더 자주 사용되고 있었다.

192 외교(外教): 외인(外人)과 교우(教友), 즉, 신자와 비신자.

193 대쥬교ᄭᅴ: 나가사키 교구의 프티장(Petitjean) 주교를 가리킨다. 한문 원전에는 '대쥬교ᄭᅴ' 이하에 "不可無感賀禮節 敢以余譾陋製進賀表及律一篇" 즉, "감사하고 축하드리는 예절이 없을 수 없어서, 내가 얕고 보잘것없는 지식이지만 감히 축하드리는 글[進賀表]과 사언율시(四言律詩) 한 편을 지어 바치고"가 들어 있다.

194 감하문(感荷文): 베풀어 준 은혜에 감사하는 뜻으로 지은 글.

195 ᄉᆞ률(四律): 사언율시(四言律詩)의 준말.

196 헌하(獻賀)ᄒᆞ다: 축하를 드리다.

197 동경 쥬교(東京主教): 당시 일본 교회는 일본남위대목구(Vicariat Apostolique du Japon Méridional)와 일본 북위대목구(Vicariat Apostolique du Japon Septentrional)로 나뉘어져 있었고, 남위대목구는 프티장(Bernard-Thadée Petitjean) 주교가 나가사키에, 로케뉴(Joseph-Marie Laucaigne) 보좌주교가 오사카

ᄒᆞ야[198] 샹면ᄒᆞ기ᄅᆞᆯ ᄀᆞᆫ쳥ᄒᆞᆫ고늘,[199] ᄇᆡᆨ쥬교ㅣ 고신부와 ᄒᆞᆫ 가지로 화륜션을 잡아ᄐᆞ고 그ᄃᆞᆯ 초십에 떠ᄂᆞ가시면셔 분부ᄒᆞ시기ᄅᆞᆯ, "너ᄂᆞᆫ 그 ᄉᆞ이 죠 신부 방에 자조 드러가 죠션 물졍과 말을 만히 ᄀᆞ로치라" ᄒᆞ시ᄂᆞᆫ지라. ᄒᆞ로ᄂᆞᆫ 죠 신부ㅣ "오륜이 무엇시냐?" ᄒᆞ기로, 오륜 뜻을 풀어 노ᄅᆡ 이십륙구ᄅᆞᆯ 지어드리니, 몃 ᄂᆞᆯ 공부ᄒᆞ야 알고, "ᄆᆡ오 됴타" ᄒᆞ시더라. ᄇᆡᆨ 쥬교와 고 신부ㅣ 동경 가신지 월여라. 칠월 십이일[200]에 대판[201]으로조차 ᄅᆡ림ᄒᆞ시니, 그 이튼날은 셩모대쳠례라. 여ᄃᆞᆲ시 반에 우리 쥬교ㅣ 대미샤ᄅᆞᆯ ᄒᆡᆼᄒᆞ실 ᄉᆡ, 예졀이 심이 거륵ᄒᆞ고, 남녀 교우ㅣ 모ᄃᆡ여 참예ᄒᆞᄂᆞᆫ 쟈ㅣ 수쳔이오, 셩당 밧긔 쳠앙ᄒᆞᄂᆞᆫ 수ᄅᆞᆯ 아지 못ᄒᆞᆯ너라. ᄒᆞ로ᄂᆞᆫ 죠 신부와 ᄒᆞᆫ가지로 ᄇᆡᄅᆞᆯ ᄐᆞ고 우라깜이[202]라 ᄒᆞᄂᆞᆫ 디방 큰셩

에 각각 상주하고 있었다. 반면에 일본 북위대목구는 도쿄에 교구청이 있었으며 오주프(Osouf) 주교가 상주하고 있었다.

198 ᄀᆡ별ᄒᆞ야: 한문 원전에는 'ᄀᆡ별ᄒᆞ야'에 해당되는 단어에 이어서 '見我主教與高鑑' 즉, '우리 주교와 코스트 신부를 보고자'라는 구절이 추가되어 있다.

199 ᄀᆞᆫ쳥ᄒᆞᆫ고늘: '간청(懇請)하거늘'의 오자(誤字)로 생각된다.

200 칠월십이일: 7월 12일은 음력(陰曆)이다. 양력으로는 1883년 8월 14일(화)이다.

201 대판(大阪): 일본 오사카 시.

202 우라깜이: 우라카미[浦上]: 현재 일본 나가사키[長崎] 시 안에 있는 지명으로, 천주교 나가사키 대교구의 주교좌성당이 있는 곳이다. 원래 이곳은 1549년 일본에 그리스도교가 전래된 이래 천주교 선교가 진행되었던 곳이었으나, 1614년 천주교에 대한 금교령이 내려진 이후 1630년대까지 도쿠가와 막부시대의 대박해로 인해 교회와 신자들이 모두 소멸된 곳으로 이해되었다. 그러나 일본이 서양 여러 나라와 국교를 재개하기 시작한 이후 다시 일본에 진출한 파리외방전교회 소속 프티장(Petitjean) 신부에게 1865년 가쿠레 기리시당(隠れ切支丹) 즉, 200여 년 가까이 숨어서 천주교 신앙을 실천하던 신자들이 나타나 세계 교회를 감동시킨 바 있었다. 이와 같은 '일본 신자 재발견'을 계기로 하여 이곳은 일본 가톨릭 선교의 중요한 중심지가 되었고 일본 남위대목구의 대목구청이 자리 잡게 되었다. 김기호 일행은 이곳의 대성당을 방문했다.

당을 ᄎᆞ자가니, 교우의 집이 쳔여 호ㅣ오 인명 수ㅣ 오쳔에 니른

[한글사본 50쪽]다 ᄒᆞ더라. 칠월 이십팔일[203]에 샹히 가는 화륜션이 급보ᄅᆞᆯ 고ᄒᆞᄂᆞᆫ 고로, 밧비 힝쟝을 ᄎᆞ려 그날 여돏시에 쥬교ㅣ 죠 신부ᄅᆞᆯ 다리고 ᄀᆞᆺ치 ᄇᆡᄅᆞᆯ ᄐᆞ매, 향쟈에 동힝ᄒᆞ던 샹히 령ᄉᆞ관이 잇고,[204] 또 죠션 사ᄅᆞᆷ 셰히 잇ᄉᆞ니 김은진과 안ᄉᆞ과와 [cf. 漢文寫本 143쪽]박셔방이라. ᄀᆞᆺ치 슉식ᄒᆞ며 셩교도리ᄅᆞᆯ 만히 강론ᄒᆞ매, 다 됴흔 ᄆᆞ음으로 듯ᄂᆞᆫ지라. 쥬교ㅣ 또ᄒᆞᆫ 관후이 ᄃᆡ집ᄒᆞ시니, 그 사ᄅᆞᆷ들이 쥬교의 덕을 찬송ᄒᆞ야, '호션싱'이라 닐ᄏᆞᆺ어라. 익일에 무변대ᄒᆡ[205]ᄅᆞᆯ 당ᄒᆞ야 풍낭이 대작ᄒᆞ매, ᄇᆡ길이 탕양ᄒᆞ야 사ᄅᆞᆷ마다 혼미ᄒᆞᆫ 즁에, 쥬교도 또ᄒᆞᆫ 토역ᄒᆞ심으로 면식이 평안치 못ᄒᆞ시다가, 팔월 초길[206]이야, 풍셰 젹이 긋쳐 안온ᄒᆞᆫ지라. 양ᄌᆞ강을 지나 오후 두시에 ᄇᆡ언덕에 다으니, 즁국 신부 삼위 나와 기ᄃᆞ리다가 영졉ᄒᆞ야, 각각 수ᄅᆡ에 올나 삼덕당으로 드러가시고, 나ᄂᆞᆫ 치옥[207]이와 ᄒᆞᆫ 가지로 죵션을 ᄐᆞ고 따ᄅᆞ 드러가니, 향자 일본 셩당에셔 맛낫던 만주 공 신부와 치 신부[208]와 그 두 복ᄉᆞㅣ 머물너 잇다가 숀을 잡고 흔열ᄒᆞᆫ 졍회ᄅᆞᆯ 이긔기 어려워 ᄒᆞ더라. 몃날 쉰 후에 샹층 좌우벽샹

---

203 칠월 이십팔일: 음력이다. 양력으로는 8월 30일(목)이다.

204 잇고: 한문 원전에는 '先在' 즉 '먼저 (승선하여) 있고'로 되어 있다.

205 무변대ᄒᆡ(無邊大海): 끝 닿는 데가 없는 큰 바다.

206 팔월초길(八月初吉): 초길은 음력으로 매달 초하룻날을 일컫는다. 양력으로는 9월 1일(토)이다.

207 치옥: 오치옥을 가리킴.

208 공 신부와 치 신부: [漢文寫本]에는 '貢淄二鐸'으로 나오는데, 그 이름은 미상이다.

[한글사본 51쪽]에 죠션 치명ᄒᆞ신 쥬교신부 십ᄉᆞ위 샹븐 현판ᄒᆞᆫ 것ᄉᆞᆯ 뵈오니, 혹 샹토와 관망을 ᄒᆞ셧ᄂᆞᆫᄃᆡ, 쟝쥬교 젼형이 젹이 죠션셔 뵈올 때와 달나 의희ᄒᆞ야[209] 아지 못ᄒᆞᆯ 듯ᄒᆞᆫ지라. 함모ᄒᆞᄂᆞᆫ[210] 졍이 새로와 이에 삼덕당 뜻을 긔록ᄒᆞ야 죠션 후학으로 쟝쥬교의 ᄉᆞ적을 추억ᄒᆞ야 니져버리지 말게 코져 홈이로라.

샹히 삼덕당긔라

아름답다. 우리 텬쥬ㅣ 만 가지 덕이 온젼이 갓초와 계시나. 오직 신망ᄋᆡ 삼덕으로써 우리 사ᄅᆞᆷᄋᆡ게 품부ᄒᆞ야 주심은 엇짐이뇨. 므롯 사ᄅᆞᆷ이 밋붐이 업ᄉᆞ면 수릐박휘 업솜과 ᄀᆞᆺᄒᆞ니, 수릐박휘 업ᄉᆞᆫ즉 가히 힝치 못ᄒᆞᆯ 거시오. 사ᄅᆞᆷ이 ᄇᆞ람이 업ᄉᆞᆫ즉 농부의 ᄀᆞ을 업솜과 ᄀᆞᆺᄒᆞ니, 농부ㅣ ᄀᆞ을이 업ᄉᆞᆫ즉 가히 거두지 못ᄒᆞᆯ 거시오. 사ᄅᆞᆷ이 ᄉᆞ랑홈이 업ᄉᆞ면 불이 ᄯᅳ거옴 업솜과 ᄀᆞᆺᄒᆞ니, 불이 ᄯᅳ거움이 업ᄉᆞ면 가히 ᄶᅬ지못ᄒᆞᆯ 거시니라. 오직 ᄒᆞᆫ 대쥬ㅣ 우리 인류ᄅᆞᆯ 위ᄒᆞ야 [cf. 漢文寫本 144쪽]비로소 만 가지 리치ᄅᆞᆯ 판단하셧시니, 다 션ᄒᆞ시고

[한글사본 52쪽]다 아ᄅᆞᆷ다오신지라. 엇지 그 능력을 사ᄅᆞᆷ의게 주지 아니ᄒᆞ시고 경계ᄒᆞ시며 칙벌ᄒᆞ시깃ᄂᆞ냐. 므롯 궐초 픔령ᄒᆞ실 때에 각각 추션ᄒᆞᆯ 양능과 피악ᄒᆞᆯ 량지ᄅᆞᆯ 갓초와 주신지라. 그러므로 령혼삼ᄉᆞ에 만 가지 리치ㅣ 츙만ᄒᆞ엿시니, 긔함의 실홈과 명오의 분변홈과 ᄋᆡ욕의 발홈이 사ᄅᆞᆷ 마다마다 그러ᄒᆞ건마ᄂᆞᆫ, 슬프다. 우리 원죠ㅣ 범명ᄒᆞᆫ 후

209 의희(依稀)ᄒᆞ야: 어렴풋하여.

210 함모(咸慕)ᄒᆞᄂᆞᆫ: 두루 그리워하는.

에 닐곱 죄종이 육신을 얽고 세 원슈ㅣ 셰샹에 들어션 악이 혼잡ᄒᆞ매, 령육이 ᄒᆞᆷᄭᅴ 위틔ᄒᆞ니 엇지 룬셕지 아니ᄒᆞ리오. 밋기ᄂᆞᆫ 밋으나 밋음이 살고 죽음의 다름이 잇ᄉᆞ며, ᄇᆞ라기ᄂᆞᆫ ᄇᆞ라나 ᄇᆞ람이 헛되고 거즛된 념려 잇사며, ᄉᆞ랑ᄒᆞ기ᄂᆞᆫ ᄉᆞ랑ᄒᆞ나 ᄉᆞ랑이 공번되고 ᄉᆞ[211]ㅣ의 욕심이 잇ᄂᆞᆫ 지라. 대쥬를 밋지 아니ᄒᆞ고 다른 샤망을 밋으면 이에 죽은 신이오. 대쥬ᄭᅴ ᄇᆞ라지 아니ᄒᆞ고 다른 권리를 ᄇᆞ라면 이에 헛된 ᄇᆞ람이오. 대쥬를 ᄉᆞ랑치 아니ᄒᆞ고 다른 셰물을 ᄉᆞ랑ᄒᆞ면 이에 ᄉᆞᄉᆞ ᄉᆞ랑이 됨이라. 이러므로 우리 대군부ㅣ 특별이 ᄌᆞᄋᆡᄒᆞ신 은혜를 베프샤 강싱구셰ᄒᆞ시고, 지공지일ᄒᆞ신 셩교

[한글사본 53쪽]회를 세우샤 셩춍으로ᄡᅧ 붓쳐주어 모든 령혼의 싱명이 되게 ᄒᆞ셧시니, 일즉 봉교ᄒᆞ야 ᄒᆞᆼ샹 셩춍디위에 잇ᄂᆞᆫ 쟈ᄂᆞᆫ 가히 신망ᄋᆡ 덕이 잇ᄂᆞᆫ 복된 사ᄅᆞᆷ이라 ᄒᆞ련이와, 비록 교에 드럿시나 셩춍은 광을 보존치 못ᄒᆞᆫ즉, 가히 신망ᄋᆡ 덕이 업ᄂᆞᆫ 화앙의 사ᄅᆞᆷ이라 ᄒᆞ니, 니 엇지 황구ᄒᆞ야 쳑념치 아니ᄒᆞ랴. 즁국 디방이 관광ᄒᆞ고 인물이 변화ᄒᆞ니 텬쥬ㅣ 강복ᄒᆞ심이 녜로브터 이졔ᄭᆞ지 밋춘지라. 강희 년간[212]에 교화ㅣ 광양ᄒᆞ야 셩뎐의 베픎이 이ᄇᆡᆨ여 소ㅣ니, 삼덕당의 일흠이 엇지 우연ᄒᆞᆷ이랴. 또 동치원년[213]에 그ᄃᆞ려 새 쟈셔를 반포ᄒᆞ야 이젼 금령을 혁파ᄒᆞ고 녯 셩당을 즁슈ᄒᆞ엿시니 거룩ᄒᆞ고 아ᄅᆞᆷ답도다. 감히 ᄇᆞ라건

211 ᄉᆞ: 한문 원전은 '公私之欲'으로 나온다. 이를 보면 'ᄉᆞ'는 '사사로운'의 의미이다.

212 강희 연간(康熙年間): 중국 청(淸)의 성조(聖祖) 강희제(康熙帝)가 재위하고 있던 시기인 1662년부터 1722년까지의 기간.

213 동치 원년(同治元年): 중국 청(淸)의 목종(穆宗) 동치제(同治帝) 원년으로 1862년이다.

대, 즁화 모든 [cf. 漢文寫本 145쪽]군ᄌᆞ들은 이 당에 오ᄅᆞ매 그 덕을 ᄉᆞ모ᄒᆞ며. 이 일홈을 드ᄅᆞ매 그 뜻을 알아, 각각 그 몸을 닥고, 각각 그 덕을 힘써 ᄒᆞᆫ 가지로 영활[214]ᄒᆞᆫ 복락을 누리게 ᄒᆞᆷ이어. 나의 미ᄒᆞᆫ[215] 졍셩으로 근구ᄒᆞᄂᆞᆫ 바ㅣ로라. 죠션 명도회 후학 김요안은 삼가 긔록ᄒᆞ노라.

[한글사본 54쪽]샹ᄒᆡ 일부 즁에 셔양져국 읍ᄂᆡ 각각 잇셔 집은 다 놉고 화려ᄒᆞ게 꿈여 혹 이삼층이오. 문젼길은 크고 넓어, 거마ㅣ 잡답ᄒᆞ야, 들네ᄂᆞᆫ 소ᄅᆡ 밤낫이 업ᄉᆞ니, 진짓 동셔양 샹통ᄒᆞᄂᆞᆫ 대도회쳐ㅣ라. 부즁 큰 셩당 다ᄉᆞᆺ 곳에 다 들녀 쳠ᄇᆡ하고, 남경대감목 예쥬교ᄂᆞᆫ 셔교이십 리허 큰 셩당에 계신지라. ᄒᆞ로ᄂᆞᆫ 우리 쥬교와 죠 신부ᄅᆞᆯ 모시고, 수ᄅᆡᄅᆞᆯ ᄀᆞᆺ치 ᄒᆞ야 셔교에 유힝ᄒᆞᆯ ᄉᆡ, 멀니 ᄇᆞ라보매 평원광야에 놉흔 집이 님님춍춍[216]ᄒᆞ야 스ᄉᆞ로 ᄒᆞᆫ 대촌을 일우엇더라. 큰 셩당에 니ᄅᆞ러 예 쥬교 젼에 가락지 친구ᄒᆞ고 뵈오니, 시년이 오십구에 창안ᄇᆡᆨ빨이 엄연약텬신이러라.[217] 두위 쥬교와 모든 신부ᄅᆞᆯ ᄯᆞᄅᆞ 네 곳 셩당 ᄇᆡ치ᄒᆞᆫ 광경을 두루 볼 ᄉᆡ, ᄒᆞᆫ 곳은 만 가지 품류ᄅᆞᆯ ᄀᆞᆺ초 버려 잇ᄉᆞ니 금죠미록어별[218]등류 이샹ᄒᆞᆫ 것들이오, ᄒᆞᆫ 곳은 셩셔 셩상 셩물 등 믄ᄃᆞᄂᆞᆫ 사ᄅᆞᆷ들이오, ᄒᆞᆫ 곳은 열층망풍ᄃᆡ 놉히 구름ᄉᆞ이에 꼿친 거시오, ᄒᆞᆫ곳

214 영활(靈活): 신통하게 살림. 지략이나 행동이 뛰어나고 빠름.

215 미ᄒᆞᆫ: 미(微)한 즉 자그마한.

216 님님춍춍(林林叢叢): 이 숙어가 한문 원전에는 빠져 있다. 임림(林林)은 많이 모여 있는 모습을 나타내며, 총총(叢叢)은 빽빽이 들어선 모습을 표현한다.

217 엄연약텬신(儼然若天神)이러라: 의젓한 모양이 천사와 같다는 뜻.

218 금죠미록어별(禽鳥麋鹿魚鱉): 길짐승과 날짐승, 크고 작은 사슴이며, 물고기와 자라.

은 슈남슈녀[219]와 밋 기ᄅᆞ고 ᄀᆞᄅᆞ치ᄂᆞᆫ 영히 글 닉ᄂᆞᆫ 소릐러라. 이 셩당에셔 쳠앙ᄒᆞ매 텬쥬의 만물을 싱육ᄒᆞ시ᄂᆞᆫ 긔샹과, 예수의 만

[한글사본 55쪽]셰ᄅᆞᆯ 교양ᄒᆞ시ᄂᆞᆫ 진ᄋᆡᄅᆞᆯ 가히 볼너라. 이ᄃᆞᆯ 이십칠일[220]에 다힝이 영국 ᄇᆡ 죠션으로 ᄒᆡᆼᄒᆞᄂᆞᆫ 편이 잇기로 [cf. 漢文寫本 146쪽] 닐곱시에 힝장을 슈습ᄒᆞ야 ᄇᆡ에 올나 도라보매, 죠션 사ᄅᆞᆷ 륙칠이 잇사니, 이ᄂᆞᆫ 죠션 졍부에셔 명ᄒᆞ야 보낸 긔계관 김명균[221]의 일힝이라. ᄇᆡᄲᆞᄅᆞ기 살ᄀᆞᆺᄒᆞ야 입구일[222] 칠시에 졔물포ᄅᆞᆯ 당ᄒᆞᆫ지라. 김관이 불의에 명함을 쥬교ᄭᅴ 드리고 보기ᄅᆞᆯ 쳥ᄒᆞ거ᄂᆞᆯ, 쥬교ㅣ 흔연 졉ᄃᆡᄒᆞ야 통셩명ᄒᆞ고 난만슈쟉ᄒᆞ다가, 김관이 몬뎌 하륙 후에, 슈험쟝교ㅣ 드러와 조곰도 샹관홈이 업고 나가ᄂᆞᆫ지라. 치옥이로 ᄒᆞ여곰 "몬뎌 하륙ᄒᆞ야 범졀을 주션ᄒᆞ라" ᄒᆞ엿더니, 황혼에야[223] 치옥이 드러와 고ᄒᆞᄂᆞᆫ 말이, "나가 시셰ᄅᆞᆯ 솔피매, 아모 념녀 업더이다" ᄒᆞ기로, 쥬교ㅣ 쳥복을 밧고아 닙고 법국 교우와 ᄒᆞᆫ가지로 하륙ᄒᆞ야 교우 김싱가 래림ᄒᆞ시니,

219 슈남슈녀(修男修女): 수사(修士)와 수녀(修女).

220 이ᄃᆞᆯ 이십칠일에: 음력 8월 27일. 양력으로는 9월 27일(목)이다.

221 김명균(金明均): 생몰년대 미상. 1882년 통리군국사무아문 감공사(監工司)의 주사로 임명되어 개화정책에 따른 새 기구에 참여했던 인물이다. 1882년 9월 김윤식(金允植)의 종사관으로 청국 텐진(天津)에 파견된 바 있으며, 청국에서 귀국한 1883년 3월에는 서울 북창(北倉)에 우리나라 최초의 근대적 병기 공장인 기기창(機器廠)을 창건했던 인물이다. 김기호의 기록에 보면 그는 기기창을 창건한 후 다시 청국에 들어갔다가 김기호 일행과 함께 1883년 9월 29일 조선에 입국했음을 알 수 있다.

222 입구일(廿九日): 입(廿)은 이십(二十)이므로, 이는 이십구일(二十九日)로, 양력으로는 1883년 9월 29일(토)이다.

223 황혼에야: 한글사본에는 '황혼이야'로 되어 있다. 이는 '황혼에야'의 오자(誤字)로 생각되므로 바로잡았다.

밤이 임의 반이러라.[224] 이튼날[225] 적지 아니ᄒᆞᆫ 힝쟝을 무ᄉᆞ히 김싱의 집으로 다 내여오니라. 즉시 보힝을 셔울노 띄여 교군 ᄉᆞ핏

[한글사본 56쪽]를 오라 ᄒᆞ야, 초이일[226] 아춤에 떠나 경셩으로 드러올 식, 회쟝들과 모든 교우ㅣ 약간 쥬과를 가지고 나와 영졉ᄒᆞ거놀, 쥬교ᄂᆞᆫ 셔강을 건너 환틱ᄒᆞ시고, 죠감은 삼기[227]를 건너 명동으로 드러오시니, 대뎌 이번 힝ᄎᆞ에 조곰도 죠당됨이 업시 왕환ᄒᆞ심은 도모지 우리 쥬모의 덥허 보호ᄒᆞ신 은혜니, ᄇᆞ라건대 모든 교형ᄌᆞ매ᄂᆞᆫ ᄆᆞ음을 ᄒᆞᆫ 가지로 쓰고 소릐롤 ᄀᆞᆺ치 ᄒᆞ야 만만번 감하[228]ᄒᆞᄉᆞ이다. 아멘.

제7장

빅 쥬교ㅣ 승품ᄒᆞ신 후 여돏 ᄒᆡ 동안에 모시고 지낸 일을 긔록ᄒᆞ야 감은 무디ᄒᆞ며 회과ᄌᆞ송홈이라

죠션감목 고녕씨 쥬교[229] 빅요왕은 본셩이 관후ᄒᆞ샤, 도리롤 깁히 궁구

224 밤이 임의 반이러라: [漢文寫本]에는 김생의 집에 도착한 시각을 나타내는 이 구절이 빠져 있다.

225 이튼날: 음력으로는 8월 30일이고, 양력으로는 1883년 9월 30일(일)이다.

226 초이일: 음력으로 9월 2일이다. 양력으로는 10월 2일(화)이다. 김기호가 이렇듯 날짜까지 자세히 기록하고 있음을 보면, 『봉교자술』을 저술할 당시 이미 기록해 둔 일기 등을 참조했을 가능성이 높다.

227 삼기: 마포(麻浦)의 한글명.

228 감하(感賀): 고맙게 여기고 축하하다.

229 고녕씨 쥬교: 블랑 주교는 안티고넨시스(Antigonensis)의 명의 주교로 임명되었다. 이를

ᄒᆞ야 교우를 어ᄅᆞ문져 슌슌이 ᄀᆞᄅᆞ치시더니, [cf. 漢文寫本 147쪽]승품 후에ᄂᆞᆫ 그 겸ᄋᆡᄒᆞ시ᄂᆞᆫ 덕힝이 더욱 탁월ᄒᆞ샤. ᄒᆞᆼ샹 국왕을 뵈옵고시픈 ᄆᆞ음이 계시나 계졔 업솜을 ᄐᆞᆫ식ᄒᆞ시며, 아ᄅᆡ로 ᄌᆡ샹들을 샹죵ᄒᆞ야 친ᄒᆞ기를 됴화ᄒᆞ시

[한글사본 57쪽]ᄂᆞᆫ고로, 혹 ᄌᆡ샹을 맛ᄂᆞᄂᆞᆫ 좌셕이면 략간 도리 말솜을 ᄒᆞ야 십계 강론도 ᄒᆞ시더라. 몬뎌 영ᄒᆡ원[230]을 ᄇᆡ치ᄒᆞ야 수ᄇᆡᆨ 명 영ᄒᆡ를 모화 기ᄅᆞ고 ᄀᆞᄅᆞ치시며, 셔양 슈녀[231]를 쳥ᄒᆞ야 영ᄒᆡ일을 쥬쟝ᄒᆞ고. 죠션 슈녀를 만히 모화 ᄀᆞᄅᆞ치게 ᄒᆞ시니라. 또 양노원을 ᄇᆡ치ᄒᆞ야, 외교 늙은 사ᄅᆞᆷ을 만히 모화 기ᄅᆞ고 ᄀᆞᄅᆞ쳐. 구령 공부를 힘쓰게 ᄒᆞ시고, 또 인ᄋᆡ회[232]를 창셜ᄒᆞ고, 당신이 수ᄇᆡᆨ 금으로셔 도아주어 죽은 이를 쟝ᄉᆞ 지낼 ᄲᅳᆫ 아니라. 그 련령 돕기를 위ᄒᆞ야 미샤 몃 ᄃᆡ식 드리게 ᄇᆡ명ᄒᆞ시니라. ᄒᆞᆫ ᄒᆡᄂᆞᆫ 남도사ᄅᆞᆷ이 흉년을 맛나 아표[233]ㅣ 만타ᄒᆞᄂᆞᆫ 말을 드ᄅᆞ시고 측은ᄒᆞ신 마옴을 이긔지 못ᄒᆞ샤, ᄌᆡ물 만흔 사ᄅᆞᆷ 덕국 왜리덕[234]이를 보시고 그 말솜을 ᄒᆞ시매, 왜리덕의 말이 나도 그 ᄆᆞ

보면 '고넹씨' 주교는 '안티고넨시스'에서 '고넨씨'만을 취하여 한글로 표기한 결과로 생각된다.

230 영히원: 블랑 주교는 1885년 3월 15일(양력) 서울 곤당골에 영해원 즉 고아원을 창설했다.

231 셔양 수녀: 블랑 주교는 1887년 7월 16일 샤르트르 성바오로 수녀회 본부에 수녀의 파견을 요청하는 편지를 보냈고, 이에 동 수녀회는 4명의 수녀를 조선에 파견하기로 했다. 이들은 1888년 6월 3일 마르세이유 항구를 떠나 7월 22일(양력) 조선에 도착했다.

232 인의회(仁愛會): 블랑 주교가 창설한 무연고자의 장례를 주관하던 신자 단체.

233 아표(餓莩): 굶어 죽은 송장.

234 왜리덕: 독일인 묄렌도르프(Möllendorf, 1947~1901)를 말한다. 그는 1882년 임오군란 이후 조선에 진주해 있던 청국인 이홍장(李鴻章)의 막료 가운데 하나였던 마건충(馬建忠)

ᄋᆞᆷ이 잇ᄉᆞ나 구제ᄒᆞᆯ 법방도 모르고 길이 업셔 못ᄒᆞ엿더니, 쥬교 말ᄉᆞᆷ이 ᄆᆡ오 됴쇼 ᄒᆞ고 은젼 얼마ᄅᆞᆯ 구획ᄒᆞ야 주기로. 그 은을 남도 잇ᄂᆞᆫ 신부의게[235] 보내여, 간난ᄒᆞᆫ ᄇᆡᆨ셩의 졍세ᄅᆞᆯ

[한글사본 58쪽]살펴 ᄯᆞᄅᆞ가며 분급ᄒᆞ야, 얼마간 구제케 ᄒᆞ시더라. 또 십 년 동안에 죵현셩당 ᄇᆡ치ᄅᆞᆯ 경영ᄒᆞ야, 처음에 ᄒᆞᆫ 집식 ᄎᆞᄎᆞ사셔. ᄎᆡᆨ판ᄒᆞᄂᆞᆫ 쳐쇼[236]도 ᄇᆡ치ᄒᆞ며, 슈녀 잇ᄉᆞᆯ 집도 마련ᄒᆞ며, 쥬교 계실 집도 세운 후에, 셩당 터ᄅᆞᆯ 닥그려 ᄒᆞ매, 졍부 대신들이 조당[237]을 만히 ᄒᆞᄂᆞᆫ지라. 그때 외아문 독판은 죠병식[238]이오, 법국공ᄉᆞᄂᆞᆫ 본국에 드러가고 아국 공ᄉᆞㅣ ᄃᆡ신ᄒᆞ야 일을 보ᄂᆞᆫ지라. 터 닥기 시ᄌᆞᆨᄒᆞᆫ 지 몃날 만에, 독판이 아문 여러 관원을 다리고 포졸 몃 명을 불너 터 닥ᄂᆞᆫ 겻ᄒᆡ ᄆᆡ복식이고 왓스며. 공ᄉᆞ도 또ᄒᆞᆫ 와셔 춤예ᄒᆞᄂᆞᆫ지라. 쥬교ᄅᆞᆯ 모시고가 관광ᄒᆞᆯ시, [cf. 漢文寫本 148쪽]독판은 동편에 셔고, 공ᄉᆞᄂᆞᆫ 셔편에 마조 셔고. 쥬교ᄂᆞᆫ 동북편 독판갓가이 셔신지라. 독판이 소ᄅᆡᄅᆞᆯ 놉혀 영희

추천으로 고종의 고문이 되어 1882년 12월부터 1885년 12월까지 만 3년간 조선에 머물며 조선 국정을 자문했다.

235 남도 잇ᄂᆞᆫ 신부의게: 한문본에는 尹監으로 되어 있다. 즉 조선식 이름이 尹沙勿인 Fançois Xavier Baudounet(1859~1915) 신부를 말한다.

236 ᄎᆡᆨ판(冊板)ᄒᆞᄂᆞᆫ 쳐쇼: 블랑 주교는 1881년 일본 요코하마에서 설립되었던 활판소를 1886년 서울로 이전했다. '책판ᄒᆞᄂᆞᆫ 쳐쇼'는 이 성서활판소를 말하며, 현존하는 가톨릭 출판사의 전신이 된다.

237 조당(阻擋): 막아서 가림

238 죠병식(趙秉式): 1823~1907. 1958년 문과에 급제한 후, 대한제국기 궁내부 특진관, 외부대신, 참정대신을 역임한 관료. 1889년 흉년을 이유로 방곡령(防穀令)을 실시했다가 일본에 배상금을 지불한 바 있으며, 1894년 동학농민혁명 때 탐관(貪官)으로 규탄받은 바 있고, 1898년에는 황국총상회장이 되어 황국협회를 조정해서 독립협회를 타도하는 데 앞장섰던 인물.

뎐[239] 슈복을 브르매, 수복이 딕답ᄒ고 추창ᄒ야 압회 부복ᄒᄂ지라. 독판이 분부왈, 졀목칙을 올녀라 ᄒ니, 수복이 다시 추창ᄒ야 칙을 올니매, 독판이 칙을 뒤뎌거리다가 끗쟝을 펴들고

[한글사본 59쪽]쥬교끠 보시기를 쳥ᄒ거놀, 쥬교ㅣ 보시매 영희뎐 후롱에 산을 끼쳐 집을 짓지 못ᄒ기로 졀목ᄒᆫ 뜻이라, 쥬교ㅣ 그 간샤ᄒᆫ 계교로 끗쟝에 새로 쓴 자최를 ᄇᆰ이 아시고, 공ᄉ의게 칙을 보내면셔 양어[240]로 그 간교ᄒᆫ 뜻을 알게 ᄒ시니, 공ᄉㅣ 본딕 혹독ᄒᆫ 셩픔이라. 눈을 크게 뜨고 얼골에 피ᄭᅴ 니려셔니 머리터럭이 우희를 ᄀᄅ치ᄂ 지라. 독판을 딕ᄒ야 질시ᄒ다가 칙을 들어 독판을 치ᄂ 모양ᄒ매, 칙이 독판의 발등에 떨어지ᄂ지라. 공ᄉㅣ 분ᄒᆫ ᄆ옴을 춤기 어려워 다시 칙을 집어가지고 ᄀ져다가 멀니 팔미치니, 수복이 ᄯᄅ가 거두더라. 공ᄉᄂ 인ᄒ야 묵연이 나려가고, 독판은 고기를 숙이고 긔식[241]이 졀연[242]ᄒᆫ 모양이어놀, 쥬교ㅣ 그 소ᄆᆡ를 당긔여 ᄀᆺ치 나려가자

239 영희뎐: 영희전(永禧殿)의 오식이다. 조선왕조의 태조, 세조, 원종(인조의 부친), 숙종, 영조 등의 어진이 봉안되어 있었다. 오늘날 서울특별시 중구 중부경찰서와 영락교회 등이 자리 잡고 있는 지역에 임진왜란 이후 1619년 새롭게 건립되어 조선 후기 태조 이하 역대 왕들의 어진(御眞)을 모시고 제사 지내던 전각이다. 숙종(肅宗)과 정조(正祖) 대를 거치면서 종묘에 버금가는 왕실 조상의 공적을 기념하는 장소가 되었다. 그러나 1885년 한성조약의 결과 영희전 일대가 일본인들의 거주지와 상업지역으로 바뀌어 갔고, 1898년 명동성당이 영희전을 내려다보는 위치에 건립된 이후, 국가적 제향 장소로서의 위상에 타격을 받게 되어, 순종은 1907년 이곳에 봉안되었던 어진들을 창덕궁 안에 있던 선원전(璿源殿)으로 옮기게 되었고, 영희전 터는 일본인들의 활동지로 바뀌게 되었다.

240 양어(洋語): 서양어의 준말이다. 즉 보두네는 19세기 당시 국제외교 용어이기도 했던 프랑스어로 대화했음을 말한다.

241 긔식(氣息): 숨을 쉼.

242 졀연(絶緣): 끊음. 인연이나 관계를 완전히 끊음.

ᄒᆞ시고, 인도ᄒᆞ야 방에 드러가 십여위 좌뎡ᄒᆞᆯ식, 쥬교ㅣ 도라보시며 눈긔ᄒᆞᄂᆞᆫ[243] 고로 ᄯᆞᄅᆞ 들어가 촘예ᄒᆞ더니, 슐을 브어 힝비ᄒᆞᆯ 때에 독판왈 "우리나라 풍속은 슈쟉ᄒᆞᄂᆞᆫ 일을 ᄆᆞᆺ촌 후에야 슐을 먹기ᄂᆞᆫ 혹 취ᄒᆞ야 일을 실수

[한글사본 60쪽]ᄒᆞᆯ가 ᄒᆞᆷ이라." ᄒᆞ야ᄂᆞᆯ, 쥬교ㅣ ᄃᆡ답ᄒᆞ시ᄃᆡ, "그러치 아니ᄒᆞ다. 조곰식 마셔 통긔ᄒᆞ면 됴타" ᄒᆞ시더라. 또 독판이 말ᄒᆞᄃᆡ, "이터 닥ᄂᆞᆫ 자리ᄂᆞᆫ 우리 대군쥬의 죠샹 위ᄒᆞᄂᆞᆫ 영희뎐 후롱이라. 만일 고집ᄒᆞ야 뎐쥬당을 세우면. 우리 대군쥬의 ᄆᆞᄋᆞᆷ이 ᄆᆡ오 됴치 아니타 ᄒᆞ시리니, 달니 ᄆᆞᄋᆞᆷ의 합당ᄒᆞᆫ 곳을 쳥ᄒᆞ면 밧고와 주마" ᄒᆞ거ᄂᆞᆯ, 쥬교ㅣ 션뜩 ᄃᆡ답ᄒᆞ시ᄃᆡ, "그러면 새문안 대궐 [cf. 漢文寫本 149쪽]뷘터롤 달나" ᄒᆞ시니, 독판의 말이, "아모리 뷘터인덜 대궐자리라. 인ᄉᆞ 도리에 맛당ᄒᆞᆷ이냐 그ᄂᆞᆫ 못ᄒᆞ겟노라." 쥬교ㅣ 말솜ᄒᆞ시ᄃᆡ, "그러면 내 ᄆᆞᄋᆞᆷ의 합당ᄒᆞᆫ 곳은 이밧긔 업ᄉᆞ니 다시 아모 말도 마시오." 독판이 나롤 도라보며 ᄒᆞᄂᆞᆫ 말이, "우희 ᄒᆞᆫ곳 밧긔ᄂᆞᆫ 도모지 모롬이로다" ᄒᆞ거ᄂᆞᆯ, 내말이 "쥬교 대인도 우리 대군쥬롤 모ᄅᆞ노라 ᄒᆞᆷ이 아니오니, 독판 대인ᄭᅴ셔 만히 ᄉᆡᆼ각ᄒᆞ야 쳐단ᄒᆞ실 일이니다." 인ᄒᆞ야 슐을 다시 힝비후에 서로 아모 말 업시 작별ᄒᆞ니라. 그 후 몃날에 독판이 긔별ᄒᆞᄃᆡ, "셩당 터롤 산젼후 집문셔롤

[한글사본 61쪽]합봉ᄒᆞ야 외아문으로 보내라" ᄒᆞ기로 보내엿더니, ᄒᆞᆫ보름 동안 지톄ᄒᆞ다가 한셩부 답인ᄒᆞ야 보내엿ᄂᆞᆫ 고로, 다시ᄂᆞᆫ 아모

243 눈긔ᄒᆞᄂᆞᆫ: 눈짓하는.

말 업시 셩당을 챵셜ᄒᆞ니라. 쥬교ㅣ 또 모든 교우들 ᄀᆞᄅᆞ치기를 위ᄒᆞ야 만코만은 셩셔를 다 번역ᄒᆞ기가 뎨일원의라. 그러므로 나ᄀᆞᆺ치 우몽ᄒᆞᆫ 것ᄉᆞᆯ 불너 ᄀᆞᄅᆞ쳐 가며 변역식이시ᄂᆞᆫ[244] 고로, 겨를 업ᄂᆞᆫ 즁에도 당신이 양관[245]이나 다ᄅᆞᆫ 회집에 츌립ᄒᆞ실 때면, ᄆᆡ양 다리고 가시매 혹 화목지 못ᄒᆞᄂᆞᆫ 교우ㅣ 잇거나 초문교ㅣ 잇다 ᄒᆞ면 번번이 보내시더라. ᄒᆞᆫ번은 모시고 번억ᄒᆞ다가[246] 붓ᄉᆞᆯ 머무ᄅᆞ고 품ᄒᆞᄃᆡ, "죄인이 봉교 처음붓터 년익셩젼[247]을 일관ᄒᆞ야 보ᄂᆞᆫ 고로, '텬쥬를 친이ᄒᆞᆯ 길이 은고슈ᄒᆞᄂᆞᆫ[248] 공부샹에 잇다' ᄒᆞ야, 원의ᄒᆞᆼ샹 ᄀᆞᆫ졀ᄒᆞ오니 쥬교ᄂᆞᆫ 관셔ᄒᆞ샤 노아주시면 ᄎᆡᆨ권만 가지고 깁흔 산 돌구멍이나 ᄎᆞᆷ나무 밋흘 ᄎᆞ자가 싱명 주시ᄂᆞᆫ 날ᄭᆞ지 지내여 볼가 ᄒᆞᄂᆞ이다." 쥬교ㅣ 눈을 들어 잠간 도라보시고 적이

[한글사본 62쪽][cf. 漢文寫本 150쪽]우ᄉᆞ며 말ᄉᆞᆷᄒᆞ시ᄃᆡ, "뎌 만흔 ᄎᆡᆨ 번역은 뉘가 ᄒᆞ랴. 못ᄒᆞᆫ다" ᄒᆞ시기로, 그렁뎌렁 지내다가 몃ᄒᆡ 후에 다시 이 뜻을 픔ᄒᆞᆫ 즉. 쥬교ㅣ ᄃᆡ답ᄒᆞ시ᄃᆡ. "놈의 됴흔 ᄆᆞᄋᆞᆷ을 막을 수 업다마ᄂᆞᆫ 광양되기를[249] 조곰 기ᄃᆞ려라." "엇짐이오잇가" ᄒᆞᆫ즉, "즉금은 사ᄅᆞᆷ 업ᄉᆞᆷ이로라" ᄒᆞ시더라. ᄒᆞᆯ 수 업시 떠ᄂᆞ지 못ᄒᆞ야 뫼시고 지내ᄂᆞᆫ 즁

244 변역식이시ᄂᆞᆫ: '변역'은 '번역'의 오자(誤字)이다.

245 양관(洋館): 서양 국가의 외교 공관(公館)을 비롯한 서양인 거주·활동의 거점.

246 번억ᄒᆞ다가: '번억'은 '번역'의 오자(誤字)이다.

247 년익셩젼: '년익'은 성년광익(聖年廣益), '셩젼'은 성인전(聖人傳)의 준말로 생각된다.

248 은고슈(隱孤修)ᄒᆞᄂᆞᆫ: '은수(隱修)와 고수(孤修) 하는' 즉 세상을 떠나 봉쇄수도 생활을 하는 은수(隱修) 생활이나 인적이 드문 곳에서 홀로 수덕을 닦는 고수(孤修) 생활을 말한다.

249 광양(光揚)되기를: 광양은 지하에서 지상으로 나옴을 뜻하며, 여기에서는 '신앙의 자유'를 말한다.

에, 불민ᄒᆞ고 미거ᄒᆞᆫ 탓ᄉᆞ로 ᄒᆞᆫ두 번 쥬교ㅣ 얼골빗출 븕히시고 꾸지롬 ᄒᆞ심을 뵈앗시니 홍샹 황구ᄒᆞ야 원통이 녁이ᄂᆞᆫ 끗히 쥬교ㅣ 우연이 병환이 계신지라. 년부력강ᄒᆞ신 터에 혈마[250] 엇더ᄒᆞ시랴 ᄒᆞ야, 약을 쓰며 쥬모의 보우ᄒᆞ심만 ᄇᆞ라더니, 할 일 업다. 우리 동국 교우의 박복ᄒᆞᆫ 탓신지. 당신이 공비뎍젼ᄒᆞ샤 쥬의 브ᄅᆞ시ᄂᆞᆫ 명이신지. 그ᄒᆡ 삼월 초삼일에 셰샹을 버리시기로, 례졀을 ᄀᆞᆺ초와 용산 삼호졍 뒤에 쟝ᄉᆞᄒᆞ야 뫼시니라. 이때에 팔도 젼교회쟝 몃 사ᄅᆞᆷ이 왓다가 쟝ᄉᆞ 촘예ᄭᆞ지 ᄒᆞ엿시니. 이ᄂᆞᆫ ᄇᆡᆨ 주교의 명으로 부른 사ᄅᆞᆷ들이라. ᄒᆞᆯ일업시 다 돌녀보내면셔, 셩모셩탄 대롤 당ᄒᆞ야 다시 올나오라 ᄒᆞᆫ고로.

[한글사본 63쪽]뎡 신부ㅣ ᄒᆞ로ᄂᆞᆫ 나롤 불너 ᄒᆞ시ᄂᆞᆫ 말ᄉᆞᆷ이. 셩교도리 칙ᄒᆞ나 공부ᄒᆞ야 문둘나 ᄒᆞ시기로. 엿ᄌᆞ오ᄃᆡ, "엇지ᄒᆞ시ᄂᆞᆫ 분부ㅣ오잇가" 감왈[251] "ᄀᆞ을이면 시골 젼교회장들이 올나오깃시니. 그 사ᄅᆞᆷ들도모지 도리 모른다. 엇더케 젼교ᄒᆞ깃ᄂᆞ냐." 내 말이, "죄인인덜 그 사ᄅᆞᆷ들 알게 ᄒᆞᆯ 수 잇ᄂᆞ잇가?" 감왈, "오냐, 나와 ᄒᆞᆫ 가지로 의론ᄒᆞ야 힘써보자" ᄒᆞ시고 칙문돌 죠회롤 주시ᄂᆞᆫ지라. ᄒᆞᆯ 수 업셔 밧아가지고 날마다 신부 방에 가셔, 신부ㅣ ᄀᆞᄅᆞ쳐 인도ᄒᆞ시ᄂᆞᆫ ᄃᆡ로 뎨목을 ᄯᆞᄅᆞ가며 말을 문ᄃᆞ니, 뎨목 ᄎᆞ례ᄂᆞᆫ 대개 텬쥬ㅣ 조셩ᄒᆞ심과 텬당복락과 디옥영

250 혈마: 조선 후기 국어에서는 '현마→혈마→셜마'의 변화 과정을 거쳤다. 김기호가 사용한 '혈마'는 '셜마'와 동의어였고, '셜마'는 현대 국어의 '설마'에 해당된다. cf. "혈마 고살리롤 먹그러 케랴시라"(고시조)는 "설마 고사리를 먹으러 캐었으랴"로 옮겨진다.

251 감왈(監曰): 블랑 주교가 서거한 이후 조선 교회의 사목 책임은 선교사 가운데 조선 입국 서열이 제일 빠른 두세(Camille Eugène Doucet, 1853~1933) 정가미(丁加彌) 신부가 맡고 있었다. 여기에서 '감'(監)이란 단어는 성직자 일반을 약칭하는 단어이다.

벌과 원조범명과 텬쥬강싱과 수난구쇽과 칠셩ᄉᆞ젹과 [cf. 漢文寫本 151쪽] ᄉᆞ후 심판과 죠션은 이단 디방이라 ᄒᆞ야 모든 이단벽파 뎨목을 각각 버려 의론홈이라. 신부ㅣ 참참이 방에 들어오샤 말 ᄆᆞᆫ든 것솔 보시고, "잘되엿다" ᄒᆞ시기도 ᄒᆞ며, 잘못된 것시면, "곳치라" ᄒᆞ시기로 다시 곳쳐 말ᄒᆞ야, ᄒᆞᆫ 돌 동안에 큰 쳘 ᄒᆞ나 된지라. 셩모셩탄 때에 밋쳐 과연 각 도 회장 합십삼

[한글사본 64쪽]이 왓ᄂᆞᆫ지라. 신부ㅣ 도리 말솜 예비ᄒᆞᆫ 본문을 내여주시며 분부ᄒᆞ시ᄃᆡ, "너희들이 ᄒᆞᆫ 방에 모듸여 이 칙을 돌녀보아 가면셔 모ᄅᆞᄂᆞᆫ 것ᄉᆞᆫ 뎌 요안의게 물어 안 후에, 각각 칙을 가지고 뎨 의량 ᄃᆡ로 도리벽파ᄒᆞ난 말을 ᄆᆞᆫ돌아 뉘가 잘ᄒᆞ나 보자" ᄒᆞ시더라. 날마다 ᄀᆞᆺ치 ᄒᆞᆫ 방에 모듸여 뎨목을 ᄯᆞᄅᆞ 공부ᄒᆞ기를 오십여 일에 니ᄅᆞ니, 이단벽파 의론이 뎨일 만흔지라. 신부도 날마다 그말 ᄆᆞᄃᆞᄂᆞᆫ 것솔 보아가시며 됴흔 도리 말솜을 만히 ᄀᆞᄅᆞ치시더라. 그 회쟝들을 이러ᄐᆞ시 잘 ᄀᆞᄅᆞ쳐 각각 치숑ᄒᆞ야 보낸 후에, 신부ㅣ 또 내게 분부ᄒᆞ시기를, "너 빅쥬교의 명으로 셩경 번역 못다 ᄒᆞᆫ 것시 몃 칙이냐?" 답 "열아홉 권 본문에셔 열 권만 ᄒᆞ옵고 아홉 권은 못다 ᄒᆞ엿ᄂᆞ이다." 신부ㅣ 왈, "그러면 양노원 더온 방에 가셔 슉식ᄒᆞ며 부ᄌᆞ런이 다ᄒᆞ게 ᄒᆞ라" ᄒᆞ시기로, 구월브터 시쟉ᄒᆞ야 밤낫솔 혜지 아니ᄒᆞ고 ᄒᆞᄃᆡ, 혹 눕던지 안ᄌᆞ던지 붓솔 잡아 긔록ᄒᆞ니, 글ᄌᆞ 모양은 변변치 못ᄒᆞ야 만불셩양이나, 셰후 이월ᄭᆞ지 ᄒᆞ야 다

[한글사본 65쪽]ᄆᆞᆺ춘지라. 민 쥬교ㅣ 그ᄒᆡ 졍월 십오일이야 두 위 송 신

부[252] 강 신부[253]를 다리고 리림ᄒᆞ신지라. 강 신부ᄂᆞᆫ 양노원에 잇게 ᄒᆞ시고 말솜 ᄀᆞᄅᆞ치라 ᄒᆞ시기로 얼마 ᄀᆞᄅᆞ치다가, 삼월 피졍 후에 강원도 이쳔으로 가시니라. 피졍 후에 셩경 번역ᄒᆞᆫ 것솔 봉ᄒᆞ야 쥬교 젼에 밧치고 하직을 고ᄒᆞ매, 쥬교의 말솜이, "네 ᄆᆞ옴ᄃᆡ로 ᄒᆞ라" ᄒᆞ시니 이ᄂᆞᆫ 텬쥬의 특은이로다. ᄇᆡᆨ 주교 샹ᄉᆞ 후에 즉시 물너갈 거시로ᄃᆡ 아니하기ᄂᆞᆫ. 새 쥬교ㅣ 림ᄒᆞ시면 쥬교문셔 등졀을 다 젼임ᄒᆞᆯ 거시니. 혹 샹고ᄒᆞ야 무ᄅᆞ실 일이 잇솔 듯ᄒᆞ기로 머물너 잇다가. [cf. 漢文寫本 152쪽]이러ᄐᆞ시 고퇴ᄒᆞ매 쥬교ㅣ 특허ᄒᆞ시니, 이런 감츅한 은혜 다시 업ᄂᆞᆫ 듯ᄒᆞ야. 즐거운 ᄆᆞ옴으로 물너나와 모든 벗님네게 하직ᄒᆞ니, 마참 버금ᄌᆞ식 시믄이 그 모친 쳣 련도 보기룰 위ᄒᆞ야 올나와 기ᄃᆞ리고 잇ᄂᆞᆫ지라. 그날 ᄌᆞ식을 ᄯᆞᄅᆞ 광주 토구리집으로 나려오니라. 이곳 산곡 조고마ᄒᆞᆫ 가ᄃᆡ[254]명색은 박뎐이[255] 수일경이오, 략간 과목도 잇ᄂᆞᆫ지라. ᄇᆡᆨ 주교 모시고 잇솔 때에 엇던 교우ㅣ ᄉᆞ군난[256]을 맛나 갈 곳이 업노라 ᄒᆞ기로. 쥬교ᄭᅴ 픔ᄒᆞ

252 송 신부(宋神父): 프랑스외방전교회 소속 선교사 샤르즈뵈프(Chargeboeuf, J. M. Etienne, 1867~1920)이다. 그의 한국명은 송세흥(宋世興, 宋德望)이다. 1890년 외방전교회에서 뮈텔 주교에 의해 서품을 받음과 동시에 조선 선교사로 임명되어 1891년 2월에 뒤테트르 강 신부와 함께 조선에 입국했다. 1890년 사제로 서품되었고, 1891년 2월 샤르즈뵈프 신부와 조선에 입국했다.

253 강 신부(姜神父): 파리외방전교회 소속 선교사 뒤테트르(Dutertre, Léon Pierre, 1866~1904)이다. 한국명은 강량(姜良)이다. 여기에서 '량'(良)은 세례명 레오(Leo)의 중국식 음사(音寫)이다. 1891년 2월 샤르즈뵈프 신부와 함께 조선에 입국했다.

254 가ᄃᆡ(家垈): 집과 그에 딸린 논밭.

255 박뎐(薄田): 척박한 토지.

256 ᄉᆞ군난(私窘難): 門中이나 마을에서 발생한 사사로운 박해.

[한글사본 66쪽]고, 셩교회 ᄌᆡ물 수빅여 금을 취ᄃᆡᄒᆞ야 사주엇더니그 사름이 필경 오지 아니ᄒᆞ고 집 둘이 뷔여 잇ᄂᆞᆫ지라. 큰아돌 몃 식구를 몬뎌 니사식이고, ᄉᆞ오 년 후에 적은ᄌᆞ부의 병치료ᄒᆞ기를 위ᄒᆞ야 나려와 잇다가, 실화ᄒᆞ야 집과 의복 등물을 몰소ᄒᆞ고, 다시 창건ᄒᆞ야 들어 잇ᄉᆞ니, ᄎᆞᄎᆞ 가난ᄒᆞᆫ 교우ㅣ 산농[257]ᄒᆞ기를 위ᄒᆞ야 드러오니도 잇고, 근쳐 신문교ㅣ 슈계ᄒᆞ기를 위ᄒᆞ야 니사ᄒᆞᆫ 이도 만하, 이 골 통 안에 삼동 비치되니 합 수삼십 호ㅣ라. 엇지 텬쥬의 은혜로 비치ᄒᆞ신 곳이 아니랴. 갈ᄉᆞ록 쥬은감샤 못다 ᄒᆞᆯ 거시, 몃ᄒᆡ 젼에 셩당을 비치ᄒᆞᄃᆡ 크지ᄂᆞᆫ 못ᄒᆞ나 ᄌᆡ력ᄃᆡ루 창셜ᄒᆞ야 신부 영졉ᄭᆞ지 ᄒᆞ야 모시고 지내니, 또ᄒᆞᆫ 이 텬쥬의 은혜 우희 은혜루 더ᄒᆞ심이 아니냐. ᄇᆞ라건대 우리 뎨형ᄌᆞ매들은 홍샹 이러ᄒᆞ신 쥬은을 감샤ᄒᆞ며, 홍샹 ᄌᆞ긔 죄를 뉘웃ᄎᆞ며, 홍샹 ᄋᆡ쥬 ᄋᆡ인ᄒᆞᄂᆞᆫ 덕의 길 인도ᄒᆞ야 주시기를 쥬모ᄃᆡ젼에 빌어, 감샤통회 긔구ᄒᆞᄂᆞᆫ 세 가지 경을 힘써 발ᄒᆞᆯ지어다. 찬미 예수. 아멘.

257 산농(山農): 화전(火田). 이 자료는 교우촌이 형성되어 나가는 과정을 말해주는 좋은 사례이다.

[한글사본 67쪽][漢文寫本 153쪽]

봉교ᄌᆞ술 하편

第8장

락향 후 십 년 동안에 지내ᄂᆞᆫ 일을 대강 긔록ᄒᆞ야 텬쥬의 은혜ᄅᆞᆯ 감샤 못ᄂᆡ[258]ᄒᆞᆷ이라

셔울서 남으로 ᄉᆞ십 리ᄅᆞᆯ 가 광주 디방 토구리 아ᄃᆞᆯ의 집으로 나려온 후에, 이왕 유의ᄒᆞ던 은고슈ᄒᆞᆯ 일을 ᄉᆡᆼ각건대 갓가이 ᄇᆡ치ᄒᆞ자 ᄒᆞ니 ᄌᆞ식들 톄면에 걸니고, 멀니 가자ᄒᆞ니 열약ᄒᆞᆫ 것시 신력이 부족ᄒᆞ야 두려은 끗치 만흔지라. ᄒᆞᆯ일 업시 방 ᄒᆞᆫ간 뎡ᄒᆞ야 고요이 거쳐ᄒᆞᆯᄉᆡ, 경향간 ᄎᆞ자오ᄂᆞᆫ 교우 숀님이면, 략간 도리강론도 ᄒᆞᄂᆞᆫ 톄ᄒᆞ고, 외인 숀님이면 다ᄅᆞᆫ 방으로 보내고, 쥬일 쳠례날이면 동ᄂᆡ 교우ㅣ 다 모ᄃᆡ여 셩경도 보며 다ᄅᆞᆫ 신공도 ᄒᆞ기로 규식을 세워 슈계ᄒᆞᄂᆞᆫ 모양을 ᄒᆞ나, 우리 사ᄅᆞᆷ이 각각 ᄌᆞ쥬쟝을 쓰ᄂᆞᆫ ᄐᆞᆺ신지, ᄒᆞᆫ ᄆᆞ옴과 ᄒᆞᆫ 뜻으로 쥬ᄅᆞᆯ 공경치 못ᄒᆞᄂᆞᆫ 즁에, 내가 내 ᄆᆞ옴을 ᄉᆞᆯ펴 ᄉᆡᆼ각건대 지극히 혼몽ᄒᆞᆷ으로 죄가 업ᄂᆞᆫ 듯ᄒᆞ야, 죄의 대소경즁을 분

[한글사본 68쪽]별ᄒᆞᆷ이 업기로,[259] 내 ᄆᆞ옴을 밀워여 ᄂᆞᆷ도 다그런가 의

---

258 못ᄂᆡ: 못내. 자꾸 마음에 두거나 잊지 못하는 모양. [한글사본]의 글씨는 '못ᄅᆡ'로 읽힐 수도 있다. 그러나 이 글자를 확대하여 검토해 보면 'ㄹ'을 'ㄴ'으로 고쳤음을 알 수 있다. 그러므로 본고에서는 이 단어를 '못ᄂᆡ'로 읽었다.

259 죄의 대쇼경즁을 분별ᄒᆞᆷ이 업기로: [漢文寫本]에는 약간 다르게 표현되어 있다. 즉, "人而誰能無罪乎 罪積而不覺 我眞是罪藪也 罪上添罪" 즉, "사람이면 누가 무죄할 수 있겠는가.

심도 ᄒᆞ며, 혹 ᄉᆡᆼ각에 나ᄀᆞᆺᄒᆞᆫ 것ᄉᆞᆫ ᄉᆞ죄[260]뿐이라, "ᄒᆞ나토 ᄂᆞᆷ과 ᄀᆞᆺ한 거시 업다" ᄒᆞ야, 예수의 고난과 셩모의 통고ᄅᆞᆯ 새롭게 홈인 ᄃᆞᆺᄒᆞᆫ 졍을 통ᄒᆞ여 볼가 업ᄃᆡ여 구ᄒᆞ오며, 또 예수ㅣ 닐ᄋᆞ 닐ᄋᆞ시ᄃᆡ, "네 죄와 네 ᄌᆞ숀을 울나" ᄒᆞ신 명을 추억ᄒᆞ야, 죄ᄅᆞᆯ 우ᄂᆞᆫ 톄도 ᄒᆞ며, 또 셩찰치 못ᄒᆞᆫ 죄와 알아내지 못ᄒᆞᆫ 죄 만흔 줄노 알아 고명ᄒᆞᄂᆞᆫ 모양을 ᄒᆞ니, ᄌᆞ통ᄌᆞ칙홈을 마지 아니하ᄂᆞᆫ 즁에도 셩교본 도리로셔 의론컨대, 누구던지 수계ᄒᆞ야 구령코져 ᄒᆞᆯ진대, 맛당이 셩교회의 ᄀᆞᄅᆞ치신 바 ᄃᆡ월묵샹 공부[261]ᄅᆞᆯ 힘써, 일톄삼위로 계신 텬쥬ᄅᆞᆯ 공경ᄒᆞᄃᆡ, 셩부ᄂᆞᆫ 엇더케 계셔 무ᄉᆞᆷ 일을 ᄒᆞ시며, 내게 무ᄉᆞᆷ 은혜ᄅᆞᆯ 베프시ᄂᆞᆫ지 ᄉᆡᆼ각ᄒᆞ야 감사ᄒᆞᆯ 거시오, 셩ᄌᆞᄂᆞᆫ 엇더케 계셔 무ᄉᆞᆷ 일을 ᄒᆞ시며, 내게 무ᄉᆞᆷ 은혜ᄅᆞᆯ 베프시ᄂᆞᆫ지 ᄉᆡᆼ각ᄒᆞ야 감샤ᄒᆞᆯ 거시오, 셩신은 엇더케 계셔 무ᄉᆞᆷ 일을 ᄒᆞ시며, 내게 무ᄉᆞᆷ 은혜ᄅᆞᆯ 베프시ᄂᆞᆫ지 ᄉᆡᆼ각ᄒᆞ야 감샤ᄒᆞᆯ 거시며, 또 텬쥬ㅣ 내 령혼삼ᄉᆞ에 박아 주신

[한글사본 69쪽]바 신망ᄋᆡ 삼덕으로써 [cf. 漢文寫本 154쪽]온젼이 텬쥬ᄅᆞᆯ 밋고 ᄇᆞ라고 ᄉᆞ랑ᄒᆞᆯ지니, 이러ᄐᆞ시 수계ᄒᆞ자 ᄒᆞᄂᆞᆫ 요긴ᄒᆞᆫ 길이 도

죄가 쌓이지만 깨닫지 못한다면, 내가 정말로 죄의 늪이 되어 죄 위에 죄를 더하는 일이다"로 표현하고 있다.

260 ᄉᆞ죄(死罪): 어떤 행동의 결과로 죽음에 이르게 되는 큰 죄.

261 ᄃᆡ월묵샹공부(對越默想工夫): 대월과 묵상하는 일. 대월(contemplatio)의 현대 용어는 '관상'(觀想)이다. 관상은 하느님 앞에서 자기를 비우고 하느님과의 인격적 대화를 통해 신비적·초월적 일치를 이루는 기도를 말한다. 묵상(meditatio)은 '말없이 마음속으로 기도드리는 행위' 또는 "어떤 주제를 깊이 사고하여 성찰하고 생각하는 행위"로 그리스도교 외에 일반 종교나 일상생활에서도 가능한 사고의 형태이다.

모지 감샤·통회·긔구ᄒᆞᄂᆞᆫ 세 가지 졍[262]에 도라가니, 각각 ᄌᆞ긔 ᄉᆡᆼ각이나 말이나 ᄒᆡᆼ위를 셩찰ᄒᆞᄃᆡ, 텬쥬 은혜ᄅᆞᆯ 알아 감샤ᄒᆞᄂᆞ냐, ᄌᆞ긔 죄를 알아 통회ᄒᆞᄂᆞ냐, 내 힘으로 못ᄒᆞᄂᆞᆫ 줄을 알아 긔구ᄒᆞᄂᆞ냐, ᄒᆞᆼ샹 묵샹ᄒᆞ야 이 세 가지 졍이 내 ᄆᆞᄋᆞᆷ에 츙만ᄒᆞ야 조차 ᄉᆞ이라도 떠ᄂᆞ지 아니ᄒᆞ여야 가히 ᄉᆞ쥬구령ᄒᆞᄂᆞᆫ 길이라 ᄒᆞᆯ 거시오. 또ᄂᆞᆫ 셩교회의 ᄀᆞᄅᆞ치신 바 삼노 공부[263]를 알아 힘쓸지니 련노·명노·합노ㅣ라. 련노 공부ᄂᆞᆫ 무엇신고? ᄒᆞᆼ샹 ᄌᆞ긔 죄를 단련ᄒᆞ야 졍ᄒᆞᆫ 금과 아ᄅᆞᆷ다온 옥ᄀᆞᆺ치 텬당ᄌᆡ료 되게 ᄒᆞᄂᆞᆫ 길이요. 명노ᄂᆞᆫ 무엇시뇨? 일톄삼위 도리에 ᄇᆞᆰ아, ᄒᆞᆼ샹 예수의 표양 효법ᄒᆞ기를 힘 쓰ᄂᆞᆫ 길이오. 합노ᄂᆞᆫ 무어시뇨? 내 ᄉᆡᆼ각이나 말이나 ᄒᆡᆼ위 ᄒᆞᆫ 가지 그ᄅᆞᆷ도 ᄉᆞ이ᄒᆞᆷ이 업셔, 만션미호ᄒᆞ신 텬쥬와 합ᄒᆞᄂᆞᆫ 길이라, 우리 교우의 수계범졀이 엄ᄒᆞ고 헐ᄒᆞᆷ을 의론치 말고, 각각 그 쳐디ᄃᆡ로 죄를 단련ᄒᆞᆯ 때에도, "예수의 표양

[한글사본 70쪽]본밧기를 겸ᄒᆞ야 힘쓰면 마치 ᄒᆞᄂᆞᆯ에 ᄂᆞᆯ아 오ᄅᆞᄂᆞᆫ 새가 두 ᄂᆞᆯᄀᆡ를 ᄀᆞᆺ치 붓치임 ᄀᆞᆺᄒᆞ야 텬쥬와 합ᄒᆞᄂᆞᆫ 길이 ᄲᆞᄅᆞ리라" ᄒᆞ엿시니, 우리 뎨형ᄌᆞ매들은 이 도리 말ᄉᆞᆷ을 진실이 밋으며, 쥬의 도아주심을 ᄀᆞᆫ졀이 ᄇᆞ라며, 쥬의 ᄋᆡ쥬ᄋᆡ인ᄒᆞ라신 명을 ᄒᆞᆼ샹 ᄋᆡ모ᄒᆞ야, ᄌᆞ긔 령혼과 ᄂᆞᆷ의 령혼 구ᄒᆞ기를 ᄒᆞᆫ 가지로 힘쓸지어다. 우희 닐ᄋᆞᆫ 바 감샤·통회·긔구 세 가지 졍은 예수셩심에 합ᄒᆞ야 즐기시ᄂᆞᆫ 바ㅣ니, 오

262 세 가지 졍: 감사, 통회, 기구하는 세 가지 마음.

263 삼노 공부(三路工夫): 연로(練路) 즉, 항상 자기 죄를 뉘우쳐 자신을 정금(精金)같이 단련하는 길, 명노(明路)는 삼위일체 도리에 밝고 항상 예수의 표양을 본받기 위해 힘쓰는 길, 합노(合路)는 내 생각과 말과 행위를 하느님과 합하는 길을 닦는 일이다.

쥬ㅣ 친히 셩녀 예도다[264]의게 닐ᄋᆞ심이라. 이 세 가지 경으로 찬숑ᄒᆞᄂᆞᆫ 글을 이 아ᄅᆡ 긔록ᄒᆞ야, 우리 사ᄅᆞᆷ들이 ᄒᆞᆫ 가지로 예수셩심을 적이 위로ᄒᆞ야 즐겁게 ᄒᆞᆷ이 될가 ᄒᆞ노라. 숑왈,[265] **감샤**: 오쥬 가히 ᄉᆞ랑ᄒᆞ올 셩심이여, 나ㅣ 모든 텬신과 모든 사ᄅᆞᆷ의 뒤ᄅᆞᆯ ᄯᆞᄅᆞ 네 인ᄌᆞᄒᆞ심을 찬양ᄒᆞ며, 네 ᄉᆞ랑을 감샤ᄒᆞᆷ을 원ᄒᆞᄂᆞ이다. 비록 공이 업ᄂᆞᆫ 사ᄅᆞᆷ이오나, [cf. 漢文寫本 155쪽]네 ᄉᆞ랑으로 놀ᄆᆞᆫᄃᆞ시고 보존ᄒᆞ시며, 우리ᄅᆞᆯ 부혈노써[266] 쇽ᄒᆞ시고, 우리ᄅᆞᆯ 셩톄로써 긔ᄅᆞ시며, 또 은혜ᄅᆞᆯ 져ᄇᆞ린 무리나, 네 ᄉᆞ랑으로

[한글사본 71쪽]써 오히려 ᄎᆞᆷ으시고 은혜ᄒᆞ시며, 네 ᄆᆞ옴이 우리 가온ᄃᆡ 계신 줄은 셩톄 안에 보짓시며, 네 은혜 인간에 ᄀᆞᆽ초심은 셩ᄉᆞ 안에 솔필지라. 내 이제 이 ᄉᆞ랑을 샤례코져 ᄒᆞ야, 네 ᄆᆞ옴의 거룩ᄒᆞᆫ 졍과 네 ᄆᆞ옴의 영원ᄒᆞᆫ 광영을 네게 드리ᄂᆞ이다. **통회**: 예수셩심이여, 인ᄋᆡᄒᆞ심이 ᄀᆞ이 업ᄉᆞ시ᄃᆡ, 날마다 은혜 져ᄇᆞ리ᄂᆞᆫ 욕을 밧으시ᄂᆞᆫ지라. 나ㅣ 네 ᄃᆡ젼에 업ᄃᆡ여 깁히 모든 사ᄅᆞᆷ의 ᄎᆞᆷ아ᄒᆞᄂᆞᆫ ᄆᆞ옴을 뮈워 ᄒᆞ옵고, 더욱 본 몸의 죄과ᄅᆞᆯ 뉘웃쳐 ᄒᆞ노니, 사ᄅᆞᆷ과 다못 나ㅣ 네게 공경을 일허시며, 사ᄅᆞᆷ과 다못 나ㅣ 네게 자조 욕되게 ᄒᆞᆷ을 깁히 미워ᄒᆞ오며, 사ᄅᆞᆷ과 다못 나ㅣ 네 인ᄌᆞᄅᆞᆯ 거ᄉᆞ려 어긔며, 사ᄅᆞᆷ과 다못 나ㅣ 네

264 셩녀 예도다: [漢文寫本]에는 '聖女日多達'로 되어 있다. 이는 서양식 이름을 음사(音寫)한 것으로 추정되나, 구체적 성명은 미상이다. 그러나 관화(官話)의 발음을 감안할 때, 아마도 중세시대 예수성심 신심을 강조했던 제르트루다(Gertruda, 1256~1302)를 지칭하였을 가능성이 크다고 본다.

265 숑왈(頌曰): 칭송하여 말하기를.

266 부혈노써: '보혈(寶血)' 즉, '보배로운 피'의 오자이다. 예수그리스도는 하느님의 아들이므로 그 피는 하느님의 피이기 때문에 이를 '보혈'이라고 말했다.

은혜 함긔홈[267]을 깁히 뉘웃ᄂᆞ이다. 아룸답다. 오쥬 셩심이여, 우리들을 긍련이 넉이샤, 우리 등의 춤아홈을 변화ᄒᆞ시고, 우리 ᄆᆞ옴을 네게 끄러 인도ᄒᆞ쇼셔. **긔구:** 지극히 인ᄌᆞᄒᆞ신 예수셩심이여, 엽ᄃᆡ여 구ᄒᆞᄂᆞ니, 네 인ᄌᆞᄒᆞ심을 내게 [한글사본 72쪽]크게 드러내쇼셔. 우리 사룸이 비록 ᄂᆞㅈ고 더러옴이 지극ᄒᆞ오나, 또ᄒᆞᆫ 네 어믈 목욕ᄒᆞ야 네 은춍에 젓기를 ᄇᆞ람이라. 아룸답다. 네 인ᄌᆞᄒᆞ심이여! 네 열ᄋᆡᄒᆞ심이여! 만일 내 몸을 거룩게 ᄒᆞ야 너를 광영치 아니ᄒᆞ면, 이 인ᄌᆞᄒᆞ심과 열ᄋᆡᄒᆞ심이 무어시 내게 유익ᄒᆞ오릿가? 그런고로 구ᄒᆞ건대, 네 ᄆᆞ옴의 인ᄋᆡᄒᆞ심이 홍샹 나를 거룩게 ᄒᆞ고 너를 광영홈의 심근원이 되셔야, 비로소 그 쳐소를 엇어 본뜻을 일치 아니ᄒᆞ리이다. 아멘.

제9장

텬쥬의 안ᄇᆡᄒᆞ신 은혜로 이 디방에 셩당을 셜시ᄒᆞ야 신부 영졉홈을 감츅홈이라

[cf. 漢文寫本 156쪽]쳥계산 남편 하우현 아ᄅᆡ 셔편으로 터진 골ᄌᆞ이 통안에, 략간 뎐답이 잇ᄉᆞ나 황무ᄒᆞ고, 좌우에 수목이 무셩ᄒᆞ야 외양으로 보면 사룸살 듯 아니 ᄒᆞ나, ᄉᆡᆼ리로 말ᄒᆞ면 곡초 므먹[268]이 잘되고 결

267 함긔: 한문사전[漢文寫本]을 참조하면, '항거'(抗拒)의 오자(誤字)이다.

268 므먹: 한문사본[漢文寫本]을 참조하면 '모맥(牟麥)'의 오자이다. 모맥은 밀과 보리를 말한다.

실ᄒᆞᄂᆞᆫ 고로, 군난 후 가난ᄒᆞᆫ 교우들이 ᄎᆞᄎᆞ 모됨이라. 엇지 텬쥬ㅣ 일즉 ᄇᆡ치ᄒᆞ신 곳이 아니냐. 복거ᄒᆞᆫ지 일이년 간

[한글사본 73쪽]에, ᄒᆞ로ᄂᆞᆫ 마른 음식의 톄슈로 그러ᄒᆞᆫ지, 챵ᄌᆞ롤 당긔여 끈ᄂᆞᆫ ᄃᆞ시 앏하, 언앙굴신을 도모지 ᄒᆞᆯ수 업셔, ᄒᆞᆯ ᄃᆡ에 죽을 모양이라. ᄌᆞ식들이며 동ᄂᆡ 사ᄅᆞᆷ이 다 모듸여 주므ᄅᆞ며 약을 만히 퍼부으나, 조곰도 꼼ᄌᆞᆨ이ᄂᆞᆫ 동졍이 업ᄂᆞᆫ 즁에, 졍신은 ᄇᆞᆰ아 ᄉᆡᆼ각ᄒᆞᄃᆡ, “내가 죵부셩ᄉᆞ도 밧지 못ᄒᆞ고 이 모양 죽으면, 내 령혼 일이 엇더케 되랴” ᄒᆞ야, 원통ᄒᆞᆫ ᄆᆞ음이 찌어지ᄂᆞᆫ ᄃᆞᆺᄒᆞ야, 쥬모ᄭᅴ ᄇᆞᄅᆞ지지ᄂᆞᆫ ᄉᆡᆼ각ᄲᅮᆫ이러니, ᄒᆞᆯ ᄃᆡ에 우연이 니러나 허리롤 펴 꼿꼿시 안져, ᄉᆞᆨ이 뒤집ᄂᆞᆫ ᄃᆞ시 토역ᄒᆞ매 무ᄉᆞᆷ 피덩어리 ᄀᆞᆺᄒᆞᆫ 것시 입으로 나와 마즌편 벽을 맛치ᄂᆞᆫ지라. 인ᄒᆞ야 언앙굴신[269]이 여샹ᄒᆞ야, 아모 병도 업더라. 그ᄒᆡ ᄀᆞ을 판공 때에 수원 한 신부롤 영졉ᄒᆞ야 이집에 모시고 엿ᄌᆞ오ᄃᆡ, 죄인이 봉교 후에, ᄒᆞᆼ샹 죽을 때 죵부셩ᄉᆞ 밧기로 쥬모 ᄃᆡ젼에 원의롤 드렷ᄉᆞᆸ더니, 금년 봄에 위급ᄒᆞᆫ 병을 맛나, 죵부ᄒᆞᆯ 수 업시 죽을 번ᄒᆞ엿ᄉᆞ오니, 신부ㅣ 이 늙은 죄인의 졍디롤 긍련이 녁여, 셔울 ᄅᆡ왕ᄒᆞ실 때에 자조 도라보시기롤 원ᄒᆞᄋᆞᆸᄂᆞ이다. 신부 말ᄉᆞᆷ이, “그러

[한글사본 74쪽]면 됴흔법이 잇다. 여긔 셩당 ᄒᆞ나 ᄇᆡ치하면, 나도 셔울 ᄅᆡ왕에 자조 드러올 거시오. ᄎᆞᄎᆞ 다른 신부도 영졉ᄒᆞ게 되리라.” 내 말이, “ᄆᆡ오 됴흔 분부ㅣ시오니, 신부ㅣ 오날 곳 셩당 터롤 뎡ᄒᆞᄋᆞᆸ소셔.” 신부ㅣ 즉시 절믄 교우 [cf. 漢文寫本 157쪽]몃 사ᄅᆞᆷ을 다리고 가시

269 언앙굴신(偃仰屈伸): 몸을 굽히고 일으키거나, 팔다리를 굽혔다 폈다 하는 일

더니, 흔참 후에 도라와 ᄒᆞ시ᄂᆞᆫ 말숨이, "여긔와 원터 두 곳을 보앗다 마ᄂᆞᆫ, 여긔가 더 됴타" ᄒᆞ시거ᄂᆞᆯ, 내말이, "그러치 아니ᄒᆞ외이다. 이 통안에 교우 동ᄂᆡ 세시오니, 가은ᄃᆡ 셩당을 지어야 교우의 ᄆᆞ옴이 '다 됴타' ᄒᆞ야 일이 쉬을이다. 신부ㅣ, "그러타" ᄒᆞ야, 즉금 셩당 자리를 뎡ᄒᆞ시고, 셩당 창셜ᄒᆞ기를 위ᄒᆞ야, 당신이 몬뎌 돈 ᄇᆡᆨ오십 금을 내여주시더라. 인ᄒᆞ야 본동 매호에 각각 힘ᄃᆡ로 츌렴ᄒᆞ고, 또 근방 각 공소에 통문ᄒᆞ야, 얼마식 츌렴ᄒᆞ게 ᄒᆞ고, 즉시 목수를 쳥ᄒᆞ야 공젼 얼마 작뎡ᄒᆞ고, 모든 교우ㅣ 동심합력ᄒᆞ야, 이 셩당을 니ᄅᆞ켜시니 셩당은 비록 열간 조고마ᄒᆞᆫ 집이나, ᄌᆡ력은 거위 오쳔 금이라. 그때 즉시 쥬교ᄭᅴ 신부 ᄒᆞ나 주시기를 쳥ᄒᆞ엿시나, 각쳐 ᄃᆡ방에 신부 ᄇᆡ뎡ᄒᆞ시

[한글사본 57쪽]기를 힘쓰ᄂᆞᆫ 때라. 쥬교 말숨이, "신부 겨를[270]ᄒᆞᆯ 수 업다" ᄒᆞ시기로, 몃 ᄒᆡ 간 기ᄃᆞ리고 보라다가, 작년부터 신부를 영졉ᄒᆞ야 모시고 지내니, 이런 즐거온 뜻으로 우리 모든 벗님네ᄂᆞᆫ ᄒᆞᆫ가지로 감축ᄒᆞᆯ지어다.

270 겨를: 여유(餘裕). "겨를 ᄒᆞᆯ 수 업다"는 '여유가 없다'는 뜻이다.

제10장

셩가회에 들어 셩가상을 뫼신 후로는 대쇼가 모든 식구령육을 도모지 오쥬 예수와 셩모마리아와 대셩 요셉 의하에 밧드러 드려 탁뢰홈이라

한신부ㅣ 이 디방 젼교ᄒᆞ실 때에, 교종의 반포ᄒᆞ신 명을 젼ᄒᆞ시고 셩가회에 들나 ᄒᆞ시기로, 반갑고 즐거온 ᄆᆞ음으로 셩가상을 모시고, 날마다 본회 경문을 외오면셔 맛ᄂᆞ는바, 싱ᄉᆞ화복에 ᄒᆞᆼ샹 밋고 ᄇᆞ라고 ᄉᆞ랑홈이 오직 셩가삼위[271]의 보우ᄒᆞ시ᄂᆞᆫ 은퇵이라. 그러므로 대쇼가 식구 즁에 남녀노유를 의론치 말고, 무솜 위급ᄒᆞᆫ 병이나 걱졍되ᄂᆞᆫ 일이면, [cf. 漢文寫本 158쪽]셩가상 압희 꿀어 구ᄒᆞ야 엇지못홈이 업ᄉᆞ니, 예수·마리아·요셉의 이러ᄐᆞ시 보우ᄒᆞ시ᄂᆞᆫ 은혜를 엇더케 감츅ᄒᆞ여야, 가히 은혜를 져버린 사ᄅᆞᆷ이 아니라 ᄒᆞ리오. 우리 본회 뎨형ᄌᆞ매들은 ᄒᆞᆫ갈

[한글사본 76쪽]ᄀᆞᆺᄒᆞᆫ ᄆᆞ음으로 오쥬를 더욱 ᄉᆞ랑ᄒᆞ고, 셩모를 더욱 공경ᄒᆞ고, 요셉을 더욱 찬숑ᄒᆞ야 셩가샹 모신 본분을 삼을지어다 나ᄀᆞᆺ치 비루ᄒᆞᆫ 소견으로ᄂᆞᆫ, 오쥬를 ᄉᆞ랑홈이 셩톄를 자조 령홈에셔 더ᄒᆞᆫ 신공이 업ᄉᆞ니, 자조 령치 못ᄒᆞᆯ 터니어던, 셩교회의 ᄀᆞᄅᆞ치신 법ᄃᆡ로, 신령셩톄 홈이 더욱 됴흠은, 아모 때나 아모 곳이나 다 맛당ᄒᆞᆫ지라. 이젼 빅쥬교 말솜이, "신령법을 힝ᄒᆞᄂᆞᆫ 이가 ᄒᆞᆫ날에 여러 번이라도 더욱 됴타" ᄒᆞ셧시니, 쥬를 ᄒᆞᆼ샹 뫼셔 떠ᄂᆞ지 아니 홈이라. 또 셩모를 공경홈

271 셩가삼위(聖家三位): 성가정(聖家庭)을 이루고 있는 예수, 마리아, 요셉 세 분.

이 ᄆᆡ괴경[272]을 졍셩으로 념홈에셔 더훈 신공이 업ᄉᆞ니, 십오단을 다외오지 못홀지라도, 날마다 환희나 통고나 영복[273]이나 념홀 때에, ᄆᆡ양 가의ᄒᆞ야[274] 셩모롤 더욱 공경홈이 됴흘 듯ᄒᆞ니라. 또 요셉을 찬숑홈이 예수마리아롤 ᄎᆞ자 브롤 때어던, 요셉 셩명을 련ᄒᆞ야 브롬에셔 더훈 신공이 업ᄉᆞ니, 죽을병을 맛ᄂᆞ거나 무숨 위급홈을 당훈 때에, ᄒᆞᆼ샹 삼 셩명을 훈 가지로 통ᄒᆞ야 브롬이 더욱 됴흘듯 홈이라. 이ᄂᆞᆫ 감히 션 셩인의 각각 ᄃᆞ러ᄂᆞᆫ 규죠로셔 의론ᄒᆞᄂᆞᆫ 말숨이오, 셩교회의 영뎡ᄒᆞ신 도 [한글사본 77쪽]리 아니니 모든 교형들은 다시 ᄉᆡᆼ각ᄒᆞ야 셩가회 본분 직힘에 유익훈 법을 쓸지어다.

제11장

봉교 후 ᄉᆞ오십 년 동안에 수계ᄒᆞ노라 ᄒᆞ나 ᄒᆡᆼᄒᆞᄂᆞᆫ 바 모든 신공이 때롤 따라 허ᄒᆞ고 실홈도 잇고 유익ᄒᆞ고 무익홈도 잇ᄉᆞ니 ᄉᆞᄉᆞ로 붓그리고 ᄉᆞᄉᆞ로 ᄐᆞᆫ식홈을 마지 아니ᄒᆞ노라

므롯 사롬이 봉교 쳐음에ᄂᆞᆫ ᄆᆡ양 허열이 과훈지라. 나ㅣ 나히 삼십여

272 ᄆᆡ괴경(玫瑰經): 묵주의 기도.

273 환희나 통고나 영복: 현대 교회는 이를 환희의 신비, 고통의 신비, 영광의 신비로 바꾸어 쓰고 있다. 오늘날에는 1917년 파티마에서 성모님이 발현한 이후 이를 교회가 공인한 1930년대 이후에 이르러 구원경(救援經/救援頌/구원을 비는 기도)이 매 단마다 더해졌다. 그리고 요한 바오로 2세는 기존의 3종 신비에 '빛의 신비'를 더했다.

274 가의(加意)ᄒᆞ야: 특별히 주의하여.

에, 텬쥬의 특은으로 쟝쥬교끠 령세ᄒᆞ고, [cf. 漢文寫本 159쪽]셔울 잇기 슬흔 ᄆᆞ음으로 락향 후에, 외인촌 번화롤 피ᄒᆞ고 산곡 고요ᄒᆞᆫ 곳을 골희여, 략간 교우로 더브러 몃 집 간 비치ᄒᆞ고 수계ᄒᆞᄂᆞᆫ데 홀시, 그때 싱각커롤, "수계ᄒᆞᄂᆞᆫ 도리에, 파공날이면 ᄆᆡ괴 십오단[275]을 다ᄒᆞ고, 다른 날에 오단만 홈은, 손발이 덕그도록[276] 육신 기ᄅᆞᄂᆞᆫ 공부에 해로옴이 잇솔가 홈이라. 나ᄂᆞᆫ 어려셔브터 육신을 편일케 ᄒᆞ엿시니, 보속홈을 위ᄒᆞ야 날마다 십오단을 다ᄒᆞ기로 셩모ᄃᆡ젼에 허원ᄒᆞ[한글사본 78쪽]고, 이때ᄭᆞ지 궐치 아니ᄒᆞᄂᆞᆫ 모양으로 지내엿노라. 또 싱가커ᄂᆞᆯ, "나ㅣ 셩톄셩ᄉᆞ롤 자조 밧을 길이 업ᄉᆞ니, 셩교회의셔 ᄀᆞᄅᆞ치신 분부 ᄃᆡ로 신령법을 써, 예수의 ᄉᆞ랑을 보답ᄒᆞ리라" ᄒᆞ야, 날마다 망미샤[277] ᄒᆞ면셔 신령법을 공경ᄒᆞ야, 이때까지 ᄒᆞᆫ날도 궐ᄒᆞᆫ 젹은 업노라. 또 싱각커롤, "나ㅣ가 일즉 셩교 도리롤 알앗든덜 장가롤 아니 들엇슬거솔, 임의 속루[278]에 ᄲᅡ졋신즉, 홀 수 잇노냐? 셩회에 혼ᄇᆡ슈졍법이 잇ᄉᆞ니, 가히 시험ᄒᆞ야 보리라" ᄒᆞ고, 안히와 의론ᄒᆞᆫ즉 안히 말이, "됴타" 허락ᄒᆞ기로, 인ᄒᆞ야 쟝쥬교끠 연유롤 픔달ᄒᆞᄃᆡ ᄃᆡ답지 아니ᄒᆞ시기로 물너와, 다시 안히로 더블녀 의론ᄒᆞ야 원의롤 뎡ᄒᆞ고 지내다가, 병인풍파롤 맛

275 ᄆᆡ괴 십오단: 성모경 10번을 1단(段) 즉, 한 번의 단위로 하여, 그리스도의 생애와 관련하여 각각 5단으로 구성한 환희(歡喜), 통고(痛苦), 영복(榮福)의 신비를 다하면 15단이 된다. 이에 매괴(玫瑰) 15단은 더 큰 또 다른 하나의 단위로 인정되어 왔다. 그러나 오늘날의 교회는 여기에 빛의 신비를 더하여 매괴 20단을 묵주의 기도에 있어서 가장 큰 단위로 설정하기에 이르렀다.

276 덕그도록: 漢文寫本에는 '爲害於手足胼胝之工'으로 나온다. 손발에 굳은살 박이는 일.

277 망미샤(望彌撒): 실제로 미사에 참례하는 것은 아니나, 미사에 참례하듯이 기도하는 일.

278 속루(俗陋): 속되고 천함.

ᄂᆞ 파션홀[279] 위험을 여러 번 격근 후에, ᄇᆡᆨ주교ᄭᅴ 이러ᄐᆞᆺ시 지낸 ᄉᆞ졍을 엿ᄌᆞ오니, 무ᄅᆞ시ᄃᆡ, “그때 쟝 쥬교ᄭᅴ 품ᄒᆞ엿ᄂᆞ이다.” “엇더케 ᄃᆡ답ᄒᆞ셧ᄂᆞ냐?” “ᄃᆡ답이 업셧ᄂᆞ이다.”

ᄒᆞᆫ번은 ᄇᆡᆨ 쥬교ᄭᅴ “셩톄 신령ᄒᆞᄂᆞᆫ[280] 법이 ᄒᆞᆫ 날에 두 번은 못 ᄒᆞᄂᆞ잇가?” 품ᄒᆞᆫ즉. “ᄇᆡᆨ쌘이라도 됴타” ᄒᆞ시더라. 또 ᄒᆞᆫ번은

[한글사본 79쪽]ᄇᆡᆨ 쥬교ᄭᅴ 날마다 ᄆᆡ괴십 오단 ᄃᆞᄒᆞᄂᆞᆫ ᄉᆞ졍을 품ᄒᆞ고, 군난 때에도 ᄆᆡ괴 묵주를 ᄒᆞᆼ샹 몸에 진이고 ᄃᆞᆫ이ᄂᆞᆫ 뜻이. 나ㅣ가 만일 포졸을 맛나, “셩교ᄒᆞᄂᆞ냐?” 무ᄅᆞ면, 나ㅣ ᄃᆡ답이, “아니로라” 말은 일뎡 못ᄒᆞ고, “ᄒᆞ노라 ᄒᆞᆯ 터이니 이 묵주가 쟝물되고 아니 될 빙거[281] 업ᄉᆞᆯ 쁜 아니라 내 졍셩은 아모리 부죡ᄒᆞᆯ지라도 셩모 마리아의 ᄌᆞᄋᆡᄒᆞ신 은혜로 [cf. 漢文寫本 160쪽]혹 보우ᄒᆞ심이 계시리라” ᄒᆞ야, ᄒᆞᆼ샹 몸에 가졋다가, 혹 밤이나 낫이나 깁흔 산 위험ᄒᆞᆫ 길을 ᄃᆞᆫ일 때면, ᄒᆞᆼ샹 손에 밧드러 념경ᄒᆞ던 ᄉᆞ졍을 낫낫치 엿ᄌᆞ오매, 쥬교 말솜이, “그 묵주ㅣ가 령셰 때 쳣 묵주냐?” “녜, 그러ᄒᆞ오이다.” “그러면 지극ᄒᆞᆫ 보ᄇᆡ로다. 셔양서도 쳣 묵주를 다 지즁이 녁여 ᄌᆞᆼ신토록 모시다가, 죽은 후예도 떠ᄂᆞ지 아니려 ᄒᆞ야, 관속에ᄭᆞ지 넛ᄂᆞᆫ 사ᄅᆞᆷ도 혹 잇거든. ᄒᆞ믈며 군난 격근 묵주냐! 네 공로를 인ᄒᆞ야 셩모ㅣ 반ᄃᆞ시 ᄲᅧ혀 올니샤, 련옥에도 잇게 아니시리라” ᄒᆞ시기로, 그 후 일본인 편에 적은아ᄃᆞᆯ 시몬의게 긔별

---

279 파션(破船)홀: [漢文寫本]에는 ‘破船’으로 나온다. 파선(破船)은 풍파를 만나거나 암초와 같은 장애물에 부딪혀 배가 부서지는 일을 말한다. 여기에서는 서약을 깨트리는 일을 가리킨다.

280 셩톄 신령(神領)ᄒᆞᄂᆞᆫ: 성체를 직접 영하지 않더라도 마음으로 성체를 모시는 일.

281 빙거(憑據): 사실을 증명할 근거를 댐, 또는 그 근거.

ᄒᆞ엿더니. 문 비리버 나오ᄂᆞᆫ 편에 과연 그 묵주를 붓쳐 돌녀 보

[한글사본 80쪽]낸지라. 밧아 즉금ᄭᆞ지 뫼셔, 셩모 공경ᄒᆞᄂᆞᆫ 신공을 ᄒᆞᄂᆞᆫ 톄ᄒᆞ노라.[282] 이 우희 버린[283] 신공죠목은 이러ᄒᆞ야 군난 때던지, 쥬교 의하에 잇셔 아모리 분망ᄒᆞᆫ 때라도 별노 궐ᄒᆞᆫ 젹은 업ᄉᆞ나, ᄆᆡ양 입에 혀만 돌마거렷지 무숨 신공이라 ᄒᆞ리오. 대뎌 모든 신공이 다 텬쥬ᄭᅴ 밧드러 드리ᄂᆞᆫ 령신 공부ㅣ니, 텬쥬를 ᄃᆡ월ᄒᆞ야 온젼ᄒᆞᆫ ᄆᆞ음과 온젼ᄒᆞᆫ[284] 뜻으로 감샤 통회 긔구 세 가지 경을 ᄒᆞᆼ샹 발ᄒᆞ여야 요긴홈이 되ᄂᆞ니라. 그러나 ᄂᆞᆺ갓ᄒᆞᆫ 것손,[285] 이왕 수계 쇽을 도라보와 솔피건대, "허탄ᄒᆞᆫ 셰속에 무든 일도 만코, 진실한 도리ᄃᆡ로 붉아 힝치 못ᄒᆞᆫ 죄도 만흔지라. 엇지 감히 ᄆᆞ음과 뜻을 온젼이 쳐 샤회구[286] 세 가지 경을 몃번이나 발ᄒᆞ여 보왓노라" ᄒᆞ리오. 사름을 권ᄒᆞ야 칙하ᄂᆞᆫ 말은 비록 붉은 듯ᄒᆞ나, 텬쥬를 공경ᄒᆞ야 섬기ᄂᆞᆫ 힝실은 심히 어두은지라. 쥬교ㅣ나 신부[287] 의하에 잇셔 힝ᄒᆞ던 일과, ᄭᅳ을리던 톄면을 ᄉᆡᆼ각건대, 텬쥬 ᄃᆡ젼에 만만번 죄숑히오, 사름의 압희 낫낫치 붓그러옴이로라.

---

282 셩모 공경ᄒᆞᄂᆞᆫ 신공을 ᄒᆞᄂᆞᆫ 톄ᄒᆞ노라: [漢文寫本]에는 "以爲恭敬聖母之寶物 視如終身之印佩也" 즉, "성모를 공경하는 보물로 삼아, 내가 죽을 때까지 지닐 것으로 보겠다"로 되어 있다. 한편, 이 구절을 보면, 김기호는 백 주교의 성성식에 일본에 갔을 때 박해를 겪은 자신의 묵주를 백 주교에게 맡겨놓은 듯하다.

283 버린: [漢文寫本]의 '上所列神工條目如是'에서 '列'은 '벌이다' '벌려놓다'의 의미를 가진다.

284 젼ᄒᆞᆫ: '온전한'과 같은 의미이다. 또는 '젼한'의 '젼' 자 앞에 '온' 자가 빠진 형태이다.

285 ᄂᆞᆺ갓ᄒᆞᆫ 것손: 뜻은 미상이다. 그러나 혹시 '가깝ᄒᆞᆫ 것손' 즉 '가깝한 것은'의 오식일 수도 있다.

286 샤회구: 감사(感謝), 통회(痛悔), 기구(祈求) 세 가지 단계의 줄임말.

287 쥬교ㅣ나 신부: [漢文寫本]에는 '神師'로 나온다. 이로 미루어 볼 때 개항기와 박해시대 神師라는 단어에는 '주교와 신부'를 함께 포괄하고 있었음을 알 수 있다.

제12장

[한글사본 81쪽] **일싱일ᄉᆞ는 셰샹 사ᄅᆞᆷ의 떳떳ᄒᆞᆫ 일이어놀 나는 이 셰샹에 ᄒᆞᆫ번 나셔 당ᄒᆞᆫ 본분을 ᄯᅡᄅᆞ가며 다 잘못ᄒᆞ엿시니 ᄒᆞᆫ번 죽은 후 일이 엇더케 될고 ᄒᆞ야**[cf. 漢文寫本 161쪽] **일변원통ᄒᆞ고 일변 황구ᄒᆞᆷ이라**

므릇 사ᄅᆞᆷ이 셰샹에 나매, 텬쥬ㅣ 명ᄒᆞ신 본분을 직희여, 부모 된 이는 부모의 본분,[288] ᄌᆞ녀 된 이는 자녀의 본분, 님군 된 이는 님군의 본분, 신하 된 이는 신하의 본분, 쟝부 된 이는 쟝부의 본분, 안ᄒᆡ 된 이는 안ᄒᆡ의 본분, 어룬 된 이는 어룬의 본분, 아ᄒᆡ 된 이는 아ᄒᆡ 본분, 붕우 된 이는 붕우의 본분이라. 이 본분ᄃᆡ로 아니 ᄒᆞ면, 뉘가 사ᄅᆞᆷ이라 ᄒᆞ리오. 우리 교우된 이도 각각 셩교 본분을 직희여야, 가히 구령쟈ㅣ라 ᄒᆞᆯ 거시어놀, 나ᄀᆞᆺ치 우몽ᄒᆞᆫ 것슨 봉교 처음부터 당ᄒᆞᆫ[289] 본분을 ᄯᅡᄅᆞ가며 셩실치 못ᄒᆞᆫ 거시 만흔 줄을 ᄉᆡᆼ각켜 대강 긔록ᄒᆞ노니, 처음 셔흥 디방에서 외인 귀화식인 쟈ㅣ ᄉᆞ오십 명을 ᄆᆡ년 판셩ᄉᆞᄒᆞ게[290] ᄒᆞ기롤 위ᄒᆞ야 ᄌᆡ물을 얼마간 구취ᄒᆞ고,[291] 마치 계회 좌목[292] ᄀᆞᆺ치 셩칙ᄒᆞᆯᄉᆡ, 쟝 쥬교ᄭᅴ 계회 일홈ᄒᆞ나 주시기롤 쳥ᄒᆞᆫ대, 쥬교 말솜이,

288 '부모 된 이는 부모의 본분' 이하: 父父子子 君君臣臣에 이어서 夫夫婦婦 長長幼幼 朋朋을 더하고 있다. 여기에서도 김기호의 유학적 사고방식과 그리스도교적 사고방식이 한데 어울려 있음을 확인하게 된다.

289 당ᄒᆞᆫ: '합당(合當)ᄒᆞᆫ'의 준말이다.

290 판셩ᄉᆞ(判聖事)ᄒᆞ게: 성사를 집전하다. 성사를 받도록 주선하다.

291 구취(鳩聚)ᄒᆞ고: 모으다.

292 계회(契會) 좌목(座目): 계(契)를 부은 다음에 차례대로 작성한 그 계 모임의 구성원 명단.

"나ㅣ가 즁국 남경 와셔 십 년 젼교홀 제, 남경 교우ㅣ 흔히 명도회[293] 라 이룸

[한글사본 82쪽]홈은 외인을 권화ᄒᆞ야 도리를 붉히ᄂᆞᆫ 뜻이니 미오 됴터라" ᄒᆞ시기로, 명도회라 일흠ᄒᆞ야 도리 붉키기를 힘쓰ᄂᆞᆫ 톄ᄒᆞ니, 그때ᄂᆞᆫ 명도회쟝 명식이오, 수년 후에 쥬교 명으로 셔북 각 디방에 젼교ᄒᆞᄂᆞᆫ 톄 ᄒᆞ엿시니 그때ᄂᆞᆫ 젼교회쟝이나, 불힝이 병인풍파를 당ᄒᆞ야, 명도회 일흠도 민멸ᄒᆞ고, 젼교ᄒᆞ던 일도 셩실치 못ᄒᆞᆫ지라. 그 후에 빅 쥬교ㅣ 림ᄒᆞ야 젼교ᄒᆞ실 ᄉᆡ, 각 공소의 회쟝을 새로 차명ᄒᆞ시고 분부ᄒᆞ시기를, "너희들 본분ᄃᆡ로 쥬교ᄭᅴ 품홀 일이잇거든,[cf. 漢文寫本 162쪽]몬뎌 도회쟝[294]의게 알게ᄒᆞ야 도회쟝이 주교ᄭᅴ 품하게 ᄒᆞ여라. 셔국서ᄂᆞᆫ 춍회쟝이라 브ᄅᆞ니 그 권이 미오 크고, 즁국서ᄂᆞᆫ 당회쟝이라 브ᄅᆞ건이와, 죠션서ᄂᆞᆫ 도회쟝 일홈으로, 뎌 김 요안을 차명ᄒᆞ노라" ᄒᆞ신지라. 그때 ᄒᆞᆫ 날은 쥬교ㅣ 새문안 집에 계신 민 신부를 보시고 도라와 ᄒᆞ시ᄂᆞᆫ 말솜이, "각 도에 젼교회쟝을 비치하깃시니, 엇더케 ᄒᆞ여야 됴흘 뜻으로 졀목칙 ᄒᆞ나 ᄆᆞᆫ돌게 ᄒᆞ여라. 민신부도 ᄒᆞ나 만돌고, 나도 ᄒᆞ나 ᄆᆞᆫᄃᆞ러 보깃시니, 누가 잘ᄆᆞᆫᄃᆞ나 보자" ᄒᆞ시며, 비치홀 도리를 ᄀᆞᄅᆞ치시ᄃᆡ, 서울 집 ᄒᆞ나 명ᄒᆞ

293 명도회(明道會): 중국 교회에서 조직되었던 평신도 단체이다. 우리나라에는 주문모(周文謨, 1752~ 1801) 신부의 소개로 설립되어 정약종(丁若鍾)이 회장(會長)을 맡은 바 있었다. 이 명도회는 박해로 인해서 활동이 중지되었다. 그 후 명도회의 전통을 잇고자 하는 노력이 신자들 사이에 진행되었다. 이러한 분위기에서 베르뇌(張敬一, Berneux, 1814~1866) 주교는 김기호에게 이 명칭을 사용하도록 권했다.

294 도회장(都會長): 우두머리 회장, 총회장.

[한글사본 83쪽]야, "너 쟝 쥬교ᄭᅴ 엇은 회 일홈으로ᄡᅧ 명도회라 ᄒᆞ던지, 명도원이라 ᄒᆞ던지, 쥬쟝ᄒᆞᆯ ᄉᆞᄅᆞᆷ ᄒᆞ나 뎡ᄒᆞ고, 각 도에 혹 ᄒᆞᆫ 사ᄅᆞᆷ 혹 두세 사ᄅᆞᆷ식 명ᄒᆞ야, ᄒᆡ마다 일제이 서울 집에 모듸여, 피졍 모양 몃날간 공부ᄒᆞᆫ 후,에 ᄂᆞᆫ호와 각 도로 ᄃᆞᆫ이며 젼교ᄒᆞ게 ᄒᆞ깃다" ᄒᆞ시거ᄂᆞᆯ, 내 말이, "각 도에 젼교ᄒᆞᆯ 만ᄒᆞᆫ 회쟝도 불너 엇기 어렵삽건이와 서울셔 쥬쟝ᄒᆞᆯ 사ᄅᆞᆷ이 더욱 어렵ᄉᆞ오이다." 쥬교 말ᄉᆞᆷ이, "너도 못ᄒᆞ깃노냐?" ᄒᆞ시더라. 그러ᄒᆞ자 민 신부ᄂᆞᆫ 본국으로 드러가시고, 쥬교ᄂᆞᆫ 셩당 ᄇᆡ치ᄒᆞ시ᄂᆞᆫ 일에 골몰ᄒᆞ샤 니져버리고 지내시다가 블힝이 죵셰[295] ᄒᆞ시기로, 젼교회쟝일도 ᄆᆞᆺᄎᆞᆷ내 셩실치 못ᄒᆞ엿고, 또 ᄒᆞᆫ번은 ᄇᆡᆨ 쥬교ㅣ 일본 새 쥬교ᄅᆞᆯ[296] 츅셩ᄒᆞ려 가실 때에 종질 도마[297]ᄅᆞᆯ 다리고 가신 후에, 박 신부ㅣ 당가 본분으로 쥬교의 방 보ᄉᆞᆯ피기ᄅᆞᆯ 위ᄒᆞ야 난동[298] 집에 와 계시기로, 날마다 보매, 샤후ㅣ면[299] 신부ㅣ ᄆᆡ양 나ᄅᆞᆯ 불너 무ᄉᆞᆷ 일이던지 식이시ᄂᆞᆫ지라. ᄒᆞ로ᄂᆞᆫ 신부 말ᄉᆞᆷ이, "각 공소 문답[cf. 漢文寫本

---

295 죵셰(終歲): 세상살이를 끝내다.

296 새 쥬교ᄅᆞᆯ: 1885년 9월 21일 쿠쟁 주교(Jules-Alphonse Cousin)가 오사카(大阪)에서 서품되었다. 그의 주교 서품식은 일본 북위대목구장인 도쿄(東京)의 오주프(Osouf) 주교가 주례를 맡았고, 조선대목구의 블랑(Blanc) 주교와 일본 북위대목구 소속 선교사인 에브라르(Félix Evrard) 신부가 보좌했다. cf. A-MAP Vol.580(CORÉE), f.1350~1350-1, "Vous avez su, sans doute, que le Sacre de Mgr Cousin a eu lieu à *(f. 1350-1)* Osaka le 21 7bre. L'évêque consécrateur était Mgr Osouf, assisté de Mgr Blanc et du P. Evrard."

297 종질 도마: [漢文寫本]에는 從姪 多默으로 나온다. 즉 '사촌 형제의 아들 도마'이다.

298 난동(蘭洞): 난정이문골(蘭亭里門洞) 혹은 난정동(蘭亭洞)의 줄인 이름으로 현재 서울 중구 회현동2가에 있던 마을이다. 조선왕조 선조 때 한준겸(韓浚謙)이 이곳에 난정(蘭亭)을 짓고 벗들과 난정계연(蘭亭禊宴)을 자주 열었던 데에서 생긴 동명(洞名)이다.

299 샤후(事後)ㅣ면: 샤후는 일을 끝낸 뒤, 또는 일이 끝난 다음.

163쪽]찰고ᄅᆞᆯ 잘 ᄒᆞ고 잘 못ᄒᆞᄂᆞᆫ 폐 잇ᄉᆞ니, 잘ᄒᆞᄂᆞᆫ 법방으로 말을 ᄆᆞᆫᄃᆞ러 보게 ᄒᆞ라" ᄒᆞ시기로, ᄉᆞ양ᄒᆞᆯ 수 업셔

[한글사본 84쪽]두어 발 두라마긔에 ᄀᆞ득히 긔록ᄒᆞ야 드리니, 신부ㅣ 보시고, "됴타" 하면셔 ᄒᆞ시ᄂᆞᆫ 말ᄉᆞᆷ이, "공소에셔 혹 늙은 교우와 녀교들의게 높게 말ᄒᆞᄂᆞᆫ 거시 량심의 ᄆᆡ오 거북ᄒᆞ니, 반말투로 끗ᄒᆞᆯ ᄆᆡᄌᆞ 말ᄒᆞ라" ᄒᆞ시기로, 물너와 신부의 명의ᄃᆡ로 곳쳐 긔록ᄒᆞ야 드리니, "됴타" ᄒᆞ고, 밧아 두시더라. 또 ᄒᆞ로ᄂᆞᆫ 신부 말ᄉᆞᆷ이, "나ㅣ 몃몃공소ᄅᆞᆯ 젼교ᄒᆞ야 보니, 우몽ᄒᆞᆫ 교우도 만코, 그 ᄌᆞ식들을 ᄀᆞᄅᆞ치지 아니ᄒᆞ야 아므 것도 모로니, 그 사ᄅᆞᆷ들 엇더케 구령 공부ᄅᆞᆯ ᄒᆞ깃노냐. 우몽ᄒᆞᆫ 이라도 알아듯기 쉽도록 말을 ᄆᆞᆫᄃᆞ러 ᄀᆞᄅᆞ치면 됴흘 듯ᄒᆞ다" ᄒᆞ시기로, 내 말이, "ᄉᆞ본문답에셔 더 알기쉽게 ᄒᆞᆯ 수 잇ᄂᆞ잇가?" 신부 말ᄉᆞᆷ이, "오냐 아므거나 ᄆᆞᆫᄃᆞ라 보와라" ᄒᆞ시ᄂᆞᆫ지라. 물너 나와 초 잡을 ᄎᆡᆨᄒᆞ나 예비ᄒᆞ야 가지고, 날마다 몃 장식 말을 ᄆᆞᆫ돌ᄃᆡ, 텬쥬조셩과 원죄범명과 강ᄉᆡᆼ구쇽과 칠셩ᄉᆞ젹과 ᄉᆞ후심판과 텬당디옥 팔 예목[300]을 세워, 도리ᄅᆞᆯ ᄌᆞ셰히 풀어가며 긔록ᄒᆞ야, 날마다 져녁이면 신부 방에 드러가 감뎡ᄒᆞᄂᆞᆫ 모양ᄒᆞ야 필즉필 샤즉샤[301] ᄒᆞᆯᄉᆡ, ᄒᆞ로

[한글사본 85쪽]ᄂᆞᆫ '사ᄅᆞᆷ의 령혼을 텬쥬 모샹으로 ᄐᆡ와주셧다' ᄒᆞᄂᆞᆫ 도리 의론에 "긔함은 셩부 모샹이오, 명오ᄂᆞᆫ 셩ᄌᆞ 모샹이오, ᄋᆡ욕은 셩신 모샹이라" ᄒᆞᆫ 말ᄉᆞᆷ에 니로러, 이것시 엇진 말아냐?" ᄒᆞ시ᄂᆞᆫ 고

300 팔 예목(例目): 여덟 개의 예목으로 볼 수 있다. 그러나 [漢文寫本]에는 '八條爲題'로 나온다. 이를 참조할 때 '예목'은 제목(題目)의 오기(誤記)일 가능성이 더 크다.

301 필즉필(筆卽筆) 샤즉샤 (削卽削): 쓰라면 쓰고, 빼라면 빼다.

로, 이에 긔함 두 글ᄌᆞ 뜻이 엇더홈을 풀어, 젼능ᄒᆞ신 셩부와 ᄀᆞᆺᄒᆞᆫ 모샹이며, 명오 두 글ᄌᆞ 뜻이 엇더홈을 풀어, 젼지ᄒᆞ신 셩ᄌᆞ와 ᄀᆞᆺᄒᆞᆫ 모샹이며, ᄋᆡ욕 두 글ᄌᆞ 뜻이 엇더홈을 풀어, 젼션ᄒᆞ신 셩신과 ᄀᆞᆺᄒᆞᆫ 모샹을 ᄇᆞᆰ이 말솜ᄒᆞ야 엿ᄌᆞ오나, 신부ㅣ 젼에 ᄇᆡ와 닉힌ᄃᆡ로 [cf. 漢文寫本 164쪽] 내밀어 욱이시매, 홀수업시 붓술던져 공부롤 긋치고 두 날 동안을 징론ᄒᆞ나, 신부의 ᄆᆞ옴만 샹해홀 ᄲᅳᆫ이오 ᄭᅳᆺ치 업솔 디경이라. 뎨삼일에ᄂᆞᆫ 신부 압희 나아가 다시 엿ᄌᆞ오ᄃᆡ, "죄인도 신부와 ᄀᆞᆺ치 알ᄋᆞ더니, ᄇᆡᆨ주교ᄭᅴ 이 도리 말솜을 듯ᄌᆞ온 즉, 처음은 문셔에 ᄀᆞᄅᆞ치신 말솜과 다른 고로 의심이 적지 아니ᄒᆞ야, 십여 일 동안에 ᄋᆡ롤 만히 쓰다가, 홀연 셩신 은춍이 오신지, 의심이 다 풀어지고 ᄆᆞ옴이 새로이 즐겁숩기로, 혹 명리[302]ᄒᆞᆫ 교우롤 맛ᄂᆞ면 이런 강론을 몃 번 간 ᄒᆞ엿ᄂᆞ이다" ᄒᆞ니, 신부ㅣ 다시 고집지 아

[한글사본 86쪽]니 ᄒᆞ시고, "그ᄃᆡ로 쓰라" ᄒᆞ시더라. 쥬교ㅣ 일본 가신지 돌반 후에 도라오시매 신부 인ᄉᆞ 후 즉시 쥬교ᄭᅴ 품ᄒᆞᄃᆡ, "그 ᄉᆞ이에 요안이 공부 만히 ᄒᆞ엿ᄂᆞ이다" ᄒᆞ고 신부ㅣ 가신 후에 즉시 쥬교ㅣ 말솜ᄒᆞ시ᄃᆡ, "너 공부ᄒᆞᆫ ᄎᆡᆨ을 가져오라." 밧친 즉, 당신 손으로 몃 죠목간 흘일 것슨 흐리고 곳칠 것슨 곳처 감준ᄒᆞ신 후에, "고 신부ᄭᅴ 보내여 ᄎᆡᆨ판 박혀 교우들은 초치게 ᄒᆞ짓다" ᄒᆞ시더니, 그 때 죵현 셩당터 닥ᄂᆞᆫ 일에 골몰ᄒᆞ야 ᄎᆡᆨ판을 졍지ᄒᆞ니라. ᄎᆡᆨ 뎨목을 처음에 우몽문답이라 ᄒᆞ엿더니, 쥬교 말솜이, "ᄎᆡᆨ일홈을 졈준케 ᄒᆞ라" ᄒᆞ시기로, 곳쳐

302 명리(明利): 밝게 통하다. 훤히 꿰뚫다.

일홈ᄒᆞ야 ᄀᆞᆯ오ᄃᆡ 쇼원신죵[303]이라ᄒᆞ니 "근원을 ᄎᆞ자 ᄉᆡᆼ각ᄒᆞ야, 모ᄎᆞᆷ을 삼가 조심ᄒᆞᆫ다" 뜻이러라. 대뎌 셩교도리 일도 ᄎᆞ차 ᄇᆞᆰ아감인 줄은 가히 알깃시나, 민쥬교도 이 칙을 감하셧건마ᄂᆞᆫ, 이때 것 준허ᄒᆞ야 반포ᄒᆞ시ᄂᆞᆫ 령이 업ᄉᆞ니, 엇더케 되ᄂᆞᆫ 일인지 알 수 없ᄉᆞᆷ이오. 또 달니 당ᄒᆞᆫ 본분 일도 다 실다온[304] 효험이 업다 ᄒᆞᆯ지라. 이만ᄌᆞᆷ[305] 이 디방에 잇서셔ᄂᆞᆫ 별노 본분될 일이 업고, 다만 ᄌᆞ식들 ᄀᆞᄅᆞ칠 본분만 조곰 잇ᄂᆞᆫ지라. 엇짐이뇨?

[한글사본 87쪽]내가 셰쇽을 멀니ᄒᆞᆯ ᄆᆞ음으로 락향ᄒᆞ야, ᄒᆞᆯ 수 업시 ᄌᆞ식의게 븟치여 잇ᄉᆞ나, [cf. 漢文寫本 165쪽] 의복 음식을 주ᄂᆞᆫ ᄃᆡ로 돌게 밧으며, 혹 외교간 우ᄉᆞ며 흉보아 모욕ᄒᆞᄂᆞᆫ 일을 당ᄒᆞ여도, 도모지 분변[306]치 아니ᄒᆞ며 ᄃᆡ답지 아니ᄒᆞ야, 죽은 ᄉᆞᄅᆞᆷ의 모양 ᄀᆞᆺ치 살아가ᄂᆞᆫ 고로, 동ᄂᆡ나 집안 모든 일을 도모지 알ᄋᆞᆫ 톄 아니ᄒᆞ매, ᄆᆞ음이 태평ᄒᆞ고 한가ᄒᆞ야 셩찰거리 적은 듯ᄒᆞ니, 이ᄂᆞᆫ ᄆᆡ오 됴커니와, ᄉᆞ랑ᄒᆞᄂᆞᆫ ᄌᆞ식들의 혹 잘못ᄒᆞᄂᆞᆫ 일은 곳 나 잘못ᄒᆞᆷ이나 다ᄅᆞᆷ이 업셔, ᄒᆞᆼ샹 량심의 봇치ᄂᆞᆫ지라. 그러므로 혹 ᄌᆞ식들의 잘못ᄒᆞᆷ을 보거나 드라면, 죽은 톄ᄒᆞ기 ᄆᆡ오 어려워 략간 말 마ᄃᆡ나 ᄒᆞ여도, 슌명치 아니ᄒᆞᆯ 때면, ᄆᆞ음이 더욱 고ᄅᆞᆸ기로 ᄎᆞᆷ기 ᄆᆡ오 어려오나, 셩찰거리 갓가온지라. 죄가 무셔

303 쇼원신죵(溯源愼終): 김기호가 1885년에 저술한 교리서. 김기호의 친필 고본(稿本)을 교감 정본화(定本化)하여 춘천교회사연구소 연구총서 1로 2023년 춘천교구 교회사연구소에서 간행한 바 있다.

304 실다온: '실답다→실다운' ; '실답다'는 '꾸밈이나 거짓이 없이 참되고 미덥다'는 말이다.

305 이만ᄌᆞᆷ: [漢文寫本]에는 '근래'로 되어 있다. 현대어 '이만쯤에'로 해석된다.

306 분변(分辨): 분별(分別)의 다른 뜻으로, 세상 물정에 대한 바른 생각이나 판단을 말한다.

워 죽은 사ᄅᆞᆷ의 모양을 ᄒᆞ나, ᄎᆡ 죽지 못ᄒᆞᄂᆞᆫ 거시 걱졍이로라. ᄎᆡ 죽은 사ᄅᆞᆷ이야 보ᄂᆞ냐 듯ᄂᆞ냐 말ᄒᆞᄂᆞ냐 꼽족이ᄂᆞ냐? ᄂᆞᆫ ᄌᆞ식들을 ᄀᆞᄅᆞ쳐 슌명치 아니ᄒᆞᄂᆞᆫ 때라도, 본분ᄃᆡ로 조곰 말하기에, ᄎᆡ 죽지 못ᄒᆞ난 거시 걱졍이라 ᄒᆞ노라.

[한글사본 88쪽]

제13장

신망ᄋᆡ 삼덕은 ᄌᆞ긔 령혼 구ᄒᆞᄂᆞᆫ 본덕이오 구령ᄒᆞᄂᆞᆫ 본길은 죄ᄅᆞᆯ 끈음이오 죄ᄅᆞᆯ 끈ᄂᆞᆫ 본법은 각 사ᄅᆞᆷ이 ᄌᆞ긔 모병[307]과 습관된 것을 알아 곳침이니라

므ᄅᆞᆺ 사ᄅᆞᆷ이 ᄌᆞ긔 삼사에 신망ᄋᆡᄅᆞᆯ 포함ᄒᆞ야 ᄀᆞᆺ초 왓시니, 셩교회의 ᄀᆞᄅᆞ치신 법ᄃᆡ로, 삼위일톄로 계신 텬쥬ᄅᆞᆯ ᄃᆡ월ᄒᆞ야 묵샹ᄒᆞᄃᆡ, 셩부ᄂᆞᆫ 엇더케 계셔 무ᄉᆞᆷ 일을 ᄒᆞ시며, 내게 무ᄉᆞᆷ 은혜ᄅᆞᆯ 베프시ᄂᆞᆫ고 ᄒᆞ며, 셩ᄌᆞᄂᆞᆫ 엇더케 계셔 무ᄉᆞᆷ 일을 ᄒᆞ시며, 내게 무ᄉᆞᆷ은 은혜ᄅᆞᆯ 베프시ᄂᆞᆫ고 ᄒᆞ며, 셩신은 엇더케 계셔, 무ᄉᆞᆷ 일을 ᄒᆞ시며 내게 무ᄉᆞᆷ 은혜ᄅᆞᆯ 베프시

307 모병(毛病): cf. [漢文寫本] 166쪽: "毛病習慣何也 驕傲·慳吝·迷色·憤怒·貪饕·懈怠·嫉妬·七宗爲靈魂病也 欲治此病 猶如發一毛之孔 添生二三 蘖而叢立 犯其一罪時 七魔窺探 增其罪數 故曰毛病"; [한글사본] 89쪽. "모병 습관은 무엇시뇨? 교오와 간린과 미ᄉᆡᆨ과 분노와 탐도와 ᄒᆡᄐᆡ와 질투 닐곱 가지 령혼이라. 이 병을 다ᄉᆞ리려 ᄒᆞ면, 마치 터럭ᄒᆞ나 ᄲᆞ힌 구멍에 겻가지 삼겨 둘이나 셋식 퍼귀지어 남과 ᄀᆞᆺᄒᆞ야, ᄒᆞᆫ 가지 죄지을 때에 닐곱 샤마이 엿보다가, 몃 가지 죄ᄅᆞᆯ 더ᄒᆞ야 짓게 하ᄂᆞᆫ 고로, 왈 모병이라."

는고 ᄒᆞ야, 그 젼능·젼지·젼션으로 계신 톄와 셩픔과 내게 베퍼주시는 은혜를 알아 밋고 ᄇᆞ라는 ᄆᆞ음으로 ᄉᆞ랑ᄒᆞ는 졍을 발ᄒᆞ야 령혼 본분을 다ᄒᆞ면, [cf. 漢文寫本 166쪽]텬쥬ㅣ 버리지 아니ᄒᆞ샤, 샹싱ᄒᆞ는 길노 인도ᄒᆞ시뎐이와, 만일 텬쥬ㅣ 심히 뮈워 ᄒᆞ시는 큰 죄 ᄒᆞ나만 잇셔도, 령혼의 싱명되는 셩신의 은춍길이 끈키여, 영고에 떠러질 거시니, 엇지 원통치 아니ᄒᆞ리오. 이러ᄒᆞᆫ 죄의 길을 끈으려 ᄒᆞ면, 각 사ᄅᆞᆷ이 ᄌᆞ긔 모병과 습관을 알아 이긔여야 ᄒᆞᆯ 거시니, 모병 습관은 무엇시뇨? 교오와 간린과 미식

[한글사본 89쪽]과 분노와 탐도와 히틔와 질투 닐곱 가지 령혼이라. 이 병을 다ᄉᆞ리려 ᄒᆞ면, 마치 터럭ᄒᆞ나 ᄲᅵᆫ 구멍에 겻가지 삼겨 둘이나 셋식 퍼귀지어남과 ᄀᆞᆺᄒᆞ야, ᄒᆞᆫ 가지 죄지을 때에 닐곱 샤마[308]ㅣ 엿보다가, 몃 가지 죄를 더ᄒᆞ야 짓게 하는 고로, 왈 모병이라 ᄒᆞ고, 닐곱 가지 모병 즁에 그 육신의 ᄆᆞᆰ고 탁ᄒᆞᆫ 분수를 ᄯᆞ라, ᄆᆞᆰ은 이는 맛머리되는 교오ᄒᆞᆫ 버릇슬 닉혀, 뎌의 교오ᄒᆞᆫ 줄을 모롬이오. 탁ᄒᆞᆫ 이는 싀루ᄒᆞ는 버릇ᄉᆞ로 더러온 되야지 ᄀᆞᆺ치 동산에 향긔러은 화초를 쑤서 더럽게 ᄒᆞ는 심슐을 늘녀, 마치 뒤간에 사는 쥐가 그 더러온 냄식를 닉혀아지 못ᄒᆞᆷ과 ᄀᆞᆺᄒᆞᆫ 고로, 왈 습관이라. 이 모병 습관됨을 분변ᄒᆞ야 알기 어려울 ᄲᅮᆫ 아니라, 알고도 끈어 곳치기가 더욱 어려오니, 엇지ᄒᆞ면 이 모병 습관을 알아 곳쳐 샹싱ᄒᆞ는 복락을 엇어 누리깃노라. 누구던지 샹싱을 엇어 누리고 ᄆᆞ음이 ᄀᆞᆫ졀ᄒᆞᆯ진대, 몬뎌 삼위일톄 텬쥬의 은혜

308 샤마(邪魔): 수행에 방해가 되는 마귀, 사특(邪慝)한 마귀.

롤 알아 밋고 ᄇᆞ라고 ᄉᆞ랑홀 거시오. 또 ᄌᆞ긔 ᄉᆞ언힝위롤 도라보아 아므 것도 밋고 ᄇᆞ라고 ᄉᆞ랑홀거시 도모지 업ᄂᆞᆫ 줄을 알아 이왕 모로고, 자긔만 밋고 ᄇᆞᄅᆞ고 ᄉᆞ랑ᄒᆞ

[한글사본 92쪽]던 ᄆᆞ음을 온젼이 다른 사ᄅᆞᆷ의게 옴겨 혐의 잇고 원수 되ᄂᆞᆫ 이의게ᄭᆞ지 그 령혼을 밋고 ᄇᆞ라고 ᄉᆞ랑ᄒᆞ여야, 이에 텬쥬롤 밋고 ᄇᆞ라고 ᄉᆞ랑홈이라 ᄒᆞ리니, 이런 도리ᄃᆡ로 ᄒᆞᆼ샹 쇼심ᄒᆞ야 구령공부롤 힘써야, 오쥬 예수의 셩혈공로롤 통ᄒᆞ야, 가히 샹싱 영복을 엇어 누릴지니, [cf. 漢文寫本 167쪽]모든 뎨형네ᄂᆞᆫ 각각 명심불망ᄒᆞ야, ᄋᆡ쥬ᄋᆡ인 두 가지 덕힝을 슈유[309]ᄉᆞ이라도 간단치 말지어다. 아멘.[310]

제14장

천쥬ㅣ 처음부터 우리 사ᄅᆞᆷ을 ᄀᆞᄅᆞ치신 교 일홈 세 가지를 ᄉᆡᆼ각ᄒᆞ야 ᄒᆞᆼ샹 앙모 감격홈이라

(천주ㅣ)[311] 궐초[312] 조셩ᄒᆞ야 사ᄅᆞᆷ의 령혼육신 결합식이실 때에, 육신은 토수긔화 ᄉᆞ원힝[313]으로 ᄆᆞᆫᄃᆞ시고, 령혼에ᄂᆞᆫ 당신 열 가지 계명을

---

309 슈유(須臾): 잠시 동안.

310 아멘: [漢文寫本]에는 '亞孟'이 들어 있다.

311 천주ㅣ: [漢文寫本]에는 '天主'라는 주어(主語)가 들어가 있으나 [한글사본]에는 이 단어가 생략되어 있다.

312 궐초(厥初): 그 처음에.

313 토수긔화(土水氣火) ᄉᆞ원힝(四元行): 모든 물질의 근원을 말하는 아리스토텔레스의 사원

박아주시ᄃᆡ, 마치 돌이나 남게[314] 글ᄌᆞ 삭이ᄃᆞ시 버려 ᄀᆞᄅᆞ처시니, 이 닐ᄋᆞᆫ 바 셩픔교[315]ㅣ오. 즁고 모이셔[316] 셩인 때에 두 조각 돌판 십계롤 ᄉᆡᆨ여내여, 모든 사ᄅᆞᆷ으로 ᄒᆞ여곰 다 눈으로 보게 ᄀᆞᄅᆞ칫시니,

이 닐ᄋᆞᆫ 바 셔교[317]ㅣ오, 그 후 쳔여 년에 텬쥬 뎨이위 셩ᄌᆞㅣ 친히 강셰

[한글사본 93쪽][318]ᄒᆞ샤, 삼십삼 년 동안에 이스라엘 ᄇᆡᆨ셩들을 불샹이 녁이샤, ᄉᆞ쥬구령[319]ᄒᆞᄂᆞᆫ 도리로써 만히 ᄀᆞᄅᆞ치시다가, 당신 구쇽ᄒᆞ실 긔약[320]이 닐매, 악당의게 잡혀 죽으시고 삼일 부활ᄒᆞ야, ᄉᆞ십일 만에 자조 낫타나 뵈샤, 셩교 례의와 칠셩ᄉᆞ롤 ᄇᆡ뎡ᄒᆞ야 종도들의게 권을 붓쳐, 만방에 ᄂᆞᆫ호와 ᄀᆞᄅᆞ치게 ᄒᆞ실ᄉᆡ, 당신이 승텬ᄒᆞ신 후 십 일에 셩

소설(四元素說)을 말한다. 동양 전통의 목(木), 화(火), 토(土), 금(金), 수(水) 등의 오행설(五行說)과는 차이가 있다. 오행설에서 '오행'은 다섯 종류의 기본 물질이라기보다는 다섯 가지의 기본 과정을 나타내려는 소산이며, 영원히 순환운동을 하고 있는 다섯 개의 강력한 힘을 나타낸다.

314 남게: '남'은 나무의 고어인 '낡'을 뜻하며, [한글사본] 본문의 '남게'는 '낡에' 즉, '나무에'라는 단어의 오자(誤字)로 생각된다.

315 셩픔교(性品教): 인간의 본성에 타고난[稟賦] 가르침.

316 모이셔: 모이셔 또는 모이세는 한국 가톨릭교회에서 제2차 바티칸공의회 이전에 구약의 예언자 모세[מֹשֶׁה(히), Moyses(羅), Moses 또는 Moshe(英), Moise(佛), Mose(伊), Moises(西)]를 라틴어 음에 가깝게 발음하여 부르던 명칭이다.

317 셔교(書教): 글로 쓰인 가르침.

318 [한글사본 45 앞쪽]: 한글 원전에서는 44쪽의 앞쪽과 뒤쪽이 결락(缺落)되어 있다. 원래 있어야 할 44쪽은 [한글사본]은, 필사를 마친 다음 장수(張數)를 적어나가는 과정에서, 착오로 인하여 빠트리고, 45 앞쪽으로 쪽수를 건너뛰어 매겼다. [한글사본]을 [漢文寫本]과 비교해 보면, [한글사본] 43 뒤쪽의 내용은 [한글사본] 45 앞쪽과 연결되어 있기 때문이다.

319 ᄉᆞ쥬구령(事主救靈): 하느님을 알아 받들고, 자기 영혼을 구하는 일.

320 긔약(期約): 때를 정하여 약속함, 또는 그런 약속.

신을 보내여, 불혀 모샹으로 강림ᄒᆞ야 모든 종도들의 ᄆᆞᄋᆞᆷ을 뜨겁게 ᄒᆞ고, 혀를 열어 만국 방언을 통달ᄒᆞ야 널니 ᄀᆞᄅᆞ치게 ᄒᆞ셧시니, 이 닐온바 춍교[321]ㅣ라. 셩신 은춍으로 ᄀᆞ로치신다 말ᄉᆞᆷ이니, 우리 사ᄅᆞᆷ이 아모리 우몽ᄒᆞ다 ᄒᆞᆫ들, 뎨 령혼 량심에 박힌 셩품교 계명을 온젼이 니져ᄇᆞ리짓ᄂᆞ냐. 뎨 눈으로ᄂᆞᆫ ᄇᆞᆰ이 보ᄂᆞᆫ 셔교 계명을 온젼이 모로노라 ᄒᆞ짓노냐. 그러나 혹 핑계ᄒᆞ야 텬쥬 계명을 만히 범ᄒᆞᆫ 즉, 다 영벌을 밧게 된 고로 텬쥬ㅣ 이러ᄐᆞ시 자ᄋᆡᄒᆞ신 [cf. 漢文寫本 168쪽]은춍을 베퍼, 만방만셰를 ᄀᆞ로치샤, 나ᄀᆞᆺ치 지비지쳔ᄒᆞᆫ 극악 대죄인의게 ᄭᆞ지 밋쳐, 은춍을 퍼붓ᄃᆞ시 베프시ᄂᆞᆫ 줄을, ᄒᆞᆼ샹 감격ᄒᆞ야 니져버릴 수 업기로 대강 긔록ᄒᆞ야 텬쥬의 공번되신

[한글사본 94쪽][322]은혜를 ᄀᆞᆺ치 닙은 후학들노 더브러 ᄒᆞᆫ 가지로 감샤코져 ᄒᆞᆷ이로라. 처음 쟝 쥬교ᄭᅴ 령견진[323]의 은춍을 밧ᄌᆞᆸ고, 물너가 젼교ᄒᆞᄂᆞᆫ 모양으로 ᄃᆞᆫ닐 때에 ᄉᆡᆼ각건대, 령셰ᄒᆞ야 텬쥬 의ᄌᆞ된 보ᄅᆞᆷ은 엇던ᄒᆞᆫ 줄을 ᄭᆡᄃᆞᆺ지 못ᄒᆞ짓고, 견진ᄒᆞ야 예수의 용병된 효험은 도처에 드러나 능히 삼구를 뎌당ᄒᆞᆯ ᄆᆞᄋᆞᆷ으로 무셔은 거시 다만 죄쁜 아니라, 셩경을 보다가 아지 못ᄒᆞᆯ 말ᄉᆞᆷ이나, 누가 셩교도리를 무ᄅᆞ매 ᄃᆡ답ᄒᆞᆯ 수 업ᄂᆞᆫ 때여나, 무ᄉᆞᆷ 큰 일을 당ᄒᆞ매 엇지ᄒᆞ여야 됴흘지 모로ᄂᆞᆫ ᄃᆡ경이

321 춍교(寵敎): 성령의 은총에 의한 가르침.

322 [한글사본 45 뒤쪽]: [한글사본] 43 뒤쪽의 내용은 [한글사본] 44 앞뒤 쪽을 건너뛰어 [한글사본] 45 앞쪽과 연결되고 있다.

323 령견진(領堅振): [漢文寫本]에서도 '領堅振'으로 나오며, 이는 '견진성사를 받다'로 해석될 수도 있지만 이 단어는 영세와 견진의 준말로 보아야 한다.

면, 보치ᄂᆞᆫ ᄆᆞ음으로 조곰 ᄉᆡᆼ각을 머물너 기ᄃᆞ리매, 홀연 경[324] 말ᄉᆞᆷ도 융희되고, 도리 ᄃᆡ답도 력량이 나셔고, 보치던 ᄆᆞ음도 열녀 그ᄃᆡ로 시힝ᄒᆞ매, ᄒᆞᆫ번도 별노 실수ᄒᆞᆷ이 업ᄂᆞᆫ 고로, 일마다 무ᄉᆞ태평이라. 쳔ᄒᆞᆫ 나히 칠팔십 되도록 이 모양 사라가나, 텬쥬의 이러 ᄒᆞ신 은춍을 보답ᄒᆞᆯ 만ᄒᆞᆫ 공로은 조곰도 업ᄉᆞ매, 텬쥬 공의지하[325]에 업ᄃᆡ여 황구ᄒᆞᆫ ᄆᆞ음으로 모든 죄악만 브ᄅᆞ지져 원통ᄒᆞᆯ ᄯᆞ름이로라. 아멘.

[한글사본 95쪽]

第15장

텬쥬ㅣ 우리 사ᄅᆞᆷ을 위ᄒᆞ야 베프신 은혜 즁에 무ᄉᆞᆷ 은혜가 뎨일 큼을 의론ᄒᆞ야 못ᄂᆡ 감샤ᄒᆞᆷ이다

텬쥬ㅣ 일즉 닐ᄋᆞ시ᄃᆡ, "세 사ᄅᆞᆷ이 머리ᄅᆞᆯ 모화 내 도리ᄅᆞᆯ 담론ᄒᆞ면, 나ㅣ 반ᄃᆞ시 ᄎᆞᆷ예ᄒᆞ깃노라" ᄒᆞ신지라. 녯뎍에 세 션ᄇᆡ모듸여, "텬쥬의 은혜 다 큰 즁에 무ᄉᆞᆷ 은혜가 뎨일 크냐?" 말을 내여 각각 말ᄒᆞ기ᄅᆞᆯ, "조셩ᄒᆞ신 은혜 크다" 말ᄒᆞᄂᆞᆫ 이도 잇ᄉᆞ며, "구쇽ᄒᆞ신 은혜 크다" [cf. 漢文寫本 169쪽]말ᄒᆞᄂᆞᆫ 이도 잇ᄉᆞ며, "강림ᄒᆞ신 은혜 크다" 말ᄒᆞᄂᆞᆫ 이도 잇셔, 네 말이 올으니 내 말이 올으니 서로 닷톨 즈음에, 텬쥬ㅣ텬신을

324 경(經): 성경(聖經)의 준말.

325 공의지하(公義之下): 하느님이 정하신 규범을 위반하는 행위에 대해 사사로움이 없이 공평하게 제재(制裁)를 가하는 하느님의 품성 아래.

보내여 닐ᄋᆞ시ᄃᆡ, "너희들 말이 다 올흔 듯ᄒᆞ다마ᄂᆞᆫ 내 ᄉᆡᆼ각에ᄂᆞᆫ 셩톄 은혜가 뎨일 크니라. 조셩ᄒᆞ시고 구쇽ᄒᆞ시고 강림ᄒᆞ신 은혜의 근원되시ᄂᆞᆫ 셩톄를 온젼이 내게 허락ᄒᆞ야 주심이니, 이에셔 더큰 은혜 다시 잇겟ᄂᆞ냐? ᄒᆞ신지라. 임의 모든 은춍의 근원이 되샤 만션만덕이 ᄀᆞ자 계신 텬쥬셩은 곰초시고, 그 령혼육신이 결합ᄒᆞ야 ᄒᆞ나이 되신 후에ᄂᆞᆫ, 무솜 션과 무솜 덕을 내게 베퍼 주시지 아니실 거시 잇ᄉᆞ리오. 그러므로 문답 말솜에, "셩톄

[한글사본 96쪽]육졍을 누ᄅᆞ고, ᄉᆞ욕을 금지ᄒᆞ고, 졍리[326](바른 도리라 말)를 슌이 좃게 ᄒᆞ신다" 아니 ᄒᆞ엿ᄂᆞ냐? 텬쥬의 지극ᄒᆞᆫ 은혜시오, 지극ᄒᆞᆫ ᄉᆞ랑이시라. 나 ᄀᆞᆺᄒᆞᆫ 거ᄉᆞᆫ 봉교 처음에 이러ᄒᆞᆫ 묘리를 ᄎᆡ 아지 못ᄒᆞ면셔도, 다만 허열노[327] 신령법을 시험ᄒᆞ야 날마다 궐치 아니ᄒᆞ고 지내엿시나, 진실ᄒᆞᆫ 묘리에 효험을 ᄭᆡ닷지 못ᄒᆞ엿더니, ᄇᆡᆨ 쥬교 샹ᄉᆞ 후에 다만 은고슈ᄒᆞᄂᆞᆫ 심법을 밀위여, 이 디방에 ᄂᆞ려와 고요이 거쳐하ᄂᆞᆫ 모양을 ᄎᆞ린 후에야, 적이 실효잇ᄂᆞᆫ 듯ᄒᆞ야, 삼구의 침노홈이 조곰 멀어졋ᄂᆞᆫ지, 샹히 셩출 ᄒᆞᆯ 거시 별노 업ᄂᆞᆫ 모양으로 지내니, 혹 판셩ᄉᆞ 때면[328] 도로혀 황구ᄒᆞᆫ지라. 오쥬 예수의 일즉 교훈ᄒᆞ신 말솜을 ᄉᆡᆼ각ᄒᆞ야, 내 셩찰치 못ᄒᆞᆫ 죄와 혹 ᄌᆞ숀의 죄와 만민의 죄를 우ᄂᆞᆫ 톄ᄒᆞ야 고명ᄒᆞᆯ 때가 만으니, 타당치 못ᄒᆞᆫ가 ᄒᆞ야, 항샹 ᄆᆞ음 고로옴이 적지 아니

---

326 졍리(正理): 바른 도리.

327 허열(虛熱)노: '픗열심'으로, 어설픈 열심으로.

328 혹 판셩ᄉᆞ 때면: [漢文寫本]에는 '辦公時'로 나온다. 판공(辦公)은 공무(公務)를 처리함을 말한다. 여기에 나오는 '판성사'는 '판공성사'의 준말이다. 즉, 교회에서 규정에 따라 성사를 받도록 하는 일이 된다.

케 지내노라. ᄇᆞ라건대, 모든 벗님네ᄂᆞᆫ, 이 말을 오활[329]ᄒᆞ ᄒᆞ지 말고 찬찬이 시험ᄒᆞ야 보면, 날마다 은춍에 져져 그 새로온 빗촐 스스로 ᄁᆡ닷지 못ᄒᆞ나, ᄃᆞᆯ마다 다르고 ᄒᆡ마다 ᄀᆞᆺ지 아니ᄒᆞ리이다. [cf. 漢文寫本 170쪽] 아멘.

[한글사본 97쪽]

第16장

옛 셩인셩녀들의 예수 셩톄와 셩심 공경ᄒᆞ난 규죠 즁에 내 ᄆᆞ음과 흡합ᄒᆞᆫ 몃 죠목을 갈희여 뎡ᄒᆞ야 내 날마다 신령[330]ᄒᆞᄂᆞᆫ 규죠을 삼아 실효 잇ᄂᆞᆫ 듯ᄒᆞ기로 대강 긔록ᄒᆞ야 ᄆᆞ음과 뜻이 ᄀᆞᆺᄒᆞᆫ 후학들노 ᄒᆞ여곰 혹 시험ᄒᆞ야 유익ᄒᆞᆷ이 잇ᄉᆞᆯ가 ᄒᆞᆷ이로라

새벽 일즉 니러난 후에 즉시 셩호 노코 ᄉᆡᆼ각키를, "내가 오ᄂᆞᆯ도 텬쥬 은혜로 오쥬예수와 ᄀᆞᆺ치 부활ᄒᆞᆷ이로다" ᄒᆞ고, "무렴[331]원죄시오, 평ᄉᆡᆼ동졍이시오, 죄인의 의탁이신 셩모ᄭᅴ ᄇᆞ탁ᄒᆞ야, 휘황ᄒᆞ시고 찬란ᄒᆞ샤 숀에 십ᄌᆞ긔호를 잡으신 셩ᄌᆞ ᄃᆡ젼에 인도ᄒᆞ야"[332] 혹 미샤춤예를 ᄒᆞ던

329 오활(迂闊)하다: 곧바르지 아니하고 에돌아서 실제와는 거리가 멀다. ≒迂闊하다. ; 사리에 어둡고 세상 물정을 잘 모르다. ≒우활하다.

330 신령(神領): 교회의 전례나 성사에 실제로 직접 참여하지는 못하지만, 묵상을 통하여 그 전례에 참여하거나 성사를 배령(拜領)하듯이 하는 기도의 방법이다.

331 무렴(無染): 물들지 않음. 물듦이 없음.

332 내가……인도ᄒᆞ야: [漢文寫本]에는 이를 "共與吾主耶穌復活也 記於聖母引到於聖子臺

지, 망미샤를 ᄒᆞᄃᆡ, ᄉᆡᆼ각에 이 미샤ᄂᆞᆫ 셩톄를 일워 텬쥬ᄭᅴ 졔헌ᄒᆞᄂᆞᆫ 대례니, 슈난에 ᄭᅵ친 표ㅣ오 춍교의 졔례라. 우리들의 날마다 짓ᄂᆞᆫ 죄를 날마다 구쇽ᄒᆞ심이니, 우리들노 ᄒᆞ여곰 각각 ᄌᆞ긔 십ᄌᆞ가를 지고 맛ᄂᆞᄂᆞᆫ 고난을 ᄃᆞᆯ게 ᄎᆞᆷ아 밧음으로, 당신 뒤를 ᄯᆞᄅᆞ 스ᄉᆞ로 쇽죄ᄒᆞ고 스ᄉᆞ로 졔헌ᄒᆞᄂᆞᆫ 보ᄇᆡ갑ᄉᆞᆯ 엇어, 당신과 ᄒᆞᆫ 가지로 샹ᄉᆡᆼ 영복을 누리게 코져 ᄒᆞ심이니, 지극ᄒᆞᆫ 은혜시오 지극ᄒᆞᆫ ᄉᆞ랑이시라. ᄯᆞ라 ᄉᆡᆼ각건대, 오쥬ㅣ 강잉ᄒᆞ실[333] 때에, 셩모의

[한글사본 98쪽]깁ᄒᆞ신 쇽ᄆᆞ음과 거륵ᄒᆞ신 졍이, 온젼이 셩ᄌᆞ의 긔묘ᄒᆞ신 덕과 합ᄒᆞ야, 그 원ᄒᆞ시ᄂᆞᆫ 의향과 ᄒᆡᆼᄒᆞ시ᄂᆞᆫ 졍이 조곰도 다르심이 업고, 또 셩모ㅣ 자조 셩톄를 령ᄒᆞ셧신 즉, 쥬모 셩심의 ᄀᆞᆺᄒᆞ신 은혜로, 오날 예수를 다ᄅᆡ여 우리 ᄆᆞ음에 계시게 ᄒᆞ샤 우리로 ᄒᆞ여곰 큰 은혜를 닙으며 이ᄂᆞᆫ 맛ᄉᆞᆯ 맛드리며 이 ᄉᆞ랑ᄒᆞ온 졍을 붉이 ᄉᆞ뭇차, ᄋᆡ쥬ᄋᆡ인 ᄒᆞᄂᆞᆫ 덕을 엇게 ᄒᆞ쇼셔. 실노 셩톄 령ᄒᆞᆯ 대 ᄀᆞᆺ치 ᄆᆞ음을 써, 내 ᄆᆞ음에 셩톄를 모신 후에 잠잠이 ᄉᆡᆼ각키를, 엇더케 존귀ᄒᆞ신 텬쥬ㅣ 나ᄀᆞᆺ치 비쳔ᄒᆞᆫ 사ᄅᆞᆷ의게 이러ᄐᆞ시 림ᄒᆞ여 계시ᄂᆞᆫ 듯ᄒᆞ야, 극히 황숑ᄒᆞ고 감격ᄒᆞ온지라. 무수 텬신이 [cf. 漢文寫本 171쪽]내 ᄆᆞ음에 계신 예수ᄭᅴ 두루에워 졀ᄒᆞ오며, 셩모 마리아ᄂᆞᆫ 우편 엇ᄀᆡ에 림ᄒᆞ시고, 요셉 아바지[334]ᄂᆞᆫ 좌편 엇ᄀᆡ에 림ᄒᆞ야, ᄒᆞᆫ 가지로 예수를 뫼셔 즐기시ᄂᆞᆫ지라. 예수의

前"(오주 예수의 부활을 함께 하고, 성모께 기억케 하여, 성자(聖子) 대전에 인도하며)라고 간단히 서술하고 있다.

333 강잉(降孕)ᄒᆞ실: 예수 그리스도가 마라아에게 잉태되실 때.

334 요셉 아바지: [漢文寫本]에는 '大聖若瑟'로 나온다. 김기호는 이를 [한글사본]에서 '요셉 아버지'로 사용하고 있다.

쥬지ᄒᆞ시ᄂᆞᆫ 셩심이 나의 비쳔ᄒᆞᆫ ᄆᆞ음과 합ᄒᆞ야 ᄒᆞ나희 되샤, 여긔 계셔 싱활ᄒᆞ신 셩부를 ᄉᆞ랑ᄒᆞᄂᆞᆫ 불이 염염ᄒᆞ난 우희 십ᄌᆞ가ㅣ 박혀 잇고, 만고만난의 가싀 모듸여 거룩ᄒᆞ신 ᄆᆞ음을 찌ᄅᆞ고, 만민 죄를 엷ᄒᆞ야 피를 흘니시ᄂᆞᆫ지라.

[한글사본 99쪽]내 령혼은 예수의 령혼과 결합ᄒᆞ야 아모 죄도 다 업셔지고, 내 ᄆᆞ음은 예수의 셩심과 톄결ᄒᆞ야 새셔 조찰ᄒᆞ고, 내 몸은 예수의 쥬셩인셩과[335] 합ᄒᆞ야 나의 결ᄒᆞᆫ ᄇᆞ를 깁고 나의 과실을 곳쳐 새롭게 홈이라. 나ᄂᆞᆫ 본ᄃᆡ 지극히 비쳔ᄒᆞ야 적은 틔글이오 적은 베레ᄀᆞᆺᄒᆞᆫ 거시니, 죄만 짓ᄂᆞᆫ 죵이어ᄂᆞᆯ, [예수][336] 마치 츙셩ᄒᆞᆫ 령혼의 어진 벗과 ᄀᆞᆺ치 ᄆᆞ음을 허락ᄒᆞ시며, 몸을 아시며 션으로 칙하시ᄂᆞᆫ지라. 또 대군대부시오 령신의 왕이시니, 교훈ᄒᆞ시고 명령ᄒᆞ시ᄂᆞᆫ ᄃᆡ로 ᄒᆞ며, 먹고 쓸거솔 주시ᄂᆞᆫ ᄃᆡ로 ᄒᆞ며, 모든 일에 도라 보샤 지휘ᄒᆞ시ᄂᆞᆫ ᄃᆡ로 ᄒᆞ며, 또 령신의 원이시니 온갖 심병을 다 곳쳐주시며, 육졍을 누ᄅᆞ고 ᄉᆞ욕을 금지ᄒᆞ고 졍리를 슌이 좃게 ᄒᆞ시나, 이에 감초와 계시고 숨어 계시니, 마치 텬쥬ㅣ 강셰ᄒᆞ실 제 그 쥬셩을 곰초시고, 셩톄 안에ᄂᆞᆫ 그 인셩ᄭᆞ지 곰초심과 ᄀᆞᆺ홈이라. 내 이 긔묘ᄒᆞ신 은혜를 본밧아 감이 ᄉᆞᄉᆞ로 낫타 내여 사ᄅᆞᆷ의 찬미홈을 요구치 못하고, 오히려 사ᄅᆞᆷ의 업수이 넉임과 사ᄅᆞᆷ의 욕되게 홈을 ᄎᆞᆷ아밧고 즐거워 ᄒᆞ야, 예수셩심의 밧으신바 모든 욕됨을 가히 위로홀

335 쥬셩인셩(主性人性): 천주성(天主性)과 인성(人性)

336 [예수]: [漢文寫本]은 여기에서 '예수'라고 주어(主語)를 밝히고 있지만, [한글사본]은 주어 '예수'가 생략되어 있다.

[한글사본 100쪽]거시며, 또 사룸의 칙홈과 사룸의 의론홈을 분변치 말며 딕답지 마라, 예수셩심의 베프신 바 모든 은혜롤 가히 갑흘 거시오. 또 오쥬ㅣ 셩톄 안에 계시매 함묵ᄒᆞ야 말솜이 업ᄉᆞ시고, 오직 셩부로 더브러 말솜ᄒᆞ시니 내 이제 예수의 거룩ᄒᆞ신 표양과 방불코져 홀진대 맛당이 함목홈을 힘써 졍셩된 ᄆᆞ옴으로 온젼이 오쥬롤 향모ᄒᆞ야 오쥬 밧긔는 내 명오ㅣ 다른 것 앎을 구홀 거시 업고 내 ᄆᆞ옴이 다른 것 ᄉᆞ랑 틈을 원홀 거시 업는지라. [cf. 漢文寫本 172쪽]온젼이 셰샹 즐거옴을 끈허 ᄇᆞ리고, 온젼히 고신극긔ᄒᆞ는 공부롤 힘써, 예수와 ᄒᆞᆫ 가지로 고롭게 사다가 고롭게 죽으려ᄒᆞᄂᆞ이다. 가히 ᄉᆞ랑ᄒᆞ올 오쥬 예수여, 내 이제 네 딕젼에 원의롤 말ᄒᆞ오니, 오날 내 힝ᄒᆞ는 공부롤 다가져 네 셩심끠 밧드러 드리는 거술, ᄇᆞ라건대 네 쓰ᄉᆞ시고 거룩게 ᄒᆞ샤 네 힝ᄒᆞ심과 합ᄒᆞ게 ᄒᆞ야 ᄒᆞᆫ 가지로 밧드러 셩부끠 드려 영원ᄒᆞᆫ 영광이 되게 ᄒᆞ쇼셔. 아멘.

제17장

삼위일톄로 계신 텬쥬 딕월ᄒᆞ는 길을 열어야 추션피악ᄒᆞ라신 도리 묵샹이 쉬올 거시오 도리 묵샹을 브즈런이 힘써야 텬쥬롤 딕월홈이 스ᄉᆞ로 친근홈이라

[한글사본 101쪽]구령ᄒᆞ자 ᄒᆞ는 우리 사룸의 뎨일 요긴한 신공이 딕월묵샹이라. 엇짐이뇨? 삼위일톄로 계신 텬쥬롤 딕월할 줄 모ᄅᆞ면 싱활ᄒᆞᆫ

신덕이 아니니, 엇지, "샹싱을 엇으리라" 말을 ᄒᆞ며, 죄악을 피ᄒᆞ고 션공 힘쓸 공부를 묵샹치 아니ᄒᆞ면 쥬의 계명을 범홈이니, 엇지 "구령ᄒᆞ깃노라" 말을 ᄒᆞ리오. 대뎌 일톄삼위라 말솜은, 텬쥬의 젼능·젼지·젼션으로 싱활ᄒᆞ신 세 가지 셩픔을 니ᄅᆞ심이라, 젼능ᄒᆞ신 셩부ᄂᆞᆫ 신국[337]으로 계셔, 아니 계신 곳이 업ᄉᆞ신 즉, 일초일츙과[338] 만셰만인[339]이 다 ᄒᆞᆫ 가지로 셩부 톄안[340]에셔 꼼즉여 동졍ᄒᆞ며 호흡샹통ᄒᆞ야 싱활하ᄂᆞᆫ 거시오. 젼지ᄒᆞ신 셩ᄌᆞᄂᆞᆫ 신왕으로[341]계셔 아지 못홈이 업ᄉᆞ신, 즉 사롬의 싱ᄉᆞ와 화복길흉이 도모지 그 쟝악 즁에 잇셔, 샹션벌악ᄒᆞ시ᄂᆞᆫ 권을 잡아 계심이오. 젼션ᄒᆞ신 셩신은 신광으로[342] 계셔, 아니 빗최시ᄂᆞᆫ 때 업ᄉᆞ신 즉, 셩부의 싱양ᄒᆞ심과 셩ᄌᆞ의 [cf. 漢文寫本 173쪽]구쇽ᄒᆞ신 은춍을 발ᄒᆞ야, ᄒᆡᆼ샹 우리 사롬을 보우ᄒᆞ심이라. 이러ᄐᆞ시 ᄃᆡ월ᄒᆞ야 각각 뎌 싱각이나 말이나 힝홈으로 악을 끈허 피홀 법과, 션에 추창ᄒᆞ

[한글사본 102쪽]야 나아갈 길을 묵샹치 아니ᄒᆞ면, 스ᄉᆞ로 텬쥬롤 멀니 ᄒᆞ야 떠놀 거시니, 이런 사롬은 샹히 샤마[343]롤 ᄃᆡ월ᄒᆞ야, 영벌 밧을

337 신국(神國)으로 계셔: [漢文寫本]에는 '以神國在焉'으로 되어 있다. 신국은 'Civitas Dei'(하느님의 나라) 즉 천주 성부께서 마련하신 나라를 말한다. '신국'은 신왕(新王), 신광(神光)과 함께 삼위일체의 성부, 성자, 성령에 대비되어 제시되고 있다.

338 일초일츙(一草一蟲): 풀 한 포기, 벌레 한 마리.

339 만셰만인(萬世萬人): 온 세상의 모든 사람.

340 톄안[體內]: 몸의 안을 뜻한다. 여기에서는 '하느님 아버지[聖父]의 몸체 안'을 의미한다. 중국 명대(明代) 소설인 서유기(西遊記)에 나오는 '(부처님의) 손바닥 안'을 방불(彷佛)케 하는 표현이다.

341 신왕(神王)으로: '천주 성자의 다스리심'을 말한다.

342 신광(神光)으로: '천주 성령의 빛나심'을 말한다.

343 샤마(邪魔): 간사한 마귀, 사특(邪慝)한 마귀.

공부만 묵샹홈이니, 엇지 원통치 아니ᄒᆞ며 볼샹치 아니홈이냐. 비유컨대 우리 사룸의 의량[344]이 ᄒᆞᆫ 그룻 ᄀᆞᆺᄒᆞ야 뷔여 잇지 못홀 거시니, 만일 향긔러온 즙을 담아두면 그 향긔러온 긔운이 올나 우희로 ᄉᆞ뭇출 거시오. 혹 더러온 즙을 담아두면 그 악ᄒᆞᆫ 긔운이 아릐로 흘너 번져 더럽게 홈과 ᄀᆞᆺ흠이오. 또 우리 사룸의 눈이 거울ᄀᆞᆺᄒᆞ야 아니 빗췰 수 업ᄉᆞ니, 만일 우희롤 향ᄒᆞ야 빗최면, 텬쥬도 거울 ᄀᆞᆺ치 마조 빗최여 서로 ᄉᆞ랑홀 거시오. 혹 아릐로 보아 빗최면, 샤마ㅣ 마조 응ᄒᆞ야 서로 쳬결ᄒᆞ리니, 이거시 닐ᄒᆞᆫ 바 유감에 ᄲᆞ짐이라, 엇지 위험치 아니ᄒᆞ리오. 우리 교형 ᄌᆞ매들은 ᄒᆞᆼ샹 구령의 요긴ᄒᆞᆫ 길을 ᄎᆞ자 묵묵히 ᄉᆡᆼ각ᄒᆞ여 볼지어다. 아멘.

제18장

텬쥬의 만 가지 은혜 다 예수셩심으로 말믜암아 베프시ᄂᆞᆫ 열두 가지 규죠롤 그[한글사본 103쪽]록ᄒᆞ야 동회[345] 모든 벗들노 더브러 ᄒᆞᆫ 가지로 경례홈을 힘써 각각 실효 엇기롤 원홈이로라

예수ㅣ 친히 셩녀 말가리다의게 뵈여 니ᄅᆞ샤ᄃᆡ, "내 ᄆᆞ음이 특별이 공경ᄒᆞᄂᆞᆫ 이의게 쟝ᄎᆞ 그신ᄋᆡ의 보비롤 줄 거시오. 또 사룸을 권ᄒᆞ야 경례케 ᄒᆞᄂᆞᆫ 쟈의게 장ᄎᆞ 은틱을 셩이 베퍼, ᄒᆞ여곰 능히 신력을 엇어 그

344 의량(意量): 생각과 도량.

345 동회(同會): 같은 신앙을 가진 사람들.

참아 ᄒᆞᄂᆞᆫ 사ᄅᆞᆷ의 마ᄒᆞᆷ을 감화케 ᄒᆞ깃노라” ᄒᆞ셧시니, ᄆᆞ롯 구령의 칙임을 힘쓰ᄂᆞᆫ 쟈ㅣ 다 맛당이 이 공부를 즁히 볼지어다. 예수ㅣ 친히 교훈ᄒᆞ신 열두 가지 은춍 죠목을 이...ᄀᆞᆺ치 버려 쓰노라.

一은 내 셩심을 공경ᄒᆞᄂᆞᆫ 쟈 디위에 모든 긴요ᄒᆞᆫ 은혜를 줄거시오.

二난 뎌희 집안에 평화ᄒᆞᆷ을 줄거시오.

三은 뎌희 곤궁 [CF. 漢文寫本 174쪽] 즁에 위로ㅣ 될 거시오.

四ᄂᆞᆫ 살 때와 특별이 림죵 때예 나ㅣ 뎌화 진실ᄒᆞᆫ 의탁이 될 거시오.

五ᄂᆞᆫ 뎌의 ᄒᆡᆼᄉᆞ에 풍후이 강복ᄒᆞᆯ 거시오.

六은 죄인들이 내 ᄆᆞᄋᆞᆷ의 잇ᄂᆞᆫ ᄌᆞᄋᆡᄒᆞᆷ의 ᄉᆡ암과 바다ᄒᆞᆯ 엇을 거시오.

七은 ᄅᆡᆼ담ᄒᆞᆫ쟈ㅣ 열심쟈 될 거시오.

八은 쉬히 덕ᄒᆡᆼ디위에 니를 거시오.

九ᄂᆞᆫ 내 셩심샹을 뫼셔 공경ᄒᆞᄂᆞᆫ 집에 홍은을 베플 거시오.

十은 극악ᄒᆞᆫ ᄆᆞᄋᆞᆷ이[한글사본 104쪽]라도 귀화[346]케 ᄒᆞᄂᆞᆫ ᄌᆡ능을 탁덕의게 줄 거시오.

十一은 내 셩심 공경ᄒᆞᄂᆞᆫ 규구를 젼ᄒᆞᄂᆞᆫ 쟈들의 일ᄒᆞᆷ을 내 ᄆᆞᄋᆞᆷ에 ᄉᆡᆨ여 영영이 잇게 ᄒᆞᆯ 거시오.

十二ᄂᆞᆫ 아홉 ᄃᆞᆯ 동안에 ᄆᆡ월 첫 쳠례륙[347]마다 령셩톄ᄒᆞᄂᆞᆫ 이의게

346 귀화(歸化): 임금의 덕에 감화되어 그 백성이 되는 일

347 첫 쳠례륙[初瞻禮六]: 매월 첫 번째 토요일의 첨례. 첫 첨례육(初瞻禮六)은 중국 백화(白話)에서 토요일을 말하는 '싱치리우(星期六)'에 대비된다. 매달 처음 맞는 토요일 즉, 싱치

션의 ᄒᆞᆼ구ᄒᆞᆷ과 죄과ᄅᆞᆯ 버셔남과, 셩ᄉᆞ 밧고 죽ᄂᆞᆫ 은춍을 줄거시오. 또ᄒᆞᆫ 림죵 때 내 셩심이 뎌희 진실ᄒᆞᆫ 의탁이 될 줄을 내 극히 ᄌᆞ비ᄒᆞᆫ ᄆᆞ음으로 네게 허락ᄒᆞ노라.

ᄒᆞ신지라. 나ᄀᆞᆺᄒᆞᆫ 것ᄉᆞᆫ 별노 널리 구령ᄒᆞᆯ 칙임은 업ᄉᆞ나, 뎨 령혼과 ᄇᆞᆺ치인 바 ᄌᆞ식들의 령혼 구ᄒᆞᆯ 본분으로 ᄒᆞᆼ샹 쥬모 셩심의 ᄀᆞᆺ치 베프시ᄂᆞᆫ 은혜만 밋고 ᄇᆞ라고 구ᄒᆞᆯ ᄯᆞᄅᆞᆷ이로라. 날마다 누어 ᄌᆞᆯ때면, ᄆᆡ양 셩톄 안에 계신 셩심이 셩부ᄅᆞᆯ 앙모ᄒᆞ야 평안이 쉬시며 졍묵ᄒᆞ야[348] 분심치 아니ᄒᆞ심을 ᄉᆡᆼ각ᄒᆞ노니, ᄉᆡᆼ각이 이에 밋처야 내 조름이 우러러 셩심과 합ᄒᆞ야 호흡동졍이 다 쥬ᄅᆞᆯ ᄉᆞ랑하ᄂᆞᆫ 졍과 몸을 드리ᄂᆞᆫ 뜻ᄉᆞᆯ 일우어, ᄒᆞ나토 셩심ᄭᅴ 밧드러 드리지 아니ᄒᆞᆯ 것시 업ᄉᆞᆯ가 ᄒᆞ오니, 업ᄃᆡ여 구ᄒᆞ건대,

[한글사본 105쪽]오쥬 셩심은 밧아드리샤, 나의 조름을 주어 육신을 평안이 기ᄅᆞ게 ᄒᆞ셔야 가히 힘을 다ᄒᆞ야 쥬ᄅᆞᆯ 섬기려 ᄒᆞᄂᆞ이다. 아멘. 또 니여 념ᄒᆞᄃᆡ, “지극히 ᄃᆞᆯ고ᄃᆞᆫ 예수셩심이여, 이날 모든 은혜ᄅᆞᆯ 네게 감샤ᄒᆞ오며, 오ᄂᆞᆯ 밤 내 령신과 육구[349]ᄅᆞᆯ 네게 브탁ᄒᆞ야, 네 셩심 가온ᄃᆡ 평안이 쉬려 ᄒᆞ오나, 능히 ᄭᆡ여 쥬ᄅᆞᆯ 찬숑치 못ᄒᆞᆷ으로, 네 셩심ᄭᆡ 구ᄒᆞ야 쎠 보쇽ᄒᆞ려 ᄒᆞ오며, 내 ᄆᆞ음이 몃 번간 운동ᄒᆞ매, 네 또ᄒᆞᆫ ᄃᆡ신

리우[星期六]에 첨례를 하도록 규정되었다. 첫 첨례육이란 단어는 그달에 들어서 처음 맞는[初] '여섯 번째 요일[星期六]'이라는 단어에서 '요일[星期]'이란 단어를 '첨례(瞻禮)'라는 용어로 대치시켰다. 조선 교회가 '첫 첨례륙' 신심을 중국을 통해서 수용했기 때문에 이와 같은 중국식 첨례 명칭이 조선에서도 통용되었다.

348 졍묵(靜默)ᄒᆞ야: 조용하고 말이 없음.

349 령신(靈神)과 육구(肉軀): [漢文寫本]에는 '託爾今夜神形安息'으로 나온다. 여기에서 '神形'은 정신과 육체를 뜻한다. [한글사본]의 '육구'는 육체와 같은 말이다.

ᄒᆞ야 몃번 찬숑ᄒᆞ심이오니, ᄆᆡ양 숨쉴 때마다 네 셩심이 밧아드려, 마치 내외 경을 삼아 셩부끠 드리심과 ᄀᆞᆺ치 ᄒᆞ실지라. 내 뜻이 임의 이 ᄀᆞᆺ치 셩실ᄒᆞ오니, [cf. 漢文寫本 175쪽] 밤이 ᄆᆞᆺ도록[350] 호흡ᄒᆞᆫ 수ᄃᆡ로, ᄎᆞ례를 ᄯᆞ라 써 쥬를 찬숑ᄒᆞ오며, 쥬를 ᄉᆞ랑ᄒᆞ옵기를 원홈이로소이다. 아멘."

第19장

미샤 춤예 ᄒᆞᄂᆞᆫ 숑이라 (이 숑은 셩녀 말가리다의 져술ᄒᆞᆫ 바ㅣ니 우리들이 그 ᄆᆞ옴을 톄법ᄒᆞ야[351] 외오면 가히 열심의 효험을 더홀 듯홈이라)

텬쥬 셩부여, 이제 네 춍ᄋᆡᄒᆞ시ᄂᆞᆫ 셩ᄌᆞ 예수ㅣ 십ᄌᆞ가 우희셔 밧으신바 고난의 ᄭᅵ치신 표를 가져 밧드러,[352] 네게 졔헌홈이라.[353] 내 감히 그 뒤를 ᄯᆞ라 ᄌᆞ긔 십ᄌᆞ가를

[한글사본 106쪽]지고, 맛ᄂᆞᆫ 고난을 돌게 참아 밧을 ᄆᆞ옴으로 네게 밧드러 드리오니, 업ᄃᆡ여 빌건대, 이 거룩히 졔헌ᄒᆞᄂᆞᆫ 신희[354]를 밧아드

350 ᄆᆞᆺ도록: 마치도록, 다하도록.

351 톄법(體法)ᄒᆞ야: 모범으로 삼아 본받다. 따라 하다.

352 예수ㅣ……밧드러: 이 부분은 [漢文寫本]에는 빠져 있고, [한글사본]에만 들어 있는 문장이다. [漢文寫本]은 '今爾寵愛之聖子 祭已於爾'로 나온다. 이러한 사례에서 볼 수 있는 바와 같이 이 기도문의 경우에는 [한글사본]과 [漢文寫本]의 내용에 있어서 차이가 나는 부분들이 많다.

353 제헌(祭獻)홈이라: 봉헌(奉獻)과 같은 뜻. 제물(祭物)을 하느님·신에게 드림.

354 신희(神犧): 하느님께 드리는 희생제물.

리샤, 우리 령신의 유익을 삼으쇼셔. 또 그 셩심의 포함ᄒᆞᆫ 바 모든 원과, 모든 뜻과, 모든 졍과, 모든 힝을 ᄒᆞᆫ 가지로 밧아드리샤, 써 우리들의 ᄌᆞ슉ᄌᆞ졔ᄒᆞᄂᆞᆫ 보ᄇᆡ갑솔 삼아, 예수와 ᄀᆞᆺ치 샹싱 영복을 누리게 ᄒᆞ쇼셔. 이 원의 밧긔ᄂᆞᆫ 우리 도모지 다른 원의 업ᄉᆞ오니, 예수셩심의 동졍이 우리 ᄆᆞ음 동졍에 붓치이지 아니ᄒᆞᆯ 거시 업ᄉᆞ온지라. 임의 우리 ᄆᆞ음 동졍에 붓치여 계신 즉, 우리 네게 제헌ᄒᆞᆷ이 맛당ᄒᆞ온 듯 ᄒᆞ오니, 업ᄃᆡ여 구ᄒᆞ건대, 밧아드리샤, 우리들의 죄ᄅᆞᆯ 쇽하시며, 네 큰 은혜ᄅᆞᆯ 감샤케 ᄒᆞ시며, 우리 긴요ᄒᆞᆫ 셩춍을 더ᄒᆞ시며, 우리 림죵의 셩우[355]ᄅᆞᆯ 주시ᄃᆡ, 맛치 우리들의 진실ᄒᆞᄂᆞᆫ ᄉᆞ랑과 흠슝ᄒᆞᄂᆞᆫ 례와 찬미ᄒᆞᄂᆞᆫ 뜻을 위ᄒᆞ야 ᄒᆞ시ᄂᆞᆫ ᄃᆞ시 ᄒᆞ쇼셔. 대개 너ᄅᆞᆯ 족히 공경ᄒᆞ고, 족히 광영ᄒᆞᆯ 바ㅣ 오직 그 셩심으로 말며암음인즉, 이제 그 셩심으로써 네 ᄃᆡ젼에 밧드러 드리ᄂᆞ이다. 아멘.

355 셩우(聖佑): 전통 가톨릭 신학의 은총론(恩寵論)에서 논의되는 주제이다. 은총[恩寵=聖寵, gratia]을 상존성총(常存聖寵, gratia habitualis)과 조력성총(助力聖寵, gratia actualis)으로 나누어 설명하던바, 상존성총은 간단히 '성총'으로 표현하고, 조력성총을 성우(聖佑)라고 불렀다. 성우는 인간이 하느님의 사랑을 받아들이고, 이에 응답할 수 있도록 자신을 준비시키고 개방시킬 수 있는 힘이 되어 주는 현실적(actualis) 도움의 은총이다.

[한글사본 107쪽]

제20장

텬쥬ㅣ 호싱ᄒᆞ시ᄂᆞᆫ 덕을 베프샤 임의 나ᄅᆞᆯ 내신 후에ᄂᆞᆫ 각각 쳐ᄌᆞᄅᆞᆯ ᄐᆡ와 주시ᄃᆡ 그 본분을 서로 직혀 션시 션죵ᄒᆞ라신 명을 앙모ᄒᆞ야 일변 감샤ᄒᆞᆯ 연유도 만ᄒᆞ며 일변 긔구ᄒᆞᆯ 끗도 만ᄒᆞᆷ이로라

니발나ᄂᆞᆫ 본ᄅᆡ 종반[356] 후예로, 대셩명가[357]의 규슈ㅣ라. 년당이십[358]에 외혼[359]ᄒᆞ야 디취덕졔[360]ᄒᆞᆷ으로 외인 ᄒᆞᆫ[cf. 漢文寫本 176쪽]ᄇᆡᄒᆞᆫ 후 십여 년에, 나ㅣ가 몬뎌 봉교ᄒᆞ고 본향에 ᄂᆞ려가 잇ᄉᆞᆯ 때, 즉시 ᄒᆞᆫ ᄆᆞᄋᆞᆷ과 ᄒᆞᆫ 뜻으로 텬쥬ᄅᆞᆯ 공경ᄒᆞ야, ᄌᆞ긔 령혼 구ᄒᆞ기ᄅᆞᆯ 힘쓸 ᄉᆡ, 발나의 본셩이 질직ᄒᆞ고 우뭉ᄒᆞᆫ 듯ᄒᆞ야, 대톄로 부모의게 효슌ᄒᆞᆷ이나, 동긔간 화목ᄒᆞᆷ이나, 모든 사ᄅᆞᆷ을 ᄉᆞ랑ᄒᆞᄂᆞᆫ 도리에, 조곰도 흠결ᄒᆞᆷ이 업ᄉᆞ나, ᄆᆡ양 경박ᄒᆞᆫ 셰쇽 ᄐᆡ도에ᄂᆞᆫ 버셔나난 끗치 만흔지라. 그러므로 처음브터 셩교 도리ᄅᆞᆯ 확실이 밋어, 혼ᄇᆡ슈졍[361]을 ᄌᆞ원ᄒᆞ야, 병인풍파 즁 위험ᄒᆞᆫ ᄃᆡ

---

356 종반(宗班): 임금의 본종(本宗)이 되는 겨레붙이.≒종성(宗姓).

357 대셩명가(大姓名家): 대성(大姓)은 지체가 높은 집안의 성씨를 말하며, 명가(名家)는 명문(名門)과 마찬가지로 훌륭한 집안을 뜻한다.

358 년당이십(年當二十): 나이가 20세가 되어.

359 외혼(外婚): 원래의 의미는 족외혼(族外婚)의 준말이지만, 여기에서는 외인(外人) 즉 비신자(非信者)와의 결혼을 뜻한다.

360 디취덕졔: [한글사본]에서는 '디취덕졔'로 읽고 있다. 그러나 [漢文寫本]에서 확인해 보면 '디취덕졔'에서 '취'에 해당하는 글자가 자전에도 없는 판독 불가한 글자이다. '신분이 귀하고 덕이 갖추어져 있다'는 '지귀덕졔(地貴德齊)'의 오자가 아닌가 생각된다.

361 혼ᄇᆡ슈졍(婚配守貞): 외적으로는 혼배하여 부부처럼 지내지만, 금욕생활을 실천하며 덕을 닦기 위해 부부가 합의하여 상호 수정(守貞)하는 생활을 하는 일.

경이라도, 삼가 피신ᄒᆞ야 그 조찰ᄒᆞᆫ 덕을 ᄒᆞᆼ샹 보존ᄒᆞ기로, 그 심덕을 가히 탄복ᄒᆞᆯ너라. 이 디방 큰아ᄃᆞᆯ 베드루의게 의탁ᄒᆞ야 몬뎌 ᄂᆞ려와 잇ᄉᆞᆯ 처음에, 그 령혼

[한글사본 108쪽][362]공부의 유익을 위ᄒᆞ야 신령셩톄의 도리 말ᄉᆞᆷ 대강 긔록ᄒᆞ야, "시험ᄒᆞ여 보라" ᄇᆞ탁ᄒᆞ엿더니, 그 후 몃 ᄒᆡ에 뎨셩ᄒᆞ야[363] 다시 무러본즉, "날마다 시ᄒᆡᆼᄒᆞᆫ다" ᄒᆞ엿시니, 그 ᄌᆞᆼ신토록 ᄒᆡᆼᄒᆞᆫ 줄노, 가히 밋을네라. 그 후에 셔울 잇ᄂᆞᆫ 적은 아들 시믄과, 그 ᄃᆡ녀 되ᄂᆞᆫ 적은 며ᄂᆞ리 아넷스를 보고시픈 ᄆᆞ음으로, 올나와 얼마 동안 잇다가 우연이 병드러 위험ᄒᆞᆫ 고로, 큰아ᄃᆞᆯ의게 통긔ᄒᆞ야 오라 ᄒᆞ고, 박신부를 영졉ᄒᆞ야 고ᄒᆡ·봉셩톄ᄒᆞ고, 그날 큰아ᄃᆞᆯ을 기다려, "왓ᄂᆞ냐?" 보고, 흔연이 슈작ᄒᆞᆫ 후에 잠ᄌᆞ다시 곱게 림ᄌᆞᆼᄒᆞ니, 그 션ᄌᆞᆼᄒᆞᆫ 빙거ㅣ 여러 끗치러라. 그 평ᄉᆡᆼ ᄒᆡᆼ위를 보던지, 그 림ᄌᆞᆼ예비ᄒᆞᄂᆞᆫ 심법이던지, 그 시톄 조찰ᄒᆞ야 아름다온 모양이던지, 보고 듯ᄂᆞᆫ 쟈ㅣ 가히 찬미ᄒᆞᆯ 만ᄒᆞ더라. 셔울 남녀 교우ㅣ 만이 모듸여 련도도 ᄒᆞ며, 부의 범졀을 만히 베플기로, 관곽을 후이 예비ᄒᆞ고, ᄒᆡᆼ샹 범졀을 긔구 잇게 ᄎᆞ려, 글 ᄇᆡ호던 아동 십여 명이 좌우에 통쵹을 ᄇᆞᆰ히고, 새벽 ᄒᆡᆼ샹ᄒᆞ야 용산 삼호경 뒤 동남향 좌국에 쟝ᄉᆞᄒᆞ엿시니, 발나의 나히 그때 륙십륙이라. 쥬모의 은명으로 이러ᄐᆞ시 그 션시션ᄌᆞᆼᄒᆞᆷ을 못ᄂᆡ 감샤ᄒᆞ건이와,

[한글사본 109쪽]아ᄃᆞᆯ 형뎨와 그 븟치인 바 남녀 모든 식구의 구령ᄉᆞᄂᆞᆫ, 아즉 그 슈계 속도 알 수 업고, 쥬모의 은명도 엇더ᄒᆞ실지 아지 못

362 [한글사본 108쪽]: [한글사본]에는 쪽수가 기록되어 있지 않다.

363 뎨셩(提醒)ᄒᆞ야: 잊어버렸던 것을 생각하여 깨우치게 함.

ᄒᆞ기로, 다만 대소가 식구를 도모지 오쥬 예수와 셩모 마리아와 요셉 아바지 셩가샹[364] ᄃᆡ젼에 밧드러드리고, ᄒᆼ샹 보우ᄒᆞ시ᄂᆞᆫ 은명으로 각각 션시션죵홈을 근구ᄒᆞᆯ ᄯᆞ룸이로소이다. 아멘.[365]

[366]

金若翰에 四代子孫 　金在旼
　　↓天主 　金在晥
　金桐—□殿 　金在𣅧
昭和 四年

---

364 셩가상(聖家像): 예수·마리아·요셉이 함께 어울려 있는 성가족(聖家族)을 형상화한 상본 내지 조각품.

365 아멘: 이후에 [漢文寫本]에는 한글로 된 '교황윤음'이 수록되어 있다. 이는 『봉교자술』을 필사하는 과정에서 잘못 전사(傳寫)된 부분으로 생각된다.

366 이 부분은 [한글사본]의 마지막 쪽에 낙서처럼 기록되어 있다. 이는 이 [한글사본]의 필사 연대이거나, 이를 읽은 연대로 추정된다. 이는 이 [한글사본]의 제작연대가 소화 4년(1921년)과 연관되어 있으리라 생각된다.

Ⅲ

奉教自述

［漢文寫本 入力本］

『奉教自述』 [漢文寫本 入力本] 교감의 원칙

1) **작업의 목표와 底本:** 이 작업에서 사용하는 김기호 저 『奉教自述』과 『봉교ᄌᆞ술』은 한국교회사연구소에 소장되어 있는 필사본을 기준으로 한다. 현재 이 사본 이외에 다른 자료는 찾을 수 없다. 각각 1책으로 된 이 자료들 가운데 이 편은 『奉教自述』 [漢文寫本]의 定本化에 목표를 둔다.

2) **띄어쓰기:** 『奉教自述』 [漢文寫本]의 경우는 傳統漢文의 記述法에 따라 標點이나 띄어쓰기가 없는 白文으로 되어 있다. 그러나 입력본에서는 사용자의 편의를 감안하여 띄어쓰기를 적용하여 입력하기로 한다.

3) **사본 비교의 원칙:** 『奉教自述』 [漢文寫本]은 『봉교ᄌᆞ술』 [한글사본]과 밀접한 관계를 가지고 있다. 따라서 이 두 사본 간의 관계를 파악할 수 있도록 『奉教自述』 [漢文寫本]의 입력본 문장 중간에 본 '연구총서본' 『봉교ᄌᆞ술』 [한글사본]의 쪽수를 밝힌다.

4) **한문 단어를 각주에서 해설하는 문제:** [漢文寫本] 입력본을 사용하는 연구자에게는 일반적인 漢字語에 대한 해설은 필요하지 않다고 판단된다. 더욱이 [한글사본]이 [漢文寫本]과 같이 본 '연구총서본'에 수록되기 때문에 '한자어'에 대한 설명을 [漢文寫本]에서는 생략하고, [한글사본]에서 각주로 다룬다. 그리하여 [漢文寫本]을 검토하는 과정에서 가질 수 있는 한자 어휘 등에 대한 문제는 '연구총서본' [한글사본]의 해당 면수를 찾아 확인하도록 한다.

[漢文寫本 115쪽],[1] [cf. 한글사본 5쪽][2]

序

凡夫人 特蒙天主之恩 入教者 其路多端 有或耽道理之眞 而進者焉 有或妄望天福輕惕獄禍 而趍者焉 或以爲在世見何利益 而投者焉 有或覗其世態從風 而靡者焉 此皆入於守誡之路 天主以全能 必施安排之恩 而將有求靈之望噫 彼所謂舊教子孫中 以其懈怠傲慢者 言之 甚可哀痛 何也 不識遷改之道 而以其怠心 稍不學習道理之奧妙 以其傲性猥若 熟知道理之眞境 自信自誇 去益放縱 哀此人斯靈魂事情 將至何境耶 念及於此 不忍見聞所及也[cf. 한글사본 6쪽]追憶吾主耶穌 親負十字架 往加爾畧山之中路 顧謂若干教友曰 信我子女輩 不哭我 而哭汝罪及子孫 凡爲基利斯當者 皆可遵奉此聖訓 而以如我石堅氷凍之心 固無奈何 惟仰望吾主聖心之愛火炎炎 以懇求者 特垂矜憐 薰陶此輩之冷心 以若愛主愛人之熱情 使各務自己求靈之功焉 更想各人求靈之功 何在 眞道自證書云 認己

[漢文寫本 116쪽]而認主 愛主而愛人 大抵於無我中 天主特以好施之恩德 賦我靈軀結合而生焉 靈魂則肖像天主 而三司包涵信望愛三德矣[cf. 한글사본 7

---

1 [漢文寫本 1쪽]: 봉교자술 [漢文寫本 入力本] 입력본은 원전의 장(張)이 바뀔 때마다 별행(別行)으로 처리하고, 장수(張數)를 [ ] 안에 밝힌 다음 입력을 계속한다.

2 [한글사본]: 소원신종에는 [한글사본]과 [漢文寫本] 2종의 자료가 있다. 그러나 이 두 가지 사본 사이에는 서로 그 내용상 약간의 차이가 있다. 그러므로 [漢文寫本 入力本]을 [한글사본]과 상호 참조하고자 할 때, 연구자에게 편의를 제공하기 위해서 [漢文寫本 入力本]의 해당 위치에 [cf. 한글사본]이라고 쓰고 그 쪽수를 밝혔다. 그리고 이를 현대문으로 옮긴 [현대한국어 번역본] 안에도 [漢文寫本]과 [한글사본]의 쪽수를 모두 밝혀 본문과의 비교를 용이하게 하고자 한다.

쪽]肉軀則皆染原罪 而胚胎驕傲·慳吝·迷色·憤怒·貪饕·懈怠·嫉妬七罪矣 然其靈魂上分 承順主佑 壓服肉情 以爲教吾人 各認自己之至賤至惡 更認天主之至尊至善 而有何罪過 皆歸於己 自恨自尤 可也 有何善德 皆歸於主 感謝主恩 可也 且人皆爲天主大父之肖子 四海同胞 天下皆兄弟 則豈無友愛之性情乎 若不相愛 不如禽獸 大父公義之下 見其責罰 至於何境耶 聖子耶穌 欲救我們之如此罪罰 釘死十字架上之形像 爾今仰想否 耶穌 曾謂有人欺藐我小子者 懸其頸磨石 猶若投重錘於深淵矣[cf. 한글사본 8쪽]豈不戰兢哉 人而藐視同胞而不愛 是直不愛天主大父 以若不愛 主父之心 敢言爲自己救靈 而守誡乎 天主十誡 總歸於愛主愛人二端 無論誰某 於守誡之路 或與人不合 至有憤發難忍之時 以超性道理 卽想三位一體 天主在

[漢文寫本 117쪽]此 俯鑑垂聽之公義 則俄頃憤火 庶幾自消矣 如我愚蒙老拙 自不識感謝主恩 痛悔己罪 懇祈所求之三情 而自嘆自責 庶或俟後學子孫中明利者 爲其徵戒 各於救靈神功 夫上少有助於避惡趍善之實效 敢冒譾陋 如是自述

天主降生一千九百一年辛丑三月上澣

明道會 後學老拙 金若翰 主母臺前 祈求謹誌

奉教自述 上篇[3]

第一章[4]

感謝領洗入教之特恩[cf. 한글사본 9쪽]

如我罪人 本以簪纓後裔 生於鄕居大姓農家 自幼無心於稼穡 一遵父兄之教訓 晝宵舌畊 年至十五六 能稍知科文 軆格詩賦間 俱爲成篇之樣 世俗所稱科儒也 爲世累所牽 遨遊於京都名利場中 或與族戚間 宰相名士 交結爲友留意功名 或設庠舍 招聚學童而教之 爲其些少權利也 如是觀光十餘年來(以)此劣弱之質[5] 爲俗陋多傷而然歟 偶以重病數朔 危境之餘 一日忽然起想人之爲人 惟一心爲主矣 徃我所遊經營者 於我心有何

[漢文寫本 118쪽]緊要耶 自後[cf. 한글사본 10쪽]一不相從於宰相名士之門 更想逐年十餘次 所營之科藝 如或掛名 爲人羈縶 自不能從心所好 仰不愧天 俯不怍人乎 然爲多年交遊之伴 所拖 雖身入場中 以自名 不復見科 而絶路於名利竊欲靜居心功 而廣聞博覽 然俗書総無覺心之方矣 這間 有人袖書而來 慰我

3 奉教自述 上篇: 한문본 원본에는 표시되어 있지 않다. 그러나 한글본에는 "봉교주술 상편"이란 구분이 상편의 시작 부분에 들어가 있고, 한문본에도 '奉教自述 下篇'이란 구분이 있음을 보아서 여기에 '奉教自述 上篇'을 첨가했다.

4 第一章: 『奉教自述』 '漢文寫本'은 상편(上篇)과 하편(下篇)으로만 구분되어 있고, 각 장(章)의 경우에는 그 제목만 굵은 글씨로 되어 있다. 그러나 봉교자술의 교감본을 작성하는 과정에서 연구자의 편의를 위해서 각 장 앞에 일련번호를 부여했다.

5 以此劣弱之質: 한문본 원전에는 '此劣弱之質' 앞에 판독 불능의 한 글자가 있다. 그러나 그 글자의 위치에 '以' 또는 '因'이 들어가면 좀 더 자연스러우므로 여기에 '以' 字를 넣었다.

曰 弟觀此書 受以閱覽 則儒老釋三道之論 而題名曰 性命主旨 何謂也 釋道則先性後命 性自覺 而命自壽矣 老道 則先命後性 命自壽而 性自見矣 儒道則兼行性命 率性爲道 而身命亦保矣 此於我心初不合 當以其時 不識眞道之見 庶或有導氣却病之方 而又欲試觀心寡慾之法 晝宵勤工 少寐多寤 拖至六朔之後 果然身病却矣 世慾遠矣 自顧心境 猶如高出天半 洗滌世塵也 此樣功夫以前[cf. 한글사본 11쪽]有他異端 所試世俗 所謂異人工夫者 以影算乘歸法[6] 年月日時四計 天道循環 國祚長短 歲之凶豊 人之禍福 能推數明知云矣 若是迷陷於異端虛妄之罪人 天主 以

[漢文寫本 119쪽]至仁至慈 特垂俯憐歟 忽起憶故舊之心 行近十里抵下 南村後洞 李瑪竇家 扣門則主人獨坐看書 掩冊藏置 後起座延接 因其見疑 寒暄畢 卽探其書覽之 乃天主道理之論 而冊題則盛世芻蕘[7]也 一句一節 皆醒我心 於焉間 日已夕矣 告歸時 袖其書上一卷而來 明燭達夜 熱心畢覽 翌日復去 袖其書下一卷而來 依昨閱覽 次早去 向主人(曰) 此道理書必多矣 若不續見 我心難抑 何爲[cf. 한글사본 12쪽]則好耶 主人曰 然則隨我而來 喜而隨去 西小門內城廓在 洪多黙家也 早有面分 聽我意而笑言曰 此後續見此書云 故頻往借覽而問 如此高大之道理書中 爲其祖宗者 何書歟 曰聖經 後一日 往詢則冊無云 余曰 聖經無耶 曰無 此乃聖經 奧妙之義 初聞教 以爲難知之規矩言也 余曰 爲聖教 祖宗之聖經 不得見 豈能聖教奉行乎 洪友復云 明日再來

6 影算承歸法(영산승귀법): 길흉화복을 예상해 알아보려는 명리학(命理學)의 일종.

7 盛世芻蕘(성세추요): 예수회 소속 중국 선교사 마이야(Mailla, 馮秉正, 1669~1748)가 1733년 북경에서 5권으로 간행한 천주교 교리서이다. 목동이나 농사꾼 같은 일반 백성들이 쉽게 이해하고 익힐 수 있도록 저술한 책으로, 18세기 후반 정조 시대 이래 조선에도 널리 읽혔다.

明早往問知之 洪友稟達張主教前 而其不違裝冊之聖經全帙 特許出給矣 挾來近一朔間 歡心閱覽[cf. 한글사본 13쪽]自憶我涉獵聖

[漢文寫本 120쪽]書者多 而一無着疑處 恒心喜樂 恨不早識此道理 當從速奉行 問答 四本及早晩課 玫瑰經 循序豫備 一日忽憶同志友李雲擧 先招上來春夏間 相與講習道理 其年八月 張主教前 偕蒙領洗堅振之恩 李友本名西滿我之本名若翰也 奉教後 非獨厭居京都之心 尤切親族間 皆令忠孝於大君父而救其靈之微誠也 卽辭京城 流落本鄕 窃欲廣揚聖教 該地方人心 愚頑難化 固執於祭先異端也 親屬男女 初聞天主道理[cf. 한글사본 14쪽]皆曰 是擋於虛臉爲言 大行後 該可奉行 反欲禁聖教 作黨來會 威嚇曰 爾在親族叢中 獨行國禁之事 將有禍及族屬之辱矣 欲奪我聖教書 以焚燒 祭先長孫中一兄 手持短斧 將欲斫破 藏書之櫃 而怒氣大段 余乃伏於櫃上云 但燒此書 而我身生在 則將必倍加此書而存之 此身不存然後 可以塞此冊之源 更爲深思而處分焉 兄投斧而退去矣 後幾日 復聚毁家 故余乃語衆曰 勞力毁家 是逐我之意暫且休力爲

[漢文寫本 121쪽][cf. 한글사본 15쪽]好 略備酒膳 以待之 仍告下直曰 卽今携妻子離去 願領此家 任其處分焉 是日也 率去他方 借得空家一間 留在妻子 束裝荷道理書幾卷 憑心所去 東奔西竄 勸化外人 勿論貴賤老小 隨對而皆敬禮接之 到處家家 皆善食之 所言人人 皆善聽之 所以信徒者 次次增數 不久至五六十名矣 引導此們 去京 已爲領洗 每年辦公時 迎接無家 甚爲難便 故擇其靜地於瑞興北面蟾谷 創設公所 召聚教友四五家 後爲問天主道理 來訪者日不下四五六人矣 其秋迎接主教之日 該地方 外人大姓妻族 少年輩五六人欲觀洋人 其夜察考時[cf. 한글사본 16쪽]忽開房門突立 余速起 驅出場外 曉諭

以軆度不合之意 俱逐去而入侍 主教不行聖事 來日爲去分付矣 余曰 何如是分付 主教曰 俄者魔鬼凶惡也 禀曰 不然 少無念慮 監曰 一定無某樣念慮否 一定無慮也 監曰 爾信如此 可行聖事矣 其時 辦公果無事行過 窃念主母 保護之恩 感激無地 仰慕頌祝 榮光經一遍

[漢文寫本 122쪽]

第二章

陪張主敎 傳敎於外人大村中 逢着窘難 特蒙主母保護 [cf. 한글사본 17쪽]**脫免危險 感恩無地而 悔過自訟**[8]

李西滿本鄕 數百戶大村中 惟一家 最先聞敎 大人五六食口 同心勉力 皆爲領洗預備矣 其內主老婦人 偶然得病 至於危險 甚痛其未領洗 罪而死 懇請主敎迎接 事情如是切迫 廣探主敎在處 適傳敎在載寧信川等地也 詳錄病者之由 領洗者之數 擇令善步者 馳告矣 主敎知此報之急 即爲行次來臨 迎接待大房 翌朝彌撒後 聖事發記時 上下村中 好事者 數三十名 偕來入庭圍立 頭戴高冠 身穿長衣[9] 手持烟竹 最前者 高言曰 張主敎在何房耶 願一見貴賓 余即出引接 坐定於廣場後 修人事曰[cf. 한글사본 18쪽]僉尊何如是失體乎 以我

8 이 부분은 중간 제목에 해당된다. [漢文寫本]의 경우에도 중간 제목은 한문 대자(大字)로 표기했다. 그러나 [漢文寫本]의 이 부분은 본문의 일부처럼 동일한 글자 크기로 처리되어 있다. 그러므로 한글본이나 한문본의 관례에 따라 이를 굵은 글씨로 바꾸었다.

9 身窄長衣(신착장의): [漢文寫本]에는 '身穿長衣'로 되어 있다. 그러나 이 문장에서 '穿'은 '着'의 오기(誤記)로 생각된다.

國體度體面 言之 欲見貴賓 不得不具衣冠 而後敬之待之 況欲見他國品位極尊之貴賓 而如彼褻慢何也 誠有欲見主教之心 更着衣冠來見 似好也 有一早熟面者 出班詰我曰 他國之賓 品位

[漢文寫本 123쪽]極尊何謂 願聞之 余曰 吾人無論誰某 皆受天主大君父之命 而品性生世 僉尊曾知否 答早皆知之[10] 余曰 然則爾所知孔孟之教 爲善者 天主報之以福 爲不善者 天主報之以禍 且自祖先 傳來之言 勸善曰 善必好處歸 誡惡曰 惡必惡處去 此亦知而信乎 衆皆含默無語 老熟一士對言[cf. 한글사본 19쪽]誰能去好處惡處 而自覩乎 余曰 何許酬酌如是耶 俄者言內 人皆受天主之生命 而爲人皆知之 伊時目能見天主 而知其受生命耶 人若目不見已死祖上 則豈曰祖上無耶 凡夫世人 如是愚蒙 皆如孔子之所言 獲罪于天主 無所禱也[11] 是故 如我張主教 早受天主命 以教世人 有行善避惡之權 而品位極尊也 衆憮然相謂曰 爲天主學者 脅旁抱帶 蘇秦張儀歟[12] 難當其言 余曰 不然 爾們所共學 孔子之言忘却耶 '觀於海者 難爲水 遊於聖人之門者 難爲言'[13] 彼人斯皆無言而退去矣 主教知此動靜[cf. 한글사본 20쪽]促行領洗聖事於幾人 餘皆待令於前公所爲教[14] 卽治行 離去之路 惡黨四五人 挽止乘轎 欲

---

10 答早皆知之: '答早皆知之'에서 '早'는 '曰'의 오자(誤字)로 생각된다. 즉 이 문장은 答曰皆知之'여야 한다.

11 獲罪于天主 無所禱也: cf. 論語 八佾篇, 第三 "獲罪於天 無所禱也". 김기호는 여기에서 논어에서 나오는 '天'을 '天主'로 바꾸어 말함으로써 천(天)에 대한 성리학적 해석의 여지를 미리 봉쇄하고 있다.

12 蘇秦張儀: 중국 춘추전국시대의 변설가(辯舌家).

13 觀於海者 難爲水 遊於聖人之門者 難爲言: cf. 孟子 盡心章句上 "登東山而小魯 登太山而小天下 故觀於海者 難為水 遊於聖人之門者 難為言 所覽者 大意大觀 小者志小也 觀水有術 必觀其瀾"

14 爲教: 吏讀文 'ᄒᆞ랍샷고'

[漢文寫本 124쪽]奪彌撒聖物 適其地方大場市之日也 數千百場軍士 欲觀此光景 滿山遍野 足疊肩磨 余追後而去 當此地境 所信者 惟仰望主佑而已 乃振勇趨乘轎前立 主教兩手抱彌撒諸物 對惡黨 隨問隨答曰 祭獻天主之衣曰祭獻燭臺曰 祭獻酒爵 終奪咸豐皇帝公文 而問曰 此何物耶 主教答 初爲朝鮮人民 出來之時 爾國君之君 咸豐皇帝 以善教朝鮮民人等之意 付託於主教之[cf. 한글사본 21쪽]公文 惡黨曰 怎麼然耶[15] 乃取拱其腰帶後 余從後奪取 廣布朗誦曰 爾皆詳聽之 惡黨聽而不聞曰 怎(麼)[16]有其然之理耶 復奪我 而藏置於渠之兩袴內 我無奈何[17] 主教暫顧 分付曰 此地方無官長耶 衆曰 地方新溪有官長 曰然則速去官長處 惡黨言內 我乃遂安地方之人 當去遂安 恐喝轎軍旋驅乘轎 主教分付曰 從彼所願去而去 日已夕矣 陪監於場垈旅店 而進饌 監稍不下箸退床矣 在下幾人 豈敢就食 但悚惶陪從 是日大會場軍 及

[漢文寫本 125쪽]場垈男女老幼 或上屋據籬 滿庭趍階[cf. 한글사본 22쪽]而其中或有欲親主教見面聽音者 爭先而爲後人所推擁門入房 將至有壓膝之境 然不可以威退却 而監亦云 不禁矣 余回見擁門圍立中 有或熱面之一二士人 以良順溫語 少退其最所押近者 而諭曰 爾等不識主教之品位尊高 而如是褻狎 於爾體度 可不愧哉 乃擧聖教道理之言 而論其人皆有一靈魂之際 更顧衆曉言曰若不知自己靈魂 豈能知主教之品尊乎 提其靈魂妙理 第次明辨焉 衆初聞靈

---

15 怎麼然耶: 怎麼는 고문이 아닌 白話文으로 '뭐냐?' '어떤' 등과 같은 뜻. 조선왕조의 경우 이와 같은 백화문의 사용이 正祖 시대의 文體反正을 통해서 공식 문서에서 古文만을 사용하도록 했으며, 明末淸初의 白話體를 금지시킨 바 있다. 그러나 김기호의 『奉教自述』에서는 正統古文만을 사용하지 않고, 白話를 수용한 문체를 구사하고 있다.

16 怎(麼): [漢文寫本]에는 '怎' 다음에 '麼' 字가 빠졌다.

17 我無奈何: '我無奈何'는 "내가 어찌할 줄 몰라 하니"로 번역할 수 있다.

魂之說 若有甚麽[18]意思 拱手[cf. 한글사본 23쪽]默聽 監察其動靜 以輕飴苦難之心 擧手膝曰 爾所言甚好 更多言之 若此至夜半 忽然大雨若傾注 衆皆散去 鷄初鳴 雨適止 暗招惡黨 出給若干錢兩 還取公文 納上監即云行次 雨雖止 川大溢 九曲土橋 皆漂流矣 乘轎高擧肩荷以渡 過昨逢難之街曰 已明矣 酒幕之人開門出立 倡言曰 張主敎過去了 余因回想 場垈惡黨之去

[漢文寫本 126쪽]就 可探知之 趨乘轎前 稟告此意 監亦然矣 即回行渡九曲寒冷之水 而到場垈 腹空身戰 稍難堪耐[cf. 한글사본 24쪽]於初到酒店 扣門[19]請一盃 老翁虛座請入曰 何如是還來 余曰 暫有顧見事 主翁曰 昨夕 陪主敎所以談論 大槩聽之 大旦聖之敎訓也 誰不心悅誠服哉 酌酒懇勸 而他們連來三人 皆如主翁之言 而讚美聖敎 乃可推場垈衆人心法 以知之 然惡黨五人之去就不知 故徃問客主 則云皆已散去 各歸其家久矣 少無疑慮 即還追乘轎上京 伊時 主敎宅南門內 米廛後[20]大家也 一日彌撒後 拜謁告退 監曰 出在舍廊云 故出而少俟 服事洪友 持出大簡一封以示之 自京以西北諸道 傳敎之權會長差定也[cf. 한글사본 25쪽]余覽畢曰 如我劣弱愚蒙者 何敢擔當此重任哉 以此意 更稟爲言 洪友揮手止之 曰不可 仍告退下來默思 則今番余敢迎接主敎於外人村中 如此貽苦辱 不勝惶懼 伏求吾主聖母 俯憐此罪人而寬赦焉 亞孟

18 甚麽: '怎麽'와 같이 백화문이다. 18세기 이후 조선 문집 가운데 怎麽를 甚麽로 표현하는 경우가 간혹 확인된다.

19 門: [漢文寫本]에는 問으로 되어 있다. 問은 門의 誤字이므로 이를 바로잡았다.

20 米廛後大家: 원문은 '米廛□大家'로 나온다. [한글사본]을 참조할 때 米廛 다음에 '後'字가 들어가야 한다.

[漢文寫本 127쪽]

第三章

因張主敎命 幾年間 傳敎西北諸道 而自愧實效之不多

余奉教時 年纔三十餘 世俗家務 都托妻子 惟以傳教一事爲本分 乃取聖教要理 諸書眞諺 各幾卷袱 以裹負一肩 稍少懸重左右 暫肩輪次通功 到處熟視者 指名金一肩云 隨心所之 於東於西 歷訪有學博識之士 隨問隨答[cf. 한글사본 24쪽]每察其心法與聞見 而或談論爲人本末 及其善惡賞罰 雖曰好善 無心於勇趨者 惟以十誡七克之題目 贈見之而去 少有信徒奉行之心者 一二日留宿 飜譯十二端及三本問答 以贈從速領洗預備爲言 去而後 一二次更加勸勉 且以異端闢破[21] 言之 如他邪妄皆易 而至如儒老釋三道闢破[22] 所謂其道之虛妄 余曾見知 故明言其虛 使人覺之 亦易矣 惟其如祭先之說 人多難其覺知也 談此論彼 自松都 至黃海道諸地方 多行勸諭 由余無德信 而遵行者略干而已 是時 平壤人鄭泰亨[23] 曾以避世次 入山名鳳凰臺居焉 於其處聞教 還來

21 漢文寫本에는 '□破'로 되어 있다. 이 단어는 '闢破'로 생각된다.

22 漢文寫本에는 '□破'로 되어 있다. 이 단어는 '闢破'로 생각된다.

23 鄭泰亨(정태형): 김기호는『봉교자술』한문본에서는 정태형으로 표기하고, 한글본에서는 정 원선시오라고 표기하였다. 정태형(원선시오)은 평양 東村 논재 출신이며, 그의 동생이 병인박해 때 순교한 정태정(베드로)이다.『치명일기』등에는 정태정(베드로)이 천주교에 관하여 듣고 서홍(瑞興)에 살고 있던 김기호에게 동생을 보내어 평양으로 초빙했다고 한다. 그러나 김기호의 기록에는 동생의 이름이 '태정'으로 나온다. 치명일기의 기록은 전문증언(轉聞證言)에 의한 기록이므로 김기호의 기록이 더 올바른 것으로 판단된다. 베르뇌 주교는 1865년 7월 17일자로 정 원선시오를 평양 회장으로 임명하였다. 이때 발령장을 받은 사람이 정태형(원선시오)으로 추정된다. 베르뇌 주교는 발령장에서 평양 지방에 교우가 많아 회장을 임명하지 않을 수 없기 때문에 정 원선시오를 회장으로 임명하는 바이니, 회장 된 자는 그의 두 가지 본분을 충실히 이행하여 주교

平壤本村 與其群弟[cf. 한글사본 27쪽]偕奉聖教領洗矣 一次

[漢文寫本 128쪽]遣其弟泰鼎[24] 請余 余難其辭却 即爲隨去 鄭友 中路出迎 導入府內 定其舍館 留數十日 其親知之士人 多矣 日招幾人 聽其講論 逐日增數 不啻倍多 其有熱情者 晝宵不離舍 不能容 隨其時勢 四五十員 從外共議 帳設排定 日以爲常普通門外 擇其廣郊沙場及莎田 圍坐講道時 或遊散或行路之人 欲知此怎樣事端 有或來近窺聽者 每請偕坐善聽 聽之少頃 或稱有急 起去者 或忘其去 而潛心聽之 至夕陽在山 時拂起 偕入舍館[cf. 한글사본 28쪽]因爲同伴食口 如是數十日間 信從者不少矣 一日 去他處爲言 鄭友導路去五十里中和邑 定其舍館 指揮家家 何日何夜 隨其請而去爲約 第次講天主道理 輪聽之 先認自己靈魂妙理 然後認得天主 而可信敬之 男女間 明悟稍通者 答云問答預備矣 幾日後 鄭友曰 此去三十里 平壤東村爲好云 故隨去 指揮其村村家家 今聽天主之道理 時維四月南風 大麥黃之節也 人皆晝則農事奔走 每於夜 舖席於大場上 男女分別 東西坐定 處中講說

[漢文寫本 129쪽]先以人皆有靈魂肉身 善惡分辨之妙理 詳論之 繼以造成萬物[cf. 한글사본 29쪽]降生救贖 聖神降臨 諸恩 第次詳言之 夜已深矣 旋察其聽

의 뜻을 다하라고 지시하고 있다. (베르뇌 주교 〈평양 회장 발령장〉, 『순교자와 증거자들』, 한국교회사연구소, 249~252쪽). 김기호가 『봉교자술』 한문본과 한글본에서 정태형(원선시오)에 관해서 언급함으로써 병인박해 직전 평양 지방의 천주교 신앙 실상에 관해서 추정해 볼 수 있는 단서를 제공하고 있다. 또 정태형은 유정률(베드로)의 순교와 관련해서도 언급되고 있다. (이병영 지음·최석우 감수, 1968, 『어둠을 헤친 사람들-병인 순교 24위 복자전』, 성 바오로 출판사, 224~234쪽)

24 遣其弟泰鼎: [漢文寫本]에는 泰鼎의 '泰'가 '恭'과 비슷한 자형(字形)으로 되어 있으나 태정으로 읽어야 한다. 정태정은 『치명일기』 335번에 나오는 '정베드루 태졍'과 동일인으로 파악된다.

者之動靜 左右遠坐者 漸在近矣 暫停講論 左右顧視曰 不論誰某 是日所聽之言 有不合於心者 其所以不合之由 皆言之 大抵皆聽 從眞實道理 而行之云 幾許洞內 皆以此攘 輪聽道理 晝則召聚遊士 逐日談論 一日離去爲言 鄭友先行導路 至於黃州地境 大姓李村中 有可與談論者 多矣 多曰逗遛 召聚多士 或視以聖教道理書 或勸以領洗預備言 樂從者愈多矣 遊行如此數朔後歸家[cf. 한글사본 30쪽]其年秋 又送人 請余隨往春間聞教預備人等處 皆勸勉曰 始非貴而終爲貴也 從後銘心學學 天主恩惠 多感多謝 自己罪狀 常痛常悔 而主母臺前 多祈多求 各務其結實之效焉 隨本會長所引 自平壤 周行順肅川殷慈山等地 雖多費歲月 不知主母之恩佑 將何如 而但知以吾人力 難化諸人也 大抵 以平安道人品 論之與黃海道人

[漢文寫本 130쪽]品 少有異焉 其明悟之光 猶如爲白紙一張所掩 而明不捷矣 徒有勇往直前之氣 天主道理 不遑明辨 而從風而趨 輕信者多矣 是故 昔在張主教 行聖事於大庭中 或六十人 或八十人 驟蒙領洗之恩[cf. 한글사본 31쪽]男女間 玩景者 多聚而不禁 故無預備 一外人參預 其中領洗云 數千名領洗之人 其信根不遑確堅 而不幸値丙寅風波 冷淡者多毁 而確信爲主教命者 無過十人而已 黃海道教人 信德道理 稍近於活 黃州兵營被執致命者 四十餘人 海州巡營 八十餘人 各邑獄中 死者之數 不曾詳聞之何爲也 是時 余在瑞興地方 聞張主教被執無奈 所謂家產世業等物 皆天主之物也 還納天主 獨收聖書聖物而取之 携妻子偕往山城於里谷 隱身守誡之金友家 寄在焉 從此 京鄉教友 多聚隱身 外人所聞 數百人聚集云 自官送來捕卒 逐出他境爲名[cf. 한글사본 32쪽]燒毁其家 近七十名 男女教友 各自分散 或據石窟 或拓土依幕 從後 京鄉捕差輩 惟獨爬記余容貌

[漢文寫本 131쪽]持之 間日 出入此谷 被執去京鄕 而死者 合四十餘名也 其時 各處被執敎友之數 大槩傳聞 而其致命之善否 都不識也 如我無功無德之人 前後一不逢着捕差輩 天主 如許大設豊宴之時 終漏而不參 自嘆自愧而已

第四章

丙寅窘難時 爲失牧之羊 東西奔竄 在外人地方 十年間 虛送歲月之事 追憶而自嘆自責

張主敎被執 鳥南垈[25]致命後 風波稍息 德山事後 大院君 以含毒之心 欲滅敎人種 無限致死 是時 余在於里谷 分散妻子 獨無奈何[cf. 한글사본 33쪽]乃收聖物聖書 藏置石窟 暮夜出脚 乞於親戚家 着得弊冠網 携短杖 無處去向踽踽凉凉[26] 是時 大兒伯多祿 年方十五六 以窘難 驚㤼之心 奔竄 在兎山大場垈[27]外人家 放蕩無賴矣 訪得率去 轉向江原道 遍踏嶺東嶺西 玩景於金剛山萬千峯風光 掛目森羅 八路遊散之人 接踪後先 數朔後 歸路抵朔寧矢插里朴五衛將家 主翁款曲厚待 請敎授其兩孫兒 余仍留在焉 適該官長好儒生 出令於各面各里 詩賦各十題製述 以試才云 主翁

[漢文寫本 132쪽]爲其兩孫兒 買得名□(聲)[28] 詩賦各十章 做工之意懇請也

---

25 鳥南垈[새남터]: '鳥南垈'는 '새남터'를 한자로 음사(音寫)한 단어이다. 새남터는 보통 '沙南基'로 음사되고 있으나 김기호는 이를 조남대(鳥南垈)라고 음사했다.

26 踽踽凉凉(우우양량): 접촉하는 사람이 없이 혼자서 가는 모양.

27 大場垈[큰 장터: '큰 장터'의 음사(音寫).

28 買得名□: □은 그 의미로 볼 때, '聲'이나 '譽'에 해당되는 글자로 생각된다. 그러나 그

爲主客之道 甚難辭却 然無書冊地方 未由得見[29]解題 於詩於賦 皆難成篇 心苦不無 忽然回心 想之昔年節題 及庭試場中 不知□(科)題[30]之解 而能成篇獲科矣 以此樣 詩賦各十章 製以封去矣[cf. 한글사본 34쪽]幾日後 自官試考 出榜來到 展而覽之 詩賦章章 赤點多打 高等爲壯元 主翁見榜滿喜 逢着人人誇獎之 文名遠播 余心還惻 素以不成之文 奉教後 全爲忘置 而虛名 如是狼藉 恐或有靈神之害 都歸於主恩 感惶無地 以此心 幾年間 與妻子 平安以過自初奉教 果然識文字之由也 內外洞人 皆請教其子侄 大設學房 厚其講米[31]凡節而接之 因此虛送歲月 聖會絶路 不得見日表 無奈推數主日及間瞻禮與大瞻禮 排日記覽 而自嘆自責 惟所懇望者 主命 丙子年秋八月 林伯多祿成實[cf. 한글사본 35쪽]金若望聖欽 二友來傳 白監[32]命曰 召余云 不勝驚感 何謂也二友答 白監 久留淸國岔堠[33]聖堂 四月迎接 即今在京 而曾聞知爾名 命吾二人 訪得召來爲教 故四面探知而來 即隨二友 上京拜謁 分付內 與林白多祿

[漢文寫本 133쪽]周行教友處 速爲聖事預備也 卽日起程 向江原道伊川平康春川狼川等地 及京畿砥平諸處 略干勸勉 是年十月十九日入京 一日休憊二十一日 陪監行次 其時 服事金保祿汝先也 楊州地方一公所 鐵原大光里一

字形이 이러한 글자와는 달라서 □(미상)으로 처리했다.

29 未由得見: 漢文寫本에는 '未由得見'으로 나온다. 이는 未由得見의 誤字로 생각된다.

30 □題: 漢文寫本에는 '□題'로 나온다. 그러나 □題는 '科'題 혹은 '試'題로 생각된다.

31 講米: 漢文寫本에는 '講未'로 나오나 이를 바로잡았다. 강미(講米)는 학부형들이 훈장에게 지급하는 급료이다.

32 白監: 블랑 백 신부. '監'은 '監牧'의 약칭이다. 감목은 일반적으로 주교를 지칭하는 단어였다. 그러나 김기호는 주교 이외의 일반 선교사제들에게도 '감'이라는 명칭을 부여하고 있으며, '니 쥬교(Ridel, 1830~1884, 주교서품 1869)'의 사례에서와 같이 주교는 '주교'라는 칭호를 쓰고 있다.

33 岔堠: 요동 지방에 있는 지명 챠쿠[岔溝]를 말한다.

公所 隨次辦公後 於伊川熊洞公所 留四十餘日 召聚四百餘人 行聖事 而歸路抵朔寧矢插里[34] 白書行次 而陪從之 [cf. 한글사본 36쪽]外人 欲玩洋大人者 略干有之 皆逐送之 取潔瞻禮日 辦公畢 白監喜色言曰 不與他公所同例 因汝權度 天主榮光 稍顯甚好也 翌朝早發 向狼川獅洞公 過歲後 正月初四日 又離去春川二公所 行聖事 次往砥平二公所 辦公 自狼川 行聖事教友數 又合二百餘人矣 是歲 二月初九日 入京 幾日休息 一日彌撒後 監分付曰 汝即還家攜妻子 三月內 移居白川 問厥由 則迎接新監計也 依分付擧行 三月去在白川公所矣 是時迎接 海路中違逢 而秋八月 李主教[35]與丁金二監[36]來臨矣 李主教上京 陪二監入本公所 以朝鮮物情 及動靜言語 教之勉之[cf. 한글사본 37쪽]纔月餘 金監 能行聖事於本公所矣 伊川教友等 請於主教 迎接金監而

[漢文寫本 134쪽]去 其年臘月念間 陪從丁監 往九月山公所 行聖事 過歲矣 正月初三日 白川本公所 二友急來報曰 正當初吉 京捕二十餘名 忽來該邑將廳 問曰 邑之東十里新垈 與洋人同居金先生家 安在 加率該邑捕卒幾名 而出去云 是何故也 自京 二教友往復於岔堠聖堂 書簡封 現着於義州邊門 府尹啓聞 故去臘月二十七日 李主教被執 在捕廳 且推着與洋人同居金先生也 丁監 仍停止辦公 避身於九月山最高處 李主教見逐 入清國後 六月 乃陪監 行四百餘里 至谷山文巖 金監宅 [cf. 한글사본 38쪽]幾日休憊後 丁監 次次傳教於嶺南而去 余向朔寧還來時 金監託余曰 於朔寧地方 擇其可爲學堂之一家 爲

34 矢插里: [漢文寫本]에는 失插里로 되어 있다. 이는 '시삽리(矢插里)' 즉 '살꼬지'의 오자(誤字)이므로 바로잡았다.

35 李主教(이 주교): 리델(Ridel, 李福明) 주교.

36 丁金二監(정김이감): 드게트 신부와 로베르 신부를 이름.

我排置 還來於小沼屯教友村中 依金監命 排置一家 迎接後 召聚學童 教之是時 白監 有總察朝鮮教務之本分 自全羅道傳教 至忠州崇先公所 在焉 遣裵會長敬執 命來金監矣 陪監同行 隨其路邊公所 第次[37]傳教 至崇先 一主日間留在 遵白監命 陪金監 去忠州堤川江陵

[漢文寫本 135쪽]等地公所 而行聖事 踰大關嶺 過襄[38]杆城 還踰間嶺 到楊口宮洞公所 時維四月南風也 忽有一人 自京來告 崔監被執急報 金監 停止辦公 在宮洞過夏 日長無事[cf. 한글사본 39쪽]金監曰 開爲萬罪之根 預備一冊 詳評其求靈之要義 逐日記一條 集爲一書 乃遵命以求靈要義爲題目 主母臺前祈賜力量之恩 揮毫日勸 幾朔間 成篇納上 監曰 好 待後坌堠聖堂有便 當於李主教前 監定出來云 後果値迎接便付去矣 其時 迎接閔監及柳監二位也 海上相接 開卜 閱覽此冊 不可爲準 還持來納白主教 至今來 在主教冊庫內矣 當八月初 金監 傳教爲始 次至狼川栗棘洞公所 而是日也 金多黙悅卿 持白監書來 投受而披覽 即徃平安道 周行而訪見 冷淡教友提醒 俾蒙聖事恩之意分付也 稟於金監 [cf. 한글사본 40쪽]監曰 白監分付不敢違越 然京城教友 冷淡 不可成說 爲我先去京都 着實勸勉 我將傳教 速速抵京 以此意分付於京會長寄書矣 即日發程 向去京城 月餘間 與本會長 周行於門內門外及上

[漢文寫本 136쪽]下江村 不分晝宵 勉力提醒 男女諸友 皆爲喜悅 二三次顧問之家 隨其願意開導 金監入京後 拜見告退 監更有託曰 平壤去路邊 平山

---

37 第次(제차): [漢文寫本]에는 '苐次'로 되어 있다.: 苐는 第의 오자(誤字)로 생각되므로 바로잡았다.

38 過襄(과양): '襄'은 양성(襄城) 즉 양양(襄陽)을 줄여 표기한 글자이다.

地方 有一公所 爾訪去 幾日間留在 提醒焉 迎接日字[39] 記以付之 乃受而下來 依監分付擧行

[cf. 한글사본 41쪽]

第五章

奉白監命 平安道地方 冷淡敎友處 遍訪提醒 雖盡心竭力 以如我無德之致 三年間 回頭蒙聖事之恩者 無過八十餘人 豈不深愧哉

白監 初在淸國十年傳教 而聞於朝鮮敎友 留在坌堠聖堂者 早知金若翰 以張主敎之命 傳敎於平安道 而勸化者多矣 問於京鄕各公所會長曰 誰能使平安道敎友冷者 從速回頭歸化哉 各會長皆稟曰 金若翰外更無其人 是故 白監分付前此[40]矣 伊時 余以金監付託 京城敎友處 聖事預備 而來到平山公所 直走平壤 其時 府中先此回頭者 有四五人矣 訪其家留宿 爛議冷淡人之生死也 居處也 姓名也 詳探記之 僅爲一百二十餘人也 周行各處 踽踽

[漢文寫本 137쪽]凉凉其貌樣也 不啻齟齬 甚爲危險 時維十月 向北寒風也 到處人心 皆爲强暴[cf. 한글사본 42쪽]無論某洞 問其人之姓名及家 則默無答言 諦視 余表襏內物色也 爲其人疑慮躊躇曰 此洞內無其人云 或自遠訪 知其家 直到門前 明言覓主 則主人出來言 賓從何處來 余曰 宅姓名非誰某耶 諦視

39 日字(일자): [漢文寫本]에는 '日子'로 되어 있는데, 이는 일자(日字)의 오자(誤字)이다.

40 前此(전차): 지금보다 이전, 종전. [漢文寫本]에는 '全此'로 되어 있다. 이는 '前此'의 오자로 생각되어 이를 바로잡았다.

低答曰 非我也 擧手指某洞曰 彼去問之無奈 日已向暮 酒幕無處 去路茫然 訪有客室 請一夜經宿 則每稱無客室云 到處風俗 客室門外掩而內通 惟獨彼之親查人 接待出入也 余問此洞內無書齋房乎 這間有之云 訪去對先生者 人事後退宿於寒房末席 而早起 頓無朝夕間得食之計矣 且徃何許地方訪主人 則主人自隣家大舍廊出來 修人事後 暫奉聖教時勢 而槩言聖事預備 則其人忽然[cf. 한글사본 43쪽]變色靑黑而回首曰 至今亦有欲殺人命行者乎 於焉間 自舍廊出來 二三十人 滿場圍立 余察其動靜 徐徐步來默念 謂彼人斯如或追我 我有當拒之一言 惟仰慕主母 而遠來顧視 頓無動靜 昔年迎接

[漢文寫本 138쪽]張主教辦公處 殷慈山[41] 幾許洞內 皆領洗之人 而不能訪覓一家 至於肅川安州地方 偶然逢着熟面老成之人 蒙許聖事預備者合七八人矣 遽然歲過 當春二月 別無尋訪處 故歸來白監前 詳稟經來緣由 則監曰 七八人回頭 猶爲不少 其後年十月 亦因白監命再次向去 因其事勢 率新聞教一兒 預備冬衣一件 負而去到平壤府 與其幾何教友議曰 隱慈山地方 無用別法[cf. 한글사본 44쪽]恐如昨年樣 今番則以咸之箔修補商人之樣 束裝而去 到家家門前 唱呼弊咸之箔修補 則或有請補者 歇呼其價 必然請補者多 而至有留宿之家 親熟之人也 余不諱其人之見聞 晝聖號朗誦經 必有酬酌之人 乃將聖教道理及時勢 爛熳酬酌而後 可見其□之如何爲也[42] 數友聽謂余曰 不然 此乃不知其氣品而謂也 如此地境 酬酌前 必先逢着大凌侮之辱 萬不合當云 余亦更

41 殷慈山(은자산): 본문에는 '隱慈山'으로 되어 있는데, 이는 '殷慈山'의 오자이다. 은자산은 은산(殷山)과 자산(慈山)을 말한다.

42 可見其□之如何爲也: '其' 다음의 글자는 미상이다. 이 문장의 문맥으로 볼 때 □는 '意'에 가까우리라 생각되나, [漢文寫本]에 실려 있는 자형(字形)이 '意'와는 다르기 때문에 □로 처리했다.

想似然矣 乃停破此議 周行到處逢人 則皆問行何術歟 各擧異端邪術之名以詰之 余隨其問 皆曰不知 或有以

[漢文寫本 139쪽]醫術詰問者 余對曰 有何心病者 能治療 而略干見效矣 其人以爲[cf. 한글사본 45쪽]能治心病之名醫 傳播其名 故各處無論某樣 難治之病 聚問者多矣 於其中 或有因已徃熟面而酬酌者 亦有因先此回頭者之親緣而預備者 以此以彼 聖事預備受諾者 至有四五十名矣 皆引道於金監地方 使蒙聖事之恩 是年亦春二月 歸來拜謁白監 納上聖事者之名記 監曰 好矣 後年十月 亦命曰 徃哉 辭讓無路 即趨去中和地方 訪得本會長[43]爲先導 隨行到處不如初年生踈 而酬酌孰矣 因此 聖事預備蒙許者 更至有三四十人矣 皆引導領聖事後還來 亦春二月也 納上其聖事名數於監前禀曰 罪人以無德之致 三年間勸人回頭之實效 如是寡數 伏願寬恕焉[cf. 한글사본 46쪽]監曰 特蒙主母之佑 爾功勞不少矣

第六章

白監在全羅道多年, 顧念京城教友之事情 而上洛[44]後 無人服事 遣人召余故告退於金監而上來 陪白監經歷之事 追憶 而感悵多端

[漢文寫本 140쪽]余陪金監五六年間 承白監命 每於秋冬傳教時 三次平安道徃

43 本會長: 한글사본에는 '윤 회장'으로 나온다.

44 上洛(상락): 낙(洛)은 중국 주(周)나라의 수도 낙양을 지칭한다. 상락은 상경(上京)과 동의어이다.

還 而其年秋 白監以總察京都教友之本分上來 召余 總理監令 不敢違逆 而上京 買得筆洞一草家 排置內服事 招趙巴爾巴羅 下服事姜瑪爾各 即今朝鮮姜監也 伊時 因其姑母姜瑪利亞 懇託白監依下 與共留在 略干教以文字 堅振預備 立爲代父 後因有學堂工夫願意 稟白監 送檳榔學堂 勤工歸來 首陞神品 此於爲我東邦教友者 豈非大榮而感恩何等哉[cf. 한글사본 47쪽]白監上京後 四五年間 辦聖事時 分付曰 男女教友聖事凡節 汝當着實教道 痛悔眞情見發後 使之告明 大聖事預備 尤當妥協 無有冒領之弊焉 如是辦公 故皆漸仁被化 熱情倍加矣 至今都下男女教友 孰不讚頌 白監之渾厚德行哉 李主教在清國離世後[45]因教宗命白監 入日本長崎縣大學堂[46] 將行主教陞品禮節爲令 時維癸未[47]五月望間[48]也 與吳致玉 共陪白監發程 當日抵濟物浦 執日本火輪船名鎭西丸 起程第六日 到長

[漢文寫本 141쪽]崎 大抵自濟物浦水路五千餘里云 使吳友先下陸 往朝鮮館聖堂稟告 高趙二監率文裴理伯來迎接矣 自濟物浦偕來教友 上海清國領事官若瑟 先入大聖堂 告知己與白監[49]偕來緣由 大主教欣然迎接後 以洋曆七月初八日 聖婦意撒伯國后瞻禮日 朝鮮主教陞品之意 使馳電繩於屬境內 大阪副主教及諸鐸處 知之 當其日[cf. 한글사본 48쪽]副主教及諸鐸大會 行大彌撒 大

45 李主教在清國離世後: 리델 주교가 청나라에서 세상을 떠났다는 것은 잘못된 정보이다. 리델 주교는 프랑스 본국에 귀국하여 병을 치료하던 중 그곳에서 죽었다.

46 大學堂: 대성당(大聖堂)의 오자(誤字)이거나, 대신학교(大神學校)를 뜻할 수 있다.

47 癸未: 계미(癸未)는 1883년이다.

48 五月望間: 음력이다. 음력 5월 15일경이다. 양력으로 6월 19일경이다.

49 己與白監: [漢文寫本]에는 '其與白監'으로 되어 있으나, 여기에서의 '其'는 '己'의 오자로 생각되므로 입력본에서는 이를 바로잡아 '己與白監'으로 바꾸었다.

主教爲主祭 副主教及代理高監二位 左右陪從 祝聖禮節 皆聖且美 不能盡形容記言 我主教 著金冠依金杖 周行聖堂內 濟濟蹌蹌 諸鐸及衆學士 相向拜揖 是日也 環聖堂玩景而瞻仰者 外教合三千餘人云 朝鮮二監及李味增爵·金多黙·文斐理伯·崔路加·朴保祿 借居舍館 貰得於法國人 而每年貰銀一百二十圓也 墻內有好井與果木若干 故寓接滋味 稍可慰悅 是時 日本大主教前 不可無感賀禮節 敢以余譾陋[50]製進賀表及律一篇 且自朝鮮持來虎皮一張

[漢文寫本 142쪽]及若干物産封進 大主教滿喜 掛懸其賀表 於所居壁上 觀之虎皮 則使日本巧手 彫刻其生虎目樣 而布在椸席上玩之[51] 一日[cf. 한글사본 49쪽]大主教生辰云 朝鮮教友五六人 共進獻賀 降福後 錢幾何 賞給矣 其時 東京主教 與我主教 切親間也 三次以電繩通奇 請見我主教與高監[52] 件乘火輪船 是月十日離去 而謂余曰 日進趙監房 朝鮮物情及言語 勤教勉哉 一日 趙監問 五倫謂何也 余以五倫之義解釋作歌二十六句 以進監 幾日工夫後 知其義味 曰好 我主教與高監 去東京月餘矣 七月十二日[53] 自大坂來臨 翌日 聖母大瞻禮也 八時半 我主教 行大彌撒禮節 甚盛且美 男女教友進參者 數千人 聖堂外瞻仰之人 不知數矣 一日 與趙監共乘舟 向浦上村大聖堂去 教人家戶千餘 而人名 至有五千云[cf. 한글사본 50쪽]七月二十八日[54] 上海去火輪船 有便

50 譾陋(전루): [漢文寫本]에는 말씀 言+前 자로 쓰여 있지만, 오자(誤字)로 생각되어 譾陋로 바로잡았다. 전루는 '얕고 보잘것없다'는 의미이다.

51 布在椸席上玩之: 이석(椸席)은 '피나무[椸]로 만든 의자'인 듯하다. 그러나 [漢文寫本] 기록에서는 '椸'에 해당하는 글자의 자형(字形)이 불명확하여 판독하기가 어려우나 의자의 재질이나 형태를 뜻하는 글자로 생각된다.

52 高監(고감): 코스트(Eugene Jean George Coste, 高宜善, 1842~1896) 신부.

53 七月十二日: 음력이다. 양력으로는 8월 14일이다.

54 七月二十八日: 음력이다. 양력으로는 8월 30일이다.

急告 是日八時 我主教與趙監 束裝乘船顧視 向者同行上海領事官先在 且有朝鮮三人 金恩津·安司

[漢文寫本 143쪽]果·朴書房也 共與留食 而聖教道理 多講多論 皆以好心聽之 主教亦寬厚以接之 三人共讚主教曰 好先生云 翌朝 當無邊大海 風浪大作 船路蕩漾 人皆昏迷中 主教亦爲吐逆 眠食不便 至八月初吉[55] 風勢少息安穩矣 過楊子江 午後二時 船忽抵岸 清國鐸德三位 出待迎接 各乘小車 入三德堂 我與吳友 偕乘從船隨入 向者 於日本聖堂逢着 灣州貢淄二鐸與其服事共留在焉 握手寒暄 不勝欣悅 幾日休憊 登三德堂上層 觀左右壁上[cf. 한글사본 51쪽]朝鮮主教鐸德 致命十四位像 本懸板 或上土[56]冠網中 張主教典形 少有異於在朝鮮謁見之樣 依俙若不識也 咸慕情新 乃述三德堂之義 使朝鮮後學 追憶張主教之遺蹟 永慕不諼矣 此下屬見三德堂記[57]

三德堂記

猗 我天主 萬德全備 而惟以信望愛三德 賦畀于吾人者 何也 人而無信 猶車之無軌 車而無軌 則不可以行也 人而無望 猶農之無秋 農而無秋 則不可以收也 人而無愛 猶火之無熱 火而無熱 則不可以爆也 惟一大主 爲我人

[漢文寫本 144쪽]類 肇判萬理 盡善[cf. 한글사본 52쪽]盡美 豈不先授其能力於

55 八月初吉(팔월초길): 초길은 음력(陰曆) 매달 초하룻날이다. 八月初吉은 양력으로는 9월 1일이다.

56 上土(상토): '상투'를 한자로 음사(音寫)한 것이다.

57 此下屬見三德堂記: 본문보다는 작은 글씨로 쓰여 있다. 그러나 [漢文寫本]에서는 원래 제목이 따로 없었다. 그러나 이 각주를 통해서 이하의 문장 제목이 삼덕당기임을 확인할 수 있으므로, 이번 입력본에서는 그 제목을 살려놓았다.

人 而誡之責之哉 凡此厥初品靈之時 各具以爲善之良能 避惡之良知 所以三司 腔中萬理充滿 記含之實 明悟之辨 愛欲之爲人 人皆然然 而噫 我原祖犯命以後 七罪絆軀 三仇入世 善惡渾淆 靈肉偕危 於不嘆惜哉 信則信矣 而信有活死之殊 望則望矣 而望有虛假之慮 愛則愛矣 而愛有公私之欲 不信乎大主 而信他邪妄 是爲死信 不望乎大主 而望他世權 是爲虛望 不愛乎大主 而愛他朽物 是爲私愛 肆吾大君大父 特軫慈愛之恩 降生救世 立至一至公之聖教會[cf. 한글사본 253쪽]付之以聖寵 爲衆靈生命 早奉教 而恒居于聖寵地位者 可謂有信望愛之福人也 雖入教 而不保乎聖寵恩光 則可謂無信望愛之福人也 豈不瞿惶懼而惕念也哉 中華地方寬廣 人物繁華 天主降福 古迄今奧在康熙年間 教化廣揚 聖殿之設 至有二百餘所 而三德堂之名 豈此偶然哉 仰又同治元年 荐頒新詔 革除前禁 重修舊堂 猗歟美哉 敢望中華諸

[漢文寫本 145쪽]君子 登此堂 而慕其德 聞玆名而知其義 各修其身 各務其德 共享永活之福樂 伏切祈懇之微忱云爾 朝鮮明道會 後學金若翰 盥手謹誌[58][cf. 한글사본 54쪽]上海一大部中 西洋諸國 各設邑內 家皆高且華麗 或二三層 門前路廣且闊 車馬雜沓 喧囂之聲 不分晝夜 果是東西洋相通之大都會處也 部中大聖堂五處 皆輪回瞻拜 南京大監牧倪主教 於西郊二十里許 大聖堂在焉 一日 陪我主教及趙監 同車遊行 遠望平原廣野 層層高家 [林林叢叢][59]自成一大村 到大聖堂 倪主教前 親口指環 年當五十九 蒼顔白髮 儼然如天

58 朝鮮~謹誌: 본문보다는 작은 글씨로 쓰여 있다.

59 [林林叢叢]: [한글사본]에는 들어가 있으나 [漢文寫本]에는 이 단어가 빠져 있다. 임림(林林)은 많이 모여 있는 모습을 나타내며, 총총(叢叢)은 빽빽이 들어선 모습을 표현한다.

神矣 隨二位主教及諸鐸 遊行觀聖堂四處所 排置光景 一處 則萬品其具排列禽鳥麋鹿魚鱉等類 異常之物也 一處 則做造聖像聖書聖物之各工人也 一處則撑石十層望風臺 高揷雲間 奇高之様也 一處 則修男修女 及分處教養嬰兒之讀書聲也 余乃瞻仰 可見天主生育萬物之氣像 及吾主[cf. 한글사본 55쪽]教養萬世之眞愛也 是月二十七日[60] 幸有英國船向

[漢文寫本 146쪽]去朝鮮便 故七時速裝乘船 顧視朝鮮人六七在焉 此乃自朝鮮政府 命送器械官金明均一行也 船徃如箭 卄九日[61]七時 抵濟物浦 金官 不意送名啣於主教而請見 主教欣然接待通姓名 而爛熳酬酢 金官 先出去 下陸後搜驗將校入來 少無相關 而出去矣 乃使吳友 先下船出陸 詳探周旋 黃昏後吳友入來曰 探知時勢 少無慮云 主教換着淸服 與法國教人 共下陸 徃臨金生家 夜已深矣 翌日 船中所在 不少行裝 皆無事出來金生家[62] 即發步行 通奇京城 四牌轎[cf. 한글사본 56쪽]軍出來 初二日[63] 早發入京城 會長與衆教友持略干酒果 出迎中路 主教渡西江還宅 趙監渡麻浦入明洞 大抵今番主教行次 少無阻擋 徃還 皆惟我主母保佑之恩功 望諸兄姉妹 回心感祝萬千矣 亞孟

60 是月二十七日: 음력 8월 27일. 양력으로는 9월 27일이다.

61 卄九日: 양력으로는 9월 29일이다.

62 金生家: [한글사본]에는 김생가에 도착한 때가 '밤이 임의 반이러라'로 표현되어 있다. [漢文寫本]에는 이 구절이 빠져 있다.

63 初二日: 음력으로 9월 2일이다. 양력으로는 10월 2일이다.

第七章

白主教陞品後八九年間 陪從經來之事追記 而感恩無地 悔過自訟

朝鮮監牧고넹씨主教白若望[64] 本性城寬厚 探究道理 撫摩教友 循循教之 陞 [漢文寫本 147쪽]品後 尤顯謙愛之心 上而常欲見國王 而嘆其無階 下而常欲與宰相親愛[cf. 한글사본 57쪽]故或與宰臣逢着之席 屢次講論十誡大義矣 先創嬰孩院[65] 聚得嬰兒數百名 養之教之 而請來西洋修女[66]爲主張 聚得朝鮮修女幾何 教誨之 且設養老院[67] 多聚外教間 貧窮之老 教之養之 各務其救靈工夫 得其實效者 多矣 且創設仁愛會[68] 而主教先出數百金 以助力葬死者 而爲其煉靈 排定其幾臺彌撒矣 一年 聞南道凶荒餓莩子之說 不勝惻隱 而爲言於德國 多財人倭來德[69] 倭氏曰 我亦有是心 而稍不識拯濟之路 故拖至于今矣 即

64 고넹씨主教白若望: 블랑(Blanc, Gustave Marie Jean, 1844~1890, 白圭三) 주교는 프랑스외방전교회 소속 선교사로서 1866년 사제서품을 받고, 1877년 조선에 입국했다. 1878년 조선교구장 리델 주교가 유고(有故)하자 조선교구의 선임 선교사로서 조선교구를 맡아 사목했다. 리델 주교가 서거한 다음 1884년 안티고네의 명의주교(Vicariatus Apostolicus Antigonensis)로 축성받아 조선교구 제7대 교구장이 되었다. 김기호는 '안티고넨시스'를 '고넹씨'로 표현한 듯하다.

65 嬰孩院: 1885년 3월 15일(양력) 서울 곤당골(현재 을지로 1가 美洞 일대)에서 블랑 주교가 고아들을 돌보기 위해 창설한 아동복지기관이다.

66 請來西洋修女: 블랑 주교는 1887년 7월 16일(양력) 샤르트르 성바오로 수녀회 본부에 수녀의 파견을 요청하는 편지를 보냈고, 이에 동 수녀회는 4명의 수녀를 조선에 파견하기로 했다. 이들은 1888년 6월 3일 마르세이유 항구를 떠나 7월 22일(양력) 조선에 도착했다.

67 養老院: 블랑 주교가 1885년 7월 2일(양력) 서울 동골(東谷, 종로구 관철동)에 개원한 아동복지기관.

68 仁愛會: 블랑 주교가 창설한 무연고자의 장례를 주관하던 신자 단체(창설 연도 미상).

69 倭來德: 독일인 묄렌도르프(Möllendorf, 1847~1901)를 말하는 듯하다. 그의 공식적 한

區畫幾何銀錢 以給之 主教送其銀錢於南道尹監[70]處 貧戶成冊[cf. 한글사본 58쪽]隨其情勢分給 救濟人命多矣 且十年間 爲鍾峴聖堂[71]排置 一家二家 第次買得 先置冊板·修女及主教處所[72] 從便安排 後 聖堂開基[73]之始 政府大臣阻擋者多矣 伊時 外衙門督辦趙秉式[74] 法國公使[75]去本國 而俄國公使[76]代理見事矣 一日 督辦率衙門衆官 招捕卒幾名 埋伏開基之傍 而來到 俄使亦來參余陪主教 往

[漢文寫本 148쪽]觀 督辦東邊立 公使西邊對立 主教東北邊 近督辦傍立矣 督辦揚聲 招寧禧殿守僕 守僕長答 趨前俯伏 督辦分付曰 上節目冊 守僕復趨納節目冊 督辦翻復冊張 至末篇開擧[cf. 한글사본 59쪽]向主教請見 主教受

자명은 穆隣德이었지만, 김기호는 이를 音寫하여 倭來德으로 표기한 듯하다.

70 尹監: 보두네(Baudout, François Xavier, 1859~1915, 尹沙勿). 프랑스외방전교회 소속 한국 선교사. 1884년 사제서품을 받고, 1885년 조선에 입국하여 주로 전라도 지역의 선교를 맡았다.

71 鍾峴聖堂: 서울에 성당을 건립하는 종현 일대의 부지는 1883년 6월부터 매입을 시작했고, 1889년 6월까지 30여 회에 걸쳐서 토지/건물을 구입하여 하나로 통합함으로써 현재 명동성당의 부지 형태를 이루게 되었다.

72 先置冊板·修女及主教處所: 종현에 있던 성서활판소는 1886년 나가사키에서 서울 정동으로 옮겨왔다가 1888년 종현으로 이전했다. 종현 수녀원 건축은 1888년에 시작되었고 1889년에 수녀원과 영해원의 신축에 착수하여 이듬해인 1890년에 준공했다. 주교관은 1891년 4월 19일에 준공했다. 이 주교관 건물은 우리나라 최초의 벽돌 건물로 인정되고 있으며 명동성당과 함께 국가문화유산으로 지정되어 있다.

73 聖堂開基: 성당 건축 공사의 착공(着工)을 말한다. 명동성당은 1892년 5월 8일(양력) 정초식을 거행했고 1898년 5월 29일 축성식을 했다.

74 趙秉式: 조병식(1823~1907)은 조선 말기의 文臣이다. 外部大臣, 參政大臣 등을 역임했다.

75 法國公使: 당시 조선주재 프랑스공사는 콜랭 드 플랑시(Victor Collin de Plancy)였다.

76 俄國公使: 당시 조선주재 러시아 공사는 베버(Carl Waeber)였다.

冊詳覽 寧禧殿後龍 不許人破山穴立家事 節目云矣 主教一覽 即知其以奸計 添書於末張 而墨光新異也 主教即□輪冊於俄使 而以洋語 使知其奸巧之計 公使 以若酷毒之性 大開目疾 視 頭髮起立 筋血赤面 擧冊以擊督辦之樣頻 擬而擲之 冊墜於督辦足背矣 公使不勝忿心 更取冊 躕躇頻擬 翻手遠投之守僕隨去收取矣 公使黙 無詔而下去 督辦俛首如死狀 主教牽其袖 請下去引路入房 十餘位定坐 主教回視余 而目之隨入同參酌 酒行盃時 督辦曰 我國風俗酬酢 事畢後飮酒 恐或醉以失手[cf. 한글사본 60쪽]主教曰 不然 稍少飮之通氣甚好 督判且曰 此開基處 惟我大君主 爲其祖上寧禧殿之後龍 如或執意立天主堂 惟我大君主之心 甚爲不好 從他請合心處 換許之似好 主教旋對曰然則新門內[77]大闕

[漢文寫本 149쪽]空垈許之否 督判答 雖曰空垈大闕之坐 於人事道理 合當乎一定不許此矣 主教曰 然則惟我心所合處 自初無此外 更無他言爲好 督判顧視余曰 在上一處外 都不知也 余對曰 主教大人之言 非不知我大君主云 幸湏督辦大人 深諒處斷之事 因斟酒行盃 後相無他酬酢 而作別 幾日後 督判送下人曰 聖堂家基 前後買得交卷 [cf. 한글사본 61쪽]合封送外衙門云 故出給送之 遲留一望間 漢城府踏印還投 自後別無是非 而聖堂創建矣 主教 且爲教諸信輩 以翻譯諸聖書爲己任而第一願意也 是故招致如我愚蒙 教之以翻譯爲事 逐日無暇中 或有出入於洋館與他會集之時 每與我從行 或有初聞教及不睦之教友 番番送我去矣 一日 陪以翻譯 停筆暫告曰 罪人 自初奉教以來讀年益聖典爲日課 故早覺親愛天主之道 在隱苦修工夫 上矣 此願意 恒切于

77 新門內: 서울 종로구 '새문안'로 일대를 가리키는 지명.

心中 伏懇主教 特垂寬恕 放釋此身 則但持聖書幾卷 訪得深山石窟 或叢木下 至天主所賜生命之終日 試看經過也 主教擧目回視微

[漢文寫本 150쪽][cf. 한글사본 62쪽]哂曰 這在諸書 飜譯誰可爲哉 幾年後 更以此意 乘間稟告 主教答 爾所願好意 拒之甚難 然少俟廣揚 余曰 何謂也 主教曰 今無人矣 無奈不得退去 如是經歷中 以余不敏之致 在主教前 一二番 當眼赤面責之境 恒不勝罪悚之餘 主教 偶然病卧 年富力强 惟望主母 保佑之恩 試藥多日無奈 我東教友 所以薄福之致歟 主教功備德全 主有召昇之命歟 是年三月初三日 遽然離世 乃備禮節葬於蓉山三湖亭後麓 是時 各道會長 幾人上來 參預備禮 是乃白主教 所以命召之人也 無奈還下去 而當聖母聖誕瞻禮更得一齊上來爲期矣[cf. 한글사본 63쪽]丁監 一日召余 分付曰 聖教道理一冊 預備爲好云 余曰 爲何分付 監曰 待秋 各道會長們上來 伊人等 都不識道理 將何以傳教乎 余曰 罪人豈能使知其道理歟 監曰 我與爾相議勉力可也 乃出給草冊一件 捧以持之 日進丁監房 隨監教導題目 而做工記之 題目第次則天主造成 天堂福樂 地獄永罰 原祖犯命 天主降生 受難救贖 七聖事迹

[漢文寫本 151쪽]死後審判 朝鮮異端地方 故闢破諸端各 列目題記焉 監每日出外 一二次入房考覽 評其可否 或改書之 如是一月間 成一大篇也 迨聖母瞻禮 各道會長十三人[cf. 한글사본 64쪽]果來到矣 監出給道理預備冊本文曰 爾們輪視此冊 如有不解處 問這金若翰 而明辨後 各持一冊 隨其意量 詳論闢破之說 以記之 將見其孰善孰否 日會一房 隨其題目 各自做工 如是五十餘日 異端闢破條論最多 監亦日考其做工之論 而間以好善之道理 教之有術 固可讚美也 乃治送會長們後 監又分付余曰 汝以白主教之命 聖經翻譯 不及者 幾卷耶 答十九卷本文 不及餘在九卷矣 監曰 然則徃養老院 溫房宿食 而速爲

翻譯餘在者 九月 爲始不分晝宵 或坐或臥 執筆翻記 字樣不成 至歲後 二月翻[cf. 한글사본 65쪽]畢 是年正月十五日 閔主教與宋姜二監來臨矣 姜監留在養老院 而主教命余教言 故幾日間教之 避靜後 江原道伊川教友 迎接姜監以去 伊後合封聖經翻譯 納上主教前 而告退 主教曰 從爾心爲之 此乃天主特爲垂憐之恩也 白主教離世後 即爲退去而不去者 新主教來臨 前主教之文卷 皆必傳任 似或有考問之事矣 留待而如

[漢文寫本 152쪽]是 告退主教特許 豈有如許感祝之恩哉 欣悅退出 適次子西滿 爲其母親初朞煉禱共參 上來留待矣 伊日 即爲隨子下來 此處山谷 些少家垈名色 薄田數日耕 若干果木在焉 陪白主教在京時 何許教友 當私窘難 茫無去處云 故稟告白主教前[cf. 한글사본 66쪽]取貸聖會錢二百五十金 買得此家垈以給之 伊人畢竟不來 二家空在也 先使大子 搬移于越家 其後四五年 爲次子婦 身病治療 繼來此家 不幸失火沒燒 家業無奈 更爲經營造以居在 追後貧友爲其山農 而有來居者 近處新聞教 爲其守誡 而有移來者多矣 此谷內三洞排置 合數三十家 豈非天主安排之處哉 尤可感恩者 幾年前 排置聖堂 雖曰不大 隨財力創建 而迎接本監 頻蒙聖事之恩 可謂恩上添恩 不勝感祝之至幸望我弟兄姊妹 以感謝痛悔祈求三情 請公禱於主母臺前 而發願如何 亞孟

[漢文寫本 153쪽][cf. 한글사본 32쪽]

奉教自述 下篇

第八章

落鄕後 十年間 經歷事 略記 以爲感荷主恩之資

自京南來四十里 廣州土窟卜居以後 更提起昔年所懷隱苦修之意 以量度之 欲於近處安排 則拘於二子體面不美也 欲於窮僻處獨修 則神形[78] 俱爲劣弱 惶恸多端也 無奈定一房靜處 而有京鄕間來訪之外人 則送他房待之[79] 主日瞻禮日 洞内教友 皆會聽聖經及他神工 以此定規守誡爲言 而吾人各自以爲主張 難與同心事主 如我昏蒙 不辨罪之輕重 若無罪焉[한글사본 68쪽] [人而誰能無罪乎 罪積而不覺 我眞是罪藪也 罪上添罪][80] 日加耶穌苦難 日新聖母痛苦 如是用心 伏求動情 且追憶吾主耶穌 早有訓命曰 哭汝及汝子孫罪 依命施行 而且遵聖會之命 以不省不知之罪多 每爲告明於鐸德[81]前 自痛自責中且以聖教本道理言之 敬事天主 欲救己靈者 當先務對越默想工夫 以敬事一

78 神形: '정신력'을 뜻한다. 한편, [한글사본]에는 '신력'으로 되어 있다. 신력은 '정신력'의 준말인 '神力'으로 해석된다.

79 則送他房待之: [한글사본]에는 "경향간 ᄎᆞ자오ᄂᆞᆫ 교우 숀님이면, 략간 도리강론도 ᄒᆞᄂᆞᆫ 데ᄒᆞ고, 외인 숀님이면 다론 방으로 보내고"라고 되어 있다. [漢文寫本]에는 이 부분이 간략하게 서술되고 있다.

80 如我昏蒙 …… 罪上添罪: 『한글사본』에는 "지극히 혼몽홈으로 죄가 업ᄂᆞᆫ 듯ᄒᆞ야, 죄의 대소경을 분별홈이 업기로, 내 ᄆᆞᄋᆞᆷ을 닐위여 놈도 다 그런가 의심들 ᄒᆞ며,"로 『漢文寫本』과는 약간 다르게 표현되어 있다.

81 鐸德: 사제, 신부. 라틴어 sacerdos의 音寫.

體三位天主 聖父怎樣在 而行何事 施我何恩歟 聖子怎樣在 而行何事 施我何恩歟 聖神怎樣在 而行何事施我何恩歟 如是對越三位 默想其恩以感謝矣 且天主賦予靈魂[한글사본 69쪽]三司以三德 卑之我以所固有

[漢文寫本 154쪽]之三德 全心全靈 以事天主 如是守誡之要理 總歸於感謝痛悔祈求之三情 幸望諸兄 皆各省察 自己之思言行爲 我早知天主三位恩惠而感謝耶 能知自己罪惡而痛悔耶 知我力不能而祈求耶 如是常行默想 而此三情 充滿我心 須臾不離 可謂入於救靈之要路矣 且知得聖教所訓三路工夫 以勉之 煉路·明路·合路也 煉路爲何 恒煉己罪 精如金 美如玉 而致爲天堂材料之路也 明路爲何 恒講明三位道理 效法耶穌表樣 而明白其救靈之路也 合路爲何 我之思言行 一非不間 合於天主萬善之路也 吾儕守誡凡節 無論嚴歇各以其處地 煅煉己罪 而幷明耶穌表儀[cf. 한글사본 70쪽]以效法之 猶若戾天之鳥 共翻而翼 合於天主之路 亟矣 惟我弟兄姉妹 信此道理 懇望主佑 恒慕愛主愛人之命 而各務其救靈之責焉 上所云 感謝痛悔祈求三情 耶穌聖心 所以合而喜悅者 吾主親諭聖女日多達[82]也 以此三情 光榮天主之意 題記于下訟曰 感謝 吾主可愛之聖心 我願諸神諸人 讚揚爾仁 頌謝爾愛 蓋雖無功之人

[漢文寫本 155쪽]以爾之愛 亦造之存之 而贖吾以寶血 育吾以聖體 且雖負恩之輩 而以爾之愛[cf. 한글사본 71쪽]尙耐之惠之 爾心之在於我中 聖體內竆之 爾恩之備於人間 聖事內察之 我今欲謝此愛 獻爾 爾心之聖情 爾心之永光

痛悔 耶穌聖心 仁愛無涯 而日受負恩之辱 我伏於爾之臺前 深惡衆人之

82 聖女日多達: [한글사본]에는 '셩녀예도다'로 되어 있다. 이는 서양식 이름을 음사(音寫)한 것으로 추정되나, 구체적 성명은 미상이다. 그러나 관화(官話)의 발음을 감안할 때, 아마도 중세시대 예수성심 신심을 강조했던 제르트루다(Gertruda, 1256~1302)를 지칭하였을 가능성이 크다고 본다.

忍心 更悔本身之罪過 人與我 失敬於爾 人與我 累辱於爾 我深惡之 人與我違逆爾仁 人與我 抗拒爾惠 我深悔之 吁吾主聖心 矜憐我等 變化我等之忍摯引我心於爾祈求 至仁耶穌之聖心伏求於我 [cf. 한글사본 72쪽]大彰爾之仁慈我人 雖卑汚至極 而亦仰沐爾仁 望沾爾寵 噫 爾之仁慈 爾之熱愛 倘吾不用爲聖已榮爾 斯仁也 斯愛也 究何益於吾哉 故求爾心之仁愛 恒爲聖我榮爾之泉源 始得其所不失本意 亞孟

第九章

以我天主安排之恩 於此地方 設始聖堂 迎接神師 何等感祝歟

[漢文寫本 156쪽]淸溪山南 下牛峴下西坼谷內 若干有田畓而荒蕪 左右有樹木而茂盛 以外樣看之 不似人居生 而以生利言之 穀草牟麥 皆盛化而結實 窘難後 赤貧教友們 接踵聚集 玆豈非天主排置之處耶 卜居一二年間[cf. 한글사본 73쪽]一日有何乾食之滯而然歟 腸子相牽如斷 偃仰屈伸 不得自由 無奈死於忽地之境也 家眷與洞內人 皆聚撫摩 藥餌多灌 而少無動靜中 精神極淸起想 我今不領終傅聖事 以此樣終世 我之靈魂事 至何境耶 痛心如裂 惟號籲主母而已 偶忽起身伸腰直坐 腹腑如翻吐逆 猶如血塊之一物 從口躍出擲 中一間越壁 仍偃仰屈伸 如常無病 伊年秋辦公時 迎接韓監 陪於此家而禀曰 罪人奉教後 常以死候蒙終傅恩 主母臺前獻願矣 今春 忽逢危急之病 幾乎不領終傅而至死境也 伏願矜憐此罪人情狀 京城來往時 頻顧見之若何 韓監曰 然則[cf. 한글사본 74쪽]有好樣道理 於此地方 排置一聖堂 我亦來往時 頻顧見也 次至有

迎接新監之道 余曰 甚好分付 願今日 即定一聖堂基址 韓監 即與少年教

[漢文寫本 157쪽]友幾人 起去矣 一頃後還來曰 見於院垈與此洞兩處 而此洞基址愈好云 余曰 不然 此谷內 教友家三洞排置 則聖堂居中 人心皆謂公而甚好 事易成也 監亦爲然 一定今聖堂址 先出百五十金 爲聖堂創設之資 故因出斂於本洞每戶 各隨其財力多寡 而且通文於近方各公所 幾何間出斂 即請木手工錢 幾何作定 衆教友同心合力 建堂告竣 雖曰十間小堂 財力則爲五千餘金云 伊時 即請於主教 賜一神師[cf. 한글사본 75쪽]而適務各處遠方神師排置 故近方無暇云 無奈幾年渴望 而自昨年 迎接本監 頻蒙聖事之恩 感祝何旣耶

第十章

奉侍聖家會像後 所屬大小家 諸口之靈肉 都獻於吾主耶穌·聖母瑪利亞·大聖若瑟依下 而託賴焉

水原韓監 此地方傳教時 奉教宗頒賜之命 勸入聖家會 故以喜樂之心 奉侍聖家像 日誦本會經文 而每於所著生死禍福 惟所信而望而愛者 惟聖家三位保佑之恩 是以大小家食口中 無論男女老幼 有何危急逆境 而跪求聖家

[漢文寫本 158쪽]像前 多有得焉 耶穌·瑪利亞·若瑟三位 如是保佑之澤 何等感祝 可謂不負恩之人乎 惟我同會諸兄[cf. 한글사본 76쪽]尤可愛慕三位[83] 而盡

83 愛慕三位: [한글사본]에서는 삼위(三位)를 풀어서 "오쥬를 더욱 ᄉᆞ랑ᄒᆞ고, 요셉을 더욱 찬숑ᄒᆞ야"로 쓰고 있다. '오쥬'와 '요셉' 사이에 '성모 마리아'가 들어가야 하나, 한글본에서는 이를 생략했다.

其本分哉 以如我卑陋之見 愛慕吾主之功 莫加於頻領聖體之神功 不能頻領承行 聖會所示之神領法 愈好 爲其某地某時 皆宜也 曾聞白主教謂余 行神領者 一日中頻領 尤好云 爲其與主 常不離也 且恭敬聖母 莫加於誠念玫瑰經之神功 雖不能全念十五端 逐日念歡喜及痛苦及榮福[84]時 每加意敬聖母 爲好也 且讚頌若瑟 莫加於耶穌·瑪利亞聖名 呼時連呼 若瑟聖名之神功 或有何患難及危病時 恒連呼三聖名 尤好也 此乃以先聖各修之規條爲言 而非聖會永定之道理[cf. 한글사본 77쪽]幸望諸兄 各修善功 勉勵聖家會之本分庶幾哉

第十一章

奉教後四五十年來 守誡爲名 而所行神功 隨時有虛而有實 有益而無益 自愧自恨 不能已矣

凡夫吾人奉教之初 每過虛熱也 余年三十有餘 特蒙主恩 張主教前領洗

[漢文寫本 159쪽]即以不欲在京之心 落鄉後 厭其外人繁華 而擇居山谷靜處與同志人 排置幾家 守誡爲名 自想守誡之道 罷工瞻禮日 則皆念玫瑰十五端 而他日則只念五端 恐爲害於手足胼胝之工 余則自幼遊身取便 爲其補贖 以逐日十五端 皆念之意聖母臺前 獻願 [cf. 한글사본 78쪽]而到今不闕矣 且想余

84 歡喜及痛苦及榮福: 현대 교회는 이를 환희의 신비, 고통의 신비, 영광의 신비로 바꾸어 쓰고 있다. 오늘날에는 1917년 파티마에서 성모님이 발현한 다음, 이를 교회가 공인한 1930년대 이후에 이르러 구원경(救援經/救援頌/구원을 비는 기도)이 매 단마다 더해졌다. 그리고 요한 바오로 2세는 기존의 3종 신비에 '빛의 신비'를 더했다.

無頻領聖體之道 故承順聖會所訓之命 試以神領法 報答吾主之眞愛也 望彌撒 行神領事 日以爲常一無闕矣 且想余早知聖教道理 初不婚配 而旣爲陷染於俗累 無奈也 聖會有婚配守貞之例 試可爲之 乃與內間相議 則曰 好 特許故因稟由於張主教前 而無答應矣 退來與許私願以過 當丙寅風波 庶幾若破船之危境 然後白主教前 詳稟如是經來事情 主教曰 其時稟於張監乎 曰稟何以對答乎 曰無答 且一日 稟於白監曰 聖體神領法一日不得再次乎 監曰 多次益善 且一番稟告 [cf. 한글사본 79쪽]逐日念玫瑰十五端事情 而窘難時 常持玫瑰默珠於身上 而奔竄之意非他 我若逢捕差詰難 一定口不出毁聖教之言此默珠有何爲贓物之憑據耶 雖我微誠不足以若聖母慈愛之恩 庶

[漢文寫本 160쪽]或有保佑之澤也 常不離於身 而於晝於夜 或行於深山危急之時 每以手奉念經 爲依賴之資 主教靜聽 謂余曰 此初領洗時默珠歟 曰然主教曰 爲汝至寶也 西洋皆貴重領洗默珠 而終身奉持 死後或遺命置殮棺中况如是經驗窘難之默珠歟 因汝功勞 聖母必簡汝 而不在煉獄云 故以此意 通奇於日本長崎在次子西滿矣 其後文斐理伯出來 便付此默珠送來也[cf. 한글사본 80쪽] 爲恭敬聖母之寶物 視如終身之印佩也 上所列神工條目如是 而窘難危急之時 及在主教依下 或奔忙中 別無闕也 而念經則但掉舌而已 是何神工歟 夫諸神工 皆奉獻天主 而靈神工夫也 對越天主 以全心全靈 恒發謝悔求三情 以爲至要 然如我愚蒙 自顧守誡 多染於俗累然歟 於眞實道理上 不能踐行之罪 多矣 何敢以全心全靈頻發三情爲言耶 勸人責言則明 而爲主自行則昏也 早在神師依下回憶所行事情 及所牽體面 則主臺前 萬萬罪悚 而人所視個個愧惡者.[cf. 한글사본 81쪽]

第十二章

一生一死 世人常事也 我亦一生於世 所受本分隨去 皆不善 一死後事 將至何境[漢文寫本 161쪽] **一以寃痛 一以惶懼**

夫人受生於世 天主所授之職 皆當必守爲父母者 父母本分 爲子女者 子女本分 爲帝王者 帝王本分 爲臣民者 臣民本分 爲丈夫者 丈夫本分 爲婦人者 婦人本分 爲長上者 長上本分 爲少幼者 少幼本分 爲朋友者 朋友本分 可也 爲人而不爲人之本分 雖曰人乎 爲教友者 各守聖教本分 可謂救靈者 如我愚蒙自奉教初 所當本分 多無有成實之效 起想如此事情 略抄記之 以爲自懲之戒始於瑞興地方外人勸化者 至有四五十人矣 爲其逐年辦聖事[85] 鳩聚若干物財猶如契會座目之樣 欲爲成冊 而張主教前 請一會名 主教曰 予於中國十年傳教 南京教友 多以明道會[cf. 한글사본 82쪽]明其道理 勸化外人之義 甚好云 故乃以明道會爲名 施行 其時明道會長名色也 數年後 且以主教之命 傳教於西北各地方時 則傳教會長名色也 不幸當丙寅風波 明道會名泯滅 而傳教之事多不成實也 伊後 白主教來臨傳教 各公所差定會長 而分付曰 爾等如有稟達於主教

[漢文寫本 162쪽]事當先告於都會長知之 都會長稟於主教爲可 西洋名曰總會長 其權最高 中國名曰堂會長 而朝鮮則以都會長名 這金若翰差定云矣 且一日 主教徃見新門內當家閔監 而來謂余曰 各道排置傳教會長何如 則好合之意 成一節目冊 閔監成一爲言 予亦欲成一 取其好善行之爲料云 以排置道

85 辦聖事(판성사): '판공성사'의 준말이다. 즉, 교회에서 규정에 따라 신자들이 성사를 받도록 하는 일이다.

理 詳議曰 於京都 定一家[cf. 한글사본 83쪽] 而以汝得會名於張主教之名 名其家曰 明道會院立 主張一人曰院長 各道隨其情勢 或差一人 或二三人 每年一次齊會 避靜于本院 幾日間 默想神工後 各分散於掌內地方 勉力傳教 以待主命云 余曰 各道可以傳教之人 猶難其得京院主張之人 尤難也 主教曰 爾亦不能耶 是時 閔監入去本國 主教因聖堂排置事奔 汨忘置矣 主教遽然終世 故傳教會長事 終無成實之效 且主教徃祝日本新主教之時 率去從侄多默後 朴監以當家本分 爲審省主教房 來臨蘭洞在焉 日日補彌撒後 朴監每召余 行其樣事矣 朴監曰 各公所辦公時 問答

[漢文寫本 163쪽]察考 有善不善 以好善之法 成一方文 以示我云 辭却無路[cf. 한글사본 84쪽]乃以二三把周紙[86] 滿記以獻之 監爲好曰 公所中 或於老教友及女教 下待甚不寧於良心 以不高不下半語之套 結其語末 爲好云 退來 依監命改書 進之 監稱善受置矣 且一日 監曰 予傳教幾公所 而見之 愚蒙教友多 不教其子女 都不識道理 哀此人斯將何以救靈工夫耶 雖其愚蒙 皆以易聞易知 爲言而教之 似好 余曰 四本問答外 愈易之法安在 監曰 第深思以爲之乃預備一冊 每日逐條記之 天主造成·原祖犯命·降生救贖·七聖事迹·死後審判[87]·天堂地獄 八條爲題 詳解道理爲言 夜則入監處 定奪好否 筆則筆 削則削 一日[cf. 한글사본 85쪽]至於人之靈魂 以天主貌像賦畀之論 記含聖父肖像也明悟聖子肖像也 愛欲聖神肖像也 監曰 此何謂也 余乃擧記含二字之意如何以證全能聖父之肖像 且解明悟二字之意如何 以證全知聖子之肖像 且釋愛欲

86 周紙(주지): 두루마리의 吏讀.

87 死後審判: [漢文寫本]에는 '事候審判'으로 나온다. 이는 오자(誤字)이므로 '死後審判'으로 바로잡았다.

二字之意如何 以證全善聖神之肖像 明辨稟告 監溺於前所學習

[漢文寫本 164쪽]之見 勇振固執 無可奈何 投毫停工二日間 爭論無已 但以傷害監心 而不能見末之境也 第三日 進監前低言 更告曰 罪人早如監習知之矣白主教前 始聞此道理之言 則初與所學 道理有異 故疑心多端 十餘日心苦 難抑扣胸之際 忽然胸衿 落如披白雲覩靑天也 神樂如新 或與明利教友 幾次講論此道理也 監不復固執曰[cf. 한글사본 86쪽]以此(書)之[88] 月餘後 主教還臨矣朴監 相與人事後 即稟於主教曰 這間 金若翰 道理工夫多行矣 數日後 主教曰 汝所以工夫冊 持來奉納 則主教親手 抹削監準後 送於高監刊板 以教諸信輩云矣 其時 奔汩於聖堂開基事 停止冊板 依朴監命冊題目曰 愚蒙問答後 因白主教分付 以溯源愼終爲名 溯其道理之源 而愼其守誡之終爲 義也 大抵聖教道理 可知其漸次益明 而閔主教 亦監此書 尙不聞準許頒命 姑不知下回 如何也 且當他本分 皆無有實效 近來 在此地方 別無本分事 而只有教子孫 些少本分而已何也[cf. 한글사본 87쪽]余以遠離世俗之意 落鄕而無奈 依二子 而

[漢文寫本 165쪽]寄在於衣服食飮等節 厚薄間 皆甘受 或外教間 至有譏笑侮辱之境 皆不辨不對 猶如死人樣 而過去 故洞內與家 問諸事 摠不欲聞知 心靜而安 別無牽累於思言行爲 少有省察之料 是則甚好 而或有見聞於他們不美之事 恒於心多稍 不異於自犯也 竟如死人 而不聞不知 甚難 然切畏 近於罪省察 故若干督過還 不如不言此余所恨不爲盡死也 盡死之人 有何見聞歟言語歟 動靜歟[cf. 한글사본 88쪽]

88 以此(書)之: [漢文寫本]에서 ( )의 글자가 뭉개져 있다. 그러나 이를 확대해 확인해 보면 '書'에 가깝지만, 미심쩍은 부분이 있어서 ( )로 처리했다.

第十三章

信望愛三德 救得自己靈魂之本德也 救靈本道 在於絶其罪也 絶罪本法 在於知自己毛病習慣而改之也

凡夫人於自己三司 包涵信望愛以具之 以聖會所教之法對越三位一體天主而默想主恩 聖父 怎樣在 行何事 而施我何恩歟 聖子 怎樣在行何事 而施我何恩歟 聖神 怎樣在行何事 而施我何恩歟 知其全能·全知·全善之體及性 及其施賜大恩然後 信而望而發愛情 盡其靈魂

[漢文寫本 166쪽]本分 天主不棄 導其常生之路 若有一大罪 爲其靈魂生命之聖神恩寵 絶其路 而自落於永苦矣 豈不至寃切痛哉 汝欲斷絶此罪路 當知自己毛病習慣以克之 毛病習慣何也 驕傲·慳吝·迷色[cf. 한글사본 89쪽]·憤怒·貪饕·懈怠·嫉妬·七宗爲靈魂病也 欲治此病 猶如發一毛之孔 添生二三 蘖而叢立 犯其一罪時 七魔窺探 增其罪數 故曰毛病 此七宗 毛病中 隨其肉體之清濁分數 清者 慣於爲首之驕傲 不知其自傲也 濁者 慣於嫉妬 比如醜猜 嘴其花園芬芳 踐發穢濁也 且如厠間生在之鼠 習其臭穢 而不識 故曰習慣也 識此毛病習慣 不啻爲難也 知而克之 尤難 何爲則明辨此毛病習慣 而克之 享得永遠福樂哉 無論誰某 切有享得常生之心 當先認三位一體天主之恩 而全心行信望愛德矣 且回見自己之思言行爲 揔無自信自望自愛之一端 而自覺其淺見薄識也 回其已徃自信·自望·自愛[cf. 한글사본 92쪽]之心 全用於他人及仇惡者 可信其亦有靈魂而與我同類也 可望其亦有相望之心 而施我恩也 可愛其亦有救靈之願 而肯愛我也 如是愛

[漢文寫本 167쪽]人 乃可謂愛主 幸須吾人 皆遵此道理 恒務救靈 庶幾通寶

血之功 可以享得常生榮福矣 亞孟

第十四章

天主 自厥初 設教於世人之教名三而義 則一可以追慕至恩 感格無已也

天主造生吾人 以靈魂肉身結合 而肉身則以土水氣火 四行以造之 靈魂則以愛主愛人 十誡以品賦之 猶如刻字於石與木以爲教 此所謂性品教[89]也 中古每瑟[90]聖人時 刻出二片石 十誡令人 皆爲目見而教之 此所謂書教[91]也 伊後千有餘年 天主第二位聖子 親降生世[cf. 한글사본 93쪽][92] 三十三年間 矜憐義臘厄爾百姓 以事主救靈之道 教之訓之 迨其救贖之期 山園被執 受難而死三日復活 四十日內頻現於宗徒 教示聖會禮儀 及聖事七迹 而付其權分行於萬方以教之 吾主升天後十日 以火舌形降臨 使熱其心 而開其舌 能通萬國方言 天主福音遠播 此所謂寵教[93]也 吾人 雖曰愚蒙 印其良心之性教誡命 豈皆全忘耶 其目所視 書教誡命 豈可全昧耶 然多有不知不見之稱 而犯誡 故天主特以慈

[漢文寫本 168쪽]愛恩寵 設教於萬世萬方 而及如我至卑賤極罪惡之人 施賜恩寵 如傾如注 常不勝感格 而大略提記 使同蒙天主公[cf. 한글사본 94쪽]恩之

89 性品教(성품교): 사람이 태어날 때부터 타고난 본성의 가르침.

90 每瑟(매슬): 모세[Moses(英), Moyses(羅)]의 한자식 표기.

91 書教(서교): 문자로 기록하여 가르침. 즉, 천주십계를 돌판에 새겨서 모세가 이스라엘 백성에게 전달한 가르침.

92 [cf. 한글사본 45 앞쪽]: [한글사본]의 경우 쪽수를 적어넣던 과정에서 44쪽을 건너뛰고 45쪽으로 잘못 기입했다.

93 寵教(총교): 하느님의 은총인 그리스도의 강생구속 사업을 통한 가르침.

後學 欲與一心感恩也 初余張主教前 特蒙領堅振恩寵 而退去各地方傳教時 起想領洗爲天主義子之憑據 自不覺知 而堅振爲耶穌勇兵之效驗 到處特現 能以抵當三仇之心 所畏不啻 惟罪也 讀聖經 或有不知之言 及有人問道理 不能對答之時 及當有何大事 而不知何如則爲好之境 自以惱苦之心 少頃留思以待 忽焉 經言融會於心矣 道理對答 意見開矣 惱苦之心 自覺度量矣 以是施行 別無失手 故事事泰平矣 賤年至七八十 此樣生來 竊欲報答於天主無限之恩寵 而稍無微功 可答天主至公至義之下 伏不勝惶惧 號籲我萬罪 而至寃切痛而已矣 亞孟[cf. 한글사본 95쪽]

第十五章

天主爲吾人施恩中 擧第一大恩 爲何之論 感謝無旣

天主 早有言曰 三人聚首 談論我道理 我必與焉 昔 三士共聚論天主恩惠 皆大中 何恩第一大歟 有言造成恩惠大者 有言救贖恩惠大者

[漢文寫本 169쪽]有言降臨恩惠大者 各以爲我言是爾言是 共與爭論時 天主遣天神謂之曰 爾們所論 各似是 而以予思而言之 聖體之恩 第一爲大 聖體爲造成·救贖·降臨恩之大源也 今以是全許於我 而施賜萬善萬福之恩 此外更有何莫大之恩歟 旣以爲諸恩之大源 咸備萬善萬德之天主性隱藏 而結合我靈肉爲一 則有何善德 不肯施我哉 要理問答書不云 [cf. 한글사본96쪽] 聖體肯壓肉情 禁止私欲 順從正理耶 此誠天主之至恩至愛也 如我愚蒙 奉教之初 稍不覺知如是妙理 而祇以虛熱 試爲聖體神領法 而逐日無闕 然稍不覺奧妙之

實效矣 白主教別世後 余敢推隱苦修之宿願 卜此靜處 而乃覺似有實效 三仇稍遠 別無省察以過 或辦公[94]時 反切惶懼自恨 若罪多而不勝察 追憶吾主耶穌之所訓 哭爾子孫及萬民罪云 依玆訓命 告明時多 自嘆不是妥當 心苦不無也 幸望僉友 不謂此迂闊 而徐徐以此言試之 則漸於恩寵深波 自不覺其新光乃月異而歲不同

[漢文寫本 170쪽]庶近乎聖域矣 亞孟[cf. 한글사본 97쪽]

第十六章

在昔聖人聖女 恭敬耶穌聖體及聖心規條中 擇其合余心之幾條 而定爲日領之規 似有一分實效 故大略提記 欲使同心合意之後學 以有益於救靈工夫也

淸晨早起 即畫聖號起想 今日以生活天主之恩 共與吾主耶穌復活也 記於聖母 引到於聖子臺前[95] 或與彌撒望彌撒 此彌撒 成聖體 祭獻天主之大禮 難遺表寵教祭禮 我們之日日負罪 日救贖也 欲使我們 負自己十字架 所當苦難甘受忍耐 追隨吾主之後 而得其自贖自祭之寶價 共享常生榮福矣 此誠至恩至愛也 追憶吾主降孕時 聖母[cf. 한글사본 98쪽]深衷聖情 全合聖子絶妙奇德

94 辦公: '공무를 처리하다'라는 단어로 사용되나, 교회 용어로는 교회법에 규정된 성사를 집전하거나 수령하는 행위를 뜻한다.

95 共與吾主耶穌復活也 記於聖母 引到於聖子臺前: [한글사본] 47 앞쪽에서는 "내가 오놀도 텬쥬 은혜로 오쥬 예수와 ᄀᆞᆺ치 부활홈이로다" ᄒᆞ고, "무렴 원죄시오, 평싱 동졍이시오, 죄인의 의탁이신 셩모ᄭᅴ 브탁ᄒᆞ야, 휘황ᄒᆞ시고 찬란ᄒᆞ샤 숀에 십ᄌᆞ긔호롤 잡으신 셩ᄌᆞ ᄃᆡ젼에 인도ᄒᆞ야"라고 자세히 풀어 제시하고 있다.

其願意情行 少無異焉 且聖母頻領聖體 則以主母聖心 通合之恩 今當引耶穌在我心 使我蒙嘗其飴味 達其愛情 願得愛主愛人之德焉 眞如實領聖體時 用心而奉待聖體於我心 然後 潛心想之惟一無對極 尊極貴之天主 如是臨格 我至卑至惡之人歟 感悚交摯 無數天神 環圍朝拜

[漢文寫本 171쪽]於在我心之耶穌 聖母瑪利亞 臨我右肩 大聖若瑟 臨我左肩 共侍吾主歡樂 耶穌主宰之聖心 結合我卑賤之心 仰慕生活 聖父之愛火炎炎中 刻立十字旗號 萬苦萬難之茨蒺 刺聖心 而痛吾萬民罪之 寶血點流不止也[cf. 한글사본 99쪽]吾靈合其聖靈 免罪無遺 吾心締其聖心 至潔無影 吾身合其主性人性 補修我所缺所失 而新生也 吾素如微塵微虫 而罪犯之惡僕 耶穌今如忠靈之良朋 而許其心 知其己責其善也 且爲大君大父 靈神之王 遵其教訓命令而施行 隨其賜需用而撙節 隨其指揮諸事而承行 且爲靈神之醫 改我諸心病而愈之 且壓我肉情禁止私欲 順其正理而從之 於是乎隱藏焉 猶如天主降世 藏其主性 聖體內 藏其人性也 余效此奇妙之恩 不敢現露 以邀人之讚美 人侮人辱 耐之悅之 可慰耶穌聖心所受諸辱[cf. 한글사본 100쪽] 且人責人議不辨不對 可酬耶穌聖心所施諸恩 且吾主在於聖體內 而含默無言 惟與主父相語 吾今欲彷佛聖表 亦宜務於含默誠心 全向吾主 吾主以外 我明無求他識我心無願

[漢文寫本 172쪽]他愛 專辭宴樂之端 專務克苦之工 願與吾主 苦生而苦終焉 可愛之耶穌 我今發願於爾臺前 終日將行之工懇求爾納之[96] 即於爾聖心中滌之聖之 合於爾行 共獻於聖父之永光焉　亞孟

---

96 懇求爾納之: [漢文寫本]에는 '懇懇求爾納之'로 되어 있다. 여기에서 '懇懇'은 '懇'을 중복시킨 잘못된 기록이므로 이를 '懇求爾納之'로 바로잡았다.

第十七章

三位一體天主之對越開路 避惡趍善之默想易行 勤行道理 默想天主對越自至於親近也

[cf. 한글사본 101쪽]吾人願救自己靈魂者 第一要緊神工 對越默想也 何謂 三位一體之對越 不辨其路 乃非生活信德也 豈可得常生之福哉 其於避罪惡 務善功之工夫 不務默想 乃犯越主之誡命也 豈可得救靈之恩哉 大抵一體三位之論 擧其全能全知全善 生活之三性云也 全能聖父 以神國在焉 而無所不在 則萬世萬民 及一草一虫 皆在聖父體內 動作而呼吸相通也 全知聖子 以神王在焉 而無所不知 則世人之生死 禍福吉凶 都在其掌握中 而親執賞善罰惡之權也 全善聖神 以神光在焉 而無所不照 則承順聖父生養之命 聖子救贖之恩

[漢文寫本 173쪽]而發其寵愛之情 以保佑吾人也 如是對越 各以其思言行爲避惡趍善之妙法[cf. 한글사본 102쪽] 不肯行默想 自至遠離天主之境 如是之人常對越邪魔 而祗勤受永罰之工夫默想也 豈不冤痛哉 豈不矜憐哉 夫吾人之意量 比如一器 不可空置 或儲置香汴 則其香氣 自能上達也 或儲置惡汴 則其穢氣 自流下染也 且吾人之目 比如明鏡 不可不照 如有向上照之 則天主亦如鏡 照應而相愛也 如有向下照之 則邪魔亦如昏鏡 照應而相結也 此所謂陷於誘感者 豈不危險哉 幸我諸兄姉妹 恒覓救靈要路 默想[97]之矣

97 默想之矣: [漢文寫本]에는 .'默默想之矣'로 되어 있다. 여기에서 '默默'은 '默'을 중복시킨 잘못된 기록이므로, 이를 바로잡아 '默想之矣'로 바로잡았다.

第十八章

天主萬福之恩 皆由耶穌聖心 以施十二規條 第次記之[cf. 한글사본 103쪽] 使與同會諸友共務敬禮 願其各得實效焉

耶穌親諭聖女瑪爾加里達 予聖心於特敬者 將賜神愛之寶 且於效人敬禮者 將盛施恩澤 而使能得神力 感化其忍人之心也 凡務救靈責任者 皆爲重視此工夫哉 一 於敬我聖心者 隨其地位 賜諸緊要之恩 二 於汝家中 賜其平和 三 於汝困

[漢文寫本 174쪽]窮中 爲其慰勞 四 於汝生時及臨終時 爲其眞實之依託 五 於汝行事 降福豊厚 六 使罪人 得我聖心慈愛之泉及海波 七 冷淡者 爲其熱心者 八 使汝德行地位 爲其易至 九 於侍我聖心像恭敬之家 施其洪恩 十 賜其歸化[cf. 한글사본 104쪽]極惡之能於鐸德 十一 敬我聖心規矩 以傳者之名 刻於予心而永在 十二 於九月內 每月初 瞻禮六[98]領聖體者 使其恒久於善 及免於罪過 及領聖體終傅而死之恩寵 且臨終時 我聖心 爲汝眞實之依託 以我慈悲之心 將許汝矣 如我 雖無廣救之責任 以救我靈 及屬下子孫們之本分 常慕主母聖心 一施之恩 信而望而愛而懇求而已矣 逐日卧寐時 每想聖心於聖體內 切仰上主 而安息靜黙 而無亂心 念及此 即以我眠 仰合聖心 呼吸動靜 俱

98 初瞻禮六: 매월 첫 번째 토요일의 첨례. 첫 첨례육[初瞻禮六]은 중국 백화(白話)에서 토요일을 말하는 '싱치리우(星期六)'에 대비된다. 처음 맞는 토요일 즉, 싱치리우에 첨례를 하도록 규정지었으므로, 그달에 들어서 처음 맞는[初] '여섯 번째 요일[星期六]'이라는 단어에서 '요일[星期]'이란 단어를 '첨례(瞻禮)'라는 용어로 대치시켰다. 조선 교회가 '첫 첨례룩' 신심을 중국을 통해서 수용했기 때문에 이와 같은 중국식 첨례 명칭이 조선에서도 통용되었다.

以爲愛主之情 獻己之意 無一不輸於聖心 伏求[cf. 한글사본 105쪽]俯納賜我睡眠養身 庶能竭力以事主 亞孟 且繼念 至飴耶穌聖心 謝爾 是日諸恩託爾 今夜神形 安息於爾聖心中 因寤不能頌主 求爾聖心以補之 我心運動幾許 爾亦宜代頌幾許矣 每息爾心納之 如爲我之愛情 爾其奉獻於父 我意旣如此 眞誠

[漢文寫本 175쪽]終夜 呼吸之數 即願循序以讚主而愛主 亞孟

第十九章

與彌撒誦 此誦 本係聖女瑪加利[99]所著 吾即仰體厥心以誦 庶加熱心之效可也

天主聖父 今爾寵愛之聖子 祭己於爾[100] 我敢以厥聖心 奉獻於爾[cf. 한글사본 106쪽]伏祈納此祭牲 爲我神益 且其聖心所亟[101]諸願諸意諸情諸行 懇求共納 以其爲我自祭 而厥願之外 我無他願者 則其聖心之動靜 無不屬我心之動靜也 屬我心之動靜 則我獻之於爾 可也 伏求 納之爲贖我之諸罪 爲謝爾之

99 聖女瑪加利: 성녀 마르가리타(Sancta Margarita Maria Burgunda, 1647~1690)는 프랑스 가톨릭교회의 수녀이자 신비가이며, 예수성심에 대한 신심을 보급하는 데 크게 기여한 인물이다. 1864년 교황 비오 9세에 의해 시복되고, 1920년에는 교황 베네딕토 15세에 의해 시성되었다. 축일은 10월 16일이다.

100 祭己於爾: [한글사본]에서는 "예수ㅣ 십ᄌᆞ가 우희셔 밧으신바 고난의 깃치신 표를 가져 밧드러, 네게 졔헌홈이라"로 되어 있다. 즉, [한글사본]에서는 '네게 졔헌홈이라' 앞의 고딕체 문장이 첨가되어 있다. 이렇듯 이 기도문의 [한글사본]과 [漢文寫本] 사이에 기도문의 줄기는 같다 하더라도 그 수식구(修飾句)나 수식어(修飾語)들이 첨가되어 있다.

101 所亟: 사랑하는바.

洪恩 爲加我急需之聖寵 爲賜我臨終之聖佑 更懇納之 如爲我之誠愛 我之欽崇 我之讚美 蓋爾爲足敬足榮 惟因厥心 故惟以厥心 我敢奉獻於爾之臺前 亞孟[102]

[cf. 한글사본 107쪽]

第二十章

天主 施好生之德 旣生我後 各品其妻子以卑之 使相守本分 善始善終爲命矣 仰慕主命 一以有感謝之由 一以有懇求之端

李保納 本以宗班後裔 大姓名家閨秀也 年當二十議婚 地醜德齊 外人婚

[漢文寫本 176쪽]配後十餘年 余先奉教 即與同心事主 各務救靈 保納本性質直似愚 其如孝親友愛之道 修身治家之行 少無欠缺 而與輕薄世態 不合而遠是以自初 確信聖教 有意於婚配之貞 而相與許願 當丙寅奔竄時 頻經危險之境 而避身操心 恒守潔淨 乃可嘆服也 中年 欲其依託於此方長子家 而下來之初[cf. 한글사본 108쪽]余爲其有益救靈工夫 以神領聖體道理 勸以爲試 幾年後 更加提醒以問 則逐日施行 而無闕云 可信其終身行之 伊後 以欲見其次子婦內外之心 上京留在 偶病危境 故通奇於長子處 而迎朴監 告解奉聖體 是日待子來 欣悅酬酢後 猶如安眠臨終 其善終憑據 多端矣 以平常行爲 及臨終預

102 亞孟(아맹): [漢文寫本]에는 '亞盟'이 생략되어 있다. 그러나 한글본에는 '아멘'이 들어가 있고, [漢文寫本] 17장 이후의 각종 기도문에도 '아맹'이 들어가 있음을 감안하여 이를 첨가해 두었다.

備 及屍體精美之樣 見之 則孰不讚稱哉 京中男女敎友 多聚煉禱 而廣施葬需 故厚備殮棺 安葬於蓉山[103]三湖亭後麓東南向坐局 保納時年六十六矣 特蒙主母之恩命 如善始善終 感謝無旣至[cf. 한글사본 109쪽]如子息兄弟 及屬下諸口救靈 姑不識其守誡之下回 而主母恩命之如何 尤不識也 但以大小家諸口 奉獻於吾主耶穌·聖母瑪利亞·大聖若瑟像前 特以保佑之恩命 使各善始善終之意 懇求而已 亞孟

[漢文寫本 177쪽][104]이 륜음에 실닌바 교종의 경축 젼대샤 반포 규식과 관면을 조차 대한 교우를 위ᄒᆞ야 이ᄀᆞᆺ치 닐ᄋᆞ노니,[105]

일은 경축 젼대샤 엇을 긔한 양력 륙월 이십오일노 시죽ᄒᆞ야, 십이월 이십오일 예수셩탄 쳠례에 ᄆᆞᆺ촐 거시오.

일은 셩톄 뫼신 셩당이 잇ᄂᆞᆫ 곳에ᄂᆞᆫ, 본당신부의 지시ᄒᆞ심을 ᄯᆞ라, ᄆᆡ일 네 번식 셩당에 죠ᄇᆡ홀 거시오.

일은 셩당이 잇ᄂᆞᆫ 곳에라도 만일 본당신부ㅣ 모힌 여러 교우롤 거ᄂᆞ니고 셩로션공을 다ᄉᆞᆺ 번 힝ᄒᆞ면 가히 십오일 죠ᄇᆡᄒᆞᄂᆞᆫ 규식에 ᄃᆡ신이 될 거시오.

일은 셩톄 뫼신 셩당에셔 멀니 살거나, 셩당이 도모지 업ᄂᆞᆫ 곳에ᄂᆞᆫ, 셩당죠ᄇᆡ ᄃᆡ신으로 여러히 공소에 모히거나, 혹 각 사ᄅᆞᆷ이 제 집에셔라도 십오일 동안에 렬품도문과 져축문[106]을 ᄒᆞᆫ 번식 ᄆᆡ일 념홀 거시오.

103 蓉山(용산): 龍山(용산)의 다른식 표기법이거나 오자(誤字)로 생각된다. 그러나 '용산(龍山)'을 '蓉山(용산)'으로 기록한 사례를 찾지 못한바, 이는 오자일 가능성이 높다.

104 [漢文寫本] 32장의 경우에는 장수(張數)가 표시되어 있지 않다.

105 교황 윤음은 [한글사본[에는 실려 있지 아니하다.

106 져축문(諸祝文): 여러 가지 기도문.

일은 칙이 업거나 칙볼 줄 모로ᄂᆞᆫ 쟈ᄂᆞᆫ, 십오일 동안에 ᄆᆡ괴 십오단이나 묵주 세궤이롤 ᄆᆡ일 념홀 거시오. 그 남아 고ᄒᆡ와 령셩톄며 긔도ᄒᆞᄂᆞᆫ 쥬의와, 무숨 조당으로 관면되ᄂᆞᆫ 쳐디ᄂᆞᆫ, 교화황 륜음에 실닌 ᄃᆡ로 봉힝홀지니, ᄉᆞ랑ᄒᆞ온 모든 교우들은 열심을 분발ᄒᆞ야, 이러ᄐᆞ시 귀ᄒᆞ고 보ᄇᆡ로은 이 경축젼대샤의 은혜 엇기롤 위ᄒᆞ야 힘쓰기롤 ᄇᆞ라노라

天主 降生 一千九百一年 辛丑 陽曆 六月二十四日 教宗 第十三位네오頒赦

Ⅳ

봉교자술 한글사본

봉교자술

봉고ᄌᆞ술 서

모로 ᄉᆞᄅᆞᆷ이 편ᄎᆞ의 ᄯᅳᆺ을 넙어 봉고ᄒᆞᄂᆞᆫ 길이 그 ᄀᆞᆺ치 만ᄒᆞᆫ 즁로
리 외ᄉᆞᆯ 뎜ᄉᆞᆯ 탐ᄒᆞ야 나아오ᄂᆞᆫ 자도 잇ᄉᆞ며 도리ᄉᆞᆯ 무ᄅᆞᄂᆞᆫ 도희
동이 뎐당ᄇᆞᆨ을 탐ᄒᆞᆫ디 옥벗을 ᄒᆞᆨ셥ᄒᆞ야 드러오ᄂᆞᆫ 자도 잇ᄉᆞ
며 흑ᄉᆞ옥을 ᄯᅥᄅᆞ 세상에서 무ᄉᆞᆷ 리익이 잇ᄉᆞᆯ가 ᄒᆞ야 두념ᄒᆞᄂᆞᆫ 자도
잇ᄉᆞ며 우용ᄒᆞᆫ ᄉᆞ뎐을 ᄌᆞᆷ이 도탐ᄒᆞ니 ᄂᆞ도ᄒᆞ엿보깃 탐ᄒᆞ야 드러오ᄂᆞᆫ
자도 잇ᄉᆞ니 이ᄂᆞᆫ 다 슈뵈길에 들어 뎐ᄎᆞ의 젼능 안비ᄒᆞ신 은혜로고
귀령의 보ᄇᆡ이 잇ᄉᆞ 변이와 ᄉᆞ외 구ᄋᆞᆼ의 ᄉᆞ홈 즁 그 희뒤 오만ᄒᆞᆫ 자와 ᄉᆞ
정을 알ᄒᆞᆫ 진대 심히 비ᄅᆞᆼᄒᆞᆫ 판ᄒᆞᆫ 지라 엇짐이뇨 ᄀᆞ저ᄒᆞᆫ 즁 ᄲᅮᆫ 나
희뒤 흠ᄋᆞᆫ 도리ᄉᆞᆯ을 미화 알아 본심 각도 업고 오만ᄒᆞᆷ을 도리
ᄒᆞᆯ 일ᄉᆞ 다아ᄂᆞᆫ 혜ᄒᆞᆫ ᄉᆞ견을 ᄀᆞ집ᄒᆞ야 더옥 망죵ᄒᆞ여 이 뎐ᄉᆞᆯ을의 령
혼ᄉᆞ 졍이 장ᄎᆞ 엇어 헤뫼니 온 심상 이 이에 밋ᄉᆞ매 ᄎᆞᆷ아 전디지 어디워

오직ᄒᆞᆫᄀᆞ지 저주ᄒᆞ오ᄂᆞᆫ바ㅣ 예수ㅣ 일ᄉᆞ십 주야ᄅᆞᆯ 치신 갈와 말ᄉᆞᆷ으
로 가실 때 즁ᄌᆞ의 셔ᄅᆞᆫ든 공구ᄒᆞᆯ 도라보신 공경ᄒᆞ온 신 말ᄉᆞᆷ이 너희ᄂᆞᆫ
나ᄅᆞᆯ 울지 말고 너와 네 ᄌᆞ손 나 만번 되ᄅᆞᆯ 울나ᄒᆞ신 이라 ᄒᆞ더니 나ᄂᆞᆫ 갓
치 ᄎᆞᆫ 찬 망둉ᄒᆞ온 진짓 ᄉᆞᆯ뒤 업ᄉᆞ너 재ᄒᆞᆫ ᄒᆞ온 두렵서 다만 우리 쥬 예수
생심의 염〻ᄒᆞ신이 화ᄅᆞᆯ 우러〻 뵈옵ᄂᆞᆫ 근주ᄒᆞ옵ᄂᆞ니 이 넝담ᄒᆞᆫ
무화ᄅᆞᆯ 공편이 부여 이 쥬의 인ᄒᆞᄂᆞᆫ 일 졍을 다시 ᄒᆞ희와 ᄌᆞ사각ᄒᆞ고 쥬쳐
령혼 주ᄒᆞᆫ 공부ᄅᆞᆯ 힘쓰새 ᄒᆞ옵소서 다시 싱각ᄒᆞᆫ대 텬쥬ᄅᆞᆯ 용
졍ᄒᆞ야 ᄌᆞ긔 셩혼 주ᄒᆞ온 도리 어듸 잇ᄂᆞ뇨 진도 ᄌᆞ장 쳑의 ᄒᆞᆯ 녀시
미ᄂᆞ구언지 구령코져 ᄒᆞᆯ진대 본대 ᄌᆞ긔ᄅᆞᆯ 안주에 텬쥬ᄅᆞᆯ 한ᄂᆞᆫ 샹ᄒᆞᆯ
을 ᄉᆞ랑ᄒᆞ여야 텬쥬ᄅᆞᆯ ᄉᆞ랑ᄒᆞᆷ이라 ᄒᆞ지라 대대 맛ᄒᆡ 젼에 업던 새
가 텬쥬의 호칭ᄒᆞ신 은혜로 령혼 육신 겸합ᄒᆞ여 내 싱신이 령혼
은 텬쥬로 상으로 삼ᄉᆞᆯ 곳 ᄎᆞ아 텬쥬ᄅᆞᆯ 온전이 미ᄒᆞᆫ 보라ᄂᆞᆫ ᄉᆞ랑

ᄒᆞ라ᄒᆞ되셔은 육신은 다 원죄에 부르더 침졍ᄒᆞ여 육을 ᄯᅡ러 신ᄌᆞ죄만 ᄎᆞᆺ
ᄀᆡ된거시라 그러나 조졍호 쟝본이 변유의 홍구ᄅᆞᆯ 승순ᄒᆞ야 ᄀᆞ욕졍을 ᄂᆞᆯ
내이의 닷흔거시니 [그뉴되이] 지천지 하ᄒᆞᆫ 줄을 알은 ᄌᆞ신양ᄒᆞ지ᄂᆞᆫ 원주의 지존지션
ᄒᆞ심을 알아 무ᄅᆞ죄하야 이면지다 ᄉᆞ거ᄂᆡ 동더로ᄒᆞᄂᆞᆫ 일ᄉᆞᆼ 뎐ᄉᆞᄅᆞᆯ 원망ᄒᆞᆫ
거ᄂᆞᆫ 사ᄅᆞᆷ을 ᄉᆞ랑치 못ᄒᆞ니 ᄀᆞᆺ은 어ᄃᆡᄒᆞᆫ 션ᄒᆞᆫ 이면지라 편ᄉᆞ의 길로 ᄒᆞ여 보ᄂᆡᆫ 일
뎡ᄒᆡ지 거셔 낫지 아닌 줄을 알어 ᄆᆡ양 ᄀᆞᆨᄉᆞ ᄌᆞᆼ은 ᄒᆞ시ᄃᆡ 다 ᄎᆞᆯᄉᆞ되니다
편주ᄃᆡ무의 무상ᄒᆞᆫ 샹셰 나셔 신형ᄃᆡ 되신ᄌᆞ 만은 형ᄃᆡ 간 ᄋᆡᆫ엄ᄒᆞ면
우셔 사ᄅᆞᆷ의 셩졍이라 ᄒᆞ되은 ᄌᆞ뎡ᄲᅮᆫ 아니라 ᄆᆞᆷ번되 ᄌᆞᆫ대부의 ᄆᆞᄋᆞᆷ이여
비쟝ᄒᆡᄒᆞ야 그공의 ᄒᆞ신ᄎᆡᆨ 필이 ᄒᆞᄂᆞ니 ᄃᆡ명 ᄀᆞᆺ지ᄂᆞ 시ᄒᆞ나 셩ᄉᆞ 쎄수이 ᄒᆞᆫ
죄벌ᄒᆞ실 ᄌᆞ ᄒᆞ시기ᄅᆞᆯ 원ᄒᆞ야 삼ᄌᆞ의 ᄯᅳᆺ에 못ᄒᆞ비ᄒᆞ며 주ᄋᆞ친 형상을 네이제 참간우
ᄃᆡᄒᆞ ᄅᆞᆯ 지어다 예ᄉᆞ 일ᄉᆞᆯᄂᆞᆫ 셰ᄃᆡ 사ᄅᆞᆷ이 ᄀᆞᆫ일은 니ᄌᆡᆼ은 안ᄒᆞᆫ을 ᄉᆞ엄ᄉᆞ
이ᄂᆞ이ᄯᅢ은 그ᄯᅳᆺ에 ᄯᅢᄆᆞᆷ을 ᄃᆞᆼ인 감ᄒᆞᆫ 못ᄒᆞ신ᄂᆞᆫ ᄀᆞᆺ은연 ᄎᆞᄆᆞᄒᆞᄆᆞᆫ긋 ᄒᆞ라ᄒᆞ셧

二

케나ᄌᆞ주ᄃᆡ답지아니ᄒᆞ며어지ᄀᆞᆫᄎᆞᆫ아동굿의ᄅᆞᆯ니져버리고ᄉᆞ욕ᄉᆞ당을아니ᄒᆞ오니ᄀᆞ
ᄉᆞ욕ᄉᆞ당이업ᄉᆞ오면天텬쥬ᄅᆞᆯᄉᆞ랑치아니ᄒᆞᆷ이니텬쥬ᄅᆞᆯᄉᆞ랑치아니ᄒᆞᄂᆞᆫᄆᆞᄋᆞᆷ으로
로주명ᄒᆞ시ᄂᆞᆫ이(외ᄒᆞ야)슈ᄂᆡᄒᆞᄂᆞᆫ말ᄉᆞᆷ을감히입을열어ᄒᆞ지못ᄒᆞ나텬쥬ᄭᅴ셔졔로ᄃᆞ지의쥬
되이ᄂᆞᆫ구자귀에드르니ᄂᆡ가ᄌᆞ연이슈ᄒᆞ여두ᄒᆞ다가혹ᄉᆞ욕을ᄎᆡ워ᄒᆞ야ᄎᆞᆷ기어려온ᄯᆡᄅᆞᆯ
당ᄒᆞ거든잠간ᄌᆞᄉᆡᆼ도리ᄅᆞᆯᄉᆡᆼ각ᄒᆞ야주츄여간ᄒᆡ되ᄂᆞᆫ이ᄒᆞ신ᄂᆞᆫ아지ᄂᆞᆫ성관ᄒᆞ시ᄂᆞᆫ텬쥬
삼위ᄃᆡ젼에결어잘이ᄀᆞᆺᄒᆞᆫ지어다 아멘

이외을ᄌᆞ슐ᄒᆞᆫ뜻은나ᄀᆞᆺ치혼용ᄒᆞᆫ것슨텬쥬은혜ᄅᆞᆯ감사ᄒᆞᆯ줄몰ᄋᆞ니
치못ᄒᆞ며ᄎᆞ리죄ᄅᆞᆯ통회ᄒᆞᆯ줄도아지못ᄒᆞ며쥬ᄭᅴ그ᄌᆞᄒᆞᆫ도ᄂᆞᆫ도아지못ᄒᆞ야ᄌᆞ
치ᄌᆞᄒᆞᆫ울산인ᄒᆞ면셔ᄒᆞᄂᆞ후학ᄌᆞ손중병되ᄒᆞᆫ자ᄅᆞᆯ기ᄃᆞ려ᄌᆞ쥬제ᄒᆞᆷ을
삼아각ᄀᆞᆨ뎡신ᄒᆞ며부상에ᄆᆡᆺ칩ᄒᆞ야죄악도선ᄒᆞᆫ것ᄒᆞ오의유죠ᄒᆞᆷ의이잇술
간ᄒᆞ야감히젼욕ᄒᆞᆷ을니져버리ᄂᆞᆫ이ᄀᆞᆺ치말ᄒᆞ노라

天主降生一千九百一年辛丑春三月上澣 明道會後學老拙金若翰
主母臺前祈求謹誌

봉교ᄌᆞ술 샹편

닙교령셰ᄒᆞᆫ 특은을 감사ᄒᆞᆷ이라

나 ᄂᆞᆫ ᄒᆞᆫ 죄인이 본ᄃᆡ 쟝령후예로 시골 대셩 촌가에 나서 어려서브터 공ᄉᆞ에
ᄂᆞᆷ음이 업ᄂᆞᆫ 부형의 교훈을 받드러 글ᄌᆞᄅᆞᆯ 비화 나히 십오륙에 니ᄅᆞᆯ ᄯᆡ
능히 과문을 드ᄅᆞᆯᄒᆞ야 시부간 셩편 모양ᄒᆞ이로 셰ᄎᆞ이 볼 ᄀᆞᆺ초ᄒᆞᆫ 션비
라 셰샹에 면ᄒᆞ우ᄒᆞᆫ 즉 졍도 명리 쟝즁에 모라 ᄎᆞ 췩ᄒᆞᆫ ᄎᆞ 치샹이
나 명ᄉᆞᄅᆞᆯ 쳬결ᄒᆞ야 허탄ᄒᆞᆫ 명도 셩명ᄒᆞ며 ᄎᆞ 뎡방울 비친ᄒᆞᆫ 학
동을 만히 ᄆᆞᄎᆞ화 구ᄂᆞ지 이ᄂᆞᆫ 구시 소젼ᄃᆡᄅᆞᆯ 취ᄒᆞᆷ이라 이조치 오유
관광ᄒᆞᆫ지 십여년에 본ᄃᆡ 심히 열약ᄒᆞ온 몸이 ᄒᆞᆯ우에 샹ᄒᆞᆫ 곳이 만
아 여ᄒᆞᆫ지 즁병을 엇어 며ᄋᆞ 위험ᄒᆞᆫ 다ᄉᆞ 살아난지라 ᄒᆞᆯ로ᄂᆞᆫ 졸연
싱각키를 사ᄅᆞᆷ이라 ᄒᆞᄂᆞᆫ 거ᄉᆞᆫ 무ᄉᆞᆷ ᄒᆞᆫ다 즉 쟝ᄎᆞ 이 쟝의 니 ᄆᆞᄅᆞ 병영
ᄒᆞ야 평ᄉᆡᆼ 와ᄒᆡ ᄆᆞᄋᆞᆷ의 부족 관계 잇ᄂᆞᆫ ᄒᆞ야 쳬결ᄒᆞ던 지샹 명ᄉᆞ 즁

三

상춍ᄒᆞᆫᄆᆞᄋᆞᆷ이업서절로ᄀᆞ지이ᄂᆞᆫ지면의십여츠보면과거도ᄉᆡᆼ각건
대니ᄯᅡᆫ일은과거ᄅᆞᆯ잇어ᄒᆞ면ᄂᆞᆷ의게잡힌사ᄅᆞᆷ이되여ᄎᆞᆫ에ᄒᆞᆯ되집어
세내ᄆᆞᄋᆞᆷ대로못ᄒᆞᆯ되시니술ᄎᆞᆷᄒᆞ야용졉ᄒᆞ던션비들의게ᄀᆞᆺ을여과
장즁에드러가셔도ᄌᆞ사ᄅᆞᆷ들의과거만보와주ᄂᆞᆫ일만보기ᄉᆞᆯ흔지라
이어ᄒᆞ시ᄇᆡᆼ뒤장에길을잔고드러안ᄯᅥ공부ᄒᆞᆯᄉᆡᆼ각이간졀ᄒᆞ야두루
방문ᄒᆞ다세속칙에ᄂᆞᆫᄆᆞᄋᆞᆷ모듸더니도ᄭᅴᄒᆞᆫ즘이업ᄂᆞᆫ지라ᄯᅥ간에엇
던사ᄅᆞᆷ이신션공부ᄒᆞᄂᆞᆫ칙을가지ᄂᆞᆫ와서보단ᄒᆞ시ᄂᆞᆫ열어보니유
도션도불도세가지의ᄯᅳᆺ이라ᄆᆞᄋᆞᆷ의합당치아니ᄒᆞᆫ즘도되ᄒᆞᆯ아지
못ᄒᆞᄂᆞᆫ소견으로ᄂᆡ의병도옴ᄂᆞ니치ᄂᆞᆫ흑ᄆᆞᄋᆞᆷ도ᄭᅵ도ᄅᆞᆫ갓치잇슬
가ᄒᆞ야수월동안의공부ᄒᆞᄂᆞᆫ둥히ᄒᆞ여도공부ㅣᄀᆞᄆᆞᄋᆞᆷ을ᄯᅳᆯ리게
ᄒᆞᄂᆞᆫ욕심을젹게ᄒᆞᄂᆞᆫ공부ㅣ와관련ᄆᆞᄋᆞᆷ의병도업셔진ᄆᆞᄋᆞᆷ와
세속도떠ᄂᆞ며ᄯᅡᆫ치ᄆᆞᄋᆞᆷ이ᄒᆞᆫ논공중에소사떠ᄂᆞᆫ도ᄒᆞ더라이로양공부

ᄒᆞ시젼에다ᄅᆞᆫ공부ᄒᆞᆯ것 젹시니 이ᄂᆞᆫ셰속의 넘고ᄂᆞᆫ바이 인되ᄂᆞᆫ공부
ㅣ라 영산공부ᄅᆞᆯ 거ᄒᆞ면 원ᄂᆞᆫ지 길즁 화복을 ᄇᆡ고ᄒᆞ야 편도
순환과 국조장단과 셰지흥망을 아ᄂᆞᆫ되 흉이라 이르ᄂᆞᆫ 앙을 이단 허망
에 ᄲᆞ진 죄인을 편측ᄒᆞ고 ᄒᆡ외로 불상이 보심인지 우연이 엇어ᄒᆞᆫ 친
구ᄒᆞᆫ즉 ᄎᆞ자 봉도룡이 나ᄂᆞ라ᄂᆞᆫ 참리되ᄂᆞᆫ 곳에 가 그 문을 두ᄃᆞ리니
쥬인은 장잇서 ᄆᆞᄌᆞᆷ 쳑을 보다ᄀᆞ 덥허두ᄂᆞᆫ 거러셔 영졉ᄒᆞᄂᆞᆫ지
라의 쳡경을 인ᄒᆞ야 서로 인ᄉᆞ 후에 쥬서 둘ᄌᆡ ᄎᆡᆨ을 쳐내여 잠간 보니 편쥬
도덕의 로로ᄒᆞᆫ 츔이나 ᄎᆡᆨ이 ᄆᆞᆯ ᄂᆞᆷ은 ᄉᆡᆼ셰ᄎᆞ요 ㅣ라 그ᄀᆞ졀 말리다
음을 그쳐 아ᄅᆞ외심업시 경신ᄒᆞᆷ과 음이 비ᄒᆞᆫ되 업ᄂᆞᆫ지라 날이
읽외ᄂᆞᆫ 도로ᄒᆞᆫ 중ᄯᆡ에 그 ᄎᆡᆨ을 노고 온ᄯᆞ온이 업서 슈건에 ᄊᆞ가지
ᄂᆞ와 서명ᄒᆞᆯ 쥬ᄃᆞᆷᄒᆞ야 ᄒᆞ야 다ᄇᆞᆫ 너ᄂᆞᆫ ᄃᆞᆯᄂᆞᆫ 당시 가셔 쥬인을 향ᄒᆞ야 골ᄋᆞᄃᆡ
이ᄂᆞᆫ 터 ᄎᆡᆨ이 만흘 터이니 너어 보지 못ᄒᆞ면 ᄂᆡ 맘음이 편치 못ᄒᆞᆯ지

四

나 엇지ᄒᆞ여야 됴흘고 ᄒᆞ니 쥬인 왈 그러면 나ᄒᆞᆯ ᄯᆞ라 오란 ᄒᆞ시오
명오ᄀᆞ 나셔 ᄉᆞ뭇 안ᄉᆞᆫ 흉ᄒᆞᆫ이 이젼 아ᄂᆞᆫ 사ᄅᆞᆷ이라셔 말을 듯ᄂᆞᆫ
우ᄉᆞ미 분오되 그러면 이후에 내여(칙을) 보게 ᄒᆞ쇼 ᄒᆞ시고 자ᄌᆞᆷ 자가셔
칙을 엇어 보ᄆᆡ 무ᄅᆞᆫ되 이ᄎᆞᆫ ᄎᆞᆷ은 진실ᄒᆞᆫ 도리 칙 즁에 조종
평[illegible]이 무ᄉᆞᆷ 칙이오 ᄒᆞᆫ즉 왈 셩경이니라 ᄒᆞ오ᄂᆞᆫ 그외론 쥬칙이
업ᄂᆞ라 ᄒᆞ되 내 말이 셩경 칙도 업ᄂᆞ냐 왈 업ᄂᆞ니라 ᄒᆞ니 이본
셩경은 오묘ᄒᆞᆫ ᄯᅳᆺ을 신ᄒᆞᆫ 고로 알기 어렵다 ᄒᆞ야 뵈지 아니ᄒᆞᄂᆞᆫ 쥬
구ᅵ라 내 말이 셩교 도리의 조종 되ᄂᆞᆫ 셩경을 못 보면 셩교 봉
ᄒᆡᆼᄒᆞᆯ 수 잇ᄂᆞ냐 못ᄒᆞᆯ매(내) 다시 ᄂᆞᆯ오되 그러면 각 다ᄉᆞ리 일 다시은
와 ᄒᆞ기를 니르ᄂᆞᆫ 말ᄉᆞᆷ은 줄 알아 보ᄂᆞᆫ 쥬장쥬교ᄀᆡ 무ᄉᆞᆫ 말ᄉᆞᆷ ᄒᆞᄆᆡ
쥬교ᅵ 당신ᄀᆡ 잇서 쟝칙은 아니ᄒᆞᆫ 것을 두별이 허ᄒᆞᆸᄒᆞ신지
라 가지ᄂᆞᆫ와 쥴되 오ᄂᆞᆫ 요로 ᄡᅥ 남은 등 안에 다 열남ᄒᆞᆫ ᄉᆡᆼ각

건ᄃᆡ생고ᄯᅩ니치ᄒᆞ이조션。나라잇ᄂᆞᆫ것은내가젼후에본것시대략
말ᄒᆞ되ᄒᆞᆫ번은의션ᄒᆞᆫ좀을모르ᄂᆞᆫ쟝뇨의죵상츰되워이던
도리ᄅᆞᆯ일즉아지못ᄒᆞ외시원통ᄒᆞ니밧비봉힝ᄒᆞ여라ᄒᆞ야
문답ᄒᆞ온ᄂᆞᆫ조ᄉᆞᆫ과외ᄇᆡ괴셩을혼ᄃᆡ로에비ᄒᆞᆫ셔이왕의뜻을
조치안던동향친우모모ᄅᆞᆯ셩가ᄅᆞ치여생고。알아(도리)불원의더욱
근졀ᄒᆞ오니우。(윤지)ᄅᆞᆯ문ᄃᆡ불너을너ᄒᆞᆫ가지로춘한간에생고도
의ᄅᆞᆯ만히강습ᄒᆞ야그ᄒᆡ팔월분에션진을조치ᄒᆞ니
우외본명은시문이오내본명은옹안이라주시더웃의치을
ᄒᆞᆫ므ᄅᆞᆯ뿐아니라더욱시골친지간대군대부여로ᄂᆞᆫ서ᄅᆞ뉴들
의외아ᄂᆞᆫ조목도리ᄅᆞᆯ알체ᄒᆞ니라ᄒᆞ야서울을하직ᄒᆞᆫ본
향으로류락ᄒᆞ야편듀도리ᄅᆞᆯ벌너젼파ᄒᆞ려ᄒᆞ다이ᄯᅢ팡인
산이거세ᄂᆞᆫ이단에ᄂᆞᆫ죡ᄒᆞᆫ지라말ᄒᆞᆫ죡죡이도리밧ᄂᆞᆫ사ᄅᆞᆷ을듯ᄂᆞᆫ

五

을 판ᄒᆞ면셔도 헛된 톄면에 ᄭᅳ을녀ᄒᆞᄂᆞᆫ 말ᄉᆞᆷ이 대황권 후에 ᄒᆞ신

ᄒᆞᆫ 도로혀 ᄉᆡᆼ고 즉ᄒᆞᆫ뒤 ᄒᆞ야 ᄆᆞᄋᆞᆷ을 포ᄒᆞ다 ᄒᆞ던 와셔 져히

ᄂᆞᆫ 말ᄉᆞᆷ이 베ᄉᆞ 일ᄉᆞ 흉즁에 잇셔 즉즘 되ᄂᆞᆫ 일을 두 별나게 ᄒᆞ면

장ᄉᆞ 친쳑간 유혹이 크게 된다 ᄒᆞᆫ 져용은 ᄉᆡᆼ고 ᄎᆡᆨ을 배앗

ᄉᆞ 업시고 져ᄒᆞ야 ᄂᆞᆨ두고 가진 ᄎᆡᆨ궤 젹ᄉᆞ여ᄒᆞ기에 내 가고 궤

우희 올나 엄되여 블 온되 우희 되신 어른의 소견이 엇지 이곳

치부촉ᄒᆞ시오 이 ᄎᆡᆨ만 업시ᄒᆞᆫ 이 ᄋᆞᆷ의 ᄆᆞᄋᆞᆷ을 살녀두면 이 ᄎᆡᆨ

을 다시 잇게 ᄒᆞᆯ 거시니 이 흉을 진즉 업시ᄒᆞ여야 ᄎᆡᆨ의 근원을 가

히 ᄆᆞᆯ아 ᄌᆞᆨ을 거사은 져분되오 ᄒᆞ시오 ᄒᆞᆫ즉 아모리 ᄒᆞᄂᆞᆫ 등이

문이 ᄒᆞᆫ도 ᄒᆞ려 가막히ᄂᆞᆫ 지두 던진ᄒᆞᄂᆞᆫ 말이 ᄒᆞᆯᄂᆞᆫ 업다

ᄒᆞᄂᆞᆫ 홈 너ᄂᆞ가 더니 후에 다시 모되여 집을 헐녀ᄒᆞ기에 ᄯᆞᆯ 등이 ᄒᆞᆼᄒᆞᆫ

아 날 오되 슈ᄂᆞᆫ홈이 집을 헐기ᄂᆞᆫ 사ᄅᆞᆷ을 ᄶᅩᆺᄂᆞᆫ 뜻이어 ᄌᆞᆷ간 ᄎᆞᆷ지

번ᄂᆞᆫ 놉흔 도ᄉᆞᆷ의다 ᄒᆞᄂᆞᆫ냐 간쥬 찬을 예비ᄒᆞ야 ᄃᆡ졉ᄒᆞᆫ 후에 하직
을 ᄂᆞᆫᄒᆞ야 오ᄂᆞᆫ뒤 쥬ᄌᆞᆷ쳐 ᄀᆞᆺ다리ᄂᆞᆫ 떠나가 오니 집을 ᄎᆞᄌᆞ지 ᄒᆞ야 쳐분
디ᄅᆞᆯ ᄒᆞᆷᄭᅴ 소셔고 ᄂᆞᆯ 떠나 다ᄅᆞᆫ 디방에 가 빈 집 ᄒᆞᆫ 간을 엇어 쳐ᄌᆞᄅᆞᆯ 두며
울 ᄃᆡ두ᄂᆞᆫ 동리 ᄉᆞᄅᆞᆷ의 권을 보ᄌᆞᆷ에 ᄉᆞ셰ᄂᆞᆫ ᄆᆞᄋᆞᆷ 가ᄂᆞᆫ 되로 동셔 분찬
ᄒᆞ야 권화 븐양을 ᄒᆞ되 자쳔 노소ᄅᆞᆯ 의론치 아니 ᄒᆞᄂᆞᆫ되 ᄒᆞᄂᆞᆫ 더
믈다 ᄋᆞᆸ졍ᄒᆞ야 샹졉ᄒᆞ니 나ᄂᆞᆫ 곳마다 밤도 잘 ᄲᅮ이ᄂᆞᆫ 말ᄂᆞᆫ 잘 ᄃᆞᆯᄂᆞᆫ
지라 ᄌᆞ너ᄅᆞᆯ 보니어 ᄌᆞᆫ 쟈ᄀᆞ ᄌᆞᆫ 젹지 아니ᄒᆞ야 父母 십 명에 ᄂᆞᆫ 지
라 이 ᄉᆞᄅᆞᆷ을 인도ᄒᆞ야 새 울 가셔 뎡ᄃᆡᆷ ᄒᆞ게 ᄒᆞ엿 권이 와 며 면 관 ᄉᆞ 시 쥬고
영졉ᄒᆞᆫ 집이 업셔 난편ᄒᆞᆫ 고로 ᄂᆞᆫ 셔흥 뎌 방 ᄃᆞ 겹의 집 ᄀᆞᆯ이 ᄌᆞᆯᄒᆞᄂᆞᆫ 곳
에 공소ᄒᆞᆯ 집을 비치ᄒᆞᄂᆞᆫ 동구에 젼쥬 도리 ᄃᆞᆺ ᄀᆞᄅᆞᆯ 외ᄒᆞ야 날마다 ᄎᆞᄌᆞ오ᄂᆞᆫ
ᄉᆞᄅᆞᆷ이 만ᄒᆞᆫ지라 ᄒᆞ히 ᄀᆞ을에 ᄌᆞ교ᄅᆞᆯ 영졉ᄒᆞ야 관ᄉᆞ ᄒᆞ러 ᄒᆞᆫ시고 뎌 방
외인 ᄃᆡ 샹 쳐 ᄌᆞ 되ᄂᆞᆫ 소 연 ᄉᆞᄅᆞᆷ이 양인 ᄒᆞ 경을 ᄌᆞᆫ ᄒᆞ차 ᄒᆞᄂᆞᆫ고 밤에 ᄎᆞ자와

六

쥬고계신 방문을 쳘셕열ᄂᆞᆫ 드러서ᄂᆞᆫ지라 밧비 니러나 다ᄅᆞᆫ 빗거나가
그렁믓ᄒᆞᄂᆞᆫ 줄 고호유ᄒᆞ야 다쟉ᄒᆞ보내ᄂᆞᆫ 방에 드러와 피ᄒᆞ시니 쥬고ᄯᆞᆯ
소이 셩ᄉᆞ 아니ᄎᆞᆫ 리일 가깃단 ᄒᆞ시ᄂᆞᆫ지라 엇지ᄒᆞ시ᄂᆞᆫ 문부ㅣ 옷엇거
쥬고ᄯᆞᆯ쇼이 앗갑고 ᄯᅡ치 혼악ᄒᆞ다 다시 엇ᄌᆞᆸ기ᄒᆞ고 더지 아니ᄒᆞ야
아ᄂᆞᆫ 뉘쟝 업ᄂᆞ이다 쥬고ㅣ 또 ᄯᆞᆯ쇼이 일ᄯᅢᆼ일 업大라 일ᄯᅢᆼ 아ᄂᆞᆫ 일
도 업ᄉᆞᆸᄂᆞ이다 쥬고ᄯᆞᆯ쇼이 오ᄂᆞ야 에신 역만 ᄆᆞᆺᄂᆞᆫ 리일 셩ᄉᆞ 쥬깃도다
주번 환용을 평안이 ᄒᆞ지네ᄂᆞᆫ 가시ᄂᆞ라고 ᄯᅢ 셩가에도 편쥬ㅣ 쳐의 용흉
울로 나오지 우픔 ᄒᆞᆯᄲᅮᆫ 아니라 쳐와 단에 ᄯᅢ져 거의 죽은 것ᄉᆞᆷ 드ᄅᆞᆯ
이건 져너 여이어 두시 길을 몰어 인도ᄒᆞ시ᄂᆞᆫ 줄을 못ᄂᆡ 갈쥬ᄒᆞ야
쥬의 던ᄀᆞ운은로 ᄒᆞᆼ상 우러ㅎ 찬송ᄒᆞ옵ᄂᆞ니 영광이 부와 ᄌᆞ와
셩신ᄭᅴ 처음과 ᄀᆞᆺ치 또ᄒᆞᆫ 이제와 ᄒᆞᆼ상 무궁세에 잇셔지이다 아멘
쟝쥬모ᄅᆞᆯ 피서ᄂᆞᆫ 쳔모ᄒᆞ다가 ᄉᆞᆫ난쳐 ᄀᆞ일을 드엿ᄒᆞ야 드ᄅᆞᆯ ᄒᆞᆫ 쥬은을

샤셰ᄒᆞᄂᆞᆫ고로 [illegible] 죄인 ᄌᆞ칙ᄒᆞᆷ이라

셩운의 블ᄒᆡᆼᄒᆞᆫ 당ᄒᆞᆫ 패셩 가운이라 슈화블촌 즁에 홀노ᄒᆞᆫ 집이 ᄒᆞᆫ때 잇고

ᄒᆞᆫ 대인오 즉 사ᄌᆞㅣ 다 예비ᄒᆞ야 명셰ᄒᆞ지 되엿더니 그 안즉 장되ᄂᆞᆫ ᄃᆡ을 ᄒᆞᆯ

인이 병드러 미음의 혐ᄒᆞᆫ지라 명셰ᄒᆞᆫ 즉 이에 셜워ᄒᆞ야 주고 명쳡ᄒᆞᆷ

기ᄅᆞᆯ 고쳥ᄒᆞ시ᄂᆞᆫ ᄉᆞ졍이 [illegible] 졀박ᄒᆞ야 주고 재신 옷을 감지 ᄒᆞ엿ᄂᆞᆫ지라

황히 도신 재명 디방에 뎐고ᄒᆞ시ᄂᆞᆫ지라 명자의 현유와 명세자의 슈ᄅᆞᆯ 고독

ᄒᆞ야 힝보 ᄇᆡᆨ여ᄒᆞᄂᆞᆫ 사ᄅᆞᆷ을 군희에 보내엿더니 즁고ㅣ 이 편지ᄅᆞᆯ 부친

측히 힝ᄎᆞᄒᆞ야 념ᄒᆞ신지라 영졉ᄒᆞ야 큰 방에 ᄀᆞ셔 ᄉᆞ신 ᄂᆞᆫ 안ᄎᆞᆷ 마자 ᄒᆞ에 ᄉᆡᆼ

ᄉᆞ랑 관ᄅᆞᆷ 쟝ᄒᆞ며 혼ᄉᆞ에 그 아희 ᄆᆞ음을 ᄂᆞᆯ 죄인의 ᄀᆞ르ᄂᆞᆫ 뉴ᄅᆞᆯ 듯이 ᄀᆞᆫ ᄉᆞᄂᆞᆫ 긴욕

ᄇᆞᆷᄂᆞᆫ 밧비 ᄯᅴ들ᄂᆞᆫ 날이 ᄯᅳ듸여 ᄯᆞᆯ의 고독ᄒᆞ야 ᄂᆞᆫ ᄒᆞᄃᆡ 쟝슈 고ㅣ 어ᄆᆞ 방에 졔

시ᄂᆞ니 쳐ᄒᆞᆫ 손님을 츄뢰 옵시 ᄆᆞᆯᄂᆞ ᄒᆞᄆᆞᆫ 지라 밧비 나아 ᄀᆞ쟝ᄒᆞᆫ 들ᄋᆞᆯ 다 인도ᄒᆞ야

밧쳣더니 ᄯᅡ 당에 좌뎡ᄒᆞ야 안시ᄒᆞᆫ 너ᄯᆞᆯ이 여러 번 졀ᄒᆞᆫ 항복ᄒᆞᆯ이 엇지

七

ᄒᆞ야 실수ᄒᆞᆷ과 이ᄀᆞᆺ치 ᄒᆞ시오 우리나라 톄도 톄면으로 말ᄒᆞᆯ지라도 진실ᄒᆞᆫ 분이

면 갓쓰ᄂᆞᆫ 옷 옷 닙어야 샹졉ᄒᆞ거든 ᄒᆞ믈며 텬쥬 ᄂᆡ 존위 ᄌᆞ존ᄒᆞ신이

를 보잔ᄒᆞ면서 여러 ᄃᆞ시 셜만ᄒᆞ시오 부모 이 되을 모욕ᄒᆞ엿거든 당신의 관

로 존ᄂᆞᆫ와 뵈옵게 ᄒᆞ시오 ᄒᆞᆫ쥬 고통에 ᄇᆞᆫ쥬 ᄀᆞᆺ 안ᄂᆞᆫ 연리ᄒᆞ난히 ᄌᆞ로

ᄒᆞ야 힐칙ᄒᆞᄂᆞᆫ 말이라 쥬 ᄒᆞᆫ 므운 창ᄒᆞᆫ 니ᄌᆡ 무엇시뇨 듯ᄌᆞᆸ 원

ᄒᆞ노라 ᄂᆡ 먼 여러 강 말ᄒᆞᆯ 것이 드ᄅᆡ 보라 우리 ᄉᆞ룸이 엇던이ᄌᆞᆸ의 ᄅᆞᆫ

치 말ᄂᆞᆫ 당면 쥬ᄃᆡ 간무 거병도 읍라 신병을 받아ᄂᆞᆫ 줄을 안나 답 안노라

ᄂᆡ 말이 ᄒᆞ면 여러 양반이라야 서ᄂᆞᆫ 바 공명의 ᄒᆞᆫ 친 ᄋᆞ ᄉᆞ룸에도 션을 ᄒᆞᄂᆞᆫ 자

ᅵ면 텬쥬ᅵ 복으로 뢰갑히 주신ᄂᆞᆫ 악을 ᄒᆞᄂᆞᆫ 자ᅵ면 텬쥬ᅵ 화앙으로 셔갑ᄒᆞ

신다 ᄒᆞ엿ᄂᆞ니 ᄯᅩ 네로 본ᄃᆡ 졀ᄒᆞ야 오ᄂᆞᆫ 말이 착ᄒᆞᆫ ᄉᆞ룸은 ᄃᆞᆺᄒᆞᆫ 곳으로 ᄀᆞ다가

ᄂᆞ 곰술 ᄭᆡ온 곰술 못으로 간다 ᄒᆞ엿시니 이도 다 ᄆᆡᆺ어야 ᄯᅩ나 ᄒᆞᆫ쥬 모든 이다

ᄌᆞᆫ이 ᄭᅥ리ᄭᅥᆺ 슈히 ᄂᆞᆫ료 양ᄒᆞᄂᆞᆫ 고슈ᄒᆞᆫ 션비 ᄒᆞ오히 ᄃᆡ답ᄒᆞ되 그러나 ᄭᅴ가

됴흔곳시면 조흔 곳을 눈으로 보와야 내 ᄆᆞᄋᆞᆷ이 무ᄉᆞᆷ 속작이 이러ᄒᆞ냐 약간 유
작에 ● 사ᄅᆞᆷ마다 편ᄒᆞ게 셔ᄆᆡᆷ ᄒᆞᆯ ᄲᅮᆫ이 창피ᄒᆞᆫ 줄을 모라 아조 잘ᄒᆞ여시니 그ᄯᆡ에는
눈으로 편ᄒᆞᆯ ᄯᅢ 뵈옵든 신령 밧은 조흔 줄을 알 모ᄅᆞ나 ᄲᅮᆫ이든 군ᄌᆞ를 믿ᄒᆞ고
죽은 조부모를 못 뵈왓시면 그 조부모ㅣ 엽다 ᄒᆞ리ᄒᆞ나 예 샹ᄉᆞ를 이러ᄒᆞ시
우롱ᄒᆞ야 만히 공ᄌᆞ의 말ᄉᆞᆷ과 ᄀᆞᄎᆞ 편ᄒᆞ고 죄를 엇으면 빌 어를 곳
이 업는 줄을 아지 못ᄒᆞ는지라 그 너무로 쟝ᄒᆞ고 ᄌᆞ유ᄒᆞ심이 ᄋᆞ 편ᄒᆞ
의 병을 밧ᄌᆞ와 셰샹 사ᄅᆞᆷ을 그르치게 ᄒᆞ며 선을 힘ᄒᆞᆫ 악을 피ᄒᆞ게 ᄒᆞᄂᆞᆫ 천당을
가지신 몸은 ᄌᆞ위 ᄒᆞ거니 ᄒᆞ고 든이 ᄒᆞᄂᆞᆫ 말이 편ᄒᆞ야 ᄒᆞᄂᆞᆫ 것들은 소진쟉
의 모 엽히 ᄒᆞᄂᆞᆫ 지ᄒᆞᆫ 말을 당ᄒᆞᆯ 수 업다 ᄒᆞ는지라 너 ᄯᅡᆯ이 그러치 아
니ᄒᆞ다 너희 ᄃᆡ로 ᄒᆞ야 공ᄌᆞ 샹ᄌᆞ를 너 져 보앗ᄂᆞ냐 바다 물을 본 쟈의게는
물 되기 어렵ᄂᆞᆫ 셩인의 문에 노는 말ᄒᆞᄂᆞᆫ 쟈의게는 말ᄒᆞ기 어렵다 ᄒᆞ엿
ᄂᆞ니 그 사ᄅᆞᆷ들이 ᄃᆡ답을 못ᄒᆞᆫ 다 물너가는지라 이러ᄒᆞᆫ 동졍을 ᄌᆞ고

八

ㅣ앗ᄉᆞᆫ생ᄉᆞ를힝ᄒᆞᆯ수업다ᄒᆞ야즉시떠ᄂᆞ가시ᄂᆞᆫ길에약당ᄉᆞ온ᄃᆡ이
당ᄒᆞᆫ들어장ᄉᆞ고를못ᄒᆞᆫ드ᄃᆡ여사잘을뻬앗ᄉᆞ와ᄒᆞᆫ마ᄌᆞᆷ그리방곤
쟝날이라ᄒᆞᆫ텬쥬명쟝쳔ᄒᆞ이광경을보ᄋᆞᆸ고쥬도만산편야ᄒᆞ야ᄉᆞᆷ다
쌋ᄂᆞᆫ지라뒤ᄒᆞᆫ대군가ᄃᆞ가이뒤경을ᄒᆡᆼᄒᆞ매ᄒᆞᆯ수업셔맛ᄂᆞᆫ일ᄂᆞᆫᄃᆞ옵
ㅣ오지ᄎᆞ즘이라범ᄂᆞᆫ흉을ᄯᅥᆯ쳐좌우ᄒᆞᆫ혜치ᄂᆞᆫ공합회듕에셔
내흉과ㅣ미사직을압회안코악당의말을뒤밥ᄒᆞ시라ᄒᆞᆫ혼을ᄐᆞᆯ
어잘간보셔ᄂᆞᆫ지라악당이ᄯᅥ샤술거ᄂᆞᆫᄎᆞᆺᄂᆞᆫ귀등쳐내여못길이
뇨ᄉᆞᆫ무어시뇨ᄒᆞᆫ범쥬교ㅣ다ᄉᆞᆺ여다ᄒᆞᆫ셔되텬쥬그제ᄉᆞ를보
옷시다ᄒᆞᆺ뒤다술잔이라ᄒᆞᆫ다가나ᄒᆞᆷ에쥬과효션ᄒᆞᆫ쳘때텽ᄒᆞ한쇽
황뎨의ᄎᆡᆨ셔효셩ᄒᆞᆫ대ᄉᆡᆼ을칙ᄒᆞ되곳치라ᄒᆞᆫ쟝을들쳐내여이
겻ᄉᆞᆫ무어시뇨ᄒᆞᆫ결은쥬과ㅣ눈을ᄀᆞ뢰ᄯᅥ셔ᄂᆞᆫ니로ᄋᆞ시되오나너의ᄂᆞᆫ회ᄂᆞᆫ군
되ᄂᆞᆫ죠황뎨황뎨가효션ᄒᆞᆫ대ᄉᆡᆼ을잘ᄀᆞ르치라ᄒᆞᆫ쥬교의제부ᄐᆞᆨᄒᆞ신

즐어랑ᄒᆞ신ᄌᆞ 악당의 발이 ᄂᆞᆺ숨ᄒᆞ러라 ᄒᆞᆫᄌᆞ 그즘 잠을 ᄯᅢ 공부이어 ᄀᆞᆺ보시
라 내가 그 뒤에 셔다가 ᄲᅢ앗ᄉᆞ 넙기 되ᄂᆞᆫ 고로 교회 소란ᄒᆞ야 너희들 나ᄂᆞ어 보ᄂᆞ라
ᄒᆞᆫ 그 즐ᄯᅢ 슌ᄉᆞ 셰이 흘어 낭 총ᄒᆞᄂᆞ 악당이 통ᄒᆞᄂᆞᆫ 발이 ᄭᅥᆫ 보ᄂᆞᆫ구엇
ᄂᆞ냐 ᄒᆞᆫ 다시 ᄲᅢ앗ᄉᆞ ᄯᅢ ᄲᅡ지 ᄒᆞ에 엿ᄂᆞᆫ지라 ᄌᆞ셔 잠간 ᄌᆞ리 보시며 ᄒᆞᆫ
ᄲᆞᆯ숨이 이 디방에 관장이 업ᄂᆞ냐 ᄂᆡ 디방을 진뵈옵ᄂᆞᆫ 관장이 잇ᄉᆞᆸᄂᆞ이다 ᄒᆞ고
러면 본장의 ᄭᅦ로 가자 ᄒᆞ신ᄃᆞ 악당의 ᄯᆞᆯ이 우리ᄂᆞᆫ 슈안 디방 사ᄅᆞᆷ이어니와 슈
안을 가ᄂᆞᆫ ᄒᆞᆫ 모ᄅᆞᆫ을 공갈ᄒᆞ야 송ᄉᆞ 듬너ᄆᆞᄂᆞᆫ 지라 ᄌᆞ고 할슈
업시 ᄃᆡ의 ᄀᆞᆺᄎᆞᆫ ᄒᆞᆫ 디로 가쟈 분부ᄒᆞ시더라 본이 일의 뎌 우ᄒᆞᆫ 셜 ᄯᅢ 되ᄯᅢ
큰 쟝ᄃᆡ 뎌의 구질을 피지고 진지 예비ᄒᆞ야 올너 니ᄎᆞ고 일령 생을
물니라 ᄒᆞ신ᄃᆞ 아뢰ᄃᆡ 사ᄅᆞᆷ도 다 ᄲᅮ지 못ᄒᆞᆫ 용ᄉᆞᄒᆞ야 뫼시니 그 본
ᄂᆞᆫ 뒤 ᄯᅥ 던쟝ᄎᆞᆫᄉᆞ와 쟝ᄃᆡ 모든 남녀 오동들이 우리 지어 구경ᄒᆞ되
외ᄒᆞ야 ᄒᆞᆷ 집 우뢰 도을 ᄋᆞ뎌 올 ᄒᆞ리 에ᄂᆞᆫ 뵈ᄂᆞᆫ 뵌 악의라 ᄀᆞᆫᄒᆞᆫ 답ᄒᆞᆫ 여
九

그두ᄂᆞᆫ 중에 ᄎᆞᆷ쥬교 얼골ᄂᆞᆫ 동졍ᄋᆞᆯ 보ᄂᆞᆫ 시ᄅᆞᆷ은 텬쥬도리ᄅᆞᆯ 모ᄅᆞ양ᄒᆞ
분ᄉᆞ옷ᄒᆞ이ᄂᆞᆫ 압셔 ᄆᆞᆯᄂᆞ여 쥬교회신 방문을 듯ᄂᆞ 맘을 ᄲᅮᆫ 더ᄒᆞ여
우ᄆᆞᆯᄂᆞ여 방안ᄒᆞ지 ᄃᆞ려와 쥬교 무릅히 ᄒᆞᆫ날 ᄃᆞᆼᄒᆞᆫ 더욱이라 원
텬쟝ᄋᆞᆯᄂᆞᆫ 졸ᄂᆞ칠수도 업ᄂᆞᆫ 쥬교 ᄆᆞᆯᄉᆞᆷ을 ᄒᆞ치 ᄆᆞᆯ나 ᄒᆞ시ᄂᆞᆫ지라 잠ᄭᆞᆫ도
라보ᄭᆡ고 원ᄒᆞᆸᄂᆞᆫ 사ᄅᆞᆷ들 즁에 낙ᄒᆞᆫ ᄒᆞᆫ 션ᄇᆡ 잇셔 ᄒᆞ당시 쌍공ᄒᆞ돌
되ᄉᆞ 쟝압 ᄒᆞᆫ번 ᄇᆞ 사ᄅᆞᆷ을 조흔 ᄆᆞᄋᆞᆷ을 ᄂᆡ인ᄉᆞ라 ᄒᆞ야 ᄂᆞᆯ모되ᄂᆞ외
ᄒᆞᆯ이 쥬교회더 원ᄒᆞ신 쥴을 모ᄅᆞᆫ 이잇치 압ᄂᆞᆫ 젼은 예ᄂᆞ와 파
히ᄂᆞᆫ 날이 ᄒᆞ난 텬쥬도리 ᄆᆞᆯᄉᆞᆷ을 ᄌᆡ강ᄒᆞ야 ᄎᆞᆷ신ᄋᆞ ᄒᆞ다ᄒᆞ며 평ᄒᆞᆫ
ᄒᆞᆫ이ᄂᆞᆫ 줄을 알ᄋᆞᆫ 후ᄂᆞᆫ 더욱에 날ᄆᆞᆯ 다시 ᄂᆡ말ᄋᆞᆯ 거ᄋᆞᆫ 것울이
진ᄉᆞᄅᆞᆫ 진대 엇지 쥬교의 ᄌᆞ진ᄒᆞ신 품외ᄅᆞᆯ 알너노ᄒᆞ야 령ᄒᆞᆫ 모라
ᄒᆞᆯ들ᄒᆞ내여 텬쥬 사ᄅᆞᆷ 빈신 본ᄃᆞᆺ을 ᄌᆞ려、、 강ᄒᆞᆫᄒᆞ여 ᄎᆞ 사ᄅᆞᆷ들을
이데ᄒᆞᆫ은 ᄆᆞ되ᄅᆞᆯ 처음 ᄇᆞᄅᆞᆫ 무ᄉᆞᆼᄒᆞᆫ이 이ᄂᆞᆫ 도ᄒᆞᆫ지라 공ᄉᆞᆫᄒᆞᆫ

모양을 잠샹ᄒᆞ야 드로매 주포ㅣ 그 흔치ᄅᆞᆯ 아시ᄂᆞᆫ 탕건 ᄂᆞᆫ 블 고보야
이녀이시ᄂᆞᆫ 모양을 혼을 어ᄃᆞᆫ 뎌 오흡ᄒᆞᆯ 지시매 ᄇᆞᆯ신ᄒᆞ시기ᄅᆞᆯ
오나 도라 만히 ᄇᆞᆯ ᄒᆞ며 ᄒᆞᆫ ᄒᆞ시더라 이 곳치 만이 심흔 ᄯᅢ에 ᄂᆞ도여 흘연
쿤히 ᄒᆞᆯ 노리워 퍼붓도시 ᄒᆞ여 모든 사ᄅᆞᆷ은 다 혼나져 간 ᄃᆞᆯ을 ᄯᅢ 되매 비ᄎᆞᆺ
친ᄒᆞᆫ 지라 주오회 공문 가진 사ᄅᆞᆷ을 그 ᄆᆞᆯ이 몰어 혼 당 간 잡어 주고 ᄂᆞᆫ 내여
그 흘 장을 후 자 주고 너 맛치어 주시 황 ᄂᆞ ᄒᆞ 결 ᄆᆞᆯ ᄉᆞᆷ을 ᄒᆞ시ᄂᆞᆫ 지라 비로
주쳐 시나 그 편을 이 창이 ᄒᆞ야 다시 다 끝ᄂᆞᆫ 지라 미사 잡다 ᄒᆞ고ᄅᆞᆯ 엇기에 흡
히 ᄯᅦ어 안흡 주 된 ᄂᆞᆯ을 걷어 어제 히ᄅᆞᆯ 단 ᄒᆞ던 거리ᄅᆞᆯ 지날 ᄯᅢ에 날이 장 ᄎᆞ 평
명이 다 술 ᄆᆞᆺ 사ᄅᆞᆷ이 스ᄉᆞᆯ 거리에 ᄂᆞᆫ 울 ᄭᅢᄂᆞᆫ 나서 ᄯᅢ ᄒᆞᄂᆞᆫ ᄆᆞᆯ이 장ᄎᆞ고 지나간
다ᄒᆞ되 놈 인ᄒᆞ야 성가 미ᄅᆞᆯ 장어 약당의 거쳐ᄅᆞᆯ 알오 보니 혼 한 밤이 ᄒᆞ고 압흘
당ᄒᆞ야 이 ᄯᅳᆺ을 혼 ᄆᆞᆯᄒᆞᆫ 주주 고 ᄆᆞᆯ ᄉᆞᆷ이 ᄀᆞ리 ᄒᆞᆫ ᄒᆞ 실 ᄭᅢ 다 도다 서서 그 미 천
안흡 ᄒᆞ 뵌 찬ᄃᆞᆯ 흘 건너 장어의 당 ᄒᆞ니 번ᄒᆞᆫ 된 ᄃᆞ 믈이 떨너 흐트어서 온

十

지ᄂᆞᆫ 첫 ᄎᆞᆷ을 ᄀᆞ초 ᄒᆞᆫ 잔ᄋᆞᆯ ᄂᆞ 흘니온 쥬인이 ᄂᆞ려셔 ᄒᆞᄂᆞ님ᄭᅴ 되ᄂᆞᆫ 쟝ᄒᆞ야
ᄒᆞᆫ 오디 업지 ᄒᆞ야 이대 ᄒᆞ시다 ᄒᆞ여 오시ᄂᆞᆫ 내 ᄇᆞᆷ이 불 ᄀᆞᆮ치 일ᄂᆞ라 ᄒᆞᆫ 쥬 ᄌᆞ용
의 ᄯᅳᆮ이어 제 쥬교 되시ᄂᆞᆫ ᄒᆞ니 ᄇᆞᆯᄋᆞᆯ 대강 드ᄅᆞ니 ᄯᅥᄂᆞ 무ᄒᆞ고 ᄒᆞᆫ 치ᄂᆞᆫ 받
ᄉᆞ이라 ᄂᆞᆫ 가ᄒᆞᆼ 무지 아니 ᄒᆞ되 온 ᄒᆞᆫ 편셔 ᄉᆞᆯ을 붓어 쳔ᄒᆞ기로 밧 아니 ᄒᆞᆫ 후
변ᄒᆞ야 셔 사ᄅᆞᆷ이라 쥬 ᄋᆞᆼ의 ᄆᆞᆯ과 ᄀᆞᆺ치 셩ᄉᆞᄅᆞᆯ 칭찬ᄒᆞᆫ 술을 쳔ᄒᆞᄂᆞᆫ지라
이에 장ᄃᆞᆫ 다ᄅᆞᆫ 사ᄅᆞᆷ의 ᄒᆞᆫ 법은 다 됫쥬ᄒᆞ야 알ᄋᆡ 시되 악당ᄒᆞᆫ 의 ᄂᆡ친ᄒᆞᆯ
블 ᄂᆞᆷ여 직ᄌᆞᆷ을 차자 앏ᄒᆞᆸ 본쥬 발셔 ᄂᆞ려셔 대접ᄒᆞᄂᆞᆫ 갓다 ᄒᆞᆫ즉은 외
상업셔 밧비 쥬교 되ᄆᆡᆯ 당ᄒᆞᆫ 샹경ᄒᆞᆫ 그ᄯᅢ 쥬교 되ᄋᆞ 이 ᄒᆞᆫ 관 ᄯᅡ올 젼 되
ᄀᆞᆫ 졉이라 ᄒᆞ오ᄂᆞᆫ 디 새ᄒᆞ여 쥬교 되옵ᄂᆞᆫ 하직을 ᄇᆞᆰᄒᆞ니 쥬교 ᄆᆞᆯᄉᆞᆷ
이 ᄉᆞᆼ당에 나아와 ᄒᆞ시ᄂᆞᆫ 화ᄒᆞᆫ 연후 ᄒᆞᄂᆞᆫ 연후에 북ᄉᆞᆼᄒᆞᆫ다
ㅣ ᄀᆞᆫ 간지 ᄒᆞᄂᆞᆫ 히 ᄒᆞᆫ 산ᄀᆞᆺ 혼 샹을 가지신 나와 주교 ᄒᆞ기ᄂᆞᆫ 필ᄂᆞᆫ 쥬
셔울노 ᄒᆞᆷ긔 ᄋᆡ셤 ᄒᆞᄋᆞ로 ᄃᆞᆫ ᄉᆞᄅᆞᆷ 잘 ᄆᆞᄅᆞ치라 ᄒᆞ시ᄂᆞᆫ 회쟝 쳔을 다시 오고ᄌᆞ 이라

봉ᄋᆡ ᄒᆞᆫ 맛ᄎᆞᆫ 후에서 ᄉᆞᆯᆷ이 ᄂᆞ옷치 열야 ᄒᆞᆫ 것시 엇지의 ᄌᆞᆼ 일을 ᄂᆞᆫ랑ᄒᆞᆫ돼오
공ᄌᆞᄂᆞᆫ 도로 엿ᄌᆞᆸ 지ᄃᆞᆫᄒᆞᆫ 즉 도ᄋᆡ 조ᄋᆞᆯ 둘너 ᄇᆞᆼᄂᆞᆫ 법이라 ᄒᆞ더라 하
직ᄒᆞᆫ 나ᄃᆡ 오ᄃᆡ 싱ᄉᆞ 귀뎡이 뎐ᄃᆡ가 ᄇᆞᆼᄌᆞᆼ이 유교ᄃᆡ 외인 ᄒᆞᆼᄌᆞᆼ에 엉겁ᄒᆞᆫ
엿다가 ᄉᆞᆯ이 유교의 ᄂᆞᆫ 즉을 ᄭᆡ쳣시나 업ᄃᆡ여 젼ᄒᆞᆼᄒᆞ시ᄂᆞᆫ ᄌᆞ이 ᄒᆞᆫ 진 즉은 되
젼에 비옵 건ᄃᆡ 내 죄를 불상이 녀이샤 관샹ᄒᆞ옵소셔 아멘
유교의 법을 ᄇᆞᆺ드러 ᄃᆡᄋᆞ간도 되 죄ᄅᆞᆯ ᄌᆞ지ᄂᆞᆫ 셩이 간졀ᄒᆞᆫ 도로ᄂᆞᆫ 뎨
봉교ᄒᆞᆫ ᄃᆡ ᄂᆞᆫ히 샹결이 갓ᄭᆞᆫ지 안씨 육가 우ᄂᆞᆫ 도ᄂᆞᆫ 지젹ᄒᆞ 외기 ᄭᆞᆺ기ᄂᆞᆫ 셩
공부ᄂᆞᆫ 본분을 삼아 다시 셩교도리 착 지녀 ᄭᆞᆺ 젼ᄒᆞᆫ 한ᄇᆞᆫ 공부ᄂᆞᆫ 이뎜 원ᄒᆞᄂᆞᆫ 연
셰쇽이 샹쳔을 보ᄂᆞᆫ 에 샹ᄒᆞᆫ 엇지 에ᄃᆡ여 조곰 ᄒᆞ되 ᄂᆞᆫ지라 화ᄒᆞ여 엇지 쳬면ᄒᆞᆯ
야 ᄒᆞᆼᄒᆞᆫ ᄒᆞᆫ 그 ᄯᆡ 본ᄂᆞᆫ ᄉᆞᄅᆞᆷ이 다 외 엇지 리 ᄒᆞᆼᄒᆞᆫ ᄒᆞ야 지 북ᄒᆞ여 ᄒᆞᆫ 량
십계의 ᄂᆞᆫ 되도이 되 ᄂᆞᆫ 데러가 디 ᄯᅵ 양 즉 에 보ᄂᆞᆫ 듯 ᄂᆞᆫ 이 학자ㅣ 나 곧 잘ᄒᆞᆫ
다ᄒᆞᆫ 션비ᄂᆞᆫ 수광소 ᄇᆞᆫ ᄃᆡ로 ᄂᆞᆫ자 ᄀᆞᆯᄋᆞ샤 ᄃᆞᄒᆞᆫ 유족ᄒᆞᆫ 대변 ᄃᆡ 양 즉인의

十一

싫엄다ᄒᆞᆫ 건을 보아 자ᄯᅢ ᄉᆞᆯ솜 된 온 말과 션악 상벌을 감론ᄒᆞ얏슴
라ᄒᆞ엿서도 ᄒᆞ락ᄒᆞᄂᆞᆫ이면 다만 셤계와 쳔주 조목을 적어 줄 ᄲᅮᆫ이오
조금 못ᄒᆞᆫ 것치 잇서 봉헝ᄒᆞᆯ 수 옷을 ᄒᆞᄂᆞᆫ 자ㅣ면 일이 일간ᄂᆞᆫ 의숙ᄒᆞ
ᄯᅢ 심히 단단ᄒᆞᆫ 답ᄉᆞᆫ 본을 번역ᄒᆞ야 주더 령세예 미빗비 ᄒᆞ라ᄒᆞᄂᆞᆫ 갓
더가 후에 다시 ᄂᆞᆫ 자쳔면도ᄒᆞ며 ᄃᆞᆫ 이란 벽파에다 ᄂᆞᆫ 사ᄅᆞᆷ 죽은 뒤ᄂᆞᆫ 다 쉽
ᄂᆞᆫ 욕노ᄉᆞ 삼도 벽파에 넘어도 그도ㅣ 한ᄒᆞᄂᆞᆫ 복을 일우ᄉᆞ 공부ᄒᆞ야 보
왓이로 본이 벽파ᄒᆞ야 그리 도지ᄋᆞᆫ 거ᄉᆞᆯ 올나 오직 그 조상 된 도리ᄒᆞᄂᆞᆫ
폐ᄒᆞ 벽파ᄒᆞᄂᆞᆫ 살ᄂᆞᆫ 말ᄯᅢ 그 도ᄅᆞᆯ 어ᄃᆡ 거ᄒᆞ오면 지라 ᄒᆞᄂᆞᆫ 뒤로 이러
계 쳔면 대에게 쳔면ᄒᆞ시온 도를 보려 ᄒᆞᆫ다 ᄒᆞᄂᆞᆫ 다만에 ᄯᅡᆯ이 도이 ᄯᅢ
ᄒᆞ엿ᄉᆞᆫ다 업ᄂᆞᆫ 혹ᄂᆞᆯ 모어 쥰뢍ᄒᆞᄂᆞᆫ 자ㅣ ᄒᆞᆫ간 ᄲᅮᆫ이라 이ᄯᅢ 평양
사ᄅᆞᆷ 정원션 살ᄒᆞᄂᆞᆫ 오부ㅣ 일주퍼 세혼 ᄃᆞᆺ이 봉황뎌라 ᄒᆞᄂᆞᆫ
산에 드러가 사ᄋᆞᆫ 문물을 ᄒᆞᄂᆞᆫ (그곳에서) 평양 본홍으로 나와 그 동신을 고쳐

다명셰흔ᄒᆞ고 ᄯᅩ 흔 법은 ᄌᆞ등싱을 보내여 청ᄒᆞ니로 ᄉᆞ양ᄒᆞᆯ 수 업서 ᄯᆞᄅᆞ 갓
더니 원션시ᄂᆞᆫ ᄒᆞᆫ 마ᄃᆡ로 나와 평양부 구ᄒᆞᆼ을 인도ᄒᆞ야 ᄉᆞ관을 졍ᄒᆞᄂᆞ며
흉ᄒᆞ 옷순 쇠 수섭 일에 ᄀᆞ 안ᄂᆞᆫ 션비와 친구ᄂᆞᆫ 모ᄅᆞ지라 ᄇᆞᆫ란ᄒᆞ야 멋사ᄅᆞᆷ 쳐
불너 모ᄃᆡ 쟝ᄯᅩᆼ을 듯지 ᄒᆞᄂᆞᆫ 놈을 ᄯᅳᆯ 듯ᄂᆞᆫ 자ᄂᆞᆫ 수를 갑절이나 더
ᄒᆞᆯ 뿐 더러 그 중에 별 졍ᄒᆞᆫ 것은 자ᄂᆞᆫ ᄌᆞᆨ야 ᄒᆞᆯ 더ᄒᆞ지 아니ᄒᆞ니 ᄉᆞ관이 능
히 용납ᄒᆞᆯ 수 업ᄂᆞᆫ지라 시셰를 ᄯᆞ라 ᄉᆞ숙 섭원이 외촌ᄒᆞ야 받셔호
돈 쟝 셜에 비ᄒᆞᆯ 시 이ᄂᆞᆫ 보통 ᄒᆞᆫ 밧 겸ᄂᆞᆫ 별ᄂᆞᆫ 리 ᄂᆞᆫ 당ᄒᆞᄂᆞ니 잔더 밧
ᄒᆞᆯ 근 피여 만ᄒᆞᆫ 후에 강ᄒᆞᆫ 시ᄒᆞᆫ을 드러 내여 ᄒᆞᆯ 때에 후유ᄉᆞᆫ ᄒᆞᆫ
살ᄅᆞᆷ이 뎐ᄒᆞ지 갈ᄉᆞᆫ 사ᄅᆞᆷ들이 부ᄉᆞ 일인가 알ᄂᆞᆫ 쳐ᄒᆞ야 갓가이 와 엿듯
ᄂᆞᆫ 권치 ᄂᆞᆫ 벌디 양샹 갓치 졍ᄒᆞ야 잘 못 되게 ᄒᆞ니 엇던이ᄂᆞᆫ 흐르ᄂᆞᆫ ᄌᆞᆨ 듯다
가ᄅᆞᆯ이 합부로 ᄒᆞᆫ ᄒᆞ야 가ᄂᆞᆫ 히ᄃᆞᆫ 잇ᄉᆞ며 엇던이ᄂᆞᆫ 갈이를 ᄂᆡ져 버리ᄂᆞᆫ
못 ᄒᆞᆫ다 ᄉᆡᆨ양 ᄯᆡ 되면 모든 이와 ᄒᆞᆫ 와치들 뎐쳐 ᄂᆡ려 셰 ᄌᆞᆺ치 ᄉᆞ관으로

十二

두ᄃᆡ와 호ᄉᆡ주되ᄂᆞᆫ지라 일노 양을 수삼 일 동안에 신쇽ᄒᆞᄂᆞᆫ 자ㅣ
적지 아니ᄒᆞ엿지라 ᄒᆞᄅᆞᆫ날은 다ᄅᆞᆫ 디방을 가잣ᄒᆞ니 원션상ㅣ 길을 인
도ᄒᆞ야 ᄒᆞᆷ섬디 되ᄂᆞᆫ 즁화 읍을 ᄂᆞ스 관을 뎡ᄒᆞᆫ 집 ᄯᆞ라 지뢰ᄒᆞ야
얼 날 밤이나 낫이나 쳥ᄒᆞᄂᆞᆫ 디로 가ᄯᅡᄒᆞ야 ᄎᆞ례로 돌니ᄋᆞ며 뎐ᄒᆞ도
ᄅᆞᆯ 듯 신속ᄒᆞᄂᆞᆫ 평흥ᄒᆞᄂᆞᆫ 디ᄅᆞᆯ 몬뎌 ᄇᆞᆯᄒᆞ야 ᄋᆞᆫ 후에 뎐도ᄒᆞ기ᄅᆞᆯ 마치ᄆᆡᆺ
은 후 ᄂᆞᆷ더ᄂᆞᆫ 병은 조곰 더 진자ㅣ 번 문답 예비ᄒᆞ 씩ᄂᆞ 란ᄒᆞ 더라
ᄲᅵᆺ날 후에 원션상의 ᄆᆞᆯᄉᆞᆷ에 챵섭리 되ᄂᆞᆫ 평양 ᄯᆞᆼ을 가잣ᄒᆞ기로 ᄯᅡ라
가 동니 ᄆᆞ다 지치 힘ᄒᆞ야 편득의 두더ᄆᆞᆯ슴을 듯긔ᄒᆞᆫ 이ᄯᅢ는 졍ᄎᆞ 대ᄃᆡ
이 누른 밧을 ᄯᅢ는 ᄉᆞ원 ᄂᆞᆫ 즁이라 점ㄹ 이 낫이면 ᄒᆞᆫ 일에 분쥬ᄒᆞᆫ
기ᄅᆞᆫ 리양 밤에야 너ᄅᆞᆫ ᄆᆞ당에 좌ᄃᆡᄅᆞᆯ 예비ᄒᆞᄂᆞᆫ 남녀 ᄒᆞᆷ무ᄂᆞᆫ 별ᄒᆞ야
동셔에 잘나 안게 ᄒᆞᆫ 갓흔 ᄃᆡ 두ᄃᆡ션ᄉᆡ에 ᄉᆞ롬의 ᄯᅢ문 ᄭᅮᆫ쳔 결
합ᄒᆞ야 셜야 부ᄅᆞᆫ 힌ᄒᆡᄂᆞᆫ 물ᄃᆡ와 편즁ᄋᆡ 참원ᄂᆞᆫ 계셔 조셥ᄒᆞ신

강셩ᄒᆞ고 츅ᄒᆞ신 은혜ᄅᆞᆯ 나아ᄂᆞᆫ 뎌ᄅᆞᆯ 대강 강론ᄒᆞ야 밧이 깁흔 후
에 그 독노이 여동졍을 살펴 보니 뫼우외 ᄲᅮᆫ 니안 대 뎐이 가졈ᄂᆞᆫ 갓
가화 진치라 강흔 ᄆᆞᆯ 잡안 머루ᄂᆞᆫ 뫼우ᄅᆞᆯ 모라 보와 곤오 니 부쳐
뎐지오 ᄂᆞᆫ 드ᄅᆞᆫ ᄆᆞᆯ솜이 ᄲᅩᆼ유에 합당치 아니ᄒᆞᆫ 이 잇거든 군합당치
아니ᄒᆞᆫ 연유ᄅᆞᆯ 자ᄇᆞᆯ솜 둘ᄒᆞ시고 ᄒᆞ니 대개 올흔 도리ᄅᆞᆯ 조참
ᄒᆞ고 ᄂᆞᆫ 라ᄒᆞ더라 ᄲᅮᆫ ᄂᆞᆫ 동니 ᄉᆞᄅᆞᆷ이 ᄭᅮᆷ쇽으로 다몬 더 듯지 ᄒᆞᆫ 낫이면
논 션비 사ᄅᆞᆷ을 모와 다ᄅᆞᆫ 담론ᄒᆞ고 ᄉᆞᄅᆞᆷ 마지 아니ᄒᆞ다가 ᄒᆞ로ᄂᆞᆫ
떠나 오ᄂᆞ니 ᄒᆞᆫ 말ᄒᆞ니 원션ᄉᆡᆼ 압 동평ᄒᆞ야 황도ᄅᆞᆯ 다ᄒᆞ고 가지와
춘자 불안ᄒᆞᆫ 동니 션비 사ᄅᆞᆷ이 분란ᄒᆞᄂᆞᆫ 인ᄂᆞᆫ 돈ᄒᆞ야 대셩니 츈을
ᄒᆞ자 ᄒᆞ니 혼 별ᄒᆞᆫ 상ᄒᆞᆫ 온ᄃᆞᆫ 연졉ᄒᆞ며 치하ᄒᆞ여 더날 므류ᄒᆞ야 셩고
칙도 너여 되ᄂᆞᆫ 도ᄅᆞᆷ 말ᄒᆞᆫ도 라 ᄒᆞᆫᄒᆞ야 쳔ᄒᆞ대 두어 동니 사ᄅᆞᆷ들
이 ᄅᆞᆨ 춍ᄒᆞᄂᆞᆫ 쟈ㅣ 더 유 ᄇᆞᆫ 더라 그 넘구러 수샤 ᄆᆞᆫ에 접에 몬라와ᄃᆞ라

十三

그 ᄀᆞ을에 평양셔 다시 사ᄅᆞᆷ을 보내여 쳥ᄒᆞ기ᄅᆞᆯ 닷ᄒᆞᆫ 봄에 올ᄂᆞ오라 ᄒᆞ야
예비ᄒᆞᆫ 탁ᄒᆞᄂᆞᆫ 사ᄅᆞᆷ이면 당ᄌᆞ자 쳔연ᄒᆞ야 ᄆᆞ로ᄒᆞ리 후원에서 ᄌᆞ이라
ᄒᆞᆫ거시 아니라 맛ᄎᆞᆷ이 지ᄒᆞᆫ 도ᄅᆞᆫ 날ᄅᆞᆯ 보ᄂᆡ셩 각ᄒᆞ야 편쥬ᄂᆞᆫ 혜ᄅᆞᆯ
갑사 ᄆᆞᆫ 허ᄒᆞ며 ᄌᆞ라 젹ᄅᆞᆯ ᄒᆞᆫ 상등 회ᄒᆞ되 자주ᄅᆞᆯ 만이 ᄒᆞ야 결실ᄒᆞᆯ
공부ᄅᆞᆯ 힘쓰라 ᄒᆞᆫ 후에 본퇴장 연ᄂᆞᆫ ᄒᆞᄂᆞᆫ되 ᄅᆞ 평양셔 부터 슌노ᄅᆞᆯ、
쳔ᄒᆞ라 ᄒᆞ은 ᄉᆞ 산으로 ᄃᆞᆫ다 방으로 만이 ᄒᆞ여 ᄆᆡ 세월을 허비ᄒᆞ엿시나 편쥬
은 ᄎᆞᆷ을 엿어 ᄒᆞ베프실 ᄎᆡ 사ᄅᆞᆷ의 ᄒᆞᆼ을ᄒᆞᄂᆞᆫ 사ᄅᆞᆷ을 환ᄒᆞ지 못ᄒᆞᄂᆞᆫ 줄로
알 ᄲᅮᆫ이로다 ᄃᆡ뎌 평안도 사ᄅᆞᆷ의 괴로움을 외로운 쳔대 ᄒᆞᆼ퇴로 사ᄅᆞᆷ의 게며
ᄒᆞ야 젹이라로나 고명으로 ᄒᆡᆼ젹이 조곰 어든 남보다 압셔나 ᄒᆞ갈 힘이 만
하편슈도 되ᄅᆞᆯ 세이 아지 못ᄒᆞᄂᆞᆫ 도 ᄐᆞᆨᄒᆞ니 ᄂᆞᆫ 도ᄒᆞ여 부실ᄒᆞᆫ다 ᄒᆞ야 급보
야 이 밋ᄂᆞ라 ᄒᆞᄂᆞᆫ 쟈ㄱ 만흔지라 그러므로 장ᄂᆞᆫ 고ᄅᆞᆯ 영졉ᄒᆞ야 ᄒᆡᆼ셩ᄉᆞ
ᄒᆞ실 ᄯᅢᄂᆞᆫ ᄲᅡᆼ에 류ᄉᆞᆸ 병 후 ᄑᆞᆯ십병ᄉᆞ로 ᄒᆞᆫ명 세운 례ᄅᆞᆯ 밧게 되매

남녀간 우공교져ᄒᆞᄂᆞᆫ 사ᄅᆞᆷ이 만흔거ᄉᆞᆯ 금치 아니ᄒᆞ시ᄂᆞᆫ 예비 업시ᄒᆞᆫ 사ᄅᆞᆷ이
구층에 츙예ᄒᆞ야 범세ᄒᆞᆫ이 잇단ᄒᆞ더라 수쳔ᄇᆡᆨ 명세ᄒᆞᆫ 사ᄅᆞᆷ이고 신덕
밸희피쳐ᄌᆞ지 못ᄒᆞ야셔 불ᄒᆞᆼ이 병인동화ᄒᆞᆫ 맛ᄂᆞᆫ대 만히 바ᄃᆞᆯᄒᆞ야
문허진 ᄆᆞ든 ᄃᆞ이 ᄏᆞ어쉬 유치ᄆᆡᆼᄒᆞᆫ 쟈ㅣ 합ᄒᆞ야 불나ᄆᆡᆼ 사ᄅᆞᆷ ᄲᆞᆫ이오 황
희도 교우들의 신부들의 본적이 만흐ᄃᆞᆫ은 ᄂᆞ로 황쥬ᄇᆡᆨ명에셔 잡혀쥭은
이 ᄉᆞ십여명이오 희쥬 순ᄆᆡᆼ에셔 팔십여명이오 각ᄂᆞᆫ 올유에셔 쥭은 숫
ᄂᆞᆫ (몃십명인지) 예의 ᄃᆞ지 못ᄒᆞ엿노라 ᄯᅩ 짐이ᄂᆞᆫ고 그때에셔 홍디방에 잇다가 쟝쥬교
잡히신 ᄉᆞ실을 듯ᄂᆞᆫ 할수 업서 집ᄒᆞᆫ ᄃᆡ간 세업 등물은 다 편쥬의 거시
라 편쥬ᄭᅴ 바치ᄂᆞᆫ 다만 셩셔와 셩물을 거두어 가지ᄂᆞᆫ 쳐ᄀᆞ완ᄒᆞᆫ 가지로
산셩 어뢰옴이라 ᄒᆞᄂᆞᆫ 곳에 가 숨어 유계ᄒᆞᄂᆞᆫ 교우 집에 못지여 잇ᄉᆞᆯ ᄯᆡ 츙
경향 교우ᄃᆞᆯ 쵸자화ᄒᆞᆫ 사지로 ᄒᆡ당ᄒᆞᄂᆞᆫ 쟈ㅣ 만흔ᄂᆞᆫ 바ᄅᆞᆯ 것 ᄋᆞ된 외 수
빅인이 ᄆᆞᆫ흰 엇단ᄒᆞᄂᆞᆫ지라 관가에셔 고ᄌᆞᆼᄒᆞᆫ 거ᄉᆞᆯ 보내여 쥭ᄌᆞᆫ 한 병ᄒᆞ

十四

는 뜻으로 집을 불ᄉᆞ르매 할 수 업서 각쳐 분부ᄒᆞ여 흉색 궁에도 숑ᄒᆞ여

이 解집에 드엇더니 셩향ᄒᆞ고 비용은 되궐ᄒᆞ여 가지고 出山 다르나 드ᄃᆡ여 셩 (대ᄒᆞᆯ 解처음)

할으로 잡혀가 쥭은 고유ᄒᆞᆷ 수십여 명이라 이러므로 ᄯᅢ 각쳐 공의

잡힌 ᄌᆞ 만 대강 들외 제 그 지명이 잘 ᄯᅢ는 잘못된 ᄌᆞ 쟁은 도 고지 문건

이와 나조치 아니ᄒᆞ고 공파 ᄃᆡ혼 ᄃᆡ이 업ᄂᆞᆫ 것ᄉᆞᆫ 젼후에 ᄒᆞᆫ번도 포교를 맛나죠

지ᄂᆞᆫᄒᆞ야 편쥬ㅣ 이러ᄒᆞ시 큰 잔치를 베퍼 만히 샹ᄒᆞ시니 은혜에 ᄲᅡ졋서

니ᄉᆞ온 죄괴ᄒᆞᆯ 뿐이 옵ᄂᆡ다

병인년 난ᄯᅢ에 쥭은 (자질) 양이 ᄒᆡ여 동셔 분쥬ᄒᆞ다가 외인다방에셔 쳐죵

셰월ᄒᆞ연 일을 긔약ᄒᆞ야 ᄉᆞ스로 ᄒᆞ셧ᄂᆞᆫ ᄉᆞ스로 가지 안ᄒᆞ야

쟝쥬교ㅣ 잡혀 서울셔 치명ᄒᆞᆫ 후에 불과ㅣ 젹이 칠쳔ᄒᆞ더니 뎌 산 일 후에

대원군이 흠동ᄒᆞ던 공론을 공부의 셰 일부 그 적ᄒᆞ야 ᄆᆞ수 명 잡아

바다 끝ᄂᆡ 셔 처ᄒᆞ던 뒤 대며 가ᄭᆞ지 옷처진 나홍에 나온 자 ᄒᆞᆯ 수 업기로 (쥭이던지라)

셩을난셩셔흘다되두어곧에장친ᄒᆞ니도로외인친쳑외시헌관밥을
엿ᄃᆡ쓴단장을꿈을ᄆᆡ지향엽시젼ᄌᆞᄌᆞ반쥭ᄒᆞ야상원도명동닷편답 서흘다
호ᄂᆞᆫ흠상산씨드러가만쳡용평ᄭᅳ도구ᄆᆡᆼᄒᆞ며팔도ᄊᆞ홈이고되여우산ᄌᆞᄌᆞ도를
정은살펴세월을보니다가도망ᄒᆞᆫ길에넘어사명산고지단ᄒᆞᆫ동니밥을
된장졉을ᄎᆞᄌᆞ가니츄용이관욕ᄒᆞ되졉ᄒᆞ며그혼자드러힘ᄭᅥᆺ구파쳐ᄒᆞ도다
ᄒᆞ기로도망ᄒᆞ야ᄆᆡ우려이여니ᄯᅡ츈봉ᄯᅡ밧관장이흠을도화ᄒᆞ옴을십구ᄒᆞᆫ
ᄯᅢ각열슈내여보내며각ᄭᅥᆺᄯᅡ에돌며흔들ᄯᅬ여ᄲᅡ지라ᄒᆞᆫ지라츄용이그혼
즁모히듈명셩이옷기울 외ᄒᆞ야 쳡각각열장을지어도니문벌ᄒᆞ니츄긔ᄯᅬᆫ수이에
ᄯᅡ라ᄒᆞ기어더온다새ᄎᆡᆨ엽ᄂᆞᆫ다방에서ᄒᆡᄯᅦ를ᄯᅡᆯ보아봄오거ᄂᆞᆯ슨ᄃᆡ흔ᄯᅦᄯᅳᆺ을
포부ᄂᆞᆫ츈자울곳구업ᄂᆞᆫ지라모모ᄂᆞᆫ흉이적지아니ᄒᆞ야곰젼ᄒᆞ다가흠
연셩상을돌더이왕졀ᄯᅢ다명시장ᄯᅩᆼ에어데ᄯᅳᆺ을ᄯᅩ로ᄂᆞᆫ도곰을직뎐
쥰망관곳치ᄒᆞ니단ᄒᆞ야두어뒤읜ᄂᆞᆫ물을각열장을지어서보내여ᄯᅥ니ᄯᅵᆺ

十五

날ᄆᆞ다 흉몽을 꾸니 망극ᄒᆞᆷ을 안ᄂᆞᆫ ᄒᆞ야 나맛시든 때보니 근심 만ᄒᆞᆫ 불근 비첩을
만히 ᄂᆞ려ᄂᆞ고 ᄒᆞ야 장원이 된지라 츈몽이 망극ᄒᆞᆷ을 보든 띠우회ᄒᆞ야 되ᄒᆞ
고 ᄉᆞ셔를 따라 ᄌᆞ랑을 ᄒᆞ기는 ᄌᆞᆫ찰ᄒᆞᆫ 일은 몸이 ᄲᅡ져 관ᄒᆞᆫ 때 네 무ᄋᆞᆷ이 도로혀
황겁ᄒᆞ야 ᄎᆞᆷ으로 이 심각ᄒᆞᆫ 때 본 듸 면ᄂᆞᆫ 피 흉ᄒᆞᆫ 꿈이 봉몽ᄒᆞ여 다 니저 버려업
는 것시 어도이더 ᄒᆞ시 혹된 은명이 ᄂᆞᆷᄋᆞ ᄒᆞᆷ은 후 명산의 해될 ᄉᆞᄅᆞᆷ 널ᄒᆞ야 도는지
츙은 ᄋᆞᄋᆞ로 만ᄂᆞᆫ 너 갈사 ᄒᆞ니 ᄒᆞᆫ는 다 ᄉᆞᆫ 올은 뜻ᄉᆞ 뢰ᄂᆞᆫ 안을 채혼 왕은 가지고
평안이 지내 못ᄒᆞ니 관면 봉ᄒᆞᆫ 청ᄆᆞᆷ 부터 즁ᄉᆞ 몸인 면ᄌᆞᆫ이라 ᄒᆞᄂᆞᆫ 넌고
동ᄉᆞ셔 ᄃᆞᆯ이 ᄃᆞ ᄌᆞ셔를 그ᄅᆞ쳐 도ᄂᆞᆫ ᄒᆞᆯ ᄌᆞᆫ 망을 그리 되지 ᄒᆞ고 ᄒᆞ여 항ᄉᆞ
ᄒᆞ며 ᄒᆞ야 일흥 범절에 관유ᄒᆞ되 졉ᄒᆞ여다 ᄌᆞ녀 ᄃᆡ령 허흥 세월 ᄒᆞᆯ 때
에 공부ᄒᆞᆫ다 ᄲᆞᆫ 나 몸ᄋᆞ 업서 생각ᄒᆞᆯ 길이 젼도 ᄀᆞᆺ치 나 일은 효를 엇어 볼 수 업시
믄 죽일 단서 쳔 때와 ᄉᆞ대 졀ᄃᆡ를 ᄉᆞ ᄆᆞᆯ 믄 우에 집ᄌᆞᆨᄒᆞ야 져어도 면서 ᄌᆞ손ᄉᆞ
례ᄒᆞ야 츄명만 기ᄃᆞ리더니 병ᄒᆞ던 그 울에 이 젼친ᄒᆞ히 안은 ᄀᆞ를 안 ᄉᆡᆼ각이 와

이ᄯᅢ에 드루 생원이 두 번 시ᄎᆞ자와 박진부의 명을 보젼ᄒᆞ야 곤오ᄃᆡ 너를 보고 무신 당ᄒᆞ기
로 밧ᄌᆞᆸ고 ᄂᆞ와 엇신 ᄯᆞᆯ이 나흔 즉 ᄃᆡ 답이 비ᄅᆞ신 ᄃᆞᆨ 쳥ᄒᆞ야 ᄒᆞᆫ 뎡당
에 오미 되시다가 ᄉᆞ월에 병졉ᄒᆞ야 즉금 셔울 되시니 ᄎᆞ즁의 ᄯᅢ 지필 ᄒᆞ믈을
팔이 듣어 ᄀᆞ라 ᄒᆞ시ᄂᆞᆫ 우리 두 ᄉᆞ촌 두리 ᄎᆞ자 보무ᄅᆞ ᄒᆞ시기로 연곰 내 습면오
로 방문ᄒᆞ야 왓노라 ᄒᆞᆫ즉 지ᄂᆞᆫ 두 번을 ᄯᅡ로 샹쳥ᄒᆞ야 신부 ᄭᅴ 뵈온 즉 분
부ᄒᆞ시되 입ᄯᅢ 드루와 ᄒᆞᆫ 사치로 공부ᄒᆞ던 사ᄅᆞᆷ 더 방에 ᄎᆞᄌᆞᆫ 이ᄯᅢ 생존 예 비밧
비상이라 ᄒᆞ시기로 상원도 이젼 평상 ᄎᆞ천 ᄒᆞ 천동리와 졍리지 평땃 디
방에 두룩 ᄯᅩ 이ᄯᅢ 데 생으로 양을 ᄃᆡ산ᄒᆞᆯ 그 히 십월 십ᄒᆞᆯ일에 답졍ᄒᆞ야
ᄒᆞ오신ᄂᆞᆫ 이 섬 일 일에 신부 ᄭᅴ 신 젼오 집을 ᄯᅥ나 그 ᄯᅢ 복ᄉᆞ 심ᄇᆞᆯ 도 여셔ᄂᆞᆫ
이란 양ᄒᆞ더 방ᄒᆞᆫ 공ᄂᆞᆫ 쳘원 대광이 ᄒᆞᆫ 용ᄂᆞᆫ ᄎᆞ데로 판공ᄒᆞ시며 이젼 교우의
끝 공ᄒᆞᆷ에 셔 ᄉᆞ십 여 일을 륙ᄒᆞ시더 각쳐 공부ᄒᆞᆯ 물어 합ᄒᆞ시며 뭇 생ᄉᆞᄒᆞ셔
ᄂᆞ도다 ᄒᆞ셔다니 새 영셰 교지 즁ᄉᆞ외인 총 즁에 빈ᄀᆞ 주 힘 ᄎᆞᄒᆞ야 되시어

十六

외인ᄒᆞ옵고져 ᄒᆞᄂᆞᆫ이 대간 잇ᄂᆞᆫ지라 다ᄯᅩ ᄌᆞ보션 치결ᄯᅢ쟝ᄂᆞ
힝셩ᄒᆞᆫ ᄒᆞ시매 신후ᄀᆞᆺ 출시위ᄒᆞ시ᄂᆞᆫ 분ᄉᆞᆼ이 대로 용순와 ᄌᆞ지 아니ᄒᆞ게
네쳔도 ᄌᆞ인ᄒᆞ야 즁외 영광이 ᄎᆡᆨ지 아니ᄒᆞ며 모도 ᄎᆞᆫᄒᆞ시더라 삼가지
셔ᄯᅥᆫ ᄂᆞᆫ 봉쳔 공ᄉᆞ(사지홍) 즁 하ᄂᆞᆯ ᄒᆞ야 ᄂᆞ셰 ᄒᆞ신 졍월 ᄒᆞᆫ 일에 ᄯᅥᄂᆞ 츈쳔(츈) ᄃᆞ향
두용ᄒᆞᆫ 봇시ᄂᆞᆫ ᄯᅩ지 평두풍ᄉᆞ 만흔 공ᄌᆞ의 지셩ᄉᆞ 주ᄇᆞᆺ시니 봉쳔셔
부터 셩ᄒᆞᆫ 다ᄒᆞᆫ 공구ᄉᆞ ᄀᆞᆺ 합이 되기 여ᄯᅥᆼ이라 ᄀᆞ 이월 초구일에 담경ᄒᆞ
야 ᄯᅧᆺ날 쉬ᄋᆞ너 ᄒᆞ온ᄃᆞ 나사ᄒᆞ오에 분부ᄒᆞ오시기를 네가 ᄌᆞ셔 나어이 ᄒᆞ리ᄂᆞ
다ᄂᆞᆫ 삼월 안에 ᄇᆡᆨ쳔으로 ᄀᆞ신ᄒᆞ라 ᄒᆞ시기로 연유를 ᄒᆞᆯ온즁 새
신부 영졉ᄒᆞ기를 원ᄒᆞᆫ이라 분부ᄒᆞᆫ대로 ᄒᆞ리와 ᄀᆞᆺ샹ᄒᆞ며 ᄃᆡ니고 변영
졉길이 바다 위ᄒᆞ 셔어즛 나 아니되ᄂᆞᆫ 구팔월이야 ᄂᆞ즁고ᄀᆞᆺ 평신부 결신부
두위와 ᄒᆞᆫ가지로 ᄂᆞ신ᄒᆞ신지라 ᄂᆞ중온ᄂᆞᆫ 셔울 고ᄂᆞᆫ 나가서ᄂᆞᆫ 두위 신부ᄂᆞᆫ
ᄇᆡᆨ쳔 비진흔 용ᄉᆞ 졉으로 드러와 ᄭᅳᆯ습다 모최ᄂᆞᆫ 공부를 힘쓰ᄂᆞᆫ지 월

여에 감신부ㅣ ᄒᆞ야 봉공은 팔ᄋᆞ외뇌 황셩ᄉᆞ ᄒᆞ시ᄂᆞᆫ지라 이쳔ᄃᆡ 망공ᄋᆞ부
들이 ᄌᆞᆨ교 거쳥ᄒᆞᆫ 감신부ᄅᆞᆯ 명쳡ᄒᆞ야 간ᄒᆞ여 ᄌᆞ회 읍월 ᄇᆞᆫ 간ᄋᆞᆯ 광
ᄒᆞ야 명신부ᄅᆞᆯ 뭇ᄉᆞᆫ즉 월산공ᄋᆞᆫ 에가 관봉ᄒᆞ시ᄂᆞᆫ 과셰ᄒᆞ여 이쟝월
초삼일에 비ᄅᆞ 천본공은 두팔우 금히와 보ᄒᆞᆫᄂᆞᆫ 말이 반ᄃᆞᆯ 초일일에
평혼고 여더 쥐이 삼여명이 ᄒᆞ읍 칠쳥에 도ᄅᆞ더 두어 ᄆᆞᆺ시ᄅᆞᆯ 읍지등
십리 새여 양인ᄋᆞᆫ 곳치 잇ᄂᆞᆫ 감션ᄉᆡᆼ의 집이 어머ᄂᆞ ᄒᆞᆫ 회읍 포 ᄎᆞᆯ을
열ᄯᅡ더라더니 ᄂᆞ 소ᄯᆞᆫ ᄒᆞ여 엇진 연ᄂᆞᆫ 교의 ᄭᅩᆺ변 ᄒᆞᆫ에서 조션 공우 도사ᄅᆞᆯ
이쳥 초ᄒᆞᆫ ᄒᆞ 생당에 왕복ᄒᆞ 연편지 ᄃᆞ여 ᄂᆞ 잠힌 연ᄂᆞᆫ 로너ᄌᆞᆨ 모ㅣ
남월이 십칠일에 잡혀 포쳥에 계신 양인ᄋᆞᆫ 곳치 갓던(잇ᄂᆞᆫ) 션ᄉᆡᆼ을 ᄎᆞᆺ착ᄒᆞᆫ
대흔이 다ᄒᆞ지 ᄆᆞᆺ ᄌᆞᆷ신부ㅣ 관공을 ᄎᆞᆺ치ᄂᆞᆫ 주 월한 ᄌᆞ듸 다니ᄂᆞᆫ 해ᄉᆞ 라ᄒᆞ
ᄂᆞᆫ 곳에 사피 찬ᄒᆞ시다가 ᄂᆡ ᄌᆞᆸ교ㅣ 견ᄌᆞᆨᄒᆞ야 평 ᄌᆞᆼ으로 두어 ᄉᆞᆫ 신 ᄒᆞᆫ 두
월에 이 신부ᄅᆞᆯ 뭇ᄉᆞᆫ 그 밖에 여러 교우 신문 바 위 ᄒᆡ 지 산 친 ᄒᆞᄅᆞᆯ ᄌᆞ와

十七

ᄯᅢ ᄂᆞᆯ후ᄒᆞ다가 병신북ᄂᆞᆫ 뎡남으로 젼고ᄒᆞ야 가시ᄂᆞᆫ 나ᄂᆞᆫ 사당오
로 나올 ᄯᅢ에 김신부ㅣ 부탁ᄒᆞᄂᆞᆫ 말ᄉᆞᆷ이 ᄂᆡ 원ᄒᆞ야 사당디방에 ᄒᆞᆨ
당ᄒᆞᆫ 만ᄒᆞᆫ 집ᄒᆞᆫ나 ᄇᆡ치ᄒᆞ야 ᄒᆞ시기ᄂᆞᆫ 나와 ᄎᆞᄎᆞ 돈 치러ᄒᆞᆫ 본공 그 동지에 집
ᄒᆞ나 ᄇᆡ치ᄂᆞᆫ 대신부 ᄭᅴ 영접ᄒᆞ야 ᄒᆞᆨ동 불너 ᄀᆞᄅᆞ치게 ᄒᆞ얏다 이ᄯᅢ
에 비신부ㅣ 윤유실부ㅣ 되여 조선 ᄉᆡᆼ공 일을 총찰ᄒᆞ시ᄂᆞᆫ지라 젼라
도에 되셔 당긔 ᄎᆞ 편ᄌᆞ 공ᄒᆞ야 ᄎᆞᆼ쥬 ᄌᆞᆼ션공소에 팔ᄒᆞ야 계신 리 회장 졍집
이ᄯᅢ 보너여 김신부ᄭᅴ로 ᄃᆞᆼ신지라 ᄒᆞᆷᄭᅴ 가 ᄒᆞ쟈 ᄒᆞ셔시기ᄂᆞᆫ 김신부ᄭᅴ 셔신 ᄒᆞᆫ 쟝을 어더
가ᄂᆞᆫ 옹
ᄋᆞ 종ᄃᆡ 듸ᄅᆞᆫ 편ᄌᆞ ᄒᆞ야 ᄎᆞᆼ션공소에 ᄃᆞ러ᄒᆞᆫ 동안 계시다가 비로소 신부
의 명을 받드러 ᄎᆞᆼ션셔 붓터 흥쥬 ᄯᅩ 한 이 ᄋᆞᆼ쇼와 미졍 ᄉᆞᆼ동 등 디ᄋᆞᆼ으로 ᄃᆞ다
로 가매 김신부ㅣ 편로ᄒᆞ실 ᄯᅢ 양ᄉᆞᆼᄉᆡᆼ을 지다 ᄉᆡᆺ 명을 너여 양우 종ᄉᆞᆯ 공소에
힘ᄒᆞ시매 ᄯᅢᄂᆞᆫ 소원ᄒᆞᄂᆞᆫ 이라 풍편ᄒᆞᆫ 샤ᄅᆞᆷ이 새울고 ᄎᆞᆼ와 최신부 잡힌
ᄎᆞᆼᄉᆡᆼ 보ᄋᆞ ᄯᅢ 김신부ㅣ 관ᄉᆞᆼ을 ᄎᆞᆷ치ᄂᆞᆫ ᄒᆞᆼ셜 새여ᄂᆞᆫ 쥴 지ᄃᆡ 실ᄃᆡ ᄂᆞᆫ ᄒᆞᆫ관

ᄒᆞᆫ도 일도 업ᄉᆞ니 션부의 말ᄉᆞᆷ이 그러ᄒᆞ면 은동아의 소원이 니 착ᄒᆞᆫ 예비ᄒᆞᆫ
ᄀᆡ명 작호ᄒᆞᆫ 뜻을 ᄒᆞᆯ다다 ᄒᆞᆫ 주록 서공부ᄒᆞ야 기록ᄒᆞᆫ ᄒᆞ시ᄂᆞᆫ지라 시앙홀
수업셔 ᄀᆡ명 후의 다 떼무ᄒᆞᆫ 술다 ᄒᆞᆫ 못 ᄉᆞᆫ 들은 주로 거뻥오 멀어 ᄌᆞ시기
잘 ᄌᆞᄒᆞ면셔 벗 돌 등 안에 착ᄒᆞ니 셩편ᄒᆞ야 신부 ᄶᅧ 파치니 도 간ᄒᆞ시 ᄒᆞᄂᆞᆫ 말
ᄉᆞ이 추ᄒᆞ 셩당 인현이 ᄂᆞᆫ 되로 너 즉 고져 보내여 감명ᄒᆞ 회ᄉᆞ오다 ᄒᆞ시더니
군우 명첩 인현이 보내 보내 시더라 그 때 명첩은 민 신부 와 이류 신부 두 원다 바다
우회셔 생첩ᄒᆞ야 집을 생ᄂᆞᆫ ᄒᆞᆯ 때에 ᄯᅳᆫ 신부ㅣ 이 책을 들져 보신 간춘차
봇ᄒᆞᆫ 단ᄒᆞ야 가지ᄂᆞᆫ 온 것 판 ᄒᆞᆫ 후에 빈 ᄌᆞ 주고 ᄶᅧ 드ᄂᆞᆫ 호 즉 ᄉᆞᆷ 가지 즉 코 칙ᄂᆞᆫ 에
달 칙ᄂᆞᆫ 것 치 ᄉᆞ 허여 ᄉᆞᆫ 뿐이니라 그 ᄒᆡ 팔월이야 김 신부ㅣ 다시 전고 시
주ᄒᆞ야 낭세 전망 ᄉᆞ시 공소에 젼ᄒᆞ셔 더니 그 날 김도 다 명 병이 ᄀᆡ 빈 신부와셔
간을 상치ᄂᆞᆫ 왁기로 방하오니 즉시 평안도 징담 공구 들을 ᄌᆞᆷ 자도 이 때
셩ᄒᆞ야 추히 셩ᄉᆞ를 받지 못ᄒᆞ야 ᄒᆞ신 본우ᄉᆞ라 이 번 우를 김신부 거여 보ᄉᆞᆷ

十八

온디방우의 말ᄉᆞᆷ이 조선부의 문우ᄒᆞᆯ 나ᄌᆞᆯ 수 업다 ᄒᆞ나 만은 셔울 공우의 녕담
ᄒᆞᆫ 모양이 다ᄒᆞᆫ 말 못 되니 네가 온 ᄯᅢ 날을 원ᄒᆞ야 서울 공우ᄒᆞᆯ 때 생각ᄒᆞ면 ᄒᆞ
여야 내가 ᄌᆞᆫ 전 공부ᄒᆞ야 후에 서울 당ᄒᆞ엿시니 네가 리일 ᄯᅥ나 발ᄒᆞᆫ 서울 가
셔 공우ᄒᆞᆯ 그 ᄯᅢ 처음 ᄎᆞ지 생ᄉᆞᆼᄒᆞᆯ 라 ᄯᅡᆼ의 밧긔 ᄒᆞᆫ ᄒᆞ신 셔울 회장의게 ᄂᆞᆫ
부ᄒᆞ신 편지ᄅᆞᆯ 써 주시게 ᄒᆞᆯ 수 업시 셔울노 ᄒᆞᆼᄒᆞ로 가셔 원ᄯᅢ 동안에서
울 회장 ᄃᆡᆨ을 가지고 한ᄋᆞᆫ 온 밧 강디로 돈이 ᄯᅢ 밤 못 ᄉᆞᆯ혜지 아니ᄒᆞ온 도
리 말ᄉᆞᆷ을 듯ᄌᆞᆸ던이 천변ᄒᆞ시고 듯고 ᄌᆞᆸᄉᆞ오 다 통탄ᄒᆞ야 두세 번 다시 청
ᄒᆞᆫ 집이 뎐ᄃᆞᆼᄉᆞᆷ의 원의 ᄃᆡ로 열어 인도ᄒᆞ오ᄂᆞᆫ 모양ᄒᆞ오니 깁신 부구 ᄐᆞ랍
경ᄒᆞ신 후에 회음을 하자 ᄒᆞᆯ ᄂᆞᆫ ᄒᆞᆯ ᄯᅢ 신부ᄭᅴ 다시 보라 ᄒᆞ시ᄂᆞᆫ 말ᄉᆞᆷ이 평양
으로 가ᄂᆞᆫ 길 그 평산 디방에 조용ᄒᆞᆫ 곳 거니 가족과 ᄭᅢ닷등 안지혜
된지라 도뎨 생활 만히 ᄒᆞᆫ다 ᄒᆞ던 셔방 점일 ᄂᆞᆷ ᄎᆞ져 ᄎᆞᄌᆞ가 ᄂᆞᆫ 밧아
가지ᄒᆞᆫ 모려와 신부님부터 ᄂᆞ시 힘 ᄒᆞᆫ게니라

비ᄅᆞᆫ 무명을 맛ᄃᆞ며 평안도 디방에셔 당공부 ᄎᆞ자 ᄃᆞᆼ이 ᄯᅢ 폐셩ᄒᆞ니를
블쳠이 ᄒᆞᆫ 쳬ᄒᆞᄂᆞᆫ 디어법ᄂᆞᆫ 듯 ᄉᆞᆯ 참 동안에 셩ᄉᆞ 밧ᄉᆡ 혼수 ᄌᆞ와 괄호 십여인ᄲᅮᆫ 이다 엇지 붓그럽지 아니ᄒᆞ리오
비ᄅᆞᆫ 부ᄀᆞ 처음에 셩ᄉᆞ셔 셥ᄃᆞ 쳔고ᄒᆞ시다가 ᄎᆞᄒᆞ 셩쟝에셔 조션공부의 ᄂᆡ
셜노안에 쟝ᄉᆞ 모명을 평안도 디방에 젼ᄀᆞ 만히 ᄒᆞᆫ 일을 알ᄋᆞᆯ 드엿고
ᄯᅡ ᄒᆞ시ᄂᆞᆫ 동에 평ᄒᆞᆼ우 디방 회쟝들의 ᄃᆡ우ᄂᆞᆫ 시ᄃᆡ 저 가 동히 평안도 ᄆᆡ ᄋᆞᆸᄒᆞᆫ
사ᄅᆞᆷ들을 쳐화케 ᄒᆞ고 ᄉᆞᄂᆞ ᄒᆞ신 후 모든 회쟝이 엿쥽기를 권ᄒᆞ온 ᄆᆞᆺ ᄎᆡᄂᆞ다
십입ᄂᆞ 이다 ᄒᆞᆫ 일을 이던ᄒᆞ시 ᄇᆞᆫ 부ᄒᆞ ᄌᆞᆫ이라 ᄒᆞ고 ᄯᅢ에 ᄂᆡ 사심 신부의 모ᄒᆞᆷ을
셩들 ᄀᆞᆼ우의 ᄃᆡ 셩ᄉᆞ 예비ᄒᆞᆷ이 ᄂᆞᆫ 평안 디방 ᄀᆞᆼ소 ᄀᆞᆺ지 안ᄀᆞ니 ᄇᆞᄂᆞᆫ 평양을
갈ᄂᆞᆫ고 대목 즁에 압셔 회ᄃᆞᄒᆞᆫ 광ᄒᆞ ᄎᆞᆷᄉᆞ 인이 잇ᄂᆞᆫ지라 그 공부 ᄎᆞ자의ᄂᆞᆫ
ᄒᆞ야 ᄂᆞ 담ᄒᆞᆫ 모든 들의 쟝ᄂᆞᆫ ᄆᆞ 만 그 일ᄂᆞᆫ 흡 ᄀᆞᆷ 실ᄒᆞ ᄆᆞ 무어 담지ᄒᆞ야 내옴을
뵈이 셥어 명을 뫼류ᄒᆞ야 가지ᄂᆞᆫ 사제로 ᄎᆞᆺᄌᆞ 드이 믄 ᄆᆞ양이 친히 셔어 ᄒᆞᆫ ᄉᆞᆯ
아니라 첫 ᄒᆞᆫ 외 ᄒᆞᆫ ᄒᆞᄂᆡ ᄯᅢᄂᆞᆫ 십월 초 이라 ᄃᆞᄎᆡ 인ᄒᆞ 온 의 ᄀᆞᆫ 강론을

十九

야마도롱 녀번지 드러가 ᄉᆞᄅᆞᆷ의 셩명을 무ᄅᆞ며 집을 무론ᄒᆞ고 셴 ᄯᅳ리 답지 아니
ᄒᆞᆫ 곳을 심방ᄒᆞᆯ ᄯᅢ 보매 거ᄃᆡ 물식인 ᄂᆞᆷ의 ᄉᆞᆫ ᄒᆞ야 그 집을 블너주지 아니
ᄒᆞᆫ 번 ᄭᆞ지 ᄒᆞ다가 ᄒᆞᄂᆞᆫ 말이 그런 ᄉᆞᄅᆞᆷ 여긔 업소 ᄒᆞᆫ ᄯᅢ 후 그 집을 ᄯᅥ나셔
못ᄒᆞᆫ 발로 잣가 쥬인 되셔ᄂᆞᆫ ᄒᆞᆫ즉 쥬인이 나와 어ᄃᆡ셔 왓소 ᄒᆞ거ᄂᆞᆯ ᄃᆡ답ᄒᆞ
(뒤) 되 몰ᄂᆞᆷ이 아모리 ᄒᆞ온 후 즐 거이 모로다가 ᄂᆞᆫ 아니오 알ᄂᆞᆫ 이 다 가부더
봇ᄉᆞᆫ 후 이 ᄒᆞᆫ 슈 업셰 낫ᄂᆞᆫ (재ᄂᆞᆫ) 되 츄마은 몰ᄂᆞ 갈 곳이 망연ᄒᆞ야 히가 졋ᄉᆞ
ᄂᆞᆫ 지텹을 ᄎᆞᆺ가 ᄒᆞᄂᆞᆫ 말 드러시니 쳔 ᄒᆞᆫ 후 ᄆᆡ양 리 실업 ᄀᆞ라 (ᄒᆞᄂᆞᆫ지라) 고ᄃᆡ 방문 후
이ᄒᆞ 셜ᄋᆞᆫ을 박뎌ᄒᆞᄂᆞᆫ 약ᄂᆞᆫ 알은 ᄒᆞᆫ 드러 ᄯᅦ친가 간이나 졉ᄃᆡᄒᆞᆯ 뿐이라 셔ᄂᆞᆫ
이(이) 동ᄃᆡᄂᆞᆫ 셔리 방도 업ᄂᆞᆫ ᄃᆡ 거이 ᄯᅡᆫ 곳으로 ᄎᆞᆺ가 연셜과 인ᄉᆞ ᄒᆞᆫ 후 친ᄒᆞᆼ
ᄒᆞᆫ 갓 히셔 ᄌᆞᆫ ᄂᆞᆯ 어ᄃᆡᄂᆞ 나 안졍 재덕 언어 셩을 법은 도모지 업더라 ᄒᆞ엿
연ᄃᆡ 방은 갈 곳 즉 ᄉᆞ방에 동시 ᄉᆞᄅᆞᆷ이 만히 모ᄃᆡ여 잇다가 나와셔 ᄂᆞᆫ 인ᄉᆞ
ᄒᆞ여 셩공시 셰졀 잔ᄃᆞᆫ 말ᄉᆞᆷ에 셩신 ᄯᅢ 비ᄂᆞᆫ ᄯᅳᆯ을 드러셔 ᄎᆞᆺ ᄉᆞᄅᆞᆷ이 (흥연) ᄉᆞᆺᄃᆡ

얼골 빗치 프르러 되엿셔ᄯᅢ ᄒᆞᆫ 말ᄉᆞᆷ이 ᄉᆞ흠도 사ᄅᆞᆷ 흑 일ᄂᆞᆷ이 되ᄂᆞ니라 ᄒᆞᆷ
ᄂᆞᆫ 듯더니 어니 ᄉᆞ샹 셩ᄆᆡᆼ이 ᄊᆞ당에 그득ᄒᆞ니 ᄯᅩ 셰ᄉᆞᆫ지라 ᄀᆞ ᄅᆞᆼ 쟝 ᄉᆞᆯ 보ᄂᆞᆫ 건
건이 거셔 오면서 싱ᄉᆡᆼ ᄒᆞ여 ᄂᆞᆯ 오니 여 사ᄅᆞᆷ들이 ᄶᅩᆺ ᄎᆞ오면서 가ᄂᆞᆫ 온 말이
이ᄂᆞ다 ᄒᆞᄂᆞᆫ 즁 ᄉᆞᆷ외 은혜 만 앙ᄌᆞᆫ ᄒᆞ야 오라 가 ᄭᅳᆯ니 보라 보니 아ᄅᆞᆷ 졍도
업어 자 이 왕 쟝 ᄂᆞᆫ 규고 ᄉᆞᆯ 영졉 ᄒᆞ야 공손 ᄒᆞ면 은 ᄎᆞᆫ 산 ᄯᅳᆺ ᄉᆞ 등 ᄯᅢᄂᆞᆫ 다
셰 ᄇᆞᆯ 은 사ᄅᆞᆷ이 만ᄯᅡ ᄂᆞᆫ 흔 졉도 ᄎᆞ자 보지 못ᄒᆞᆫ ᄉᆞ젼 ᄂᆞᆫ 앉ᄌᆞ 다 방에
나오더ᄅᆞᆫ 압셔 ᄒᆞ면 의던 ᄲᅥᆺ 사ᄅᆞᆷ을 우러러 ᄊᆞᆫ 셩ᄉᆞ 예비 ᄒᆞ여 ᄒᆞ라 하라
ᄇᆞᆺ 윤어 합 칠 ᄒᆞᆫ 평 ᄲᅮᆫ 이라 ᄀᆞ 영 대 영 ᄯᅢᄂᆞᆫ 죠이 원이 되ᄯᅢ 다시 ᄎᆞᆷ 곳 장불
도 별 ᄒᆞᆫ 엽 기ᄅᆞᆯ 도라와 그 연 ᄯᅢ ᄉᆞ ᄅᆞᆷ 빈 장ᄭᅢ ᄎᆞ 예비 ᄒᆞᄂᆞᆫ ᄒᆞᆯ ᄯᅢ 칠팔인 회ᄃᆞᆯ
히 ᄃᆡ 젹지 아니라 ᄒᆞ시더라 ᄎᆞᆷ ᄒᆞ면 십월에 다 ᄇᆡ가 ᄉᆞᆷ의 ᄇᆞᆫ부 ᄅᆞᆯ ᄃᆞ ᄒᆞ면 ᄌᆞ
다시 살셔 ᄉᆞ세 되로 신 운 ᄇᆞᆼ ᄒᆞᆫ ᄒᆞ다 ᄃᆞ라 되ᄂᆞᆫ ᄃᆞᆼ의 ᄒᆞ야 흔 별 예비 가ᄌᆞᆫ ᄒᆞᆫ 평안 ᄒᆞ여 이
라 어 ᄯᅳᆺ 공부로 어 보셔 의 ᄅᆞᆫ ᄒᆞᆫ 셩은 ᄎᆞ 산 너 방에도 법을 쓰지 아니 ᄒᆞ면

二十

추녀ᄭᅳᆺ흘 더이 니이 본은 거시 장ᄉᆞ 모양으로 ᄒᆡᆼ방을 주며 가지ᄂᆞᆫ 집

ᄯᅡ로 온 ᄇᆞᆺ긔셔 ᄎᆞᆫ현 ᄒᆞᆷ회 나 ᄂᆞᆯ음 막기 우시오 ᄒᆞ야 이런 집이 면지기

위ᄒᆞ야 ᄂᆞᆫ ᄒᆞ여도 ᄀᆞ 위주 ᄀᆞᆸ술 혈ᄒᆞ 쇄 ᄇᆞᆺ음면 필경 ᄀᆞ 위 돈 ᄂᆞᆯ ᄒᆞᄂᆞᆫ 집이

ᄲᅮᆫ 늘 지 ᄂᆞᆫ 후 ᄅᆞ 슈ᄒᆞ게 돈 ᄯᅢ 괴서 니고 사ᄅᆞᆷ들 보ᄂᆞᆫ 뒤 ᄉᆡᆼ도 보고 진 용

ᄒᆞ면 필경 못ᄒᆞᄂᆞᆫ 사ᄅᆞᆷ이 이슨 거시니 ᄉᆡᆼ곡 도와 시세 두어셔 여 슈주

이 나 ᄒᆞ여 보리로 보라 ᄒᆞ니 그 공부들의 ᄯᅡᆯ이 ᄀᆞ져 치아니ᄒᆞ라 그 사ᄅᆞᆷ들

의 상통ᄒᆞ던 거ᄌᆞᆺ ᄉᆞᆯ 공ᄂᆞᆫ ᄒᆞᄂᆞᆫ 의론이 크다 ᄒᆞ드ᄒᆞ니 뎡젼에 큰 흉

흉ᄋᆞᆯ ᄡᅮᆫ ᄂᆞᆫ 되서 니 ᄋᆞᆯ 뎡ᄒᆞ엿 ᄂᆞᆫ 만 므슈ᄒᆞ기ᄅᆞᆯ 그런 ᄃᆞᆺ ᄒᆞ야 ᄌᆞᆫ단 두ᄂᆞᆫ

다시 ᄉᆡᆼ각ᄒᆞ야 도처에 어ᄃᆡ ᄉᆞᄅᆞᆷ이 업지 맛나 굿기ᄅᆞᆯ ᄒᆞ여 ᄃᆞ시ᄒᆞᄂᆞᆫ 것

흉이 ᄇᆞ른 ᄃᆞᆫ 이 닷새 후의 일을 가ᄌᆞ을 ᄌᆞ어 ᄲᅡᆫᄒᆞᄂᆞᆫ 디로 ᄃᆞᆯ녀 ᄃᆞ닷

ᄒᆞ되 아릐 못ᄒᆞᆫ 고로 ᄂᆞᆫ 통에 후의 술을 알ᄂᆞ니 ᄂᆡ ᄒᆞᄂᆞᆫ 자ᄂᆞᆫ 번 ᄂᆡ 티 ᄃᆞᆸ이

신병의 ᄆᆞᄂᆞᆫ 사ᄅᆞᆷ이면 의원 ᄎᆞᆺ ᄒᆞ야 더여 못 ᄎᆞᄌᆞ 보라 ᄒᆞ니 ᄎᆞᆫ 사ᄅᆞᆷ

이싱ᄉᆞ에 삼병 곳 최ᄒᆞᆫ 병의라 ᄒᆞ야 말을 젼ᄒᆞᄂᆞ니 ᄂᆞᆯ근 병든 사ᄅᆞᆷ
이팔희 슈ᄎᆞᄒᆞ셰되믄지라 고죵에 이왕 아던 사ᄅᆞᆷ이 잇셔 슈ᄎᆞᄒᆞ올 ᄯᅢ
안니라 압셔 회두ᄒᆞᆫ 이예 ᄂᆞᆫ평을 이ᄂᆞᆫ ᄒᆞ야 ᄎᆞᆷ 신슈ᄎᆞ ᄒᆞ야 ᄉᆡᆼᄉᆞ에 ᄯᅢ
허락밧은 수ᄋᆞ ᄉᆞ셥 ᄯᅢ에 나ᄂᆞᆫ 지라 다 감신부ᄭᅴ로 인도ᄒᆞ야 보내여 ᄉᆡᆼ
ᄉᆞᄲᅢ ᄒᆞ엿서니 고회에 ᄃᆞᆫ이 월이야 도라와 ᄇᆡᆨ작 그ᄭᅴ 뵈옵ᄂᆞᆫ 고회ᄂᆞᆫ
공부ᄉᆞ 오ᄉᆞ셥 ᄯᅢ 발괴ᄅᆞᆯ 밧치니 ᄇᆡᆨ 감문셩이 도라 ᄒᆞ서러라 ᄂᆞᆫ ᄒᆞ오면 셥
월에 도ᄯᅩ 가라 ᄒᆞ시니 ᄉᆞ양ᄒᆞᆫ즉 ᄒᆞ야 ᄌᆞ져 ᄯᅥᄂᆞ가 쥬희 다망욘 회장
을 ᄎᆞ자 압셔 온 ᄯᅡ문도 이니 쳐음 곳치 심ᄒᆞ지 안니ᄒᆞ야 슈ᄌᆞ이ᄂᆞᆫ
은ᄂᆞᆯ ᄉᆡᆼᄉᆞ ᄯᅢ에 허락ᄒᆞ온 자ㅣ 새로이 삼ᄉᆞ셥 ᄯᅢ에 나ᄂᆞᆫ 지라 다만 도
ᄒᆞ야 ᄉᆡᆼᄉᆞ 밧ᄌᆡ 흔ᄒᆞᆫ 때 도라오니 그 ᄯᅢ도 ᄯᅩ 흔이 월이 더ᄃᆞ고 ᄉᆡᆼᄉᆞ 슈ᄂᆞᆫ
긔ᄅᆞᆯ 빗갑ᄭᅴ 밧치ᄂᆞᆫ 품ᄒᆞᆫ 데 죄인이 엿ᄌᆞᆸ슨 ᄃᆞᆺ ᄉᆞ로 삼년 동안에 실
ᄒᆞ엽ᄉᆞ이 이 ᄃᆞ 평이 ᄃᆡ 무의ᄉᆞ 온 ᄂᆞᆷ 광ᄉᆞᄒᆞᄋᆞᆸᄂᆞᆫ ᄒᆞ여ᄂᆞᆫ ᄌᆞ셔 방 봉희 장

二十八

의지 본부ᄒᆞ사 젼교ᄒᆡ ᄒᆞ시옵소셔 ᄒᆞ니 비ᄒᆞᆫ 말ᄉᆞᆷ이오나 즉 교의 은혜
로 네 공은 젹지 아니타 ᄒᆞ시더라
빅ᄀᆞᆫ ᄒᆞᆫ 젼 나ᄂᆞᆫ 지지 아니 세월 고우의 ᄉᆞ졍을 젼ᄒᆞ사 옥ᄂᆞ 오직 ᄉᆞ에 부ᄉᆞ
건형을 이엽단ᄒᆞ야 샹ᄇᆞᆯ을 보니 며ᄂᆞ리 기도 길신 우거 하지ᄒᆞᆫ 을ᄂᆞ와
봇ᄂᆞᆫ 지내던 일월 ᄒᆞ야 감창ᄒᆞᆫ 이라
흠잔 보신 요유던 동관에 비ᄀᆞᆯ 빈ᄋᆞᆯ 그을 젼교 대변 세면이나 평안
도 왕환ᄒᆞ고 그 궁을에 빅ᄉᆞᆼ이 세월 교우를 ᄎᆞᆼ찰ᄒᆞᆫ 본분을 ᄋᆞᆯ나와
께셔 브르시매 오신부의 명을 어길 수 업ᄂᆞᆫ 지라 상경ᄒᆞ매 뫼ᄂᆞᆫ 동ᄎᆞᆫ가 집ᄒᆞ니
빈치ᄒᆞᆫ 안부ᄉᆞᆫ 죠 말ᄒᆞ라 브르ᄂᆞᆫ ᄉᆞ환 ᄒᆞᆫ 즉 즁장ᄉᆞᆫ 부하ᄒᆞ되
이젼에 주ᄂᆞᆫ 강ᄉᆞ 되야 ᄎᆞᆼ을 ᄉᆡᆼ각ᄒᆞ니 ᄀᆞᆺ치 오셔 ᄒᆞᆫ ᄂᆞ로 그ᄅᆞᆯ 치며 결잔
예비ᄒᆞ야 ᄯᅩᄒᆞ 구ᄒᆞ셔ᄂᆞᆫ 학당 원의 이ᄉᆞᆷ으로 빈 강ᄉᆞ를 ᄒᆞ야 비량 ᄀᆞ지
가 공부ᄒᆞ셔 신품 위에 오ᄅᆞ시니 즉 은 강ᄉᆞ 만히 ᄒᆞᄂᆞ이다 ᄒᆞ오면 등

안에 관셩ᄒᆞᆫ 후 셜ᄯᆡ 뎐 산부ㅣ 영 분부ᄒᆞ시기ᄅᆞᆯ 나ᄒᆡ 공ᄌᆞ와 ᄉᆡᆼᄉᆞ예비 변 젹을
회장셔ᄉᆞ 이지발ᄒᆞᆫ 네가 차셜ᄒᆞ고 도쳐 ᄒᆞᆼ회 저ᄒᆞᆼ을 발ᄒᆞᆫ 후에ᄂᆞᆫ 평게 ᄒᆞᆫ 곤셩
ᄉᆞ에비ᄅᆞᆯ 더욱 간당이 ᄒᆞ야 고명ᄒᆞᆫ 피엽게 ᄒᆞ라 ᄒᆞ시ᄂᆞᆫ 말이 ᄯᆡᄀᆞᆺ시 올나
공부ㅣ 빈ᄀᆞ 감의 몸ᄒᆞ 뎡비ᄒᆞ신 셔ᄀᆡ 형을 감츄ᄅᆞᆯ 답ᄒᆞᄂᆞᆫ 지라 ᄀᆡ즁 온셩
ᄒᆞ오ᄂᆞᆫ ᄃᆞᆯ어가 샹ᄉᆞᆫ 후에 곳 충ᄆᆡᆼ을 비ᄀᆞ 감이 입ᄂᆞᆫ 몬 드러가 주고 송품ᄒᆞ오게 시
되니ᄯᆡᆫ 괸계 제미오 원당 간이라 올치오이라 ᄒᆞᄂᆞᆫ 공우와 ᄒᆞᄂᆞᆫ 상치로 베ᄒᆞᆫ 감을 ᄃᆞᆷ셔 ᄒᆞᆫ 길을
ᄯᅥᄂᆞ 당일 제ᄋᆞᆯ ᄒᆞᆫ에 가ᄂᆞᆫ 더 입은 보회 진셔 환을 잡아 ᄂᆞᆫ 여ᄉᆞ 날 만에 장거 ᄃᆞᆫ
에 두ᄃᆞᆯ ᄒᆞ야 쵸션 관셩당에 올ᄃᆞᆯ ᄒᆞᄂᆞᆫ 산부와 쥬산부ㅣ 곤이 비ᄅᆞᆯ 다되ᄂᆞᆫ
와 영접ᄒᆞ여 다 제ᄅᆞᆯ 포에 셔 부여 ᄀᆞᆺ지 온 공부 상회 련ᄉᆞ 관쳐 셥이 온 더 곤셩
당에 드러 가ᄂᆞᆫ 고동 ᄒᆡᆼᄒᆞ야 은 연유ᄅᆞᆯ 품달ᄒᆞ며 대쥬교ㅣ 흔연 영접ᄒᆞᆫ 후에 젼ᄒᆞᆼ
으로 장ᄇᆡ ᄃᆡ뎨 관부 츄ᄀᆞ 과 고 두 산부 들의게 영ᄃᆡᆨ 칠월 초팔일 셩우이 ᄉᆞ별
ᄒᆞ오 쳠녜 날에 쇼션 쥬고 송품ᄒᆞᄂᆞᆫ 것을 보ᄒᆞ야 다 알게 ᄒᆞ시더라 ᄎᆞᆯ ᄒᆞᆫ 당

二十二

ᄒᆞ야 부유모와 각쳐 신부ㅣ 단으로 ᄒᆞ여 대피 사중에 우ᄃᆡ 유교ㅣ ᄒᆞ옵ᄂᆞᆫ ᄒᆞ신 이ᄅᆡ 유교

ㅣ 유제ᄒᆞ신 부유교와 더니 장부ᄂᆞᆫ 신부 두 원 최ᄒᆞ여 리셔 주ᄅᆞᆯ 생ᄒᆞ시ᄂᆞᆫ 예절

이외ᄅᆞᆯ ᄒᆞᄂᆞᆫ 악표다와 다ᄒᆡᆼᄒᆞ야 저ᄅᆞᆯ ᄒᆞ지 어ᄃᆡ을 ᄂᆡ다 우리 주교ㅣ 총관을

삼ᄌᆞᆫ 즘 장을 의지ᄒᆞ야 수주ᄅᆞᆯ 생랑에 유ᄒᆞᆷᄒᆞ신더 제ᄌᆞ 창ᄌᆞ ᄒᆞ야 ᄯᅩᄂᆞᆫ 신부와

말ᄉᆞᆷ ᄒᆞᄉᆞᆫ 들이셔 ᄀᆞᆫ 음ᄒᆞ며 이 말에 생랑을 돌녀주ᄉᆞᆸᄒᆞ야 청ᄒᆞ오ᄂᆞᆫ 자ㅣ

외고 합상 ᄒᆞᆫ 여인이 당ᄒᆞ엿더라 조선 신부 두 원와 뭇 ᄂᆡ원 셩사 감목 ᄒᆡ

ᄅᆡ비 쇄 ᄂᆞ시나 박으ᄂᆞᆫ 다ᄉᆞᆺ 사ᄅᆞᆷ이 ᄒᆞᆫ가지로 너저ᄒᆞᄂᆞᆫ 사관은 본ᄃᆡ 엽주 ᄉᆡᆼ의

집이 너러던 세은 일ᄇᆡᆨ이십 원식 주ᄂᆞᆫ 의은 ᄭᅳᆺ이라 담 안에 ᄋᆞᆷ 쥴도 ᄯᅩ고 ᄯᅡ

일 나무도 당ᄎᆞᆫ 잇기로 우접ᄒᆞᄂᆞᆫ 주리 적지 아니ᄒᆞ더라 그ᄯᆡ 일본 ᄃᆡ주교ᄭᅴ 삼

하ᄂᆞᆫ ᄂᆞᆯ 즈올 토 장을 ᄌᆞ어 ᄇᆞᆺ치ᄂᆞᆫ 됴션셔 가치ᄂᆞᆫ 간호ᄒᆞᆫ 장과 ᄇᆡᆨ간 물 좀을

봉ᄒᆞ야 드리니 ᄃᆡ주교ㅣ 깃버 ᄒᆞ시여 원ᄒᆞ야 그 즁 장을 방천 계ᄉᆞᆫ 방ᄇᆡᆨ샹에 됸

ᄂᆞᆫ 호ᄒᆡᄂᆞᆫ 일본 빙ᄒᆞ야 지조ᄂᆞᆫ 산호랑이 ᄭᅡᆫ 조치 쥬ᄒᆡ 방에 두ᄂᆞᆫ ᄒᆞᆼ장 부시더라 ᄒᆞᆷ을

ᄂᆞᆫ 대쥬교의 셩신이라 ᄒᆞᄂᆞᆫ 슌 ᄒᆞ션 공쥬 오유ᄒᆞᆫ 이로 ᄋᆞ지로 상편 ᄒᆞ야 ᄒᆞ매 강복ᄒᆞ
신 ᄂᆞᆫ 이 엇디 상츙 ᄒᆞ여시리오 대개 통영 쥬교ᄂᆞᆫ 본ᄃᆡ 박 쥬교와 졀친ᄒᆞᆫ 사이라 ᄋᆡ셰텬
이라 젼승을 ᄀᆞ리ᄒᆞ야 상면ᄒᆞ기를 ᄀᆞ쳥ᄒᆞᄂᆞᆫ 고로 박 쥬교ㅣ ᄂᆞᆫ 신부와 ᄒᆞᆫ ᄀᆞ지
로 화륜션을 잡아 ᄐᆞᆫ 그ᄂᆞᆯ 초십에 ᄯᅥ나가시면셔 본부 ᄒᆞ시기를 너븐 고
ᄉᆞ이 ᄒᆞ 신부 방에 ᄌᆞ조 드러가 ᄒᆞ션을 졍과 ᄇᆞᆯ을 만히 ᄀᆞᄅᆞ치라 ᄒᆞ셧ᄂᆞᆫ지라 ᄒᆞ로
ᄂᆞᆫ 신부ㅣ 오룡이 무어시야 ᄒᆞ기로 오룡 ᄯᅳᆺ을 풀어 ᄂᆞ리이 셥류 ᄀᆞ지를
지어 드리니 몃 ᄂᆞᆯ 공부 ᄒᆞ야 알고 미오 됴타 ᄒᆞ시더라 박 쥬교 와 ᄂᆞᆫ 신부ㅣ
ᄌᆞᆼ 쳔 ᄒᆞ신 지 오ᄅᆡ디 칠월 십이일에 대관을 ᄎᆞ지려 ᄒᆞ셔 ᄎᆞ려 ᄒᆞ던 ᄂᆞᆯ
운뎡 으로 대졉 에 ᄀᆞ 예 도 ᄉᆞ 잇ᄂᆞᆫ데 우리 쥬교ㅣ 대 대 사를 ᄎᆞ려 ᄒᆞ신 시 에 졀 이
ᄉᆡ 이 ᄂᆡ 즁 ᄒᆞᆫ ᄂᆞᆫ 더 보고 ᄂᆞᆫ 되 여 참 예 ᄒᆞᄂᆞᆫ 쟈ㅣ 수 쳔 이 오 생 ᄀᆞᆨ 밧 긔 졍 영 ᄒᆞ
ᄂᆞᆫ 우ᄅᆞᆯ 알지 못ᄒᆞ더라 ᄒᆞᄂᆞᆫ 신부와 ᄒᆞᆫ 가지로 비ᄅᆞᆯ ᄐᆞᆫ 우리 ᄀᆞ ᄀᆞ이 ᄂᆞ려
ᄂᆞᆫ 대 방 쥬 셩당 을 ᄎᆞ자 대 쥬교의 집에 쳐 ᄒᆞ 후 ᄋᆞ 이 밍 쇼ㅣ ᄒᆞ 션(은) 에 ᄂᆞ 문

二十三

나ᄒᆞ더라 칠월 이십팔일에 상ᄒᆡ 가ᄂᆞᆫ 회륜션이 즁보ᄅᆞᆯ 놋ᄂᆞᆫᄃᆞᆯ 밧비 ᄒᆡᆼ장ᄒᆞ야 ᄎᆞ리고
낭ᄑᆡ 되엿시매 쥬교ㅣ 죠신부ᄅᆞᆯ 다리고 고치비ᄅᆞᆯ ᄒᆞᆯ ᄯᅢ 쟝ᄌᆞ에 [illegible] ᄒᆞ던 상ᄒᆡ 뎡 ᄉᆞ관
이ᄋᆞᆫ 대국 션ᄉᆡᆼ씨 ᄒᆡ이오 ᄉᆞ 경은 진과 관ᄉᆞ화와 박셔방이라 ᄯᅩ 지극ᄒᆞᆫ 수ᄉᆞᄒᆞ며
ᄉᆡᆼ으로 의ᄅᆞᆯ 만히 강론ᄒᆞᆯ ᄯᅢ 다 듯ᄂᆞᆫ ᄆᆞᄋᆞᆷ으로 듯ᄂᆞᆫ지라 쥬교ㅣ ᄯᅩ ᄒᆞᆫ 관ᄒᆞ여 이르되
쳡ᄒᆞ시니 ᄎᆞ셜들이 쥬교의 덕을 찬숑ᄒᆞ야 호션ᄉᆡᆼ이라 닐ᄏᆞᆺ더라 이일
에 무변대ᄒᆡᄅᆞᆯ 당ᄒᆞ야 풍낭이 대작ᄒᆞᆯ ᄯᅢ 뫼 갓치 흉ᄒᆞ야 사ᄅᆞᆷ마다 혼미ᄒᆞᆫ 즁
에 쥬교ᄭᅦ셔ᄂᆞᆫ 묵묵ᄒᆞ신 온ᄋᆞᆷ 면ᄉᆡᆨ이 평안ᄒᆞ시고 도로혀 ᄉᆞ탈ᄒᆞᆫ 것 갓치야 ᄒᆞ셰
젹이 ᄎᆞ셔 안온ᄒᆞᆫ지라 양ᄌᆞ강을 지나 오후 두시에 비로소 언덕에 다ᄒᆞ니 후ᄒᆞ셔
십ᄉᆞ 시에 ᄂᆞ와 ᄀᆞ도 다 ᄉᆞ 영졉ᄒᆞ야 각각 수레에 올나 쥬ᄃᆞᆼ으로 드러가시ᄂᆞᆫ
나ᄂᆞᆫ 치옹이와 ᄒᆞᆫ가지로 즁션을 ᄒᆞᄂᆞᆫ ᄯᅢ로 드러가니 향ᄌᆡ일 본셩당에셔 ᄶᅡᆨ
던 팔ᄉᆞ 공신부와 지신부와 그 두 북ᄉᆞㅣ 며ᄇᆞᆯ어이 ᄯᅡ로 손을 잡ᄂᆞᆫ 흔열
ᄒᆞᆫ 졍회ᄅᆞᆯ 이로 기어려워 ᄒᆞ여라 밋 날 쉰 후에 샹ᄒᆡ당 상층 좌우 벽상

에됴션쳐명ᄒᆞ신츄공신부셩ᄉᆞ왼샹본현판ᄒᆞᆫ것슬뵈오니혹샹
ᄒᆞ와관망을ᄒᆞ엿ᄉᆞ오되쟝ᄎᆞᆷ됴젼형이쟈이됴션서뵈올ᄯᆡ와ᄀᆞᆺ나의
회ᄒᆞ야아지못ᄒᆞᆫ것혼지라감은ᄒᆞ는졍이새ᄅᆞ와여어삼뎌당ᄒᆞᆫ을
겨유ᄒᆞ야됴션후쟉은쟝ᄎᆞ조교외ᄉᆞ적을ᄎᆞ여ᄒᆞ야져버리지ᄇᆞᆯ니기ᄅᆞᆫ
재ᄒᆞᆫ이ᄒᆞᆯ디라 샹히삼뎌당외 라
아ᄒᆞ모삼다우리텬쥬ㅣ만ᄉᆞ지ᄅᆞᆼ이온젼이각ᄒᆞ와계시나오직신망
의삼덕을ᄡᅥ우리ᄉᆞᄅᆞᆷ의게ᄂᆞ리오샤쥬신은혜젼이ᄂᆞ뇨쁘ᄆᆞᆺ사ᄅᆞᆷ이니ᄭᅮᆷ
이업ᄉᆞ면ᄉᆞ리ᄇᆞᆰ히엇ᄉᆞ나ᄒᆞᆫ들수리ᄇᆞᆰ히엿ᄉᆞᆫ들ᄀᆞᆺ이힘치못ᄒᆞᆯ
거시오사ᄅᆞᆷ이보ᄅᆞᆷ이업ᄉᆞᆫ즉ᄒᆞᆫ뫼고응ᄒᆞᆯ일과ᄀᆞᆺᄒᆞ니ᄒᆞᆫ번ᄀᆞ올이
업ᄉᆞᆫ즉ᄀᆞ히거두지못ᄒᆞᆯ거ᄉᆞᆫ사ᄅᆞᆷ이ᄉᆞ랑ᄒᆞᆷ이업ᄉᆞ면보믈이ᄃᆞᆫ거ᄉᆞᆯ업
ᄉᆞᆫ단ᄒᆞ여보믈이ᄯᅢ거ᄉᆞ혼이열ᄉᆞ면ᄀᆞ히ᄌᆡ지못ᄒᆞᆯ거시니라이오작ᄒᆞᆫ다ᄉᆞᆨ
ᄀᆞ우리인ᄉᆞ혼원ᄒᆞ야ᄇᆡ로소ᄆᆞᆫ가지덕지ᄅᆞᆯ판단ᄒᆞ엿시니다션ᄒᆞ신

二十四

다아ᄒᆞ다오신지라 엇지 고능덕을 잘ᄒᆞᆷ의되ᄋᆞ지 아니ᄒᆞ시ᄂᆞᆫ 정결ᄒᆞ시며 착ᄒᆞ심을
시리니 ᄂᆞ냐 응ᄒᆞᆫ 혈조 ᄒᆞᆷ 뎡ᄒᆞᆫ ᄯᅢ에 가ᄅᆞ치고 션ᄒᆞᆫ 방ᄒᆞᄂᆞ 뢰와ᄒᆞᆷ을 당지 ᄒᆞᆫ 것
ᄒᆞ외 ᄀᆞᆫ 선지라 ᄂᆡ 모ᄅᆞᆷ 명ᄒᆞᆫ ᄉᆞᆷ ᄉᆞ에 쁜 가지 리치ㅣ 흉ᄒᆞᆫ 후 여러 가지 항외실
ᄒᆞᆫ지 병ᄒᆞᆷ의 분별ᄒᆞᆫᄒᆞᆫ지ᄋᆞ ᄒᆞᆷ의 발ᄒᆞᆷ이 사ᄅᆞᆷ이라 ᄒᆞ되 그러ᄒᆞ신 까닭을 ᄒᆞᆫ 후
니원죠ㅣ 범ᄒᆞᆫ 죄ᄒᆞᆫ 후에 날ᄂᆞᆷ 죄 종이 ᄋᆞ 신을 엇ᄂᆞᆫ 세원슈ㅣ 세상에 들어셔야
이온 참ᄒᆞ새 ᄇᆡᄋᆞᄒᆞ이 ᄒᆞᆫ 께이오ᄒᆡ ᄒᆞ니 엇지 ᄒᆞᆫ 셕재 아니ᄒᆞ되오 ᄆᆡ기ᄂᆞᆫ ᄯᅢᄒᆞ라
미음이 잘ᄂᆞᆫ ᄯᅢ 흐ᄂᆞᆫ 의다 ᄅᆞᄋᆞ의 ᄉᆞᄆᆡ 보라 ᄒᆞ신 모다 모ᄅᆞᆷ이 허던 ᄀᆡ ᄌᆞᆫ
넘ᄃᆡ이 잇ᄉᆞᄆᆡ ᄉᆞ랑ᄒᆞ시ᄂᆞᆫ ᄉᆞ랑ᄒᆞᄂᆞ ᄉᆞ랑이 공변되ᄂᆞᆫ ᄉᆞ의 유ᄒᆞ이 있ᄂᆞᆫ
지다 대ᄒᆞᆷ 되지 아니ᄒᆞᆫ 다ᄅᆞᆫ 사ᄅᆞᆷ을 믿ᄋᆞ 변이에 ᄒᆞᆯ 우ᄒᆞᆫ 신에오 대ᄒᆞ기 다 보다
지 아니ᄒᆞᆫ 다ᄅᆞᆫ 천ᄃᆡ를 보다 변이 에 허원 ᄒᆞᆫ보ᄋᆞ 대ᄒᆞᆷ ᄉᆞ랑치 아니ᄒᆞᆫ
단ᄒᆞᆫ 세ᄉᆡᆼ을 ᄉᆞ랑ᄒᆞ면 이에ᄂᆞᆫ ᄉᆞ랑이 ᄃᆞ랑이라 이러므로 우리 대군부ㅣ
ᄒᆞᆫ 별이 주 되ᄒᆞ신 은혜를 베ᄑᆞ샤 강ᄉᆡᆼᄒᆞ샤 세ᄒᆞ시ᄂᆞᆫ지 공지일 ᄒᆞ신 셩교

회■ 셩교사 셩즁을 쇄복케 ᄒᆞ여 뎌 두령혼의 셩ᄇᆡᆼ이 되게 ᄒᆞ셧시니 일
즉 봉ᄒᆞ야 ᄒᆞᆼ샹 셩즁 ᄃᆡ왼에 잇ᄂᆞᆫ 자ᄂᆞᆫ 가히 신망이 더ᄋᆞ 의은 부ᄅᆞᆫ 사ᄅᆞᆷ
이라 ᄒᆞ련이와 비록 교에 드러시나 셩즁은 남을 보존치 못ᄒᆞᆫ 즉 가히 산
망이 여어 엄ᄂᆞᆫ 화양의 산ᄂᆞ이라 ᄒᆞ니 어지 황공ᄒᆞ야 ᄎᆡᆨ념치 아니ᄒᆞ랴
즁ᄀᆞᆫ니 망이 끈당ᄒᆞᆫ 인ᄃᆞᆯ 어ᄯᅵ 화ᄒᆞ여 편ᄒᆞᆫ 강복ᄒᆞ샴이 되리오 브
터 이제ᄭᆞ지 ᄆᆡᆺ친 지라 강회면 강에 교화ᄒᆞᆫ 광양ᄒᆞ야 셩뎐 외에 고ᄒᆡᆼ이 이
밧긔 소ᄒᆞᆫ니 샹ᄒᆞ 당ᄒᆞ외 일ᄒᆞᆷ이 어지 ᄋᆞ면 ᄒᆞᆷ이라 ᄯᅩ 동치 원년에게
ᄃᆞᆸ새 쇼서를 반포ᄒᆞ야 이젼 ᄋᆞ모명을 회파ᄒᆞᆫ ᄃᆡ셩당을 즁슈ᄒᆞ엿
시니 ᄭᅩᆫ 유ᄒᆞᆫ 아ᄂᆞᆫ 갑니다 감히 보라 건ᄃᆡ 즁화ᄂᆞᆫ 은 ᄌᆞ둥은 이 당에
오ᄋᆞ ᄯᅢ 고ᄃᆡᆼ을 ᄉᆞᆷ ᄒᆞ며 이일 용을 드로ᄯᅢ 그 ᄯᅳᆺ을 알아 각각 그 ᄋᆞᆫ을 다
ᄒᆞ 각각 그 ᄃᆡᆼ을 힘ᄡᅥ ᄒᆞᆫ 가지로 ᄋᆞᆼ화ᄒᆞᆫ 부라ᄆᆞᆯ ᄒᆞ여 게 ᄒᆞᆷ이 이ᄋᆞ의 미ᄒᆞᆫ
평생을 고ᄅᆞᆫᄒᆞᆫ 바ᄅᆞᆯ 조선 ᄯᅩ 회ᄒᆞ 하 기ᄇᆞ 안은 샹하 리ᄅᆞᆯ ᄒᆞ고 다

二十五

샹히 일부 중에 셔양졔국 읍시 갓치 잇셔 집은 단층 화려ᄒᆞ게 잘 ᄭᅮ여 삼
층이오 풍편 갈은 큰 념어가 ᄯᅡᆼ ᄀᆞᆷ답ᄒᆞ야 들면 수히 ᄇᆞᆷ 낫이 엽ᄉᆞ니 진짓
동셔양 상통ᄒᆞ는 대도회쳐ㅣ라 부ᄌᆞ 큰 셩당 다ᄉᆞᆺ 곳에 다 들어 쳠례ᄒᆞ는 남졍
대장부 예수교로는 셔교이심 러허 큰 셩당에 (셰시ᄂᆞ지라) 오ᄅᆞ는 우리 즁교와 동신부 ᄯᅩ 무셔ᄂᆞᆫ
ᄒᆞ리를 공ᄅᆡᄒᆞ야 서로 비유ᄒᆞᆯ진ᄃᆡ 심별 ᄂᆡ 보타 ᄆᆡ 평원광야에 훗흔 점이 남은
듕ᄂᆞ ᄒᆞ야ᄂᆞ 요란ᄒᆞᆫ 대통을 일우엇더라 큰 셩당에 가ᄂᆞ니 예수교 젼에 가나지 쳔
주ᄒᆞᆫ 뵈옵ᄂᆞ 시ᄂᆞᆫ이 우섭 주에 ᄎᆞᆼ 안회 빛이 연ᄒᆞ야 쳔신이 더ᄒᆞ 두의 좌교와 교
등진 부를 ᄯᅩ ᄒᆞᆫ 애 ᄀᆞᆺ 셩당 비치ᄂᆞᆫ 광경을 두루 ᄒᆞ쇼ᄒᆞᆫ 곳은 ᄲᅮᆫ 가지 금ᄂᆞᄅᆞ를
ᄭᅩ초 버러이 잇ᄉᆞ니 금 포지 류 어별 등류 이 샹ᄒᆞᆫ 것들이오 ᄒᆞᆫ 곳은 셩
셔편 샹 셩을 등ᄒᆞᆫ 도판 셩ᄉᆞ를 ᄆᆞᆫ드ᄂᆞ ᄯᅩ ᄒᆞᆫ 곳은 보물 좌장 등 티 ᄯᅩ ᄒᆞ고 드물 ᄉᆞ이
에 ᄭᅩᆺ 친 가시오 ᄒᆞᆫ 곳은 슈쳥 슈녀와 밋 어른 ᄋᆞᄅᆞ치ᄂᆞᆫ 영회 흠ᄂᆞ니ᄂᆞᆫ 슈회
허ᄂᆞᆫ 이 셩당에서 졍양ᄒᆞ ᄉᆡ 뎜 ᄒᆞᄂᆞ의 ᄆᆞᆫ물을 ᄉᆞᆼᄒᆞ시ᄂᆞᆫ 그 샹쥬 예수의 ᄆᆞᆫ

셰ᄅᆞᆯ 오양ᄒᆞ시ᄂᆞᆫ 진이ᄅᆞᆯ 가히 몰너 되이 되이 십칠일에 다ᄒᆡᆼ이 병ᄎᆡ 비교
션ᄋᆞᆯ ᄒᆡᆼᄒᆞᄂᆞᆫ 편이오 ᄉᆞᆯ날 곱ᄉᆡ에 힘쟝을 슈습ᄒᆞ야 비에 올나 도라
보ᄆᆡ 죠션 사ᄅᆞᆷ 륙칠이 의ᄉᆞ로 이ᄂᆞᆫ 죠션 졍부에셔 병ᄉᆞᆼ 뵈고 번거ᄒᆡ 관ᄒᆞᆫ
병졍의 일ᄒᆡᆼ이라 번 ᄲᅢᆺ기 살ᄒᆞ야 잡고 일칠 시에 졔물 포ᄒᆞᆫ 당
ᄒᆞᆫ지라 감만이 불외에 넘침을 쥬교ᄭᅴ 드리ᄂᆞᆫ 보기를 쳥ᄒᆞ거ᄂᆞᆯ 쥬교ㅣ
른 병졍ᄃᆡ ᄒᆞ야 홍ᄉᆡᆼ등 ᄒᆞᄂᆞᆫ 날만 슈작ᄒᆞ다가 감관이 ᄂᆞᆯ며 ᄎᆡ홍휵
에 슈함장과ㅣ 돌녀와 조ᄆᆞᆫ도 상관ᄒᆞᆷ이 업ᄂᆞᆫ 나라ᄂᆞᆫ 지라 ᄎᆡ육이오 ᄒᆞ며
믄 ᄃᆡ 하ᄅᆞᆯ 화ᄒᆞ야 법졀을 ᄀᆞ르셜ᄒᆞ라 ᄒᆞ엿더니 황ᄂᆞᆫ이 야치욕이
드러와 ᄂᆞᆫ ᄒᆞᄂᆞᆫ 일이 ᄂᆞ가시ᄆᆡ 호슌되 ᄯᅢ에 ᄂᆞᆫ 념려 업ᄂᆞ이라 ᄒᆞ거ᄂᆞᆯ 쥬교
ㅣ 쳥복을 밧ᄌᆞ와 ᄂᆞᆸᄂᆞᆫ 협쥬 ᄇᆞᆼ쥬와 ᄒᆞᆫ 가지로 하륙ᄒᆞ야 ᄇᆞ로 가ᄉᆡᆼ
가례ᄅᆞᆯ ᄒᆞ지 ᄂᆞ니 ᄇᆞᆨ이 잇ᄂᆞᆫ 의ᄉᆞ 한 이ᄃᆡ라 이튼날 젹지 아니ᄒᆞᆫ 힘쟝을 무
ᄉᆞ히 감셩의 졈은 단ᄂᆡ며 오ᄂᆞ대 쥬ᄉᆞ 보 힘ᄉᆞᆼ을 셰올 모 되여 ᄭᅮᆫ ᄉᆞ치

二十六

흉요란ᄒᆞ야 쥬ᄭᅴ 이를 아ᄅᆞᆷ에 ᄯᅩ 경셩을 드러 읍셔 회장 등은 모든 교
우ᄃᆡ 간츄리 가지고 나와 영접ᄒᆞ거ᄂᆞᆯ 쥬교ㅣ 셔강을 건너 환희ᄒᆞᆫ
ᄋᆞ시 쥬샹은 삼가 ᄒᆞᆼ 건너 명동을 드러 오시니 ᄯᅢ에 이번 ᄒᆡᆼᄉᆞ에 조곰도
쥬당 일이 업시 ᄆᆞᆺ치 환ᄒᆞ신 ᄋᆞᆫ 도모지 우리 쥬교와 덕ᄒᆞ여 보호ᄒᆞ신
쥬ᄭᅴ 보답ᄒᆞᆫ대 모든 공명 즁에 본ᄋᆞᆫ을 ᄒᆞᆫ 가지로 ᄯᅩᆫ 소리로
ᄀᆞᆺ치ᄒᆞ야 판ᄀᆞ 언감ᄒᆞᆫ ᄒᆞᄉᆞ이다 아멘

비록 쥬교ㅣ 숑흥ᄒᆞ신 후 여러히 동안에 무ᄉᆞ히 년일을 괴롭ᄒᆞ
야 갈은 무더ᄒᆞ여 회와 즁흥ᄒᆞᆷ이라

됴션 감목은 병셔 쥬교 비오 왕ᄭᅴ 본셩이 관후ᄒᆞ샤 ᄌᆞ비를 겸ᄒᆞ히 ᄒᆞᄉᆞ
ᄒᆞ야 공경ᄒᆞ며 ᄆᆞᆫ져 순ᄒᆞᆫ 이 ᄀᆞᄅᆞ치시더니 승툥ᄒᆞ신 후에는 그 졍이 ᄒᆞ시ᄂᆞᆫ
더 힘이 더욱 간졀ᄒᆞ샤 졍쥬 왕을 뵈옵고 ᄌᆞ조 츌ᄒᆞ야 이 셰샹 계졔
업ᄉᆞᆯ 듯ᄒᆞ시더니 ᄯᅳᆺ밧긔 ᄃᆡ로 쳔샹 ᄉᆞᆼ을 샹쥬ᄒᆞ야 친ᄒᆞ시ᄂᆞᆫ 쥬 ᄃᆞ화ᄒᆞ시

논ᄒᆞᆫ 후 저 생을 맛나ᄂᆞᆫ 좌석이면 ᄂᆡ 간 도리 말ᄉᆞᆷ을 ᄒᆞ야 십계 강논도
ᄒᆞ시더라 ᄯᅩ 영혼을 비치ᄒᆞ야 수ᄇᆡᆨ 명 영혼을 교화ᄒᆞ기ᄅᆞᆯ 구ᄒᆞ
치셔ᄯᅥ서 ᄋᆡᆼ슈ᄒᆞ여ᄃᆞᆯ 권ᄒᆞ야 영혼의 일을 쥬쟝ᄒᆞᆫ 조션 슈녀ᄃᆞᆯ 만히 교화
ᄒᆞ시되 ᄒᆞ시니다 ᄯᅩ ᄋᆡᆼ구원을 비치ᄒᆞ야 외교 ᄂᆞᆷ은 ᄉᆞ람ᄃᆞᆯ을 만히 교화
길ᄂᆞᆫ 곳ᄭᆡ 처ᄒᆞ 영ᄇᆞᆼ부ᄃᆞᆯ 힘써 도ᄒᆞ시ᄂᆞᆫ ᄯᅳᆺ이 회ᄃᆞᆯ 장셜ᄒᆞ시ᄂᆞᆫ 당신
이 수ᄇᆡᆨ 금은을 도와 주어 츙ᄒᆞ여ᄃᆞᆯ 장ᄉᆞ 지낼 ᄲᅮᆫ이니라 그런 ᄯᅢᆼ 즘
기ᄃᆞᆯ 원ᄒᆞ야 미사 ᄇᆡ더 ᄉᆞ도 ᄃᆡ졔 ᄇᆡ뎡ᄒᆞ시니라 ᄒᆞᆫ 회ᄂᆞᆫ 남 교 동 ᄉᆞᄃᆞᆯ이
츙뎐을 맛나 ᄒᆞᆫ 판라ᄒᆞᆫ 난 말을 듯ᄂᆞᆫ 신 츙ᄒᆞᆫ ᄒᆞᆫ 신 샹 뉴ᄃᆞᆯ이
괴지 본ᄒᆞ사 진 불 ᄯᅥᆫ 혼 ᄉᆞᄃᆞᆯ 국 왜 ᄲᅮᆫ 더 이ᄃᆞᆯ 보시ᄂᆞᆫ 그 말ᄉᆞᆷ을 ᄒᆞ
시ᄯᅢ 왜 ᄲᅮᆫ 더의 말이 그 모 츅이 의ᄉᆞ 구 져ᄒᆞᆫ 법 방도 고로 ᄂᆞᆫ 길
이 업서 본ᄒᆞ여 더니 츄교ᄒᆞᆫ 신ᄒᆞ이 텬오도 온ᄒᆞᆫ ᄂᆞᆫ 저 회ᄃᆞᆯ 구회ᄒᆞ야
주시로 그 돈을 ᄂᆞᆷ은 ᄒᆞᆫ 신ᄇᆡ 그의 지보내여 간ᄒᆞᆫ ᄇᆡ 영의 쟝셰ᄃᆞᆯ

二十七

살뢰다ᄒᆞ시ᄆᆡ 본읍ᄒᆞ야 얼ᄆᆞ간 수제(귀)ᄒᆞ시여다 ᄯᅩ 홍현(섭ᄂᆞᆫ 뇽인ᄋᆡ)서당비치
ᄀᆞᆼ졍영ᄒᆞ야 처음에 ᄒᆞᆫ집 시ᄎᆞ고 사서 칙판ᄒᆞᆫ 져ᄉᆞᆯ도 빈치ᄒᆞ대
슈너의 ᄉᆞᆫ집도 ᄯᅡ 뎐ᄒᆞᄆᆡ 즉 교뢰졀 집도 셰운 후에 셩당터를 닥
그리ᄒᆞᄆᆡ 졍부 대신들이 조당을 반회ᄒᆞᄂᆞᆫ지라 그ᄯᅢ 외아문 독판
윤죠 병신이오 법국 공ᄉᆞᄂᆞᆫ 본국에 드러가ᄂᆞᆫ 안육 공ᄉᆞ 디신ᄒᆞ야
일을 보ᄂᆞᆫ지라 ᄒᆞ다ᄒᆞ시 츄ᄒᆞᆫ지 ᄭᅢ녈만에 독판이 아문 여러 관원
을 다리ᄂᆞᆫ 포졸 병졸을 부ᄂᆡ여 닥ᄂᆞᆫ 곳회리 목사이 완ᄒᆞᆫ 공
ᄉᆞ도 다 ᄒᆞ와서 ᄎᆞᄅᆡ에 ᄒᆞᄂᆞᆫ지라 즉 요를 뭇ᄂᆞᆫ가 관ᄉᆞᆼ 리 목판은 동
편에 셔ᄂᆞᆫ 공ᄉᆞᄂᆞᆫ 셔편(에) 조션ᄂᆞᆫ 즉 요ᄂᆞᆫ 동북편 독판 ᄯᅩ가 이셔신지라
독판이 소리ᄒᆞ고 ᄃᆡ답ᄒᆞ되 영회ᄃᆡ 신 슈복을 브르ᄆᆡ 슈복이 ᄃᆡ답ᄒᆞᆫ즉 창ᄒᆞ야
암회ᄒᆞ와 무복ᄒᆞᄂᆞᆫ지라 독판이 본 ᄒᆞ올 ᄌᆡᆸ복 칙을 올니라 ᄒᆞ니 슈복이
ᄃᆞ시 츅ᄒᆞᆼ ᄒᆞ야 칙을 올니ᄆᆡ 독판이 칙을 드디여 다시 긋 장을 펴들ᄂᆞᆫ

슈고 괘보시기를 쳥ᄒᆞ오니 슈꾸 보실 ᄯᅢ 영희 면ᄒᆞᆫ 후 홍에 상을 지쳐 잡
을 짓지 못ᄒᆞ오니 졀무ᄒᆞᆫ 뜻이다 슈꾸 ᄀᆞᆫ산ᄒᆞᆫ 제 꼬은 굿광에 새은
ᄡᅳᆫ 자최를 뫼피이 ᄭᆡ치ᄂᆞᆫ 공ᄉᆞ의 최츅을 보내면셔 양어로 ᄀᆞ간고 ᄒᆞᆫ 뜻을 알
게 ᄒᆞ시니 용ᄉᆞ 본디 득두ᄒᆞᆫ 생음이라 ᄒᆞᆫ을 ᄀᆞ피 ᄯᅩᄂᆞᆫ 얼굴에 ᄭᅫ셰니 더셔나
ᄲᅢ니더니 이우희를 ᄀᆞᄅᆞ치ᄂᆞᆫ지라 두관을 티ᄒᆞ야 질시ᄒᆞ다가 칙을 등에
두관을 지ᄂᆞᆫ 도ᄉᆞᆯ ᄒᆞᆯ ᄯᅢ 칙이 두관의 발ᄃᆞᆼ에 ᄯᅥ러지ᄂᆞᆫ지라 공ᄉᆞ 분ᄒᆞᆫ
마음을 ᄎᆞᆷ으시 어려워 다시 칙을 집어 가지ᄂᆞᆫ 졔ᄌᆞ 다가 붙너 팔ᄯᅥ 치니 ᄉᆞ
부이 ᄯᅩᄒᆞᆫ 아ᄅᆞᆫ 두어다 용ᄉᆞᆫ이 ᄂᆞ야 ᄯᅡ며이 나뒤가ᄂᆞᆫ 두관은 ᄂᆞ리를 슈
인ᄂᆞᆫ 뫼시어 재앙 면ᄒᆞᆫ 곰앙이어ᄂᆞᆯ 슈꾸 ᄀᆞ로되 ᄂᆡ 앗기며 ᄀᆞᆺ지 나며 가잔ᄒᆞ셔
ᄂᆞᆫ 인ᄂᆞᆫ ᄒᆞ야 방에 드러가 십여 원 죄명을 셔 슈고 ᄃᆞ다 보시며 ᄂᆞᆫ 거ᄒᆞᄂᆞᆫ 표
ᄯᅩᄒᆞᆫ 돌어가 슈에ᄒᆞ여 나 슈ᄒᆞᆫ을 보어 형빈ᄒᆞᆯ ᄯᅢ에 두관ᄒᆞ여 나리ᄒᆞ
슈은 슈당ᄒᆞᄂᆞᆫ 일을 모ᄅᆞᆫ 후에야 슈을 ᄯᅥ가ᄂᆞᆫ 후 ᄎᆔᄒᆞ야 일을 삼슈

二十八

ᄒᆞᆯ가 ᄒᆞᆷ이라 ᄒᆞ야 ᄂᆞᆫ 즉 ᄀᆞᆨ 뒤 답ᄒᆞ시기를 그러치 아니ᄒᆞ니라 조뉵 셕 ᄃᆡ셩룡
거ᄒᆞ면 도탈ᄒᆞ시더라 또 두 판에 말ᄒᆞ되 이러ᄒᆞᆫ 자리는 우리 대군 측
의 ᄎᆞᆼ샹 뭐ᄒᆞᆫ 명희면 ᄒᆞ릉이라 만일은 집ᄒᆞ야 편슈 당을 세우면
우리 대군 측의 ᄉᆞᆼᄒᆞᆷ이 더 오 도치 아니ᄒᆞ시리니 달니 ᄉᆞᆼ흠의 합당ᄒᆞᆫ 곳을
쳥ᄒᆞ면 밧ᄀᆞ와 주마ᄒᆞ거ᄂᆞᆯ 즉 ᄀᆞᆨ 연ᄯᆞ 대답ᄒᆞ시되 그러면 새로 산 대
졍ᄒᆞᆫ 뒤 허ᄒᆞᆯ 달나ᄒᆞ시니 두 판의 말이 아모리 뵌 허인 일 대쳔 자리라 ᄒᆞ는
ᄃᆡ에 ᄆᆞᆺ당ᄒᆞᆷ이어 그 본 뜻ᄒᆞ지 못ᄒᆞ리라 ᄒᆞ시고 ᄆᆞᆯ솜ᄒᆞ시되 그러면 내 ᄆᆞᄋᆞᆷ의
합당ᄒᆞᆫ 곳은 이 밧괴 업ᄉᆞ니 다시 아모 말도 말시오 두 판이 ᄂᆞᆯ 도라 보며
ᄒᆞᄂᆞᆫ 말이 우리 ᄒᆞᆫ 곳 밧괴는 도모지 ᄂᆞᆷ의 ᄀᆞ ᄃᆞ라 ᄒᆞ여 노는 내 말이 즉 ᄀᆞ 되
인 도 우리 대군 측 집ᄎᆞ로 ᄒᆞ라 ᄒᆞᆷ이 아니오 우리 두 판 대인께셔 만히 ᄉᆡᆼ각ᄒᆞ
야 쳐단ᄒᆞ실 일이니라 인ᄒᆞ야 술을 다시 쳥ᄒᆞᆫ 후에 서로 아모 말 업시 다
별ᄒᆞ니라 ᄎᆞᆷ ᄒᆞ 밋 날에 두 판이 거ᄇᆞᆯᄒᆞ되 셩당 허ᄒᆞ신 졀ᄒᆞ 집 본 셔 ᄒᆞᆯ

합봉ᄒᆞ야 외아ᄃᆞᆯ을 보내다ᄒᆞ기를 보내엿더니 ᄒᆞᆫ 보름 동안 지톄ᄒᆞᆫ
가 한ᄉᆡᆼ부담인ᄂᆞᆫ ᄒᆞ야도 내엿든 놈을 다시 볼 알ᄂᆞᆫ 업시 ᄉᆡᆼ각을 ᄌᆞᆼ
셜ᄒᆞ야 ᄯᅡ 즉ᄭᅩᆨ 또 듣고 우흘 ᄀᆞᄅᆞ치오 ᄒᆞ야 만고ᄂᆞᆫ ᄉᆡᆼ셔
ᄒᆞᆫ다 번 엿ᄌᆞ오되 가ᄆᆡ 원원의라 ᄒᆞ더므로 나ᄀᆞᆺ치 우용ᄒᆞᆫ 것을 불어
ᄀᆞᄅᆞ쳐 사ᄯᅢ만ᄒᆞᆫ 자이시ᄂᆞᆫ 놈을 져물 업ᄂᆞᆫ 듕에도 당신이 양광이ᄂᆞᆫ
ᄃᆞᆯ은 회짐에 ᄌᆞᆯ업ᄒᆞ실 ᄯᅢ면 미앙 다더ᄂᆞᆫ 가서 ᄯᅢ흐라 ᄒᆞ지 못ᄒᆞ고
우ᄒᆞ 잇되ᄂᆞ 좋은ᄭᅩᆨ 잇다ᄒᆞ면 번ᄂᆞᆫ 이 보내서 더라ᄒᆞᆫ 변은 드시ᄂᆞᆫ 번
여ᄒᆞ다ᄂᆞᆫ 못ᄉᆞ며 무ᄅᆞᆯ 존즁ᄒᆞ되 죄인이 봉고 처음 못ᄒᆞ더면 ᄋᆡᆼ젼
을일ᄂᆞᆫᄒᆞ야 보ᄂᆞᆫ 놈을 편ᄒᆞᆫᄒᆞᆫ 친히 ᄒᆞᆯ 길이 웁ᄂᆞᆫ 슈ᄒᆞᄂᆞᆫ 몸부샹
에 의ᄅᆞᆫ ᄒᆞ야 원의 홍샹 간졀 ᄒᆞ오니 흉고도 완셔ᄒᆞ사 ᄂᆡ 아ᄌᆞ시면 ᄎᆞ
쳔 완사 지ᄂᆞᆫ 김흥산 등 수명이 다 죵ᄂᆞ 무ᄅᆞᆺ ᄒᆞᆯ ᄌᆞ자 실명주시ᄂᆞᆫ
날 ᄀᆞᆺ지 지내여 봄 간ᄒᆞᄂᆞ 이다 즉ᄭᅩᆨ 눈을 들어 잠ᄀᆞᆫ [illegible] 보시ᄂᆞᆫ 적이

二十九

우스며 말ᄉᆞᆷᄒᆞ시되 대만ᄒᆞᆫ 칙 번역은 뉘가 ᄒᆞ랴 ᄒᆞᆫ다 ᄒᆞ시길ᄂᆞᆫ 대ᄒᆞ여

령 지내다가 뵈온 후에 다시 이 뜻을 품ᄒᆞᆫ즉 ᄉᆞ교ᄂᆞᆫ 되답ᄒᆞ시되 ᄂᆡ의

ᄆᆞᄋᆞᆷ은 ᄉᆞ랑을 막을 수 업다마ᄂᆞᆫ 광양되기ᄂᆞᆫ 조곰 기ᄃᆡ리라 ᄒᆞ셧ᄉᆞ오니 이ᄂᆞᆫ

의심ᄒᆞᆫ 즉 ᄉᆞ교ᄒᆞᆫ ᄉᆞ졍 업ᄉᆞᆫ 이로라 ᄒᆞ시더라 ᄒᆞ오나 업시 여러지 못ᄒᆞ

야 되셔ᄂᆞᆫ 지내ᄂᆞᆫ 즁에 붓ᄐᆞᆫ ᄒᆞᄂᆞᆫ 지리ᄒᆞᆫ ᄃᆞᆺ ᄉᆞ교ᄂᆞᆫ ᄒᆞᆫ두 번 ᄒᆞ고 ㅣ 열

골 비츨 붉히시ᄂᆞᆫ 거지 ᄆᆞᆷ ᄒᆞ셔 슬ᄒᆡ 와 시니 ᄒᆞ 샹황 ᄒᆞ야 원 통이녀

이ᄂᆞᆫ 곳 히 츄목 우연이 병환이 계신 되다 년 부 강 ᄒᆞ신 뒤에 혜ᄂᆞᆫ 어려온

시라 ᄒᆞ야 약을 쓰며 츄교의 봉ᄉᆞ ᄒᆞ셧ᄒᆞᆫ 보다 더 ᄒᆞᆯ 일 업다 우리 동츠

ᄭᅮᆷ 오의 박 부ᄒᆞᆫ 도 쳔지 구ᄒᆞ 참 원 초ᄉᆞᆼ 일ᄯᅢ에 셰샹을 버리시기ᄂᆞᆫ 미 쳘을 ᄭᅳᆺ

당신ᄭᅴ 옹비 더 젼ᄒᆞ야 츄의 표ᄅᆞᆯ 세ᄂᆞᆫ 뗑이신지

왓다가

죠과 등산 ᄉᆞᆼ호 졍 되어 장ᄉᆞᄒᆞ야 되시니라 예ᄃᆡ에 팔도 젼교회 장 빗 샤ᄅᆞᆷ이

쟝ᄉᆞ졔에 구지 ᄒᆞ엿시니 이ᄂᆞᆫ 빅 츄교의 덕을 ᄭᅳᆫ ᄉᆞᄅᆞᆷ들이 다 ᄒᆞᆯ

일 업시 ᄃᆞᆫ 돌녀 보내ᄂᆞᆫ 대 ᄉᆡᆼ ᄂᆞᆫ 영한 ᄃᆡ 당ᄒᆞ야 다시 울나오 만ᄒᆞᆫ ᄂᆞᆫ 쟈

령신부ㅣ ᄒᆞ오ᄂᆞᆫ 날ᄒᆞᆯ 물너ᄒᆞ시ᄂᆞᆫ 뜻ᄉᆞᆷ이 ᄉᆡᆼ로도 되 칭ᄒᆞᆫ 공부ᄒᆞ야ᄂᆞᆫ 돌나
ᄒᆞ시기로 엿ᄌᆞ오되 어지ᄒᆞ시ᄂᆞᆫ 본부ㅣ 혹ᄉᆞ가 강활 ᄉᆞ옵이면 시ᄑᆞᆫ 젼교회장
들이 ᄋᆞᆷ남오 깃시오 ᄌᆞ살ᄒᆞᆫ 도로 되도 러ᄂᆞᆫ 단여 더ᄭᅦ 젼고ᄒᆞ지ᄂᆞᆫ 나 시ᄋᆞᆷ이
죄인 인덜 ᄌᆞ살ᄒᆞᆫ 돌 알게 ᄒᆞᆯ 수 잇ᄂᆞ 잇가 ᄒᆞᆯ오나 나와 ᄒᆞᆫ 가지로 외로ᄂᆞᆫ
ᄒᆞ야 힘써 보쟝ᄒᆞ시ᄂᆞᆫ 칙은 돌 쵸회ᄒᆞ고 ᄒᆞ시ᄂᆞᆫ 치라 ᄒᆞᆯ 수 업세 ᄲᅡᆺ아 가지ᄂᆞᆫ
날 ᄯᅡ라 신부 방에 가셔 신부ㅣ 고ᄒᆡ 쳐인ᄂᆞᆫ ᄒᆞ시ᄂᆞᆫ 되로 데욱을 ᄯᅡᆯ오 가며
말ᄉᆞᆷ으로 도니 데욱ᄒᆞᆫ 데ᄂᆞᆫ 대개 편ᄒᆞᆫ ᄌᆞㅣ 조셩ᄒᆞ신과 편당 부ᄒᆞ야 다
육영 열ᄉᆞ라 웬조 벌령과 편ᄒᆞᆫ 강셩과 수난 구속과 친셩 ᄌᆞ젹과 ᄉᆞ후
심판과 효셩ᄋᆞᆼ이 ᄂᆞᆫ 다방이라 ᄒᆞ야 모든 이단벽파 데부을 ᄀᆞᆯ 버려 ᄃᆡ의
를 욕ᄒᆞ야 다 신부ㅣ 참ᄋᆞ 이 방에 들어 오샤 불 ᄆᆞᆫ 드ᄂᆞᆫ 것을 보신 잘 되엿다
ᄒᆞ셔 거든 ᄒᆞ며 잘못 된 것 시면 ᄆᆞᆺ지 ᄒᆞᆫ ᄒᆞ시기 오다시 ᄭᅳᆺ쳐 ᄇᆞᆫ ᄒᆞ야 오ᄂᆞᆫ
동안에 큰 칙ᄒᆞᆫ 된 거리 셩오 영ᄒᆞᆫ 데에 의 쳐 파연 ᄀᆞᆺ오 회장 ᄒᆞᆷ 셥 찬

二十

이왕은 지나 신부ㅣ 도리 말ᄉᆞᆷ에 비ᄒᆞᆫ 본분을 내여 주지 ᄯᅢ문으로 ᄒᆞ여셔 나의
들이 ᄒᆞᆫ 방에 모되여 이 ᄎᆡᆨ을 돌너 보아 가면셔 ᄭᅮᆷ은 ᄭᅮᆷ슨데 욕 만은 의지ᄒᆞ여
안ᄃᆞ 예 가ᄌᆞ 치굴을 가지ᄂᆞᆫ데의 당ᄒᆞ리로 도리 ᄲᅡ와 ᄒᆞᄂᆞᆫ 말을 모도 ᄃᆞ 아ᄂᆞ니 가잘ᄒᆞ고
나보지 ᄒᆞ지 더다 ᄂᆞᆯ ᄯᅢ다 ᄀᆞᆺ치 ᄒᆞᆫ 방에 모되여 여ᄌᆞ을 ᄯᆞ로 ᄒᆞ무ᄒᆞ의 옷졉여 ᄋᆞᆫ
에 나오니 이 단ᄲᅧ의 글이 ᄯᅢ에 말ᄉᆞᆷ은 치라 신부도 남 따라 그 말ᄉᆞᆷ으로 모든 것을
보아 가지 ᄯᅢ도 혼도될 말ᄉᆞᆷ을 만히 ᄒᆞ여 치ᄋᆡ 더라 그 회장 등을 이어 듯셔
잘ᄒᆞ여 ᄉᆞ셔 각ᄀᆞ치 용ᄒᆞ야 보션ᄒᆞᆫ 후에 신부ㅣ ᄯᅩ 내지문부 ᄒᆞ시기를 너희ᄂᆞᆫ 조
의 명ᄋᆞᆯ 성령 변 엿ᄌᆞᆺ 잘ᄒᆞᆫ 것 ᄆᆞᆺ치 ᄎᆡᆨ이ᄂᆞ 담 열앙 쳔 본분에서
열권만 ᄒᆞ옵ᄂᆞᆫ 아ᄅᆞᆷ 쳔은 못다 ᄒᆞ엿ᄂᆞ니이다 신부ㅣ 왈 그러면 양도
원어 ᄆᆞᆫ 방에 가셔 ᄒᆞ셔ᄒᆞ셔 부ᄒᆞ션이 단ᄒᆞ게 ᄒᆞ라 ᄒᆞ시기로 ᄌᆞ원 보더
시ᄀᆞᆼᄒᆞ야 밤ᄉᆞ을 헤지 ᄒᆞ니 ᄒᆞᆫ ᄒᆞ되 후ᄂᆞᆸ던지 안ᄌᆞ던지 못ᄒᆞᆫ 잡아 거
듁ᄒᆞᄂᆞ ᄎᆞᆷ ᄌᆞ른 양은 변ᄂᆞ 치 못ᄒᆞ야 만물 셩양이나 세ᄒᆞ 이월 ᄀᆞᆺ지 ᄒᆞ야 다

못ᄒᆞᆯ지라 만류ᄒᆞᆷ을 고ᄒᆞ되 정월 십오(일)이야 ᄂᆞ의(신부당) 신부ᄅᆞᆯ 다니ᄂᆞᆫ 리약ᄒᆞ신
지라 강신부ᄂᆞᆫ ~~[illegible]~~ 양노원에 잇지 ᄒᆞ시ᄂᆞᆫ 말ᄉᆞᆷ ᄀᆞᆺ치 다ᄒᆞ셔기로 멀
ᄯᆞᆼ호 칙ᄒᆞ기 상쳘 ᄯᅢ 졍ᄒᆞ여 강원도 이쳔 ᄯᆞᆼ을 가시니라 피졍ᄒᆞ여 셩영 변ᄒᆞ훈
날 봉ᄒᆞ야 쥬교젼에 팔치ᄂᆞᆫ 하직을 ᄂᆞᆫᄒᆞᆯ ᄯᅢ 쥬교의 말ᄉᆞᆷ이 니ᄅᆞᆷ 터로 ᄒᆞ
라 ᄒᆞ시니 이ᄂᆞᆫ 련류의 두ᄋᆞᆼᄒᆞ여 로다 ᄇᆡᆨ쥬교 상ᄉᆞᄒᆞ여 주ᄉᆞᆯ 여 갈ᄒᆞ셔로 되야
ᄒᆞᆯᄂᆞᆫ 새 쥬교ㅣ 봉ᄒᆞ시면 쥬교ᄂᆞᆫ 세듯 졀을 다 젼ᄒᆞᆫ니셔니 쥭상ᄂᆞᆫᄒᆞ야 우ᄂᆞᆫ
질 업이 잇ᄉᆞᆯ듯ᄒᆞ기로 ᄯᅥ 날 넘엇다가 이러ᄒᆞ시ᄂᆞᆫ 퇴ᄒᆞᆯ ᄯᅢ 쥬교 득 허ᄒᆞ시니
이런 일을 쥬교ᄂᆞᆫ 은혜 다시 업ᄂᆞᆫ 모ᄒᆞ야 흐ᄅᆞᄂᆞᆫ 몸은 눈물 나와 모든 얼 남네
(하직ᄒᆞ여) 게 말ᄉᆞᆷ ᄲᅢ즐 ᄉᆞᆯ시 서 푼 이고 끈친 쳣 젼도 보지 옷ᄒᆞ야 은 날와 긔ᄃᆞ려ᄂᆞᆫ
이ᄂᆞᆫ지라 그 날 쥬셔울 ᄯᅥ나 광주 도구리 집을 나셔셔 라 이곳 산우조
ᄂᆞᆫᄒᆞᆫ 가ᄅᆞ 병쥬 은 박 연이 수일 셤이 잇ᄂᆞᆫ 낙 ᄒᆞᆫ 루 도잇ᄂᆞᆫ지라 ᄇᆡᆨ쥬교 뫼셔
ᄃᆞ의 ᄉᆞᆯ ᄯᅢ에 잇던 공우ㅣ ᄉᆞ 흔날을 맛나 ᄎᆞᆷ곳이 업ᄂᆞᆫ라 ᄒᆞ기로 쥬교의 ᄭᅴ ᄒᆞ

三十一

ᄒᆞᆫ 셩교회 지물수탐ᄒᆞ며 ᄉᆞᆷᄒᆞ야 살주어 ᄌᆞ어 ᄂᆡ 죠잘을 이 달 봄오지 아니ᄒᆞᆫ 집들
이 뵈여 잇ᄂᆞᆫ지라 큰 안돌 밧 식구 [illegible] 본 며ᄂᆞ리 사식인 스올텬ᄒᆞ에 적
은 ᄌᆞ녀의 명치로 ᄒᆞ이를 외ᄒᆞ야 나려 와이 다가 실확ᄒᆞ야 첨ᄂᆞᆫ 외부들을
을 ᄇᆞᆫ ᄉᆞᄒᆞᆯᄂᆞᆫ 낙지 창권ᄒᆞ야 틀어 잇ᄉᆞ니 ᄎᆞᆷ으로 갈ᄂᆞᆫ 큰 곤ᄋᆡ 산봉ᄒᆞ기를
원ᄒᆞ야 두려 오니 도잇ᄂᆞᆫ 근쳐 선본교ᄒᆡ 슈계ᄒᆞ기를 원ᄒᆞ야 ᄂᆡ신 호ᄋᆡ도 만하이
굴 등 안에 삼동비 ᄎᆡ되니 탐수 삼십호ᄅᆡ라 ᄋᆡ 지켜 두의 은혜ᄂᆞᆫ 비치ᄒᆞ신
곳이 아니냐 갈ᄉᆞ 쥬쥬은 감사ᄒᆞᆷ 달ᄒᆞᆫ 거시 밧히 젼에 생당을 비치ᄒᆞ시고
지ᄂᆞᆫ 몸ᄒᆞᆫ 다 ᄌᆞ리ᄃᆡ를 창셜ᄒᆞ야 신부 영접 ᄀᆞ지ᄒᆞ야 ᄎᆞᆫ 나 저녀 ᄯᅩᄒᆞᆫ
이 텬쥬의 은혜 우회 은혜를 더ᄒᆞ심이 아니냐 보라 ᄂᆡ 우리 ᄯᅢ 향 ᄌᆞᄯᅢ
들은 ᄒᆞᆼ상 이러ᄒᆞᆫ 쥬은을 감샤ᄒᆞ며 ᄒᆞᆼ상 ᄌᆞ긔 죄를 뉘웃ᄎᆞ며 ᄒᆞᆼ상 ᄃᆡ
쥬의 인ᄌᆞᄒᆞ신 덕의 길 인도ᄒᆞ야 주시기를 쥬ᄭᅴ 젼에 (빌어 영샤 홍회) 구ᄒᆞᄂᆞᆫ 세 가지 졍
을 힘써 발ᄒᆞᆯ지어다 찬미 예수 아멘

봉교ᄌᆞ술 하권

라향ᄒᆞ고십년동안에지내ᄂᆞᆫ일을 대강 긔록ᄒᆞ야편ᄌᆞ의은혜를갑ᄉᆞᆸ곳

뒤ᄒᆞᆷ이라

셔울의남을ᄉᆞ십리쯤가광ᄌᆞ디방ᄒᆞᄌᆞ리안동의집을ᄉᆞ논ᄃᆡ은ᄒᆞ여이랑

유의ᄒᆞ연을논ᄉᆞ졸일ᄒᆞ올신ᄀᆡ가진대갓ᄀᆞ이되지ᄒᆞᆫ고로ᄌᆞ식을뎨편에길너

다멀니가ᄌᆞ호ᄂᆞᆯ별약호ᄋᆞᆺ시진부이부족ᄒᆞ야두어은것치만흔지라

혼일업시방ᄒᆞᆫ산명ᄒᆞ야ᄉᆞ오이거쳐ᄒᆞᆫ시경향간ᄌᆞ자온ᄃᆡ공부ᄌᆞ

남이면졉된ᄒᆞ야와ᄉᆞᆫ도되강론ᄒᆞ도뎨ᄒᆞᆫ외인ᄎᆞ념이면다ᄉᆞ모고

도보내ᄂᆞᆫ주일쳠례날이면동디공우ᄂᆞᆫ다ᄂᆞᆫ듸며성경도보며다ᄅᆞᆫ신공

ᄃᆡᄒᆞᆷ이ᄒᆞ고유사ᄋᆞᆯ세워슈계ᄒᆞᄃᆞ로양을ᄒᆞ다ᄋᆞ가사ᄅᆞᆷ이가ᄅᆞ쳐ᄌᆞᄌᆞ쟝ᄋᆞᆯ

삼ᄂᆞᆫ도ᄂᆞᆫ지ᄒᆞ도록ᄒᆞᆫ뜻으로주ᄌᆞᆼ공경치ᄂᆞᆫ듕에ᄂᆡ가ᄂᆡᄂᆞᄒᆞᄋᆞᆯ

삼ᄃᆡᄉᆞᆼ우편씨지극히온통ᄒᆞᆫ도되가업ᄂᆞᆫ듯ᄒᆞ야죄의대초졍증을ᄅᆞᆫ

三十二

벌ᄒᆞᆷ이 업기로 셰샹ᄉᆞᄅᆞᆷ을 ᄆᆡᆼ글ᄯᅢ에 ᄯᅩ다시 도선가 외신ᄒᆞᆯ ᄯᅢ 후셩가에 낫

ᄒᆞᆫ 긔 신죄ᄲᅮᆫ이라 ᄒᆞᄂᆞᆫ 뉴와 ᄀᆞᆺᄒᆞᆫ 거시 업다 ᄒᆞ야 예수와 ᄂᆞᆫ 다 셩교의

흥ᄒᆞᆫ 것 새 ᄒᆞᆷ계 ᄒᆞ얏인 듯ᄒᆞᆫ 졍을 좀 ᄒᆞ여 ᄇᆞᆫ 알업ᄃᆡ며 ᄎᆞᄒᆞ여 ᄯᅩ 예수ᄭᅴ

날 주ᄂᆞᆫ ᄒᆞ시되 네 죄와 네 죵을 올나 ᄒᆞ신 명을 주어ᄒᆞ야 죄ᄅᆞᆯ 우ᄂᆞᆫ 톄

로ᄒᆞ여ᄃᆞᆫ 셩찰치 못ᄒᆞᆫ 죄와 알안 아ᄂᆡ지 못ᄒᆞᆫ 죄 맛ᄌᆞᆫ 줄노 알아 ᄂᆞ령ᄒᆞᄂᆞᆫ 모

양을 ᄒᆞ니 ᄎᆞ등ᄒᆞᆫ 칙ᄒᆞᆷ을 ᄆᆞ지 아니ᄒᆞᄂᆞᆫ 즁에도 영모ᄒᆞᆫ ᄐᆞᄂᆞᆫ 쇠외ᄅᆞᆫ

현ᄃᆡ 구ᄒᆞ엿지 수 뫼ᄒᆞ야 구명 고져 ᄒᆞᆯ진ᄃᆡ ᄯᅡᆼ이 셩모회의 ᄀᆞᆯᄋᆞ신

바 되엿 ᄂᆞᆫ 삼ᄯᅢ 무ᄅᆞᆯ 헌셔 일 톄삼ᄋᆞᆫ로 졔 ᄉᆞᆫ 편 주ᄅᆞᆯ 공졍ᄒᆞᆫ 셩 ᄇᆞᆫ

엇더케 뵈셔ᄋᆞᆸ ᄉᆞᆸ일을 ᄒᆞ시며 내게 ᄋᆞᆸ숩은 혜ᄅᆞᆯ 베프시ᄂᆞᆫ 지셩가ᄒᆞ야 감샤ᄒᆞᆯ

지셩을 ᄉᆡᆼᄒᆞᄂᆞᆫ 엇더케 ᄂᆡ셔 ᄋᆞᆸᄉᆞᆸ일을 ᄒᆞ시며 내게 ᄋᆞᆸ숩은 혜ᄅᆞᆯ 베프시ᄂᆞᆫ 지셩

각ᄒᆞ야 감샤ᄒᆞᆯ 거신 ᄉᆡᆼ각은 엇더케 뵈셔ᄋᆞᆸ ᄉᆞᆸ일을 ᄒᆞ시며 내게 ᄋᆞᆸ숩은 혜

ᄅᆞᆯ 베프신 지셩과 ᄒᆞ야 감샤ᄒᆞᆯ 거시 ᄯᅢ ᄯᅩ 다ᄃᆞᆫ 즁ᄀᆡ 나 당ᄒᆞᆫ 샹ᄉᆔ에 박아 주신

바신바의 삼덕으로 써 우리 텬쥬ᄅᆞᆯ 밋ᄂᆞ 보라ᄂᆞ ᄉᆞ랑ᄒᆞᄂᆞᆫ지니 이덕은 셰슈ᄯᅢ
ᄒᆞᆫ 노ᄒᆞᄂᆞᆫ 즉 간ᄂᆞᆫ 길이 노ᄂᆞᆫ지 삼ᄉᆞ동회ᄀᆞ 거ᄀᆞᄒᆞᄂᆞᆫ 세가지 졍에 도리 가니 ᄀᆞᆨᄀᆞᆨ
쥬의 셩ᄌᆞ의 말ᄉᆞᆷ과 ᄒᆡᆼ위ᄅᆞᆯ 셩찰ᄒᆞ되 텬쥬 은혜ᄅᆞᆯ 알아 감샤ᄒᆞ고 나 ᄌᆞ긔
죄ᄅᆞᆯ 알아 통회ᄒᆞ고 나서 힘으로 못ᄒᆞᄂᆞᆫ 줄을 알아 의구ᄒᆞ고 나 ᄒᆞᆼ샹 ᄒᆞᆨ
생ᄒᆞ야 이 세가지 졍이 내 ᄆᆞ음에 츙만ᄒᆞ야 ᄒᆞᆫ 소이 란ᄂᆞᆫ 떠나지 아니ᄒᆞ여야
감히 ᄉᆞ쥬ᄅᆞᆯ 공경ᄒᆞᄂᆞᆫ 길이 ᄀᆞᆫ졀ᄒᆞᆯ 것이오 또ᄂᆞᆫ 셩교회의 ᄀᆞᄅᆞ치신 바 삼도용
부ᄅᆞᆯ 알아 ᄒᆡᆼᄒᆞᆯ지어다 도 명ᄒᆞᆸᄂᆞ니 뎐 공부ᄂᆞᆫ 무엇신고 ᄒᆞᆼ샹 존
죄ᄅᆞᆯ 단련ᄒᆞ야 졍ᄒᆞᆫ 금과 이 ᄌᆞᄒᆞᆫ 닭은 유ᄃᆞᆺ치 편당지 ᄂᆞᆺ 뵈진ᄒᆞᄂᆞᆫ 길이
오 뎡ᄒᆞᄂᆞᆫ 무엇시고 일ᄅᆡ 삼위 도리에 ᄇᆞᆯ혀 ᄒᆞᆼ상에 수의 이 효양(표양) 법 ᄒᆞ기ᄅᆞᆯ 힘
ᄡᅳᄂᆞᆫ 길이오 합ᄒᆞᄂᆞᆫ 무어시뇨 내 셩ᄌᆞ이 ᄂᆞ 말ᄉᆞᆷ이ᄂᆞ ᄒᆡᆼ위ᄒᆞᆫ 가지고ᄅᆞᆷ도 ᄉᆞ이ᄒᆞᆫ
이 업셔 ᄇᆞᆫ 션ᄒᆞ온 ᄒᆞ신 편 쥬와 합ᄒᆞᄂᆞᆫ 길이라 우리 공부의 ᄉᆞ되 법졀이 업ᄂᆞᆫ 호
ᄂᆞᆫ 현ᄒᆞᆫ ᄒᆞ올 의ᄂᆞᆫ 치 ᄆᆞᄂᆞᆫ ᄂᆞ ᄀᆞᆨᄀᆞᆨ 치 ᄃᆡ ᄃᆡ ᄂᆞᆫ 죄ᄅᆞᆯ 단련ᄒᆞᄂᆞᆫ ᄯᅢ에도 예수의 이 표양

三十三

본밧기를 결ᄒᆞ야 힘ᄡᅳ며 ᄆᆞ지막 날에 ᄂᆞᆯ아 오르ᄂᆞᆫ 내가 두 본이를 ᄀᆞᄌᆞᆫ 본
치 일곱ᄒᆞ야 편ᄉᆞ와 합ᄒᆞᄂᆞᆫ 길이 백ᄀᆞ리라 ᄒᆞ여서 우리 메형ᄌᆞ 매듭은
이ᄃᆞ리 말ᄉᆞᆷ을 친절이 ᄯᅳᆺᄋᆞ며 주의 ᄃᆞᆫ 주심을 근절이 보라며 주의 외
주의 인ᄒᆞ라 신명을 ᄒᆞ샹 외로ᄒᆞ야 주의 명은 ᄃᆞᆫ 남의 명혼 자ᄒᆞᆫ 기를
ᄒᆞᆫ 가지로 일ᄉᆞᆫ 지어다 우희 념온 바 삼산 총회 지금 세 가지 정은 예수 생각
에 합ᄒᆞ야 ᄌᆞ미 기신 바ㅣ니 온즉 진히 생각 예도다 회의 결의 ᄉᆞᆫ이라 이 세
가지 정은 찬송ᄒᆞᄂᆞᆫ 근을 이 안위 의론ᄒᆞ야 우리 사ᄅᆞᆷ들이 ᄒᆞᆫ 가지로
예수 생각을 전재 이 외로ᄒᆞ야 흥왕케 ᄒᆞᆷ이 될 ᄯᅳᆺ ᄒᆞ도다 송말
감사
오즉 감히 ᄉᆞ랑ᄒᆞᄂᆞᆫ 선생 씨여 나 ᄋᆞᄂᆞᆫ 대신 ᄒᆞᆫ 온 ᄃᆞᆫ 사ᄅᆞᆷ의 되ᄅᆞᆯ 도로 네 인즉
ᄒᆞ심을 찬양ᄒᆞ며 네 ᄉᆞ랑을 감사ᄒᆞ옵ᄂᆞᆫ 원ᄒᆞᄂᆞᆫ 이 비록 ᄒᆞᆷ이 업ᄂᆞᆫ 사
ᄅᆞᆷ이오나 네 ᄉᆞ랑을 위ᄒᆞ야 ᄯᅩ ᄃᆞ시ᄂᆞᆫ 보존ᄒᆞ시며 우리를 복 주신 보셔 추ᄒᆞᆫ
신 우리 ᄌᆞ생에 로 위ᄒᆞ사 모시며 ᄯᅩ 은혜를 저 보린 무리 나 네 ᄉᆞ랑으로

쳐 오히려 츙ᄌᆞᆨᄒᆞᆫ 은혜ᄒᆞ시ᄆᆡ 네 ᄆᆞᄋᆞᆷ이 우리 ᄉᆞ랑ᄒᆞᆫ 디 뵈신 ᄌᆞ흔 셩혜 안에
복 깃시ᄆᆡ 네 은혜인 안에 ᄀᆞ초ᄌᆞ신 은 ᄉᆡᆼᄉᆞ 안에 ᄉᆞᆫ 필지라 네 이제 이 ᄉᆞ랑을
ᄉᆡᆼ 네 근져ᄒᆞ야 네 ᄆᆞᄋᆞᆷ의 간ᄌᆞᆨᄒᆞᆫ 정과 네 ᄆᆞᄋᆞᆷ의 영원ᄒᆞᆫ 광명을 네게 드
리ᄂᆞ이다
회 홍 예수 셩심이여 인ᄋᆡᄒᆞ심이 ᄀᆞ이 업ᄉᆞ시ᄃᆡ 내 만흔 은혜 져ᄇᆞ리ᄂᆞᆫ 용ᄒᆞᆫ ᄆᆞᄋᆞᆷ으
신지라 ᄂᆞ ᅵ 네 대젼에 엽ᄃᆡ여 깁히ᄂᆞᆫ 듯 ᄉᆞᄅᆞᆷ의 ᄎᆞᆷ아 ᄒᆞᄂᆞᆫ ᄆᆞᄋᆞᆷ을 ᄆᆡᆺ외ᄒᆞᆫ
즁ᄒᆞᆫ 더옥 볼 ᄆᆞᄋᆞᆷ의 죄 만흠이 ᄂᆞᆫ 옷져ᄒᆞ오ᄂᆞ ᄉᆞᄅᆞᆷ나 닷ᄒᆞᆺ나 ᅵ 네 뎨 일 은혜 공됨을 ᄒᆞ시ᄆᆡ ᄉᆡ
ᄎᆞᆷ나 닷ᄒᆞᆺ나 ᅵ 네 뇌 잘ᄒᆞ옥 되게 ᄒᆞᆷ을 깁히 피 원ᄒᆞ오ᄆᆡ ᄉᆞᄅᆞᆷ나 닷ᄒᆞᆺ나 ᅵ 네
인ᄌᆞᄒᆞ거ᄉᆞ 더어리ᄯᆡ ᄉᆞᄅᆞᆷ나 닷ᄒᆞᆺ나 ᅵ 네 은혜 향ᄒᆞᄂᆞᆫ ᄆᆞᄋᆞᆷ을 갑히ᄂᆞ옷ᄂᆞ이다
알ᄂᆞᆫ 탐다오ᄂᆞᆫ 셩심이여 우리 ᄆᆞᄋᆞᆷ을 즁ᄒᆞᆫ이 거이샤 우리 등의 ᄌᆞ심 안ᄒᆞᆷ
을 변화ᄒᆞ시ᄂᆞᆫ 우리 ᄆᆞᄋᆞᆷ을 네게 ᄭᅳᆯ어 인도ᄒᆞ소셔
주 거 지극히 인ᄌᆞᄒᆞ신 예수 셩심이여 업ᄃᆡ여 구ᄒᆞᄂᆞ니 네 인ᄌᆞᄒᆞ심을 나제

三十四

큰죄 드러나ᄉᆞ여ᄒᆞ더 사ᄅᆞᆷ이 비록 못ᄒᆞᆫ 더러움이 지극ᄒᆞ오나 ᄯᅩᄒᆞᆫ 네 어질

픔은 목욕ᄒᆞ야 네 온 ᄆᆞ음에 정ᄒᆞ게 ᄒᆞᆷ 보람이라 아ᄅᆞᆷ답다 네 이 은총 ᄒᆞᆫ 찬이여

네 열심이 ᄒᆞᆫ 결이여 ᄯᅡᆼ은 네 품을 더우게 ᄒᆞ야 너ᄅᆞᆯ 광영치 아니ᄒᆞ면 이인즉

ᄒᆞ심나 열심ᄒᆞ심이 무엇시 네게 유익ᄒᆞ오리오 주ᄭᅴ셔 온젼ᄒᆞᆫ 조ᄎᆞ ᄒᆞ신 대네

무궁ᄒᆞᆫ 인ᄋᆡ ᄒᆞ심이 ᄒᆞᆼ샹 나ᄅᆞᆯ 거ᄂᆞ리게 ᄒᆞᆫ 너ᄅᆞᆯ 광명ᄒᆞᆷ의 신ᄂᆞᆫ 원이 되며

아비ᄂᆞᆫ 大 조쳐ᄉᆞᄅᆞᆯ 엇어본 ᄯᅳᆺ을 일치 아니ᄒᆞ리이다 아멘

텬쥬의 안비ᄒᆞ신 은혜ᄂᆞᆫ 이ᄯᅡᆼ에 셩당을 셜ᄉᆞ ᄒᆞ야 신부 영졉ᄒᆞᆷ을 감츅

ᄒᆞᆷ이러라

졍계산 남편 하우편 안히 셔편을 더 진 곳 즉 이 등안에 대ᄌᆞᆫ 뎐답이 잇ᄉᆞ나

황무ᄒᆞᆫ 좌우에 수목이 무성ᄒᆞ야 외양을 보면 사ᄅᆞᆷ 살 듯 아니ᄒᆞ다시리

로ᄆᆞᆯᄒᆞ면 목초 무덕이 잘 되ᄂᆞᆫ 결실ᄒᆞᄂᆞᆫ 곤 곤난ᄒᆞ야 가난ᄒᆞᆫ 교우들이

초모 ᄃᆡᆨ이라 엇지 텬쥬ㅣ 일흔 무비 치ᄒᆞ신 곳이 아니나 부 더ᄒᆞᆫ 저 일흔이 면간

에ᄒᆞ온ᄃᆞᆫ 따로 유ᄉᆞ와 혜슈로 조셔ᄒᆞ지 참ᄋᆞᆯ 당ᄒᆞ려 ᄒᆞ여 가ᄂᆞᆫ도 ᄉᆞ지 엄하여 ᄋᆞᆼ출

신을 도모치 ᄒᆞᆯ 수 업셔 풀ᄃᆡ에 쥭을 무양이ᄌᆞ 조지ᄌᆞ 등이 ᄯᆡ 동ᄂᆡ 산졋이

ᄃᆞᆼᄒᆞ여 구ᄆᆞᆫ ᄯᆡ 약을 만히 펴 보ᄋᆞ나 조곰도 ᄭᅳᆫ 후 이ᄇᆞᆫ 동졍이 업ᄉᆞᆫ 즁

에 졍신은 몽ᄆᆞ이 ᄉᆡᆼ각키더니 ᄇᆡ가 즁부ᄉᆡᆼ ᄉᆞ도 밧지 못ᄒᆞᆫ 이 모양 ᄌᆞ로 오변

ᄇᆡ명ᄒᆞᆫ 일이 어ᄃᆡ게 되야 ᄒᆞ야 원통ᄒᆞᆫ 모양이 ᄶᅥ지ᄂᆞᆫ 듯ᄒᆞ야 ᄎᆞᄆᆞ ᄭᅥ보ᄂᆞᆫ ᄯᅵ

지금 ᄉᆡᆼ각 ᄲᅮᆫ이어니 졸ᄃᆡ에 우연이 나 어ᄯᅥᆫ 허다ᄒᆞᆫ 폐 ᄭᅮᆷ시 ᄋᆞᆫᄌᆞ 후이 뒤집ᄂᆞᆫ

ᄯᅩ 져 호 여우ᄒᆞᆫ ᄯᅢ 무슴 되 ᄃᆞᆼ 어되 ᄌᆞᆫ ᄌᆞ 곳시 업ᄉᆞᆫ 줄 ᄂᆞ 와 ᄯᅩ 졀ᄆᆞ 변을 ᄆᆞᆺ치ᄂᆞᆫ

지 ᄉᆞ인ᄒᆞ야 언관 초산이 여상ᄒᆞ야 알ᄋᆞᆫ 병은 업더라 ᄌᆞ ᄒᆞᆫ 회ᄉᆞ을 판 ᄂᆞᆼ ᄯᅢ에 수원

한산부 ᄉᆞ 영졉ᄒᆞ야 이 집에 못ᄂᆞᆫ 엿ᄌᆞ오되 ᄎᆡ인이 봉공ᄒᆞᄋᆞ에 ᄒᆞᆼ상ᄒᆞ을 ᄯᅢ

즁부ᄉᆡᆼ ᄉᆞ 밧이 ᄃᆞᄅᆞ 쥬ᄆᆞᆯ 뫼 젼에 원의ᄅᆞᆯ 드려 ᄉᆞᆷ더 금 보믈에 뫼곱ᄒᆞᆫ 병을 ᄉᆞᆯ오

나 즁부ᄒᆞᆫ 수 업시 즉믈 번ᄒᆞ엿ᄉᆞ오니 신부ㅣ 이ᄂᆞᆫ 은 ᄎᆡ이의 쟝 다ᄅᆞᆯ ᄒᆞᆫ 편

이ᄃᆞ여 셔ᄋᆞᆯ 뎐 퐁 ᄒᆞ실 ᄯᅢ에 자조 ᄃᆞᆯ나 보시기ᄅᆞᆯ 원ᄒᆞ옵ᄂᆞ이다 신부 ᄇᆞᆫ 슈이 고ᄃᆡ

三十五

변ᄒᆞᄂᆞᆫ법이잇ᄂᆞᆫ여러셩당ᄒᆞᄂᆞ비치ᄒᆞ면나도셩ᄋᆞᆯ되왕에잔ᄎᆞ드려올니
시오ᄒᆞᆫ즉당ᄒᆞᆫ신부도영졉ᄒᆞ시되다만내ᄯᆞᆯ이레오ᄂᆞᆫ분부ㅣ시오니신부
ㅣ오날곳셩당허ᄅᆞᆯ평ᄒᆞ옵소셔신부ㅣ즉시졀도공우ᄇᆞᆺ사ᄅᆞᆷ을다려가서
더어ᄒᆞᆫ즘후에도다와ᄒᆞ시ᄂᆞᆫ말ᄉᆞᆷ이여러와원ᄒᆞᄂᆞᆫ곳을보와다ᄆᆞᆫ여러가
더운날ᄒᆞ시거ᄂᆞᆯ내ᄯᆞᆯ이근너치아니ᄒᆞ외이다이동안에공우ᄃᆞ니셔서오니가온딕
셩당을지어야공우의도움이라도라ᄒᆞ야일ᄒᆞ여쉬올이다신부ㅣ그러라ᄒᆞ야
즉시셩당자리ᄅᆞᆯ뎡ᄒᆞ시니셩당창셜ᄒᆞ기ᄅᆞᆯ원ᄒᆞ야당신이돈ᄆᆞᆫ흐니
옥답ᄎᆞᆫ을내여주거더라이ᄂᆞᆫ야본동ᄂᆡ호에가ᄂᆞ힘되로츌렴ᄒᆞᄂᆞᆫ다
ᄒᆞᆫ방각공ᄉᆞ에동ᄋᆞᆫᄒᆞ야엇다가츌뎐ᄒᆞ게ᄒᆞᆫ즉시부ᄉᆞ구ᄅᆞᆯ쳥ᄒᆞ야
공젼엇다주뎡ᄒᆞᆫ모든공우ㅣ동심합력ᄒᆞ야이셩당을니루여시니
셩당은비록열간ᄎᆞᆫ뿐ᄒᆞᆫ집이나져ᄃᆡ은거원오천금이라그때즉시
주교의신부ᄒᆞ나ᄅᆞᆯ시기ᄅᆞᆯ쳥ᄒᆞ엿시나각지면ᄃᆡ방에신부ㅣ부ᄃᆞᆼᄒᆞ시

지ᄅᆞᆯ 힘ᄊᆞ노ᄯᅢ라 ᄒᆞ고 말ᄉᆞᆷ이 신부 뵈ᄋᆞᆷ을 ᄒᆞᆯ 수 업다 ᄒᆞ시기로 못뵈ᄋᆞᆸ고 가기도 ᄒᆞ던
보라 ᄒᆞ고 주신 후 더 신부ᄅᆞᆯ 영졉ᄒᆞ야 오셔ᄂᆞᆫ 되지 아니ᄒᆞ이던 즁 되온 ᄯᅳᆺ으로
우리 모든 엇 남녀ᄂᆞᆫ 혼ᄌᆞ 치ᄂᆞᆫ 감츅ᄒᆞᆯ지어다
셩회에 들어 셩ᄌᆞ샹을 뫼신 후로ᄂᆞᆫ 대요 간 모든 작구에 셩경을 도ᄋᆞ지
오ᄂᆞᆯ 예수와 셩모 마리아와 대셩 요셉의 ᄒᆞ에 밧드러 드리다 되ᄒᆞ이다
한신부ᄭᅴ 이 다방 젼교ᄒᆞ실 ᄯᅢ에 교즁의 반포ᄒᆞ신 명을 젼ᄒᆞ시ᄂᆞᆫ 셩교회에 들
난ᄒᆞ시기로 반갑ᄂᆞᆫ 즁 되온 ᄆᆞᄋᆞᆷ으로 셩ᄌᆞ샹을 뫼신 날 다시 본회 졍문을 뫼
오면서 ᄆᆞᆨᄂᆞᆫ 본 ᄯᅡ 신 ᄉᆞ 화부에 ᄒᆞᆼ샹 뫼ᄂᆞᆫ 본당 ᄉᆞ당ᄒᆞᆫ 이오 지금 셩ᄋᆞ 삼위
의 봉구ᄒᆞ시ᄂᆞᆫ 은혜이라 그러므로 이대 후로 쳔국 즁에 남녀노유ᄅᆞᆯ 의론치 말ᄂᆞᆫ 무
슈의 즁ᄒᆞᆫ 병이나 ᄯᅩ 졍되ᄂᆞᆫ 일이 잇던 셩가 샹업의 결여 ᄌᆞ연ᄒᆞ야 엇지 못ᄒᆞᆷ
이 엽ᄉᆞ와 예수 마리아 요셉의 이여ᄂᆞᆫ 시 봉구ᄒᆞ시던 은혜ᄅᆞᆯ 엇더케 감츅ᄒᆞ여
야 갑흘 은혜ᄅᆞᆯ 져버린 사ᄅᆞᆷ이 아니라 ᄒᆞ리오 우리 본회에 ᄒᆡᆼᄒᆞᄂᆞᆫ ᄯᅢ 들은 ᄒᆞᆫ 갈

三十八

즁ᄒᆞᆫ당ᄒᆞᆷ은도 오쥬ᄭᅴ 더욱 ᄉᆞ랑ᄒᆞᆫ 셩모ᄭᅴ 더욱 공경ᄒᆞᆫ 오쳡을 더욱 찬
용ᄒᆞ야 셩ᄉᆞ 샹ᄃᆞ신 보ᄅᆞᆫ을 샤ᄅᆞᆯ 치어라 나 못지 비ᄅᆞᆫ 소션을 ᄂᆞᆫ 불ᄅᆞᆯ ᄉᆞ
랑ᄒᆞᆷ이 셩혜ᄅᆞᆯ 자조 닙ᄉᆞᆸᄂᆞᆫ데 어 더ᄒᆞᆫ 신공이 업ᄉᆞ니 자조 령치 못ᄒᆞᆫ 터이어든 셩모
회외ᄀᆞᆺ은 권산법더ᄅᆞ샨 당셩례ᄒᆞᆷ이 더욱 ᄀᆞᆫ졀ᄒᆞᆷ은 아모때ᄂᆞ 아ᄂᆞᆫ 못이나 다ᄒᆞᆯᄯᆞᆼ
ᄒᆞᆫ지라 이젼 밧ᄌᆞᆸ고 ᄆᆞᄋᆞᆷ이 신령법을 힝ᄒᆞᄂᆞᆫ이 간ᄒᆞᆫ 날에 여러 편이라도 더
유ᄒᆞᆫ ᄐᆞᆫᄒᆞᄃᆞᆺ ᄒᆞ니 쥬ᄅᆞᆯ ᄒᆞᆼᄒᆞ여서 ᄆᆡᆺ지 아니ᄒᆞᆷ이라 ᄯᅩ 셩모ᄭᅴ 공경ᄒᆞᆷ이 ᄯᅥ과
경을 졍셩으로 념ᄒᆞᆷ에셔 더ᄒᆞᆫ 신공이 업ᄉᆞ니 십오단을 다 외오지 못ᄒᆞᆯ지라
도 날마다 환희 ᄂᆞ 통고 ᄂᆞ 영복이나 별ᄒᆞᆫ 때에 ᄆᆡ양 ᄀᆞ의ᄒᆞ야 셩모ᄭᅴ 더욱 공
경ᄒᆞᆷ이 뎨일 듯ᄒᆞ니라 ᄯᅩ 오셥을 찬용ᄒᆞᆷ이 예수 ᄀᆞ라ᄉᆞ신 이ᄅᆞᆯ ᄌᆞ죠ᄅᆞᆯ 때 어던 ᄉᆞᆷ오
셩명을 찬ᄒᆞ야 보ᄅᆞᆷ에셔 더ᄒᆞᆫ 신공이 업ᄉᆞ니 츅을 ᄆᆡᆼ을 ᄆᆞᆺ나 거ᄂᆞᆯ ᄒᆞᄉᆞᆸ 위
급ᄒᆞᆷ을 당ᄒᆞᆫ 때에 ᄒᆞᆼ상 셩명을 ᄒᆞᆫ가지로 통ᄒᆞ야 불ᄅᆞᆷ이 더욱 요흘 듯ᄒᆞᆫ
이라 이ᄂᆞᆫ ᄀᆞᆷ히 (션셩인의 각각 도ᄅᆞᄂᆞᆫ 규죠) [redacted] ᄒᆞᆯ 뫼의 ᄒᆞᆫᄒᆞᄂᆞᆫ 말ᄉᆞᆷ이오 셩모회의 (영) ᄋᆡᄯᅳᆼᄒᆞ신도

되아니너모든교형들은다시심ᄉᆞᄒᆞ야생각ᄒᆞ여본즉직임에유익ᄒᆞᆫ법을ᄉᆞᆯ
지어다

봉교ᄒᆞᆫ ᄉᆞ오십년동안에수계ᄒᆞ도ᄅᆞᆨᄒᆞ구힝ᄒᆞᄂᆞᆫ바모든신공이대부
분아허ᄒᆞᆫᄀᆞᆺᄒᆞᆫ도ᄂᆞᆫ이ᄂᆞᆫ유익ᄒᆞᆫ무익ᄒᆞᆫ도ᄂᆞᆫ잇ᄉᆞ니ᄂᆞᆫᄉᆞ못그러ᄒᆞᆫᄂᆞᆫᄉᆞ
ᄒᆞᆫᄒᆞᆫ수ᄒᆞᆷ을마지아니ᄒᆞ오ᄂᆞ

무릇사ᄅᆞᆷ이봉교ᄒᆞᆫ처음에ᄂᆞᆫ디양ᄒᆞᆫ열이과ᄒᆞᆫ지라나죵ᄒᆞ사섭섭ᄒᆞ여편ᄎᆞ
의ᄅᆞᆯ우은ᄋᆞᆯ로장ᄎᆞᆷ교ᄒᆞᆫ셩세ᄒᆞᆫ서울잇지ᄋᆞᆫᄒᆞᆫ즁ᄒᆞᆫ고로ᄂᆞᆯ항ᄒᆞ여외인
혼번ᄒᆞᆯ되ᄒᆞᆫ산ᄆᆞᄋᆞᆷ온ᄒᆞᆫ곳을ᄀᆞᆫ희여ᄂᆞᆫ간곳ᄒᆞ여보더보지ᄆᆞᄂᆞᆫ
비친ᄒᆞᆫ수계ᄒᆞᄂᆞᆫ데ᄒᆞ신그대싱각거ᄒᆞᆯ수계ᄒᆞᄂᆞᆫ즁에파공ᄒᆞᆷ이만
미리섬오단을ᄇᆞᆫᄒᆞᆫ다ᄂᆞᆫ날에오단ᄒᆞᆫ즁은ᄉᆞ밧이더그도록유신가
모ᄃᆞᆫ공부에해로옴이잇ᄉᆞᆫ가ᄒᆞᆫ이다ᄃᆞᆫ어ᄯᅥᆫ여보혀유신을편인계ᄒᆞ여
치아보존ᄒᆞᆷ을원ᄒᆞ야넘히다섭오단을다ᄒᆞ시ᄂᆞᆫ셩모뒤젼에허원ᄒᆞᆷ

二十七

ᄂᆞᆫ 이때ᄭᆞ지 쳘리치 아니ᄒᆞᆫ 고로 망ᄋᆞᆯ ᄒᆞᆫ지 여러ᄒᆡ라 ᄯᅩ 싱각ᄒᆞ여 ᄒᆞᆫ 샹셩례셩

ᄉᆞᆯ 자조 바을 길이 업ᄉᆞ니 셩공회의 셩ᄉᆞᆫ은 쳐ᄎᆞᆷ부터로 신ᄒᆞᆫ 법을 ᄡᅥ

예수의 ᄉᆞ당을 보답ᄒᆞ되 ᄒᆞ야 ᄂᆞᆫ 다만 다ᄉᆞᆺ번 셩찬법을 공경ᄒᆞᆫ

아이에게 지ᄒᆞᆫ 날로 쳘흔 ᄒᆡᆼ 공ᄒᆞᆸ고 ᄒᆞ되 당셩ᄒᆞ기를 ᄂᆞ가 일ᄌᆞ 셩ᄋᆞ로

러ᄒᆞᆯ 일을 잇ᄃᆞ ᄃᆞ런 장가 아니 ᄒᆞᆯ 것 ᄉᆞᆯ되 ᄋᆞᆫ 일의 후로 배ᄒᆡᆼ 쳐ᄉᆞᆯ 도우ᄒᆞᆫ 수

인도 나 셩회에 ᄒᆞᆫ 번 규졍법이 잇ᄉᆞ오나 가히 시험ᄒᆞ야 보리로 ᄒᆞᆫ 안회와

의론ᄒᆞᆫ 후 안회 말이 ᄒᆞᆫ가 ᄒᆞ여 ᄒᆞ기로 인ᄒᆞ야 장ᄎᆞ 교회 긔픔 달ᄒᆞ여 되 대답

지 아니ᄒᆞ시니 조곰 더와 다시 안회로 여ᄒᆞᆸ ᄒᆡ의 론ᄒᆞ야 원의 명ᄒᆞᆫ 지내ᄃᆞᆫ

병인 ᄒᆞᆼ되 ᄒᆞᆯᄯᅢ도 화 셩ᄒᆞᆫ 된 ᄒᆞᆫ 쳘을 여러번 위 ᄒᆞᆫ 후에 ᄇᆡᆨ즈 교회 이셔 ᄒᆞ시

지 ᄂᆡᆼ ᄉᆞ 졍을 여ᄌᆞ오니 ᄌᆞ죠 ᄉᆞ시되 그ᄯᅢ 쟝ᄎᆞ 교회 ᄌᆡ픔ᄒᆞ엿ᄂᆞᆫ 大약 품ᄒᆞ엿ᄃᆞ 이다 엿

더ᄒᆞ게 되 답ᄒᆞ셧ᄉᆞ나 이 ᄯᅢ 이 업셧ᄃᆞ 이 자 ᄒᆞᆫ 번 ᄒᆞᄫᆡᆨ ᄌᆞ고 자셩ᄒᆡ ᄀᆞᆫ 명ᄒᆞᆫ 협

여ᄒᆞᆫ 날에 ᄒᆞᆫ 번ᄒᆞᆫ 곳ᄒᆞᄂᆞ니 가픔ᄒᆞᆫ 후 ᄇᆡᆨ 번 이라도 도ᄃᆞᆫ ᄒᆞ시더라 ᄯᅩ ᄒᆞᆫ 번은

빅ᄒᆞ고 뎌 남ᄉᆡ ᄃᆡ 되과 섭ᄒᆞ와 관다 ᄒᆞᄂᆞᆫ 쟝을 ᄒᆞᆯ ᄒᆞᄂᆞᆫ 곤ᄋᆞᆫ 때에 도ᄅᆡ 과ᄌᆞ고 ᄒᆞᆷ이 ᄒᆞ옵ᄂᆞᆫ
에진이ᄂᆞᆫ 이ᄂᆞᆫ 뜻이 나 가보일 목 ᄒᆞᆯ 맛나 생고 ᄒᆞᆫ 나부ᄅᆞᆷ 나 ᄃᆡ 답이
아니ᄒᆞᆫ 날은 일평ᄉᆡᆼ ᄒᆞᆫ ᄒᆞ단 ᄒᆞᆫ 뒤 이니 이 ᄌᆞᄌᆞ가 쟝물 되ᄋᆞᆫ 니 천방
거 업ᄉᆞᆫ 뿐 아니라 내 쟝ᄉᆡᆼ을 ᄒᆞ오되 부ᄌᆞᆫ ᄒᆞᆫ 지라도 생ᄒᆞᆫ ᄉᆞ나의 ᄌᆞ의 ᄒᆞᆫ 신
은혜로 ᄒᆞᆨ 보ᄒᆞ 효ᄉᆞ이 계시니라 ᄒᆞ야 ᄒᆞᆫ 상옥에 가 첫 다ᄉᆞ ᄒᆞᆨ ᄲᆡ 이다 ᄒᆞ
이나 김은 산의 헙ᄒᆞᆫ 길을 도일 때면 ᄒᆞ상 ᄂᆞᆫ 에 빠드니 말정ᄒᆞ면 ᄉᆞ
쟝을 엿줍 낫ᄎᆞ치 오매 ᄌᆞ 못할 ᄉᆞ 이 고뭇 ᄌᆞ니 가 쟝세 때 첫봇 주나 뵈 ᄀᆞᄅᆞ ᄒᆞ옵 이다
그러면 지ᄌᆞ ᄒᆞᆫ 보비로 다서 양 되로 첫복 ᄌᆞᄌᆞ ᄒᆞᆷ 다 지 중이 모여 ᄒᆞᆼ 거로
후로 ᄉᆞ 다가 ᄌᆞᄌᆞ ᄒᆞᆯ 에로 ᄠᅥ나지 아니ᄒᆞ며 ᄒᆞ야 ᄀᆞᆯᄌᆞ에 ᄀᆞ지 넛 ᄂᆞᆫ 사ᄅᆞᆷ든 후
일거든 ᄒᆞᆫ 들여 ᄀᆞᆫ ᄂᆞᆫ 격 ᄀᆞᆫ ᄒᆞᆫ ᄌᆞ 구ᄒᆞ니 공을 ᄒᆞᆷ이 ᄂᆞ ᄒᆞ야 생문 ᄒᆞᆫ 받드시
명허을 니사 ᄃᆡᆫ 옥에 도으사 아니 서ᄅᆡ 와 ᄒᆞ시기를 ᄒᆞ옵 일본 인편에 적은 ᄒᆞᆫ
ᄒᆞ시ᄆᆞᆫ 의뇌 과별 ᄒᆞ여 나 ᄂᆞᆫ 비리며 ᄒᆞ오ᄂᆞᆫ 편 에 과 보ᄌᆞ 훅ᄌᆞ ᄒᆞᆷ 붓ᄎᆡ 보옵ᄂᆡ

二十八

반지라 밧ᄉᆞᆷ 죽음ᄭᆞ지라도 셩으로 공경ᄒᆞᄂᆞᆫ 신용을 ᄒᆞᄂᆞᆫ 폐ᄒᆞ노라 이우
희버린 신용 쇼ᄋᆞ은이 더ᄒᆞ야 ᄉᆞᄂᆞᆫ 대뎐지 츄곳의 하에 미서 안은 리분
방ᄒᆞᆫ 대쟝ᄃᆞᆫ 별노 칠ᄒᆞᆫ 책은 업ᄉᆞ니 미앙 입에 허만 ᄒᆞᆫ다 거뎌지 무삼
신용이 단ᄒᆞ니 오내뎌 쁘든 신용이 다 편ᄃᆞᆫ 거 밧드러 드리ᄂᆞᆫ 뎡신이어ᄂᆞᆯ
내 편 쥬ᄅᆞᆯ 디월ᄒᆞ야 온젼ᄒᆞᆫ 도리와 온젼ᄒᆞᆫ ᄯᅳᆺ으로 ᄉᆞᄉᆞ 죵의 리구 셰샹
지졍을 흥샹 할ᄒᆞ여야 올흔 죵이 되리라 녹어 ᄒᆞ시ᄂᆞᆫ 말ᄉᆞᆷ이 왕수 뇌우를 도라
보와 ᄉᆞᆷ의 건대 허락ᄒᆞᆫ 셰우에 우든 이든 도만 고 진장ᄒᆞᆫ 도리ᄂᆞᆫ 뎌 근본이 힘
치 못ᄒᆞᆫ 죄 ᄃᆞᆫ 만 홉지라 어지 감히 ᄭᅮᆷ이라도 ᄯᅳᆺ을 온젼이 ᄯᅡ라 회ᄀᆞ 셰 가지 졍
을 ᄯᅢ 번이 나 발ᄒᆞ여 보왓ᄂᆞᆫ지라 ᄒᆞ더고 사ᄅᆞᆷ을 천ᄒᆞ야 칙ᄒᆞᄂᆞᆫ 말은 비
루 ᄇᆞ려 은 ᄃᆞᆺᄒᆞ다 편 쥬ᄅᆞᆯ 공경ᄒᆞ야 셤기ᄂᆞᆫ 힘ᄒᆞᆫ 은 샹히 어두운지라 쥬교
낙후의 하에 이셔 힝ᄒᆞ던 일은 ᄀᆞ올너던 폐단을 ᄉᆡᆼ각건대 편 쥬ᄭᅴ
뎐에 ᄒᆞᆫ 번 죄 죵이오 사ᄅᆞᆷ의 압회 낫ᄎᆞ치 못ᄒᆞᆯ 일이로다

일신에 잇ᄂᆞᆫ 세상 사ᄅᆞᆷ의 ᄯᅳᆺ은 흔 일ᄭᅳᆺ이 어ᄂᆞᆫ 나ᄂᆞᆫ 이 세상에 나셔 당ᄒᆞᆫ 본분을 ᄯᅡ
로ᄃᆡ 다찰 ᄑᆞᆷᄒᆞ엿시니 ᄒᆞᆫ 번 주유 ᄒᆞᆫ 일이 잇ᄯᅥ 헤ᄌᆞᆫ ᄒᆞᆫ 후야 일면 원동ᄒᆞᆫ 즌 일변 황ᄒᆞᆯ이라
무ᄉᆞ 사ᄅᆞᆷ이 ᄯᅥ 세상에 나ᄯᆡ 유ᄒᆞ야 ᄇᆞᆼᄒᆞ야 본분을 직희여 부모된 이ᄂᆞᆫ 부모의 본분을
ᄌᆞ녀 된 이ᄂᆞᆫ ᄌᆞ녀의 본분 임군 된 이ᄂᆞᆫ 임군의 본분 신하 된 이ᄂᆞᆫ 신하의 본분 장부
된 이ᄂᆞᆫ 장부의 본분 안해 된 이ᄂᆞᆫ 안해의 본분 어룬 된 이ᄂᆞᆫ 어룬의 본분 아희
된 이ᄂᆞᆫ 아희 본분 붕우 된 이ᄂᆞᆫ 붕우의 본분이라 이 본분 되ᄂᆞᆫ 아니ᄒᆞ면 엇가
살ᄅᆞᆷ이라 ᄒᆞ리오 우리 봉교ᄒᆞᆫ 이도 각 셩교 본분을 직희여야 가히 구령ᄒᆞ리라
혼자서 어ᄂᆞᆫ 날 ᄆᆞᄎᆞ지 ᄆᆞᆼ론ᄒᆞᆫ 것은 봉교 처음브터 당ᄒᆞᆫ 본분을 ᄯᅡ로 가ᄯᅥ 셩찰
죄 범ᄒᆞᆫ 거시 만흔 줄은 ᄉᆡᆼ각ᄒᆞ여 대강 죄목ᄒᆞ도ᄂᆞᆫ 쳥ᄒᆞᆫ 셩ᄒᆞᆫ 다 방에서 외인 죄화
식 인ᄌᆞ ㅣ 상ᄋᆞ 신명을 되면 관ᄉᆡᆼᄒᆞ 호제 ᄒᆞᆫ 이ᄒᆞᆫ 이 원ᄒᆞ야 진물을 어ᄋᆞ 간주 취ᄒᆞᆫ
밧치되 죄목 ᄀᆞᆺ치 ᄉᆡᆼ각ᄒᆞᆯ시 쟝ᄎᆞ 고ᄭᅴ 회 일ᄂᆞᆷ ᄒᆞ다 ᄉᆞᄋᆡ 졍ᄒᆞᆫ 대 쥬 ᄭᅳᆯ
슌ᄒᆡ 나 ᄀᆞᆫ 즁ᄒᆞ여 ᄂᆡ 원외셔 십ᄃᆡ 전본을 제 나 현 ᄀᆞᆼ ㅣ 훙ᄒᆡ 명 도 회 라 ᄒᆞ믄 흠

三十九

흘ᄋᆞᆫ 외인을 천환ᄒᆞ야 도ᄃᆞᆯ 뮤히ᄂᆞᆫ 뜻이어니와 오도ᄒᆡ라 ᄒᆞ시기ᄂᆞᆫ 병도 회장을 흘
ᄒᆞ야 도ᄃᆞᆯ 뮤어 ᄀᆞᆫ 힘ᄊᆞᄂᆞᆫ데 ᄒᆞ니 그ᄯᆡᄂᆞᆫ 병도 회장 명석이오 ᄉᆞ년ᄒᆞ에 휴고 병ᄋᆞᆫ
셥부가 ᄃᆡ방에 전보ᄒᆞᄂᆞᆫᄃᆡ 흉연ᄒᆞ지오 그ᄯᆡᄂᆞᆫ 정구 회장이나 불행이 병이 ᄂᆞᆺ파ᄒᆞᆯ
당ᄒᆞ야 ᄭᅢᄃᆞᄂᆞᆫ 업ᄂᆞᆫ 흠도만 ᄲᅮᆫ ᄒᆞᄂᆞᆫ 전문ᄒᆞᆫ 일도 ᄲᅥᆺ설치 못ᄒᆞᄂᆞᆫ지라 ᄀᆞᆷᄒᆞ여 ᄯᅩ 주교
결ᄒᆞ야 전보ᄒᆞᄂᆞᆫ 것이 가용ᄒᆞᆫ 회장을 새로 차명ᄒᆞ시ᄂᆞᆫ 분부ᄒᆞ시기ᄅᆞᆯ 여회
들 본보ᄂᆞᆫ 뒤로 주교의 품ᄒᆞ되 일이 의ᄉᆞ거든 무더 도회장의게 알외ᄂᆞᆫ ᄒᆞ야 도회장이
주교의 품ᄒᆞ되 ᄒᆞ여다 서울서ᄂᆞᆫ 총회장이라 부ᄅᆞ니 그 칭이 되오 군 총ᄎᆞ
서ᄂᆞᆫ 당회장이라 부ᄅᆞ니 보니와 조선서ᄂᆞᆫ 도회장이 흠을 올니되 깁오 안을 찬명
ᄒᆞ오리ᄒᆞᆫ지라 그ᄯᆡ ᄒᆞᆫ 날은 주교ᅵ 새문안 집에 계신 민신부ᄅᆞᆯ 보신 도리로
신당ᄉᆞᄂᆞᆫ 이가 도에 전보 회장을 뫼시 ᄎᆞᄒᆞ리 ᄉᆞ성이 어데 ᄒᆞ여야 도를 뜻으로
결유 칙ᄒᆞ나 ᄆᆞᄋᆞᆷ을 내 ᄒᆞ여다 민서부 ᄒᆞᆯ만 ᄆᆞᆷ을 ᄂᆞ오ᄒᆞ니 ᄯᅩᄒᆞ여 보리ᄉᆞ서
ᄂᆞᆫ 구ᄉᆞ 잘ᄒᆞᄂᆞᆫ 나보라 ᄒᆞ시며 ᄇᆡ치홀도 ᄃᆞ려 구ᄃᆞᆫ 치ᄉᆞ 되서 울 집ᄒᆞ다 ᄒᆞᆫ ᄃᆡᆼ은

야녀장츄교ᄀᆞ라엇은회인흉으로죄명도회샤ᄒᆞ던지병드원이닌ᄒᆞ던지츄장
ᄒᆞ온ᄉᆞ쥬ᄒᆞ다뎡ᄒᆞ엿ᄂᆞᆫ가도에ᄒᆞ온ᄉᆞ쥬ᄒᆞᄂᆞ세ᄉᆞ쥬셕명ᄒᆞ야허다닌제이
셩졀집에믄드ᄅᆞ러갓고빈양ᄯᅥ구난간공부ᄒᆞᆫ후에ᄂᆞᆫ흐와스로돈이ᄯᅥᆫ고
ᄒᆞ거ᄒᆞ리다ᄒᆞ시되ᄂᆞᆫ(세말이)각도에젼ᄒᆞ온판ᄒᆞᆫ회쟝ᄂᆞᆫ불너엇지어렵삽ᄂᆞᆫ이와서
올셔츄쟝ᄒᆞ온ᄉᆞ쥬이더욱어렵ᄉᆞ오이다츄오ᄇᆞᆸᄉᆞ이너도못ᄒᆞ리ᄀᆞ냐ᄒᆞ여더
다ᄒᆞ여ᄒᆞ다닌신부ᄂᆞᆫ본쥬ᄋᆞᆯᄂᆞᆫ드너가셔ᄂᆞᆫ츄ᄀᆞᆯᄂᆞᆫ셩당빈치ᄒᆞ시ᄂᆞᆫ일에ᄭᅳᆯ
ᄒᆞ셧나져며다자내시다가불회쟝이종예ᄒᆞ시기를젼교회쟝일도모ᄒᆞᆸ내셩쳘
치ᄒᆞᄋᆞᆸᄂᆞᆫ(엿)ᄯᅩᄒᆞᆫ번은ᄇᆡ쥬교ㅣ일본셔류교ᄒᆞ시츄셩ᄒᆞᆫ년ᄋᆞ셜ᄯᅢ에홍졋ᄂᆞᆫᄃᆞ
ᄒᆞᆯ다니ᄂᆞᆫ가신후에박신부ㅣ당ᄒᆞᆫ본ᄋᆞᆯ로츄교의방보ᄉᆞᆫ뢰기ᄅᆞᆯ원ᄒᆞ야
난동진ᄃᆡ에와계셔기로ᄯᅡ라본다샤후ㅣ연진부ㅣ또이양ᄂᆞᆯ불너부ᄉᆞᆸ일
이년지ᄉᆞᆯ이시ᄂᆞᆫ되라ᄒᆞ옵ᄂᆞᆫ신부ᄅᆞᆯᄉᆞ쥬이각공ᄉᆞ찬(ᄒᆞᆫ답)은물잘ᄒᆞᄂᆞᆫ찰ᄉᆞᄅᆞᆷᄒᆞᄂᆞᆫ되
의ᄉᆞ이잘ᄒᆞ던법방으로ᄇᆞᆯ을ᄂᆞᆫ드러보되ᄒᆞ라ᄒᆞ시기로ᄉᆞ양ᄒᆞ온ᄒᆞ시옵서

四十

동어말ᄃᆞ무파지에ᄀᆞᆯ우히거두ᄒᆞ야ᄃᆞ되신부ᄀᆡ봉ᄉᆞᆫ도탈ᄒᆞ더니ᄒᆞ시ᄆᆞᆯ
셩이공소에셔후ᄒᆞᆫ우ᄌᆞ와더ᄇᆞᆯ둘의게보ᄂᆡ믈ᄒᆞᄂᆞᆫ되ᄉᆞ랑ᄉᆞ와연이와욕
ᄒᆞᄂᆞᆫ바ᄆᆞᆫ무ᄅᆞᆫ것술미줄ᄉᆞᆯᄒᆞ고ᄒᆞ지기ᄅᆞᆯ볼어와신부의명의되ᄅᆞᆯ욕ᄒᆞ
치두ᄒᆞ야ᄃᆞ되니욕ᄃᆞ하ᄂᆞᆫ맛아ᄂᆞᆫ지어ᄯᅡ당ᄒᆞᄂᆞᆫ신부말ᄉᆞᆷ이나ᄯᅩ ᄀᆞ흠
소젼ᄉᆞ공ᄒᆞ야보니우둥돈공우ᄆᆞᆫ고그주지승을구ᄒᆞ치아니ᄒᆞ야아ᄂᆞᆫ것
도고도니조사ᄃᆞᆯ들얻더게구경ᄒᆞᆸ부ᄒᆞᆫ희ᄃᆞ나우룡ᄒᆞ히라도알아듯
기쉽도두말을모두더ᄒᆞ도치면도를동ᄒᆞ당ᄒᆞ서기로너말이ᄉᆞᆸ부ᄂᆞᆫ답
에셔더알이쉽지ᄒᆞᆯᄉᆞ잇ᄂᆞᆫ잇가신부ᄭᅴ옵ᄉᆞ이오ᄃᆡ아ᄅᆞ허나ᄆᆞᆫ두답ᄒᆞ오되
ᄒᆞ시ᄂᆞᆫ지라울어다와ᄌᆞᆫ잡을쳐ᄒᆞᄂᆞ니예비ᄒᆞ야가지ᄅᆞᆯᄂᆞᆫ다ᄯᅩ장사ᄒᆞᆫ
을ᄯᅩᄒᆞᆫ동퇴련쥬ᄌᆞ셩ᄒᆞᆫ원ᄌᆞᆫ현명과강셩ᄒᆞᆫ주ᄉᆞ교치셩ᄉᆞᄌᆡ고ᄉᆞᄒᆞᆫ사ᄅᆞᆫ
과현당더우팔예수를세워도퇴ᄒᆞᆫᄌᆞ퇴히풀어가ᄃᆡ거룩ᄒᆞ야ᄂᆞᆯᄒᆞᆫ다져
녀이면신부방에드려가간영ᄒᆞ논ᄇᆞᆫ향ᄒᆞ야필주필사측쌍ᄒᆞᆫ시ᄒᆞᄅᆞ

ᄂᆞᆫ 신품의 령혼을 텬쥬ᄭᅴ 샹달ᄒᆞ야 주시ᄂᆞᆫ 주교의 몸에 긔ᄒᆞᆫ 은 셩무ᄒᆞᄂᆞᆫ
이오 병오 ᄂᆞᆫ 셩ᄉᆞ 붓쳐 이오 ᄂᆡ 유ᄒᆞᆫ 셩ᄉᆞ 도샹이 되ᄂᆞ로 ᄒᆞᄂᆞᆫ 말ᄉᆞᆷ에 ᄀᆞᄅᆞ치ᄂᆞᆫ 이 ᄀᆞᆺ지 업ᄉᆞᆫ
ᄲᅮᆫ이 나 ᄒᆞ시ᄂᆞᆫ 놈을 이에 거ᄒᆞ야 두 ᄀᆞᆫ 죵 ᄯᅳᆺ이 업ᄉᆞ더니 ᄒᆞᆫ츌 풀어 젼ᄒᆞᄂᆞᆫ 졍신 셩무와
존ᄒᆞᆫ 도샹이 ᄯᅢ ᄯᅢ 명오 두 줄 ᄃᆞᆫ ᄯᅳᆺ이 업ᄉᆞ더니 ᄒᆞᆷ을 풀어 젼지 ᄒᆞ신 셩총과 굿ᄒᆞᆫ 말ᄉᆞᆷ
이ᄯᅢ의 ᄉᆡᆼ두ᄒᆞᆫ 존 ᄯᅳᆺ이 업더 ᄒᆞᆷ을 풀어 젼션 ᄒᆞ신 셩젼과 ᄌᆞᄒᆞᆫ 도샹을 보ᄂᆞᆫ이ᄂᆞᆫ
ᄒᆞ야 여ᄌᆞ오나 신부ㅣ 젼에 ᄒᆡ와 ᄃᆞ툰ᄃᆡ ᄂᆡ 말이 ᄋᆞᆺ이 시ᄯᅢᄒᆞᆫ 구업시 보ᄋᆞᆫ 던쳐
ᄒᆞᆸ부시 ᄎᆞ친ᄒᆞᆫ 두 놈을 ᄒᆞᆫ 일을 져 ᄉᆡᆼ각ᄒᆞ니 신부의 ᄆᆞᄋᆞᆷ만 샹해 ᄒᆞᆯ ᄲᅮᆫ이오 ᄀᆞᆺ치 업
ᄉᆞᆫᄃᆡ 졍이라 ᄯᅢ 삼일에 ᄆᆞᆫ ᄂᆞᆫ 보압희 ᄂᆞ아가 다시 엿ᄌᆞ오되 죄인도 신부와 ᄀᆞᆺ치
알ᄉᆞᆸ더니 미주교ᄭᅴ 이ᄃᆡ 말ᄉᆞᆷ을 듯ᄌᆞ온즉 처음은 문셔에 ᄀᆞ록ᄒᆞ셔 신 말
ᄉᆞᆸ다 ᄒᆞᄂᆞᆫ 놈의 ᄭᅮᆷ이 젹지 아니ᄒᆞ야 ᄉᆞᆷ여일 동안에 ᄆᆡ일 ᄀᆞᆫ 밧비 ᄉᆞ다가 흠면
셩신은 홍이 ᄯᅩ 시치의 ᄭᅮᆷ이 다 몰어지고 ᄆᆞᄋᆞᆷ이 서운ᄒᆞ니 ᄌᆞ 놈을 ᄉᆞᆸ 기록ᄒᆞ니 ᄯᅥ러
ᄒᆞᆫ 몸 구흠 밧드ᄅᆞᆫ 면이 ᄃᆡᄒᆞᄋᆞᆫ을 더 ᄯᅥᆯ ᄀᆞᆫ도 ᄆᆞᆺ ᄯᅮ 다ᄒᆞ니 신부ㅣ 다시 ᄀᆞᄅᆞ치심이

니ᄒᆞ신 구ᄅᆡᄅᆞᆯ ᄉᆞᆯ나ᄒᆞ시더라 쥬ᄭᅴ 일은 가신지 오ᄅᆡᆫ ᄒᆞ여 도라오실ᄯᅢ 신부ㅣ 일ᄉᆞ
후 쥬ᄭᅴ 쥬고 계ᄉᆞᆷᄒᆞ되 ᄎᆞ이에 올ᄂᆞᆫ이 공부 만히 ᄒᆞ엿ᄂᆞ이다 ᄒᆞᆫ 신부ㅣ 가신후
에 죽어 쥬교ㅣ 발셩ᄒᆞ시되 너 공부 ᄒᆞᆫ 척 가져오라(을) 박진ᄉᆞ 보쥬ᄉᆞ (당신 ᄉᆞᆼ을)
간ᄒᆞᆯ 이곳 ᄂᆞᆫ ᄒᆞ더신 공ᄆᆡᆨ ᄂᆞᆫ 곳쳐 갑츈ᄒᆞ신 후에ᄂᆞᆫ 신부 계보셔 여쥬ᄒᆞᆫ 바ᄒᆡ
공부 둘ᄂᆞᆫ 되게 ᄒᆞ리라 ᄒᆞ시더니 그ᄯᅢ 종현셩당 터 닥ᄂᆞᆫ 일에 공ᄂᆞᆯ ᄒᆞ야 쳐ᄉᆞ 관을 쟝
지ᄒᆞ니 당쳐 ᄃᆡ 유을 쳥ᄒᆞᆷ에 우용 ᄒᆞᆫ 답이라 ᄒᆞ여 더 쥬교 앙ᄉᆞᆷ이 치ᄒᆞ니 음을
졈츤히 ᄒᆞ라 ᄒᆞ시기로 곳쳐 일흠ᄒᆞ야 ᄀᆞᆯ오되 요원 신흥이라 ᄒᆞ니 ᄀᆞ원을
ᄌᆞᄌᆞ 셩가ᄒᆞ야 ᄆᆞᄋᆞᆷ을 삼가 조심ᄒᆞᄂᆞ라 ᄯᅩᆨ이 어라 ᄯᅢ여 셩은 ᄂᆞᆫ 되일 ᄂᆞᆫ ᄎᆞ
ᄎᆞ보이아 감인 쥴은 ᄀᆞ히 알니 업시 진ᄅᆔ 곤둥이 ᄎᆡᆨ을 ᄀᆞᆨ ᄒᆞ엿거ᄂᆞᆫ 이ᄯᅢ 것츤
쳐ᄒᆞ야 만ᄒᆞᆫ ᄒᆞ시ᄂᆞᆫ 뎡이 업ᄉᆞ니 어ᄃᆡ 계ᄃᆞᆫ 뵈ᄋᆞᆸᄂᆞᆫ지 알 수 업ᄉᆞᆷ이 오ᄃᆞᆫ 달ᄂᆡ
당ᄒᆞᆫ 본분 일ᄂᆞᆫ 다 쳘 ᄃᆞᆫ 호흡이 업다 ᄒᆞᆯ지라 이 ᄯᅢ 쥬이 디방에 잇서 셔ᄂᆞᆫ 별
ᄂᆞ 본분 된 일이 업ᄂᆞ니 다만 쥬셔를 ᄀᆞᄅᆞ친 본분 만 조용 ᄒᆞ엿ᄂᆞᆫ지 다 엇 잡이ᄂᆞ

내가예수을믿으니ᄒᆞᄂᆞ님을ᄉᆞ랑ᄒᆞ야ᄒᆞᆯ수업시ᄌᆞ셔와지못지여잇ᄉᆞ오니와부
욕셔을주ᄂᆞᆫ되도ᄃᆞᆫ되빗ᄒᆞ며죽외곤오ᄉᆞ며흥분ᄒᆞᆫ모욕ᄒᆞᄂᆞᆫ일을당
ᄒᆞ여도도로혀분변치아니ᄒᆞ며ᄃᆡ답지아니ᄒᆞ야죽은사ᄅᆞᆷ의모양ᄀᆞᆺ치살안간
ᄂᆞᆫ도둑이나집안모든일을도모치말고쾌안이ᄒᆞᆯᄯᅢᄋᆞᄋᆞ이태평ᄒᆞᆫ한숨
야ᄉᆡᆼ잘ᄒᆞ니덕은도ᄒᆞ니이ᄂᆞᆫᄃᆡ로도현이ᄯᅢ순당ᄒᆞᄂᆞᆫᄌᆞ셔들의흉잘못ᄒᆞᆫ
ᄂᆞᆫ일은못나잘못ᄒᆞᆫ일이나다ᄅᆞᆫ일이업서ᄒᆞᆼ상셩의못치ᄂᆞᆫ지라그러므로
혹ᄌᆞ식들의잘못ᄒᆞᆫ일을보거나드ᄅᆞ면ᄎᆞᆷ은ᄯᅢᄒᆞ거니와ᄃᆡ위ᄯᅡ가간ᄒᆞᆯ
티나ᄒᆞ여도ᄒᆞᆫ번ᄃᆡᆼ치아니ᄒᆞᆯᄯᅢ변ᄒᆞ여더욱ᄂᆞ흡기로ᄎᆞ시던더욱열
참아다갓ᄀᆞᆺ은지라되거나서워ᄒᆞ야죽은사ᄅᆞᆷ의모양을ᄒᆞᆫ치ᄌᆞ지못ᄒᆞᄂᆞᆫ고로
너평이로다ᄎᆞ죽은사ᄅᆞᆷ이야보거나듯거나ᄒᆞ나ᄉᆡᆼᄀᆞ이ᄒᆞ나나ᄂᆞᆫ듯젹은
울ᄀᆞ져순명치아니ᄒᆞᄂᆞᆫᄃᆡ로ᄂᆞᆫ분변ᄒᆞ고소음ᄇᆞᆯᄒᆞ기에치ᄌᆞ지못ᄒᆞᄂᆞᆫ지시
너평이라ᄒᆞ노라

四十二

신당의 삼엇은 즉 긔 령혼 구ᄒᆞᄂᆞᆫ 본ᄃᆡ의오 구령ᄒᆞᄂᆞᆫ 본 길은 죄를 가음이은 죄

를 간ᄂᆞᆫ 본법은 각사ᄅᆞᆷ의 ᄌᆞ긔 모병과 습관된 것을 알아 곳칠이니라

므ᄅᆞᆺ 사ᄅᆞᆷ이 ᄌᆞ긔 삼ᄉᆞ에 신당이 ᄅᆞᆯ 조합ᄒᆞ야 곳 토와 ᄉᆞ ᄉᆡᆼ오과의 ᄒᆞᄂᆞᆯ 치신ᄒᆞᆸᄂᆞ니

로 상원의 ᄐᆡ로 ᄂᆡ신 천주ᄅᆞᆯ 되월ᄒᆞ야 흑상ᄒᆞ되 ᄉᆡᆼ부ᄂᆞᆫ 엇더케 계셔 무ᄉᆞᆷ 일을 ᄒᆞ

시며 내게 무ᄉᆞᆷ 은혜ᄅᆞᆯ 베프시ᄂᆞᆫ고 ᄒᆞ며 셩ᄌᆞᄂᆞᆫ 엇더케 계셔 무ᄉᆞᆷ 일을 ᄒᆞ시며 내게 무ᄉᆞᆷ 은

혜ᄅᆞᆯ 베프시ᄂᆞᆫ고 ᄒᆞ며 셩신은 엇더케 계셔 무ᄉᆞᆷ 일을 ᄒᆞ시며 내게 무ᄉᆞᆷ 은혜ᄅᆞᆯ 베프시

ᄂᆞᆫ고 ᄒᆞ야 조젼ᄒᆞ 젼지젼션은 ᄂᆡ신 되와 셩총과 내게 배푸신 은혜ᄅᆞᆯ 알아

뫼ᄂᆞᆫ 모단 안 모ᄅᆞᆷ을 ᄉᆞ랑ᄒᆞ며 정을 발ᄒᆞ야 령혼 ᄇᆞᆫ분 ᄉᆞᆼ단 ᄒᆞ면 편ᄒᆡ ᄇᆞ리

지안ᄂᆞ ᄒᆞ야 ᄉᆡᆼ각ᄒᆞ면 갈노 인도ᄒᆞ시ᄂᆞᆫ 이와 ᄀᆞᆺ 인편ᄒᆞ ᄉᆞᆼ히 지원ᄒᆞ시ᄂᆞᆫ 큰 죄

ᄒᆞᆫ 므ᄅᆞᆺ 서도 령혼의 ᄉᆡᆼ명되ᄂᆞᆫ 셩신의 은총 곳 이 가리여 영ᄂᆞᆫ에 ᄯᅥ러질 거시

니 엇지 원통치 아니ᄒᆞ리오 이러ᄒᆞᆫ 죄의 길을 끈으려 ᄒᆞ면 각사ᄅᆞᆷ이 ᄌᆞ긔 모병

과 습관을 알아 이긔여야 ᄒᆞᆯ 거시니 모병 습관은 무엇시뇨 몸으로 관련된 악

과 분노와 탐도와 ᄒᆡᄐᆡ와 질투 ᄂᆞᆫ 닐곱 가지 즁ᄒᆞᆫ 병이다 이 병을 다ᄉᆞ리려 ᄒᆞ

면 밝히 헤여 ᄒᆞ나 ᄇᆡᆨ힌 ᄌᆞᆼ연에 ᄇᆞᆺᄌᆞ와 삼위 ᄒᆞᆫ 이나 셔서 ᄒᆞ려지 어늘 과 ᄀᆞᆺᄒᆞ야 ᄒᆞᆫ

치 되지 올 ᄯᆡ에 닐곱 사마ㅣ 엿보다가 ᄇᆞᆺ고 ᄎᆞ지 죄를 더ᄒᆞ야 짓지 ᄒᆞ게 ᄒᆞᄂᆞᆫ 술 왈 병이

라 ᄒᆞᄂᆞᆫ 닐곱 가지 병 즁에 고유 선의 ᄆᆞᄃᆡᄂᆞᆫ 닥흔 ᄃᆡ 은혜를 ᄯᆞ로ᄒᆞᄂᆞᆫ 덕 우이 ᄂᆞᆫ 및 너리

되ᄂᆞᆫ 공로ᄒᆞᆫ ᄇᆡ 못ᄉᆞᆫ 너희 ᄯᆡ의 공로ᄒᆞᆫ 즁을 ᄯᆞ 므ᄅᆞ이오 탁ᄒᆞ이ᄂᆞᆫ 더더은 되야 지 식두ᄒᆞᄂᆞᆫ 버릇ᄉᆞ로

ᄌᆞ치 즁산에 ᄒᆞᆼ거더은 화ᄌᆞᆷ를 작서 더업니 ᄒᆞᄂᆞᆫ 살ᄉᆞ을 ᄇᆞ여 ᄆᆞᆺ치 ᄃᆞᆺ 간에 산ᄂᆞᆫ

쥐 가ᄂᆞᆫ 더더 은 닙히 ᄒᆞᆫ 나 혀 아지 못ᄒᆞᆷ을 닌 ᄀᆞᆺᄒᆞᄂᆞᆫ 올 왈 습관이라 이 병 습관된

을 분별ᄒᆞ야 알기 어려옴을 ᄲᅮᆫ 아니라 알ᄂᆞᆫ 도 ᄀᆞᆺ 어 고치기가 더욱 어려오니 엇지 ᄒᆞ면이

본 병 습관을 알아 곳쳐 샹ᄉᆡᆼᄒᆞᄂᆞᆫ 복락을 엇어 누리리오 다 ᄂᆞᄒᆞ면 지샹ᄒᆞ

을 ᄋᆡ어 누ᄀᆞᄅᆞᄂᆞᆫ ᄆᆞᄋᆞᆷ이 ᄀᆞᆫ절ᄒᆞᆯ 진대 모ᄃᆞᆫ 삼위일체 ᄒᆞᆫ 뉴의 은혜를 알아

믿ᄂᆞᆫ 보라ᄂᆞᆫ ᄉᆞ랑ᄒᆞ의 지오 ᄯᅩ ᄌᆞ의 ᄉᆞᆫ면 ᄒᆞ의 된 ᄌᆞᆯ 도 ᄒᆡᆼᄒᆞ아 아로 것도 보ᄂᆞᆫ 믈

ᄒᆞ ᄃᆞᆼᄒᆞᆫ 지ᄉᆞ므리 업ᄂᆞᆫ ᄌᆞᆯ을 알아 이왕 ᄆᆞᄋᆞᆫ ᄌᆞ귀 ᄆᆞᆫ ᄆᆞᄂᆞᆫ 보라ᄂᆞᆫ ᄉᆞ랑ᄒᆞ

四十三

한글사본에 본 페이지가 빠져 있다.

한글사본에 본 페이지가 빠져 있다.

뎡ᄒᆞᆫ 욕을 온젼이 다ᄉᆞ론 사ᄅᆞᆷ의게 욕되 혐의 입ᄂᆞᆫ 원수 되ᄂᆞᆫ 이외에 그리고 뎡혼
을 미ᄅᆞᆫ 무단 ᄉᆞ랑ᄒᆞ야 이에 편ᄒᆞᆫ 것 ᄆᆞᆫ 남 무단 ᄉᆞ랑ᄒᆞᆷ이라 ᄒᆞᄂᆞ니 어던
도리도 ᄒᆞᆯ ᄉᆡᆼ각ᄒᆞ야 주ᄆᆡᆼ 공부 ᄒᆞᆯ 힘ᄡᅥ야 온ᄒᆞᆫ ᄯᅢ 수의 ᄉᆡᆼ편 공부를
동ᄒᆞ야 ᄀᆞᆺ치 ᄉᆡᆼ명 영복을 엇어 누릴지어ᄂᆞᆯ 뎨평 어ᄂᆞᆫ 각 ᄲᅮᆫ 쳔 ᄒᆞ당
ᄒᆞ야 외ᄒᆞᆷ이 인 두가지 어정을 슈유 ᄉᆞ이라도 간단치 말지어다
편ᄒᆞᆫ 처음부터 우리 죠롤을 구ᄒᆞᆫ 치진 고일을 ᄒᆞᆷ이 (세가지) 을 ᄉᆡᆼ각ᄒᆞ야 혼 ᄉᆡᆼ왕은

ᄂᆞᆷ격ᄒᆞᆷ이라

권ᄒᆞ노 조ᄉᆡᆼᄒᆞ야 사ᄅᆞᆷ의 명을 유지ᄂᆞᆫ 것 합ᄒᆞ야 ᄉᆞ이 설ᄯᅢ에 유지ᄂᆞᆫ 도으지 화ᄉᆞ
원 힘을 모든 도시ᄂᆞᆫ 명을 에ᄂᆞᆫ 당신 ᄯᅳᆯ 가치 되ᄯᅢ을 박아 쥬시되 ᄆᆞᆺ치 몸이 ᄉᆞ
ᄂᆞᆷ게 ᄒᆞᆫ 동ᄒᆞᆫ 사ᄅᆞᆷ에 ᄒᆞᆫ 어서버터 ᄀᆞᄅᆞ쳐 쳐서 이 나은 ᄒᆞᆫ ᄉᆡᆼ흥ᄒᆞᆯ 운 즁ᄒᆞᆫ 몸이 어셩
인ᄯᅢ에 두 조각 춤된 십계를 ᄉᆞ게ᄒᆞ여 나여 모든 ᄉᆞ람을 ᄒᆞ여금 다 혼을 온 몸보
게 ᄒᆞᆷ 첫 지어 이더ᄂᆞᆫ 모ᄒᆞᆫ 셔 ᄀᆞᆨ은 그 ᄒᆞᆫ 쳔 어ᄂᆞᆫ 에 편ᄒᆞᆫ 뎨 이 우 셩에 ᄂᆞᆫ 친히 강셔

호샤 삼십삼년 동안에 일요라에는 리셩들을 봉샹이 너기샤 소유ᄒᆞ믈 용ᄒᆞᄂᆞᆫ 도리
로ᄡᅥ 말히 곤ᄒᆞ되시다가 당신 ᄀᆞ휵ᄒᆞ심 외약이 너ᄒᆞ매 악당의 ᄆᆞᆯ거 죽으신ᄂᆞᆫ
일부활ᄒᆞ야 삼십일 안에 잘ᄒᆞ고 낫다나 되샤 셩교회의 와찰 셩ᄉᆞᄅᆞᆯ 비명ᄒᆞ야 종도
들의게 천을 보쳐 만방에 ᄇᆞᆫ호와 ᄀᆞᄅᆞ치게 ᄒᆞ심셔 ᄒᆞᆼ샹이 승텬ᄒᆞ신 후 십일에
셩신을 보내여 불 혀 ᄆᆞᆼ샹ᄋᆞ로 강림ᄒᆞ야 모든 종도들의 ᄆᆞ음을 ᄯᅩ 깁게 ᄒᆞ여
ᄒᆞᆯ 별이 만국 방언을 통달ᄒᆞ야 널니 ᄀᆞᄅᆞ치게 ᄒᆞ셧시니 이 날ᄋᆞᆫ 파공이라
셩신 ᄂᆞ롬ᄋᆞᆯ ᄀᆞᄅᆞ치신 말ᄉᆞᆷ이니 우리 셰샹이 이 말ᄉᆞᆷ 우둥ᄒᆞ고 ᄂᆞᆫ 듯대 령혼이당
십ᄌᆞ에 박힌 셩톄고되 명을 온전이 니저보러 ᄀᆞᆺ다나 ᄯᅢ ᄒᆞᆼᄂᆞᆫ 돈이 보든 셔꼬ᄅᆡ
명을 온전이 ᄇᆞᆯ고 ᄀᆞᆫ ᄒᆞ뢰 다 ᄀᆞ의 ᄂᆞᄆᆞ 평ᄒᆡ ᄒᆞ야 텬주 계명을 만히 ᄯᅥ ᄒᆞᆫ 후
다 명벌을 받지 된 ᄒᆞᆫ 텬주ㅣ 이러ᄐᆞ시 죠ᄇᆡ ᄒᆞ신 은총을 베퍼 만방 ᄇᆡ셩 ᄒᆞᄂᆞᆫ
로치 ᄌᆞ나 ᄀᆞᆺ치 지비 ᄃᆞ칠ᄉᆞᆷ 우와 ᄃᆡ 죄인의게 ᄀᆞᄃᆡ ᄆᆞᆺ져 은총을 펴 볼 ᄃᆞ시 베프셔
ᄂᆞᆫ 총을 ᄒᆞᆼ샹 섬ᄀᆞ ᄒᆞ야 너 져 버리ᄂᆞᆫ 수 업기ᄂᆞᆫ 대죄과 ᄒᆞ야 텬주의 은편 되신

四十五

은혜ᄅᆞᆯ 갑지 못ᄒᆞᆷ은 우화ᄒᆞᆫ을 모ᄃᆞ 더블어ᄒᆞᆫ가지로 감사ᄒᆞ고 재ᄒᆞᆷ이므로 처음 장유ᄒᆞ고 ᄀᆡ명

셩신의 은총을 받ᄋᆞᆸᄂᆞᆫ 물너가 젼ᄀᆞᆼᄒᆞᆫ 은ᄒᆡᆼ을 도ᄋᆞᆷ ᄯᆡ에 싱ᄀᆞ 가젼 ᄃᆡ면셰

ᄒᆞ야 겸유의 ᄀᆞ된 보ᄅᆞᆷ을 어더ᄒᆞᆫ 도ᄅᆞᆯ 거ᄃᆞ지 못ᄒᆞ리로ᄂᆞᆫ 젼진ᄒᆞ야 예수의 용

명된 ᄒᆞ엿은 도처에 드러ᄂᆞ ᄒᆞ히 ᄉᆞ구ᄒᆞ니 ᄃᆡ당ᄒᆞᆫ ᄆᆞᄋᆞᆷ은 무셔운 ᄆᆞ시ᄃᆞᆫ

져ᄲᅮᆫ이 나타 샹셩을 보라 가ᄋᆞ지 못ᄒᆞᆫ 말ᄉᆞᆷ이ᄂᆞ ᄂᆞ가 셩모를 니ᄅᆞᆯ 무ᄅᆞᆯ ᄯᆡ 뎌

담ᄒᆞᆯ ᄂᆞ업ᄂᆞᆫ ᄯᆡ 어ᄂᆞ 무ᄉᆞᆷ 큰 일을 당ᄒᆞᆯ ᄯᆡ 연지ᄒᆞ여야 ᄒᆞᆯ지 몰으ᄂᆞᆫ 다ᄒᆡᆼ

이편 보치ᄂᆞᆫ 흉ᄒᆞᆫ 조흠 당ᄒᆞᆫ을 면ᄒᆞ어 가ᄂᆞᆫ ᄯᆡ 흉ᄒᆞᆫ ᄆᆡᆼ ᄆᆞᄉᆞᆷ은 우회되

ᄂᆞᆫ 되되 담도 ᄯᆡᆨ ᄯᆡᆼ이 나서ᄂᆞᆫ 보치 어ᄅᆞᆷ도 엽모되 못시 ᄒᆞᆼ ᄯᆡᄂᆞᆫ 뻔도 벌노

질수ᄒᆞᆯ이 업ᄂᆞᆫ 재앙을 만나ᄂᆞ 무ᄉᆞᆷ 재평이 다 젼ᄒᆞᆫ ᄂᆞ히 칠팔십 되도록 이 흉ᄒᆞᆼ

샹쥬 간 ᄂᆞ 편쥬의 이러ᄒᆞᆫ 은총을 보답ᄒᆞᆫ ᄆᆞᆫ흔 공로은 조금도 업스ᄆᆡ 뎐유

공의 지하에 엽드려 황숑ᄒᆞᆫ ᄆᆞᄋᆞᆷ은 ᄃᆞ외 아뢰 드ᄅᆞ지 져 원ᄒᆞᆫ ᄒᆞ옵ᄂᆞᆫ

이로다 아멘

텬쥬ㅣ 우리 죄를 속ᄒᆞ시랴 ᄒᆞ야 베프신 은혜 즁에 ᄀᆞ장 은혜 가 ᄯᅢ인 금일의 ᄂᆞᆯ ᄒᆞ야

못되 ᄉᆞᄉᆞᄒᆞᆷ이라

텬쥬ㅣ 엇더ᄒᆞ신고 ᄒᆞ시되 셰샹 ᄉᆞᄅᆞᆷ이 ᄆᆞ리ᄅᆞᆯ 모화 ᄂᆞ 도리ᄅᆞᆯ 닷ᄯᅳᆺᄒᆞ면 ᄂᆞ 밧ᄂᆞᆫ 시 즁에
ᄒᆞᆫ 잇 모와 ᄒᆞ신 지다 ᄆᆡᆺ ᄯᅢ에 셰 선ᄃᆡ로 되여 텬쥬의 은혜 다 큰 즁에 ᄀᆞ장 은혜 가 ᄯᅢ
일 큰 ᄯᅡᆯ을 너머 ᄀᆞᆯ ᄆᆞᆯ ᄒᆞ기ᄅᆞᆯ 초셩ᄒᆞ신 은혜 큰 ᄃᆞᆯ 世ᄂᆞᆫ 이 도의 ᄉᆞ여 구속ᄒᆞ신 은
혜 큰 ᄃᆞ ᄆᆞᆯ ᄒᆞᄂᆞ 이 도의 ᄉᆞ 띠 강셩ᄒᆞ신 은혜 큰 ᄃᆞ ᄆᆞᆯ ᄒᆞᄂᆞ 이 도의 셔 네 ᄯᅡ 이 ᄋᆞ로 ᄋᆞ
니 ᄆᆞᆯ 이 을 ᄋᆞ 너 된 ᄃᆞᆼ 둔 도ᄅᆞᆷ에 텬쥬ㅣ 텬신을 보내여 녀ᄋᆞ시 도 너희들 ᄯᅡᆼ에
다 ᄋᆞᆫ ᄂᆞᆫ ᄃᆞᆼ 다 ᄆᆞᆫ 내 셩ᄉᆞ에ᄂᆞᆫ 셩톄 은혜 가 ᄯᅢ인 큰 ᄃᆞ 초셩ᄒᆞ신 구쇽ᄒᆞ신
강림ᄒᆞ신 은혜의 근원 되시ᄂᆞᆫ 셩톄ᄅᆞᆯ 온젼이 내게 허ᄒᆞ야 주시ᄂᆞ니 이에셔 더 큰
은혜 다시 잇ᄉᆞᆸᄂᆞ냐 ᄒᆞ신지라 이의 모든 은총의 근원이 되시ᄂᆞᆫ 셩톄 ᄃᆡ의 ᄀᆞ자
졔신 텬쥬 셩ᄌᆞ ᄀᆞ 죡ᄒᆞ신 고 ᄃᆞᆼ 온유ᄒᆞ신 이 셩합 ᄒᆞ야 ᄒᆞᆫ이 되신 후에ᄂᆞᆫ 모든
셩ᄌᆞᄅᆞᆯ 셩톄ᄅᆞᆯ 내게 베프시리 아니 실 ᄃᆞ지 이ᄉᆞ오니 ᄌᆞ 너 도 ᄃᆞᆸ 밧ᄉᆞᆸ어 셩혜

四十六

유졍을 누구ᄂᆞᆫ ᄉᆞᄉᆞ욕을 흠지ᄒᆞᄂᆞᆫ 졍이 (바ᄅᆞᆫ도 빗난 발) 쿨 ᄒᆞᆫ이 ᄎᆞᆺ지 ᄒᆞ건ᄂᆞᆫ 아니ᄒᆞ엿도다
렵유의 지죽ᄒᆞᄂᆞᆫ 은혜 시ᄋᆞᆫ 지극ᄒᆞᆫ ᄉᆞ랑이 시ᄅᆞ나 ᄆᆞᆺᄋᆞᆫ 서산 봉고 저 유에 이ᄅᆞ러ᄂᆞᆫ
님쳔 아지 못ᄒᆞ ᄇᆞᆫ서도 다만 회 ᄆᆞᆯ고 진념법을 시험ᄒᆞ야 ᄉᆞᆯ피다 쳘치 아니ᄒᆞᆫ
지내엿시나 진실ᄒᆞᆫ 무ᄅᆞ미 예로 ᄒᆞᆫ 원을 세 도지 못ᄒᆞ엿더니 빅 ᄌᆞ 흉ᄉᆞ 상ᄉᆞ 후에 다ᄆᆞᆫ
운수ᄒᆞᄂᆞᆫ 쟝법을 변원 에이 너 방에 ᄂᆞ려 와ᄂᆞᆫ 줄을 거쳐ᄒᆞᄂᆞᆫ 모양을 ᄒᆞ던
후에야 저의 실노 잇ᄂᆞᆫ 듯ᄒᆞ야 쟝수의 쳔고ᄒᆞᆷ이 조곰 벌어 젓ᄂᆞᆫ지 상히 ᄉᆡᆼ
츙ᄒᆞᆫ 거시 별노 업ᄂᆞᆫ 모양으로 지내니 흑 판 ᄉᆡᆼ각 ᄯᅢ 면 무ᄅᆞᆫ 회 향수ᄒᆞ지라
욕유 예수의 인 죠 곤ᄒᆞᆫ ᄒᆞ신 말ᄉᆞᆷ을 ᄉᆡᆼ각ᄒᆞ야 세 ᄉᆡᆼ 찰회 ᄆᆞᄋᆞᆷ은 죄와 흉 즈 욘
의 죄와 만민의 죄ᄅᆞᆯ 위ᄒᆞᄂᆞᆫ 뎨ᄒᆞ야 ᄉᆡᆼ명 흘 ᄯᅢ 가만ᄒᆞ 두 타 당치 못ᄒᆞᆫ가 ᄒᆞ야 홍
상ᄂᆞᆫ 조흠 이 적지 아니 ᄒᆞ시 지내ᄂᆞᆫ 다 보단 된 데 모든 벗님 네 ᄂᆞᆫ 이 말을 오
활ᄒᆞ지 말ᄂᆞᆫ 찬 이 시험ᄒᆞ야 보면 날다 ᄅᆞᆫ 무죵 에져 고새 조은 벗 ᄎᆞᆯ
ᄉᆞᄉᆞ욕 긔도치 못ᄒᆞᄂᆞᆫ 돈 맞ᄂᆞᆫ 고흠 회 ᄭᅡ다 고 지 아니 ᄒᆞ리 이다 아멘

미셩인생녀들의게수셩ᄒᆡ셩션공덕ᄒᆞᆫ주ᄌᆞ죵이나ᄒᆞᆫ와흡합ᄒᆞᆫ뭇ᄌᆞ
북을울니여명ᄒᆞ야내당ᄒᆞ라신셩ᄒᆞᆫ주ᄌᆞ을ᄒᆞ야실ᄒᆞᆫ이ᄂᆞᆫ뭇ᄒᆞᆫ기로
대강긔록ᄒᆞ야공과와뜻이ᄌᆞ셰ᄒᆞᆫ후학ᄌᆞ들노ᄒᆞ여곰혹시험ᄒᆞ야 유익ᄒᆞᆷ이잇슬 간ᄒᆞᆷ이ᄌᆞ라
새벽일즉니러나ᄒᆞ우에주시셩ᄒᆞ고ᄌᆞ고명상거ᄅᆞᆸ내가오ᄒᆞᆫ되ᄒᆞᆫ즉은혜ᄂᆞᆫ은혜수
와ᄀᆞᆺ치무궁ᄒᆞᆷ이ᄂᆞᆫ다ᄒᆞᆫ우리원죄시ᄋᆞᆷ영원동졍이시오죄인의ᄌᆞ탁이업신
생ᄂᆞᆫ저보닥ᄒᆞ야회황ᄒᆞ시ᄂᆞᆫ찬단ᄒᆞᆫ새ᄒᆞᆫ에섭ᄌᆞ과ᄒᆞᆫ잡으신셩ᄌᆞ티전에
인도ᄒᆞ야후ㅣ샤ᄒᆞᆷ에ᄌᆞᆯᄒᆞᆫ던지뿐잇ᄂᆞᆫᄌᆞᆯᄒᆞᆫ되셩ᄌᆞ께이미사ᄂᆞᆫ셩톄
ᄌᆞᆯ연워편ᄌᆞ거저헌ᄒᆞᆫᄃᆡ예ᄋᆡ슈난에기친ᄌᆞᆯㅣ오죵교의졔ᄒᆡ다우리들의
날ᄯᆞ다지ᄂᆞᆫ되ᄌᆞᆯ날ᄯᆞ다주ᄌᆞᆨᄒᆞ심이너우리ᄂᆞᆫ도ᄒᆞ여곰샤ᄒᆞ고리셥ᄒᆞᆫ가ᄌᆞᆯ
진ᄯᆞᆺᄂᆞᆫᄂᆞᆫ을도되ᄒᆞᆫ이밧을오ᄌᆞᆯ당신되ᄌᆞᆯᄯᆞᄂᆞᆫ슈ᄌᆞᆯ오족ᄒᆞᆫ쥬ᄌᆞᆯ졔헌
ᄒᆞᄂᆞᆫ보비갑슨엇어당션ᄒᆞᆫ몬가지로생ᄒᆞᆫ영복을누리게ᄒᆞᆯ심이[illegible]지극
ᄒᆞᆫ은혜시오지극ᄒᆞᆫᄌᆞ랑이시라ᄯᆞᄒᆞᆫ셩ᄌᆞᆨ건ᄃᆡ오쥬ㅣ강잉ᄒᆞ션ᄯᆡ에쎵ᄆᆞᆫ의

四十七

갑ᄒᆞ신 후ᄋᆞᆷ과 거룩ᄒᆞ신 졍이 온젼이 셩ᄌᆞ의 지극ᄒᆞ신 ᄃᆡ로 합ᄒᆞ야 고원ᄒᆞ시ᄂᆞᆫ

외ᄒᆡᆼ과 힝ᄒᆞ시ᄂᆞᆫ 졍이 조곰도 다ᄅᆞᆫ ᄉᆞ이 업ᄂᆞᆫ 댜 셩ᄌᆞㅣ 잘 셩톄ᄅᆞᆯ 령ᄒᆞ셔 친주 주ᄉᆞ셩

심의 ᄀᆞᆺᄒᆞ신 ᄂᆞᆫ 톄ᄂᆞᆫ [illegible] 로 날 예수ᄅᆞᆯ 다려 ᄒᆞ여 우리 ᄆᆞ음에 계시게

ᄒᆞ샤 우리로 ᄒᆞ여금 이ᄂᆞᆫ 관 톄ᄅᆞᆯ 남으며 이ᄂᆞᆫ 맛ᄉᆞᆫ 맛드리며 이 ᄉᆞ랑ᄒᆞᄂᆞᆫ 졍을 부쳐이

ᄉᆞ로 쳐 의주 의인 ᄒᆞᄂᆞᆫ 덕을 엇게 ᄒᆞ셔셔 신도 셩톄 령ᄒᆞᆫ 뒤 ᄆᆞᄌᆞᆷ 음을 ᄭᆡ셔

ᄆᆞᄋᆞᆷ에 셩톄ᄅᆞᆯ 모신 후에 잠ᄂᆞᆫ 이 심 작 ᄒᆞ기ᄅᆞᆯ 엇더케 존진ᄒᆞ신 뎐ᄂᆞ뉴ㅣ 나ᄀᆞᆺ치며

쳔ᄒᆞᄂᆞᆫ 신부의 거이 며ᄃᆞ시 혈ᄒᆞ여 지잔ᄒᆞ야 주 히황 숭ᄒᆞᆫ 유ᄒᆞᆫ 지라 우

수현ᄉᆞᆫ 이 내 ᄆᆞᄋᆞᆷ에 계신 예수 겨ᄌᆞ후에 위쟐ᄒᆞ오며 셩ᄂᆞᆫ 마리 아ᄂᆞᆫ 우련 엇지

에덤ᄒᆞ신 ᄯᅩ 쉽 아ᄂᆞ지ᄂᆞᆫ 좌편 엇지에 뎜ᄒᆞ야 ᄒᆞᆫ 가지로 예수ᄅᆞᆯ 괴셔 ᄎᆞᆯ

기시ᄂᆞᆫ 지라 예수의 주 져ᄒᆞ시ᄂᆞᆫ 셩졍이 나의 비쳔ᄒᆞᆫ ᄆᆞᄋᆞᆷ과 합ᄒᆞ야 ᄒᆞ나히되

샤여러 계셔 신황ᄒᆞ신 셩부ᄅᆞᆯ ᄉᆞ랑ᄒᆞᄂᆞᆫ 불이 엉ᄒᆞᄂᆞ 회심ᄒᆞᆫ 가ㅣ 박혀잇ᄂᆞᆫ

반ᄂᆞᆫ 날의 가셔도 되면 뇌우ᄒᆞ신 ᄆᆞᄋᆞᆷ을 피ᄂᆞᆫ 날 되ᄅᆞᆯ 임 ᄒᆞ오야 라ᄅᆞᆯ ᄒᆞ게 ᄒᆞ시ᄂᆞᆫ 지라

내령혼은 예수의 령혼과 결합ᄒᆞ야 아조 되ᄂᆞᆫ 업셔지ᄂᆞᆫ 셔ᄆᆡᆺ슨 예수의 셩심과
련결ᄒᆞ야 새셔 조찰ᄒᆞᄂᆞᆫ 서븜은 예수의 주ᄋᆡ 영관합ᄒᆞ야 나의 결혼ᄒᆞᆫ 바ᄅᆞᆯ
깁ᄂᆞᆫ 나의 과실을 꼿쳐 새롭게 ᄒᆞᆷ이라 ᄂᆞᆫ 본ᄃᆡ 지극히 미쳔ᄒᆞ야 져ᄅᆞᆫ 티글이오 젹은 버레
ᄀᆞᆺ흔 죄인이니 죄만 짓ᄂᆞᆫ 죵이어ᄂᆞᆯ 마ᄎᆞᆷ 츙셩ᄒᆞᆫ 령혼의 어진 벗인ᄃᆞᆺ 치ᄃᆡᆨ을 ᄒᆞ락
ᄒᆞ시며 붓흠을 아시며 셩ᄋᆞᆯ 칙ᄒᆞ시ᄂᆞᆫ지라 또 ᄃᆡ군ᄃᆡ부시오 텬신의 왕이시니
곤폄ᄒᆞ시ᄂᆞᆫ 명령ᄒᆞ시ᄂᆞᆫ ᄃᆡ로ᄒᆞ며 벗ᄂᆞᆫ 쥴 거ᄉᆞ주시ᄂᆞᆫ ᄃᆡ로ᄒᆞ며 모든 일에도
라 보ᄎᆞ 지휘ᄒᆞ시ᄂᆞᆫ ᄃᆡ로ᄒᆞ며 ᄯᅩ 령신의 원이시니 온갓 질병을 다 곳쳐주ᄉᆞ
ᄯᅢ 욕졍을 누르ᄂᆞᆫ 스욕을 쥭게 ᄒᆞᄂᆞᆫ 졍리ᄅᆞᆯ ᄒᆞᆫ이 ᄂᆞᆺ게 ᄒᆞ시ᄂᆞᆫ 이에 감초와 되지
ᄂᆞᆫ 쥬ᄭᅴ 되시니 ᄆᆞᄎᆞᆷ 치뎐ᄒᆞᆯ ᄀᆞᆼ셰ᄒᆞᆫ 졔그 쥬셩을 ᄀᆞᆺᄎᆞ시ᄂᆞᆫ 셩ᄃᆡ 안에ᄂᆞᆫ 그인
셩ᄀᆞ지 ᄃᆞ로 삼ᄂᆞᆫ ᄎᆞ라 나이 리ᄅᆞᆯ ᄒᆞ신 은혜ᄅᆞᆯ 보ᄂᆞᆫ 밧아 감히 수ᄅᆞᆯ 갑ᄒᆞ리여
사ᄅᆞᆷ의 칭ᄒᆞ를 ᄒᆞᆫ을 요구치 못ᄒᆞᄂᆞᆫ 오히려 사ᄅᆞᆷ의 업수이 녀김과 사ᄅᆞᆷ의 욕되게
ᄒᆞᆷ을 즐겨 ᄡᅡᆺᄂᆞᆫ 쥴 되원ᄒᆞ야 예수 셩심의 밧으신 바 모든 욕됨을 갑히 원ᄒᆞ올

四十八

거시며 ᄃᆡᆼᄉᆞᄒᆞᆷ의 치ᄒᆞᆷ과 샹뎨의 의ᄅᆞᆷ을 본편치 말며 ᄯᅩ 담지 마라 예수 셩샹와

베ᄅᆞ진바ᄅᆞ든 은혜를 감히 갑흘 거시오 ᄯᅩ 오즉 셩뎨 안에 계시ᄃᆡ 합목ᄒᆞ야 ᄭᅳᆯ

ᄉᆞᆷ이 업ᄉᆞ신 오직 셩부ᄅᆞᆯ 더브러 ᄀᆞᆺ치 ᄒᆞ시니 내 이제 예수와 ᄀᆞᆺ치 ᄒᆞ신 표양과 방

블고져 ᄒᆞᆯ진ᄃᆡ 맛당이 ᄒᆞᆫ ᄆᆞᄋᆞᆷ을 힘ᄡᅥ 졍셩 편 ᄀᆞᆺᄀᆞᄂᆞᆫ 온젼이 오유ᄒᆞᆯ 향

봉ᄒᆞ야 오ᄅᆞ 쟝ᄉᆞ 괴로 내 몸은 ᄒᆞᆫ 다ᄅᆞᆫ 것 잇슴을 주ᄂᆞᆫ 거시 업ᄂᆞᆫ 새로온이 ᄆᆞᄋᆞᆷ이 ᄯᅡᄅᆞᆫ 것 ᄉᆞ랑

ᄒᆞᆷ을 원ᄒᆞᆫ 거시 업ᄂᆞᆫ 지라 온젼이 의ᄉᆡᆼ ᄒᆞ거든 ᄆᆞᄋᆞᆷ을 ᄯᅩ 허 보리신 온젼이 ᄂᆞᆫ 선ᄎᆞ리

ᄒᆞᄂᆞᆫ 공부를 힘ᄡᅥ 예수와 ᄒᆞᆫ가지 ᄒᆞᄂᆞᆫ 즐거ᄉᆞᆷ 다ᄉᆞᆯ ᄂᆞᆫ 흠지 ᄒᆞᆼ ᄒᆞ옵ᄂᆞ이다 감히

ᄉᆞ랑ᄒᆞ올 오즉 예수여 내 이제 너의 젼에 원의를 발ᄒᆞ오니 오날 네 명을 밧드ᄂᆞᆫ 몸으로

ᄒᆞᆯ다 "가져 네 ᄆᆞᄋᆞᆷ 셩겸 거 밧드러 드리ᄂᆞᆫ 거ᄉᆞᆫ 보단 견ᄃᆡ 네 쓰시ᄂᆞᆫ 거ᄉᆞ 계ᄒᆞ샤 네 뎡ᄒᆞ실

관할ᄒᆞ게 ᄒᆞ야 ᄒᆞᆫ가지로 밧드러 셩부ᄭᅴ 드려 영원ᄒᆞᆫ 영광이 되게 ᄒᆞ소셔 아멘

샹외 일뎨로 비진 뎐쥬 디셩ᄒᆞᆫ 길을 열어야 주 션회야 ᄒᆞᆫ 당신 된 부샹이

쉬운 거시오 도리 무샹을 브ᄅᆞ 친이 힘ᄡᅥ야 텬쥬ᄭᅴ 디원ᄒᆞᆷ이 ᄉᆞᄉᆞ로 친근ᄒᆞᆷ이라

구령ᄒᆞ자 ᄒᆞᄂᆞᆫ ᄆᆞᄋᆞᆷ이 시종의 뎨일노 긴ᄒᆞᆫ 진공이 되ᄂᆞᆫ 무상이라 엇지 이ᄂᆞᆫ 삼위일톄
로되신 텬쥬ᄭᅴ 되옵ᄂᆞᆫ 츌로ᄂᆞᆫ 면 셩회ᄅᆞᆯ ᄒᆞᄂᆞᆫ 신뎨 아니니 엇지 상ᄉᆞᆼ을 엇으리오
밧을 ᄒᆞ며 죄악을 피ᄒᆞᆫ 선공 회ᄉᆞ로 공부ᄅᆞᆯ 무상치 아니ᄒᆞ면 쥬의 계명을 범
ᄒᆞᆷ이어 엇지 구령ᄒᆞ리오 ᄒᆞ니 밧을ᄒᆞ되 오ᄂᆞᆫ ᄯᆡ 삼위일톄 된 말ᄉᆞᆷ은 텬쥬의 ᄌᆞᆫ뎐ᄂᆞᆫ 전지
젼션으로 ᄉᆡᆼ활ᄒᆞ신 세가지 셩품을 나누시미라 젼능ᄒᆞ신 셩부ᄂᆞᆫ 신쥬ᄋᆞᆯ
계셔 아니 계신 곳이 업ᄉᆞ신 쥬이오 또 일ᄂᆞᆫ 즁과 만셰 만민이 당ᄒᆞᆫ 갑ᄉᆞ로 셩부
톄안에셔 꿈ᄌᆞᆨᄒᆞ며 동졍ᄒᆞ며 ᄒᆞ옵 샹동ᄒᆞ야 셩ᄒᆞ올ᄂᆞᆫ 것은 젼지ᄒᆞ신
셩ᄌᆞᄂᆞᆫ 신광으로 계셔 아지 못ᄒᆞᆷ이 업ᄉᆞ신 쥬ㅣ 샹ᄒᆞ의 셩ᄉᆞ와 화복 길흉이로
공지ᄒᆞ고 장악ᄒᆞ시ᄂᆞᆫ 즁에 잇셔 상션벌악ᄒᆞ시ᄂᆞᆫ 권을 잡아 계심이오 젼션ᄒᆞ신 신셩
ᄋᆞ신 ᄌᆞ광으로 계셔 아니 밋최시ᄂᆞᆫ 때 업ᄉᆞ신 쥬ㅣ 셩부의 셩양ᄒᆞ심과 셩ᄌᆞ의 구
속ᄒᆞ신 은총을 발ᄒᆞ야 ᄒᆞᆼ샹 우리 ᄉᆞ졍을 보우ᄒᆞ시ᄂᆞᆫ이라 이러ᄒᆞ시되 원
ᄒᆞ야 각각 뎨 삼위이나 밧ᄋᆞᆫ 이 나힘ᄒᆞᄂᆞᆫ 악을 궁허리ᄒᆞᆫ 법나 셜에 쥬창ᄒᆞᆫ

四十九

야 나아갈 일을 무샹치 아니ᄒᆞ면 스ᄉᆞ로 텬쥬ᄭᅴ 벌ᄂᆞ니 ᄒᆞ야 ᄯᅥ러지리니 이런 사ᄅᆞᆷ은
은 샹히 샤마의게 되엿ᄒᆞ야 영혼 밧을 공부만 묵샹ᄒᆞ니 어지원 통치 안나
ᄒᆞ며 묵샹치 아니ᄒᆞᆷ이 ᄯᅩ 비유컨대 우리 사ᄅᆞᆷ의 의ᄉᆡᆼ이 ᄒᆞᆫ 그릇 ᄀᆞᆺᄒᆞ야 빈여
이지 못ᄒᆞᆯ거시니 만일 향긔러온 즙을 담아두면 그 향긔러온 긔운이 올나
우희로 ᄉᆞᆺ들 거시오 후 더러온 즙을 담아두면 그 악ᄒᆞᆫ 긔운이 아래로
흘너 변ᄒᆞ여 업게ᄒᆞᄂᆞᆫ 것들이오 ᄯᅩ 우리 사ᄅᆞᆷ의 공이 거울 ᄀᆞᆺᄒᆞ야 아니
빗칠 수 업ᄉᆞ니 만일 우희를 향ᄒᆞ야 비최면 텬쥬도 거울 ᄀᆞᆺ치 ᄯᅡ로 빗
최여 ᄉᆞ랑ᄒᆞᆯ 거시오 후 아래로 ᄇᆞ아 비최면 샤마 ᄯᅡ로 응ᄒᆞ야 셜
최겨ᄒᆞ리니 이거시 ᄂᆞᆷ오ᄂᆞᆫ 우리 ᄆᆞᄋᆞᆷ에 ᄇᆡᆨ션이 ᄂᆞᆫ 외외 웃 혓지 아니ᄒᆞ리오
우리 교우 ᄎᆞ례들은 묵샹 ᄒᆡᆼ의 요긴ᄒᆞᆫ 길을 ᄎᆞᄌᆞ ᄒᆞ여 히 ᄉᆡᆼ각ᄒᆞ
여 볼지어다 아멘
텬쥬의 ᄆᆞᆫ 가지 은혜 다 예수의 셩혈을 말미암아 베프시ᄆᆞᆫ 열두 가지 쥬ᄒᆞᆯ 뇌

ᄒᆞᆸᄒᆞ야 죵회모든법들고 더브러 ᄒᆞᆫ가지로 뎡셰ᄒᆞ고 흠슝히 넉여 각ᄀᆞ 실ᄒᆞ며 어긔여 원ᄒᆞᄂᆞᆫ이 ᄒᆞ라
예수ㅣ 친히 셰우신 ᄃᆡ로 가ᄅᆞ치샤 거ᄅᆞᆯ 사도ㅣ 계ᄉᆞᆷ이 ᄒᆞᆫ별이 공경ᄒᆞᄂᆞᆫ 이와 ᄀᆞᆺ
장ᄂᆞᆫ 죵신의 의 본ᄇᆞ ᄒᆞ여시ᄂᆞᆫ 또 샹ᄎᆞᆯ을 원ᄒᆞ야 졍셰케 ᄒᆞᄂᆞᆫ 자의 계장ᄎᆞ은 ᄒᆞᆨ
을 셩이 베퍼 ᄒᆞ야 ᄒᆞ여음 신ᄃᆡ을 멋어 ᄌᆞ좃ᄎᆞᆫ ᄒᆞᄂᆞᆫ 샹츈의 ᄆᆞᄋᆞᆷ으로 ᄀᆞᆫ회에 ᄒᆞᆫ 것 ᄎᆞ ᄒᆞᆫ
셩ᄉᆡᄂᆞᆫ 오주 뎡의 ᄎᆡᆨ 원을 힘 ᄡᅳᄂᆞᆫ 쟈ㅣ 다ᄡᅳᆺ 당이 이 공부ᄅᆞᆯ 즁히 볼지어
다 예수ㅣ 친히 고ᄒᆞ신 셜 드ᄀᆞᆺ지 은춍 ᄎᆞ욕을 이ᄀᆞᆺ치 버려 쓰ᄂᆞ니라 一은 내셩
실을 공경ᄒᆞᄂᆞᆫ 자ㅣ 다 우에 모든 간 ᄋᆞᆫ ᄒᆞ은 혜ᄅᆞᆯ ᄒᆞ시오 二ᄂᆞᆫ 대회 집안에 평
화ᄒᆞᆷ을 주어 지심오 三은 대회 ᄒᆞᆫ 종 즁에 위ᄒᆞᆯ 되게 ᄒᆞ시오 四ᄂᆞᆫ 쥰 ᄯᅢ와 ᄒᆞᆨ 벌
이럼 즁ᄯᅢ예나 ᄃᆡ화진졀ᄒᆞᆫ의 ᄃᆞᆼ이 되게 ᄒᆞ시오 五ᄂᆞᆫ 대회의 황ᄉᆞ에 ᄑᆞᆼᄒᆞᆷ이
강복ᄒᆞ시오 六은 죄인들이 내ᄆᆞᄋᆞᆷ의 의ᄅᆞᆫ 호이 ᄒᆞ 의 ᄉᆞ악 가시 발ᄒᆞᆷ을 ᄋᆡᆨ ᄒᆞ시오
七은 핑ᄃᆞᆫᄒᆞᆫ 자ㅣ 열심ᄒᆞ여 ᄒᆞ시오 八은 ᄉᆡ히 ᄃᆞᆨ 희 ᄒᆞᆫ 외에 ᄂᆞ오시오 九ᄂᆞᆫ
내셩셰 샹ᄒᆞᆯ 되여 온 망ᄒᆞᄂᆞᆫ 집에 흉ᄒᆞᆫ 을 베플어시오 十은 주ᄋᆞᆨᄒᆞᆫ ᄆᆞᄋᆞᆷ이
五十一

난도치화케 치(ᄒᆞᆫ)ᄒᆞᆷ을 허락의지 ᄒᆞᆯ 거시오 十一은 ᄂᆡ 셩신 공경ᄒᆞᄂᆞᆫ 쥬ᄌᆞ ᄒᆞᆫ 쳔

ᄒᆞᄂᆞᆫ 자들의 엘ᄋᆞ음을 ᄂᆡ ᄆᆞᄋᆞᆷ에 ᄉᆡᆨ여 명ᄒᆞ이 이의지 ᄒᆞᆯ 거시오 十二는 암흡 ᄯᅩᆼ

안에 ᄯᅥ러져 ᄆᆞᆯ 졍졍ᄒᆞᆫ ᄯᅢ 그ᄯᅢ 련셩ᄯᅢ ᄒᆞᄂᆞᆫ 이의지 션의 ᄂᆞᆼ주 ᄒᆞᄂᆞᆫ 죄인 ᄉᆞᆯ

버서 남다 셩스 맛ᄂᆞᆫ 쥬ᄂᆞᆫ 혼ᄒᆞᆼ을 ᄌᆞᆯ 거시오 또 ᄒᆞᆫ 홍ᄯᅢ ᄂᆡ 셩ᄉᆡᆼ이 며회 진ᄯᅳᆯ

ᄒᆞᆫ 의 ᄒᆞᆫ이 ᄌᆞᆯ ᄒᆞᆯ을 ᄂᆡ쥬히 ᄌᆞ비ᄒᆞᆫ ᄒᆞᆫ 은혜로 ᄂᆡ게 회허ᄒᆞ도 ᄒᆞ신 지라

나 ᄯᅩᄒᆞᆫ 그 ᄯᅳᆫ을 ᄂᆡ 주셩ᄒᆞᆫ 칙 업ᄉᆞᆫ 업ᄉᆞ다 ᄯᅢ 명ᄒᆞᆫ 나 뵈지 인ᄒᆞ 쟉

들의 명ᄒᆞᆫ 주ᄒᆞᆯ 본분을 ᄒᆞᆼ상 쥬쟝 셩신의 ᄯᅳᆺ 지레 ᄒᆞᆯ 션은 폐ᄲᅮᆫ

밋ᄂᆞᆫ 보단 주ᄒᆞᆫ ᄯᅢ문이 ᄂᆞᆫ다 남ᄂᆞᆫ다 ᄒᆞ여 ᄒᆞᆯ ᄯᅢ 믄리 양 셩ᄒᆡ 안에

ᄯᅢ 진 셩신이 셩부ᄒᆞ양ᄒᆞᆫ ᄒᆞ야 졍안이 숫시 며 졍쥬 ᄒᆞ야 본셩치 아니

ᄒᆞ셤을 신앙ᄒᆞ는 니 셩앙이 이에 뫼쳐야서 조ᄅᆞᆼ이 우려ᄒᆞ 셩션과 합ᄒᆞ야

ᄒᆞᆫ 흡 동졍이 다 쥬 ᄒᆞᆯ ᄉᆞ랑ᄒᆞᄂᆞᆫ 형과 ᄆᆞᆼ을 두ᄅᆡᄂᆞᆫ ᄯᅳᆺ을 일우어 ᄒᆞᆫ

ᄒᆞᆫ 션 ᄉᆡᆼ 과 박 ᄃᆞᆫ 두 도 ᄃᆡ지 아니 ᄒᆞᆫ 구시 업ᄉᆞᆫ ᄒᆞ여 업 ᄃᆡ 여 주ᄒᆞᆫ 과

올녀셔 ᄉᆞᆷ은 빗아ᄂᆞ니샤 ᄂᆞᆺ외 ᄎᆞᆷ를 ᄉᆞᆷ주어 유익ᄒᆞᆫ 영혼을 ᄌᆞᆷ아 어기ᄃᆞ지 ᄒᆞ셔야 ᄒᆞ리

히ᄂᆞᆯ 닷ᄒᆞ야 주ᄅᆞᆯ 섬기너 ᄒᆞᄂᆞ이다 아멘 ᄃᆞ시 ᄂᆞ여 ᄇᆞᆯ ᄒᆞᄂᆡ 지츅ᄒᆞ이ᄂᆞᆫ ᄯᅢ에 수

영혼이며 이 날 ᄯᅩ 오ᄂᆞᆯ은 ᄒᆡᄅᆞᆯ 네시 감샤ᄒᆞ오며 ᄯᅩ 오ᄂᆞᆯ 밤 니 평안ᄒᆞᆫ 쇽 ᄀᆞᆯ 네게 부탁

ᄒᆞ야 네 성심 가온ᄃᆡ 평안이 ᄂᆞᆺ너 ᄒᆞ오며 ᄂᆞ ᄒᆞ이러 거여 주ᄅᆞᆯ 찬송치 못ᄒᆞᆷ을 ᄂᆞᆫ 니쉰 넘

괴ᄀᆞ ᄒᆞ야 ᄉᆡ 보 ᄌᆞ쥬 ᄒᆞ던 ᄒᆞ온 ᄯᅢ 너 ᄀᆞᆷᄋᆞᆫ 이 ᄯᅳ 번 ᄀᆞ은 ᄃᆞᆼ ᄒᆞᆫ ᄯᅢ 너 ᄯᅩᄒᆞᆫ 되 간 ᄒᆞ야

ᄂᆞᆺ번 찬송 ᄒᆞ시오 이 ᄯᅩ 되양 ᄉᆞᆷ 줄 ᄯᅢ 따 되 네 성ᄌᆡ 이 빠ᄋᆞᆫ 드며 ᄒᆞ뫼 서일 ᄌᆞᆼ을 ᄎᆞᆫ

성부 겨드니 섬 만 ᄂᆞᆫ지 ᄒᆞᆫᄉᆞ 되다 내 뜻이 일외 이 ᄀᆞᆺ치 셩ᄌᆞᆯ ᄒᆞ오니 밤이 못 도

륵 ᄒᆞ옵 ᄒᆞᄂᆞᆫ 수 되ᄂᆞᆫ ᄌᆡ ᄯᅢᄅᆞᆯ 다 ᄂᆞᆫ 셰 쥬ᄅᆞᆯ 찬송 ᄒᆞ오며 쥬ᄅᆞᆯ ᄉᆞ랑 ᄒᆞ

옵기ᄅᆞᆯ 원 ᄒᆞᆸ이 ᄂᆞᆫ 쥬이다 아멘

미사 ᄎᆞᆷ예 ᄒᆞᄂᆞᆫ 송이라 이 송은 셩ᄃᆡ 밧ᄀᆞ니 다외 졍 ᄒᆞᆫ ᄒᆞᄂᆞᆫ 바ㅣ니 우니 ᄃᆞᆼ이 ᄂᆞᆫ ᄆᆞᆷ

오ᄂᆞᆯ 텬벌 ᄒᆞ야 외우면 가히 ᄇᆞᆯ셩외 조뎐을 더ᄒᆞᆫ ᄃᆞᆺ ᄒᆞᆫ 이라

텬쥬 셩부여 이제 네 ᄎᆞᆼ외 ᄒᆞ시ᄂᆞᆫ 셩ᄌᆞᆫ 뎨ᄉᆞㅣ 삼ᄌᆞ 가 우희셔 밧으지 ᄒᆞᄂᆞᆫ ᄃᆞᆫ

외 끼ᄃᆞ 치ᄉᆞᆫ 조ᄅᆞᆯ 가져 밧드러 네게 졔헌 ᄒᆞᄋᆞᆸ이다 ᄒᆞᆸ이라 네게 쟝히 그 뒤ᄅᆞᆯ ᄃᆞ다 ᄌᆞ괴 십ᄌᆞ가ᄅᆞᆯ

五十一

지ᄒᆞᆫ다ᄂᆞᆫ 눈을 돌게 ᄒᆞ야 맛ᄂᆞᆫ 을 ᄒᆞ온을 모ᄃᆡ게 ᄡᆞᄃᆞ되 ᄉᆞ온 우리 업ᄃᆡ여 빌건대
이셔 ᄌᆞ극히 제헌ᄒᆞ온 신의 ᄌᆞᆷ 받아ᄃᆞ리샤 우리 영신의 유익을 삼으소서 또 소셩
심의 조합ᄒᆞ야 모든 원ᄂᆞᆫ 모든 ᄃᆞ나 모든 덕과 모든 힘을 ᄒᆞᆫ가지로 받아 ᄂᆞ리사셔
우리 들의 ᄉᆞ후 주졔 ᄒᆞᄂᆞᆫ 보비 갑슬 얻어 예수와 ᄀᆞᆺ치 상텬 영복을 누리게 ᄒᆞ소셔 이원
의 맛괴ᄂᆞᆫ 우리 구ᄒᆞ되 ᄂᆞᆫ 원의 업ᄉᆞ옴과 예수 셩심의 공졍이 우리 모든 등
졍에 븟치이지 아니ᄒᆞ오셔 업ᄉᆞ온 지간이 우리 모든 공졍에 븟치여 겨신
즉 우리 네게 제헌ᄒᆞᆷ이 ᄭᅡᆺ갑ᄒᆞ온 등ᄒᆞ온 우리 업ᄃᆡ여 구ᄒᆞᆫ 건대 받아ᄃᆞ리샤
우리 들의 죄를 속ᄒᆞ시며 네 공은 혜를 갑ᄉᆞ케 ᄒᆞ시며 우리 간구ᄒᆞᄂᆞᆫ 셩총을
넘ᄒᆞ시며 우리 남은 ᄉᆡᆼ을 주셔 되ᄭᅡ지 우리 들의 젼심ᄒᆞ온 당신 주를
ᄒᆞᆫ번ᄯᅩ 와 한이 ᄒᆞᆫ ᄯᅩ 을 위ᄒᆞ야 ᄒᆞ신 도ᄅᆞᆯ ᄒᆞᆫ서 ᄯᅢ가 너를 쥭히 ᄒᆞᆫ 쥭히 광
영ᄒᆞᆫ 바ᄅᆞ 오직 그 셩심으로 말미암아 유익ᄒᆞ이 제 그 셩심으로 ᄒᆞ여 네 대젼에 받드려
드리ᄋᆞ이다 아멘

편쥬ㅣ ᄒᆞᆫ셩ᄒᆞ여 산뎍을 ᄯᅢ 조샤 입의 다ᄒᆞ니 신ᄉᆞ에 ᄂᆞᆫ 각ᄒᆞ 혀 즈ᄅᆞᆯ 해와 주

심의 그 분혼을 서로 직히여 션시 션홍ᄒᆞ라 진명을 아오로 ᄒᆞ야 원뵨 ᄀᆞᆺ 샤죨 ᄯᅥᆫ 유

ᄃᆞᆫ ᄒᆞᆫ 오ᄆᆡ 일은 변 거구ᄒᆞᆯ 것 ᄃᆞᆫ 음이로다

뎨 발다 ᄂᆞᆫ 본릐 ᄎᆞᆼ만 ᄒᆞ예로 대셩ᄆᆡᆼ자의 주슈라 면 당이 셥에 외존ᄒᆞ야 미

칙녀 져흠을 외이ᄂᆞᆫ 혼티 혼ᄒᆞ 섭여 ᄃᆡᆫ에 나 가ᄅᆞᆫ 뎌 봉고 ᄒᆞᆫ 본향에 노뎌

강히 술 ᄯᅢ 고쳐 ᄒᆞᆫ 단 ᄂᆞᆫ 간혼 ᄯᅳᆺ으로 펀쥬를 공경ᄒᆞ야 즈 거 ᄆᆡᆼ은 주ᄒᆞ기를

힘ᄉᆞᆷ 서 발다의 본 셩이 잘 직히 ᄒᆞᆫ 우풍ᄒᆞᆫ ᄃᆞᆺᄒᆞ야 대폐로 부모의게 효순ᄒᆞᆷ

이나 동긔간 화목ᄒᆞᆷ이나 모든 사ᄅᆞᆷ을 ᄉᆞ랑ᄒᆞᄂᆞᆫ 도리에 조곰도 흠결ᄒᆞᆷ이 업

ᄉᆞ니 미양 경박ᄒᆞᆫ 세쇽 련도에ᄂᆞᆫ 버서나ᄂᆞᆫ 것 치 잔 ᄒᆞᆫ 지라 그 ᄂᆡ 므로 처음브터

셩교 도리를 확실이 밋어 혼비 슈 쟝을 ᄌᆞ원ᄒᆞ야 병인 ᄎᆞᆼ과 츙의 원혐ᄒᆞ니 명

이라ᄂᆞᆫ 삼ᄀᆞ 되신ᄒᆞ야 그 ᄎᆞᆷ 잔ᄒᆞᆫ 뎍을 ᄒᆞᆫ 쟝 보존ᄒᆞ시고 그 집 뎍을 가히 한

복ᄒᆞᆯ 너라 이 ᄃᆡ 방 극 ᄒᆞᆫ ᄃᆞᆫ 베드루의 지의 ᄐᆞᆨ ᄒᆞ야 ᄆᆞᆫ 뎌 ᄂᆞᆫ 뎌와 및 ᄉᆞᆫ 쳐음에 ᄌᆞ명 ᄒᆞᆫ

五十一

공부의유익을위ᄒᆞ야신덕셩톄와 ○[받음] 대강긔록ᄒᆞ야시험ᄒᆞ며분간분착ᄒᆞ엿
더니ᄌᆞ우ᄯᅢ히에대셜ᄒᆞ야다시무어본주남교라시취ᄒᆞᆫ단ᄒᆞ엿시며그즁신도뭇
항문을그가히밋을더랴ᄌᆞ우의셔울이ᄌᆞᆫ쟈ᄋᆞᆫ이ᄒᆞᆫ지문ᄀᆡ그되며되ᄌᆞ쟉ᄒᆞ엿
리아네쓰ᄅᆞᆯ분시ᄒᆞᆷ당ᄒᆞᆷ을은음낙와엄ᄒᆞᆫ동안이ᄋᆞ다가우연이병드러의겁ᄒᆞᆯ
ᄒᆞᆫ오른쿤아ᄒᆞᆫ의지동과ᄒᆞ야우라ᄒᆞᆫ바신부ᄅᆞᆯ령졉ᄒᆞ야ᄒᆞᆫ회봉셩톄ᄒᆞᆫ
그날ᄋᆞᆫ아ᄒᆞᆫ[을]이다ᄯᅢ왓ᄂᆞ냐본ᄅᆞᆫ연이수랴ᄒᆞᆫ후에잠ᄎᆞ다시곱지념ᄒᆞᆷ
그션즁ᄒᆞᆫ빙거ㅣ여러ᄉᆞᆺ치더라그졍셩ᄒᆞᆫ의ᄅᆞᆯ보던지그담즁예비ᄒᆞ[는]챠
법이던지그지뎨ᄌᆞ찬ᄒᆞ야아ᄅᆞᆷ다온모양이던지본ᄂᆞᆫᄌᆞ가히[친셔]ᄒᆞᆫ단ᄒᆞ
더라셩ᄋᆞᆫ남녀교우ㅣ만이모드여셔도둔ᄯᅢ부의밧겁을만히배ᄒᆞᆫ고로관과
을우이여비ᄒᆞᆫ황샹면졍ᄒᆞᆯ과ᄌᆞ의되ᄌᆞ더ᄒᆞᆫ비ᄒᆞ던ᄂᆞ동심ᄒᆞ며명이되ᄋᆞ에
뭉ᄌᆞ을보더히ᄂᆞᆫ새벽ᄯᅢ셩ᄒᆞ야동산솝호령듸동남향최주에장ᄉᆞᄒᆞ엿서。
[발더의나히그ᄯᅢ륙십륙이라]
○[redacted]쥬모의운ᄯᅢᄋᆞᆫ이러ᄒᆞ○[그]셧지셜즁호ᄅᆞᆯ못리감사ᄒᆞᆫ이와

안흔 형뎨와 ᄌᆞ녀 보치 인ᄒᆞ며 ᄂᆡ 또 ᄃᆞᄌᆞ ᄌᆞ의 주명 ᄉᆞᄂᆞᆫ 알흐고 ᄉᆔ 되옵도 알ᄉᆞ 업ᄂᆞᆫ
쥬ᄋᆞ의 운명도 엇어 ᄒᆞᆯ 실 지안지 못ᄒᆞ오니 오다ᄒᆞᆫ 태초가 시주ᄒᆞᆯ 도ᄅᆞ지 오쥬 예수와
셩모 ᄆᆞ리아와 요셉 아ᄇᆞ지 셩상을 가ᄒᆞ 젼에 받드러 두엇ᄉᆞᆫ즉 봉ᄒᆞ야 ᄒᆞ시ᄂᆞᆫ 운명을
살셔 시션ᄒᆞ옵ᄂᆞᆫ을 ᄀᆞᆫ구ᄒᆞᆫ ᄯᆞᄅᆞᆷ이로소이다 아멘

金在旼 金在晥 金在映

金若翰에 四代子孫

金天主 桐一 下殿

昭和四年

V

奉教自述 漢文寫本

奉教自述

奉教自述序

凡夫人特蒙天主之恩入教者其路多端有或耽道理之眞而進者爲有
或妄望天福輕惻獄禍而趨者爲有或以爲在世見何利益而投者爲有或
覬其世態從風而靡者爲此皆入於守誠之路天主以全能安施安排之恩而將
有永靈之望噫彼所謂舊教子孫中以其懈怠傲慢者言之甚可哀痛何
也不識遷改之道而以其怠心稍不學習道理之奧妙以其傲性猥若熟知道
理之眞境自信自誇去益放縱哀此人斯靈魂事情將至何境耶念及
於此不忍見聞所及也追憶吾主耶穌親負十字架往加爾略山之中路顧
謂若干教友曰信我子女輩不哭我而哭汝罪及子孫凡爲基利斯當者
皆可遵奉此聖訓而以如我石堅冰凍之心固無奈何惟仰望吾主聖心之
愛火炎炎而所以懇永者特垂矜憐薰陶此輩之冷心以若愛主愛人之熱情
使各務自己永靈之功而更想各人永靈之功何在眞道自證書云認己

而認主愛主而愛人大抵於無我中天主特以好施之恩德賦我靈軀結合
而生焉靈魂則肖像天主而三司包涵信望愛三德矣肉軀則皆染原
罪而胚胎驕傲慳吝迷色憤怒貪饕懈怠嫉妬七罪矣然其靈魂上分
承順主佑壓服肉情以爲教●吾人各認自己之至賤至惡更認天主之至尊
至善而有何罪過皆歸於己自恨自尤可也有何善德皆歸於主感謝主恩
可也且人皆爲天主大父之肖子四海同胞天下皆兄弟則豈無友愛之性情
乎若不相愛不如禽獸大父公義之下見其責罰至於何境耶聖子耶穌
欲救我們之如此罪罰釘死十字架上之形像爾今仰想否耶穌曾謂有
人欺藐我小子者懸其頸磨石猶若投重錘於深淵矣豈不戰兢哉
人而藐視同胞而不愛是直不愛天主大父以若不愛主父之心敢言爲自己
救靈而守誡乎天主十誡總歸於愛主愛人二端無論誰某於守誡之路
或與人不合至有憤發難忍之時以超性道理卽想三位一體天主在

此俯鑒垂聽之八公義則俄頃憤火庶幾自消矣如我愚蒙老拙自
不識感謝主恩痛悔己罪懇祈所求之三情而自嘆自責庶或俾後學
子孫中明利者為其徵戒各於救靈神上工夫少有助於避惡趨善之實效
敢冒諭陋如是自述

天主降生一千九百一年辛丑三月上澣

明道會後學老拙金若翰

主母臺前祈求謹誌

感謝領洗入教之特恩

如我罪人亦以簪纓後裔生於鄉居大姓農家自幼無心於稼穡一遵父兄
之教訓晝宵吾唔年至十五六稍知科文體格詩賦間俱為成篇之樣世俗
所稱科儒也為世累所牽遨遊於京都名利場中或與族戚間宰相各士交
結為友留意功名或設庠舍招聚學童而教之為其些少權利也如是
觀光十餘年來最此旁騖之實為俗隨多傷而然歟偶以重〻病數朔危境
之餘一日忽然起想人之為人惟一心為主矣往我所遊經營者於我心有何

二

緊要耶自後一不相從於宰相名士之門更想逐年十餘次所營之科藝如或掛名爲人羈縶自不能從心所好仰不愧天俯不怍人乎然爲多年交遊之伴所拖雖身入場中以自名不復見科而絶路於名利窃欲靜居心切而廣聞博覽然俗書總無覺心之方矣適聞有人袖書而來慰我曰京觀此書受以閱覽則儒老釋三道之論而題名曰性命圭旨何謂也釋道則先性後命性自覺而命自壽矣老道則先命後性命自壽而性自見矣儒道則兼行性命單性爲道而身命亦保矣此於我心初不合當以其濟不識眞道之見處或有導氣却病之方而又欲試觀必寡欲之法盡宵勤工少寐多寤拖至六朔之後果然身病却矣世慾遠矣自顧心境猶如高出天半洗滌世塵也此據功夫以前有他異端所試世俗所謂異人工夫者以影筭乘歸法年月日時四計天道循環國祚長短識之凶豊人之禍福能推數明知云矣若是迷陷於異端虛妄之罪人天主以

至仁至慈特垂俯憐歎忽起憶故舊之心行近十里抵下南村後洞李瑪竇
家扣門則主人獨坐看書檯冊藏置後起座延接因其見疑寒暄畢即
探其書覽之乃天主道理之論而冊題則盛世芻蕘也一句一節皆醒
我心於焉閱日已夕矣告歸時袖其書上一卷而来明獨達夜熟心畢覽翌
日復去袖其書下一卷而来依昨閱覽次早去向主人曰此道理書必多矣若不
續見我心難抑何為則好耶主人曰然則隨我而来喜而隨去西小門
内城廓在洪多默家也早有面分聽我之意而笑言曰此後續見此書云故頻
往借覽而閱如此高大之道理書中為其祖宗者何書歟曰聖經後一日往
詢則冊然云余曰聖經無耶曰無此乃聖經奥妙之義初聞教以為
難知之鏡矩言之也余曰為聖教祖宗之聖經不得見豈能聖教奉
行乎洪友復云明日再来明早往問洪友知之熏達張主教前而其不遑裝
冊之聖經全帙特許出給矣挾来近一朔閱歎心閱覽自憶我誠攬聖

三

書者多而一無着疑處恒心喜樂恨不早識此道理當從速奉行問答
四本及早晩課玫瑰經循序稀備一日忽憶同志友李雲擧先招上來春
夏間相與講習道理其年八月張主教前借蒙領洗堅振之恩李友
本名西滿我之本名若翰也奉教後非獨厭居京都之心尤切親族間
皆令忠孝於大君父而救其靈之微誠也即辭京城流落本鄉留欲廣
揚聖教該地方人心愚頑難化固執於祭先異端也親屬男女初聞
天主道理皆曰是擋於虛驗爲言大行後該可奉行及欲禁聖教作黨
來會威嚇曰爾在親族叢中獨行國禁之事將有禍及族屬之辱矣
欲奪我聖教書[illegible]焚燒奪先長孫中一兄手持斧將欲斫破藏書之櫃而
甚氣大發余乃伏於櫃上云但燒此書而我身生在則將益倍加此書而存之
此身不存然後可以塞此冊之源更爲深思而處分焉兄投斧而退去矣後
幾日復聚毀家故余乃語衆曰勞力毀家是逐我之意暫且休力爲

好略備酒膳以待之仍吉下直曰即令擕妻子離去願領此家任其處分焉
是日也余去他方借得空家一間留在妻子束裝荷道理書箴
卷渴心所去東奔西竄覓勸化外人勿論貴賤老少隨對而皆敬禮接之
到處家々皆善食之所言人々皆善聽之所以信從者次々增數不久
至五六十名矣引導此們去京已為領洗毎年辦公時迎接無家甚為
難便故擇其靜地於瑞興北面蟾谷創設公所召聚教友四五家後為開
天主道理來訪者日不下四五六人矣其秋迎接主教之日該地方外人
大姓妻族少年輩五六人欲觀洋人其夜察考時忍闖房門衆至余
速起驅出場外曉諭以體度不合之意俱逐去而入侍主教不行聖
事來日為去吩付矣余曰何如是吩付主教曰俄者魔鬼出惡也稟曰不然
少無念慮豊曰一定無某樣念慮否一定無慮也豊曰爾信如此可
行聖事矣其時辦公果無事行過常念聖母保護之恩感激無地仰慕頌祝　榮光經一遍
四

陪張主教傳教於外人大村中逢着窘難特蒙主母保護脫免危險感恩

無地而悔過自訟

李西滿本鄉數百戶大村中惟一家最先聞教大人五六食口同心勉力皆爲領洗預備矣其內主老婦人偶然得病至於危險甚痛甚求領洗罪而死懇請主教迎接事情如是切迫應探主教在處適傳教在載寧信川等地也詳錄病者之由領洗者之數擇令善步者馳告矣主教知此報之意即爲行次來臨迎接侍大房翌朝彌撒後聖事蕆記時上下村中好事者數三十名偕來入庭圍立頸戴高冠身穿長衣手持烟竹最前者高言曰張主教在何房耶願一見貴賓余即出引接坐定於廣場後修人事曰僉尊何如是失體乎以我國體度體面言之欲見貴賓不得不具衣冠而後敬之待之況欲見他國品位極尊之貴賓而如彼褻慢何也誠有欲見主教之心更着衣冠來見似好也有一早熟面者出班詰我曰他國之貴品位

極尊何謂願聞之余曰吾人無論誰其皆受天主大君父之命而品性生世
敘尊曾知否答早皆知之余曰然則爾所知孔孟之教為善者天主報
之以福為不善者天主報之以禍且自祖先傳來之言勸善曰善者好處歸
誡惡曰惡者惡處去此亦知而信乎衆皆含默無語老熟一士對言誰能
去好處惡處而自覩乎余曰何許酬酌如是耶俄者言內人皆受天主之生命
而為人皆知之伊時目能見天主而知其受生命耶人若目不見己死祖上
則豈曰祖上無耶凡夫世人如是愚蒙皆如孔子之所言獲罪于天主無
所禱也是故如我張主教早受天主命以教世人有行善避惡之權而品位極
尊也衆憮然相謂曰為天主學者曾旁抱帶蘇秦張儀欺難當其言
余曰不然爾們所共學孔子之言忘却耶觀於海者難為水遊於聖人之門者
難為言彼人斯皆無言而退去矣主教知此動靜從行領洗聖事於幾
人餘皆待令於前公所為教而治行離去之路惡黨四五人撓止來轎故

五

奪捕撒聖物適其地方大場市之日也數千百場軍士欲觀此光景滿山遍
野足疊肩磨余追後而去當此地境所信者惟仰望主佑而已乃振勇
趨乘轎前立主教兩手抱捕撒諸物對惡黨隨問隨答曰祭獻天主
之衣曰祭獻燭臺曰祭獻酒爵終奪咸豐皇帝公文而問曰此何物
耶主教答初為朝鮮人民出来之時爾國君之君咸豐皇帝以善教
朝鮮民人等之意付託於主教之公文惡黨曰怎麽然耶乃取掛其
腰帶後余從後奪取廣布朗誦曰爾皆詳聽之惡黨聽而不聞曰
怎有其然之理耶復奪我而藏置於泥渠之兩襟間(內我)。無奈何主教督
顧分付曰此地方無官長耶惡黨曰地方新灘有官長曰然則速去官
長處惡黨言內我乃遂安地方之人當去遂安叱喝轎軍旋驅乘
轎主教分付曰從彼所願去而去日已夕矣陪監於場代旅店而進饌
監不(稍)下箸退床矣在下幾人豈敢就食但悚惶陪從是日大會場軍皮

塲從男女老幼或上屋據籬滿庭趁階而其中或有欲親主教見面聽
音者爭先而爲後人所推擁門入房將至有壓膝之境然不可以
威退却而監亦云不禁矣余回見擁門圍立中有或熟面之一二
士人以良順温語步退其最所押近者而諭曰爾等不識主教之品位尊
高而如是執褻押於爾體度可不愧哉乃舉聖教道理之言而諭其人者
有一靈魂之係更顧衆曉言曰人若不知自己靈魂豈能知主教也
品尊乎提其靈魂妙理第次明辨爲衆初聞靈魂之說若有甚麼
意思拱手默聽監察其動靜以輕飴苦難之心舉手撫膝曰爾所言
甚好更多言之若此至夜半忽然大雨若傾注衆皆散去雞初鳴雨
適止暗相惡黨出給若干錢兩還退取公文紬上監即去行次雨雖止川
大溢九曲土橋（橋）皆漂流矣乘轎高舉肩荷以渡過昨逢難之街巳明
矣酒莫命之人開門出立倡言曰張主教過去了余因回想協從惡黨之去

六

就可探知之意趣乘轎前稟告此意監亦然矣即回行渡九曲寒冷之水而到場
。坐腹空身戰稍難堪耐於初到酒店和問請一盃老翁虛座請入曰何
如是還來余曰暫有顧見事主翁曰昨夕陪主教所以談論大槩聽
之大旦聖之教訓也誰不心悅誠服哉酌酒懇勸而他們連來三人皆如
主翁之言而讚美聖教更乃可推場坐衆人心法以知之然惡黨五人之去就
不知故往問客主則云皆已散去各歸其家久矣少無疑慮即還追乘轎
上京伊時主教宅南門內米廛後大家也一日彌撒後拜謁告退監曰
出在舍廊云故出而少俟服事洪友持出大簡一封以示之自京以西北
諸。道傳教之權會長是定也余覽畢曰如我者弱愚蒙者何敢擔當
此重任哉以此意更稟為言洪友揮手止之曰不可仍告退下來默思則
今番余敢迎接主教於外人村中如此貽苦辱不勝惶悚伏求吾主聖母俯
憐此罪人而寬赦焉　亞孟

因張主教命幾年間傳敎西北諸道而自愧實效之不多
余奉教時年纔三十餘世俗家務都拋妻子惟以傳教一事爲本分乃敢聖
教要理諸書真詮各幾卷秘以裏負一肩稍步懸重左右啓肩輪次通
切到處熟視者指名全一肩云隨心所之於東於西歷訪有學行博識之士
隨問隨答每察其心法與聞見而或談論爲人本末及其善惡賞罰雖曰
好善而無心於勇趨者惟以十誡七克之趨目贈見之而去若有信從奉行之心
者一二日留宿翻譯十二端及三本問答以贈從速領洗預備爲言去而後一二次
更加勸勉且以異端闢破言之如佗邪妄皆易而至如儒老釋三道闢破邪
謂其道之虛妄余曾見知故明言其虛僞使人覺之亦易矣惟其知察先
之說人多難其覺知也餘此論彼自松都至黃海道諸地方多行勸諭由余
無德信而遵行者寥寥而已是時平壤人鄭恭亨嘗以避世次入山名鳳凰
臺居焉於其處聞教還來平壤本村與其群弟偕奉聖教領洗矣一次

七

遣其弟恭昱請余〻難其辭却而爲隨去鄭友中路出迎導入府內定其舍
舘留數十日其親知之士人多矣日招幾人聽其講論遂日增數不啻倍多其
有熱情者晝宵不離舍不能容隨其時勢四五十員從外共議帳設排
定日以爲常普通門外擇其廣郊沙場及沙田園坐講道時或遊散或
行路之人欲知此意採事端者或近來窺聽者每請皆坐善聽聽之
少頃或稱有急起去者或忘其去而潛心聽之至夕陽在山時拂起偕入舍舘
因爲同伴食口如是數十日間信從者不少矣一日去他處爲言鄭友導路去
五十里中和邑定其舍舘指揮家〻何日何夜隨其請而去爲約第次講天主
道理輪聽之先認自己靈魂妙理然後認得天主而可信敬之男女間明悟稍
通者答云問答稍備矣幾日後鄭友曰此去三十里平壤東村爲好云故隨去
指揮其村〻家〻今聽天主之道理時維四月南風大麥黄之節也人皆
晝則農事奔走無於夜鋪席於大場上男女分別東西坐定處中講說

先以人皆有靈魂肉身善惡分辨之妙理詳論之繼以造成萬物降生救贖聖
神降臨諸恩等次詳言之夜已深矣旋察其聽者之動靜左右遠坐若漸
在近矣暫停講論左右顧視曰不論誰某是日所聽之言有不合於心者其
所以不合之由願皆言之大抵皆聽從真實道理而行之云衆許詢內皆以此樣
輪聽道理晝則各聚游士逐日談論一日韓去爲言鄭友先行導路
至於黃州地境大姓李村中有可與談論者多矣多日逗遛各聚多
士或視以聖教道理書或勸以領洗積儲言樂從者甚多矣遊行如此
數朔後歸家其年秋又送人請余隨往春間聞教頗備人等處皆勸
勉曰始非貴而終爲貴也從救銘心學了天主恩多感厄多謝自己罪狀
常痛常悔而主母堂前多祈多求各務其結實之效爲隨本會長所
引自平壤周行順甬川殷慈山等地雖多費歲月不知主世之恩佑將
何如而但知以吾人力難化諸人也大抵以平安道人品論之與黃海道人

八

而少有異焉其明悟之光猶如爲白紙一張所掩而明不達矣徒有勇
往直前之氣天主道理不遑明辨而從風而趨輕信者多矣是故昔
在張主教所行聖事於大庭中或六十人或八十人驟蒙領洗之恩男女聞玩
景者多聚而不禁故無須備一外人參預其中領洗至數千名領洗之人
其信根不遑確堅而不幸值丙寅風波冷淡者多毁而確信爲主致命
者無過十人而已黃海道教人信德道理稍近於活黃州兵營被執致
命者四十餘人海州巡營八十餘人各邑獄中死者之數不曾詳聞之何
爲也是時余在瑞興地方聞張主教被執無奈所謂家産世業等物
皆天主之物也還納天主獨收聖書聖物而取之携妻子偕往山城於里谷隱
身守誡之余友家寄在爲從此京鄉教友多聚隱身外人所聞數百人聚
集云自官送來捕卒逐出他境爲名燒毁其家近七十名男女教友
各自分散或據石窟或栝土依幕從後京鄉捕差輩唯獨爬記余容貌

持之間日出入此谷被執去京鄉而死者合四十餘名也其時各處被執教友之數大槩傳聞而具致命之善否都不識也如我無功無德之人前後一不逢着捕差輩天主如許大設豊宴之時終漏而不參自嘆自愧而已

丙寅窘難時為米牧之手東西奔竄在外人地十年間虛送歲月之事追憶而自嘆自責

張主教被執島南伐致命後風波稍息德山事後大院君以含毒之心欲滅教人種無限致死是時余在於里谷分散妻子獨無奈何乃收聖物聖書藏置這石窟暮夜出脚乞於親戚家着得弊冠網携乃短杖無處去向躕〻涼〻是時大兒伯多祿(年方十五歲)以窘難驚惻之心奔竄在兎山大塢谷外人家放蕩無賴矣話得率去適踰此嶺(轉向江原道)東山嶺而玩景於金剛山萬千峯風光掛目森羅八路遊散之人接踵後先數朔後歸路抵朔寧夫坪里朴五衛將家主翁款曲厚待請教授其兩孫兒余仍留在焉適該官長好儒生出令於各面各里詩賦各十題製述以試才云主翁

九

爲其兩孫兒買得名鮮詩賦各十章做工之意懇請也爲主一答之道甚難辭却
然無書冊也方求由得見鮮題於詩於賦皆難成篇心苦不無忽然回心想之昔年
鄭題及庭試場中不知御題之解而能成篇獲科矣以此擇詩賦各十章製對
去矣幾日後自官試考出榜來到展而覽之詩賦章章赤點多打高等爲壯元
手摘見榜滿喜逢着人人誇奬之文名遠播余心還惻素以不成之文奉教後
全爲忘置而虛名如是狼藉然或有靈神之害都歸於主恩感惶無地以悲幾
年間與妻子平安以過自初奉教果然識文字之由也內外洞人皆請教其子侄
大設學房學其講求化鄰而接之因此虛送歲月聖會絶路不得見日表無奈推
數年日及閱瞻禮與大瞻禮排日記覽而自嘆自責惟所懸望者主命丙子年
秋八月林伯多祿成實金若望聖欽二友來傳白鑑命曰召余云不勝驚感何
謂也二友答白鑑久留清國至堡聖堂四月迎接即今在京而曾聞知爾名命
吾二人訪得召來爲教故四面探知而來即隨二友上京拜謁分付內與林伯多祿

周行教友處處速爲聖事預備也即日起程向江原道伊川平康春川狼川等地及京畿砥平諸處略干勸勉是年十月十九日入京廿日休憩二十一日陪監行次其時服事金保祿汝先也楊州地方一公所鐵原大光里一公所適次辦公後於伊川熊淵公所留四十餘日召聚四百餘人行聖事而歸路抵洌寧矣挿里白晝行次而陪從之外人欲玩洋大人者略干有之皆逐送之取潔賍襪白辨公畢白監喜色言曰不與他公所同例因汝權度天主榮光稍顯甚好也翌朝早發向狼川獅洞公所過歲後正月初四日又離去春川二公所行聖事次往砥平二公所辦公自狼川行聖事教友數又合二百餘人矣是歲二月初九日入京幾日休息一日彌撒後監分付曰汝即還家携爲妻子三月內移居白川問厥由則迎接新監計也依分付舉行三月去在白川公所矣是時迎接海路中違逢而秋八月李主教與寸金二監來臨矣李主教上京居二監入於本公所以朝鮮物情及動靜言語教之勉之經月餘金監能行聖事於本公所矣伊川教友等請於主教迎接金監而

十

去其年臘月念間陪從丁監往九月山公所行聖事過歲矣正月初三日
白川止公所二友急來報曰正當初吉京捕二十餘名忽來該邑將聽聞
曰邑之東十里新垈與洋人同居金先生家安在加率該邑捕卒幾名
而出去云是何故也自京二教友往復垈僕聖堂書簡封現着於義州邊
門府尹啓聞故去臘月二十七日李主教被執在捕廳且推看與洋人同居
金先生也丁監仍傳止辦公避身於九月山最高處李主教見逐入清國後
六月乃陪監行四百餘里至谷山文監廠金監宅幾日休憩後丁監次次傳教
於嶺南而去余向祖寧還來時金監託余曰於祖寧地方擇其可爲學堂
之一家爲我排置還來於小洛屯教友村中依金監命排置一家迎接後召
聚學童教之是時白監有總察朝鮮教務之丕分自全羅道傳教至忠
州崇先公所在焉遣裴會長致執命來金監矣陪監同行隨其路邊公
所第次傳教至崇先一五日間留在遵白監命陪金監去忠州堤川江陵

等地公所而行聖事。大關嶺過襄杆城還踰間嶺到楊口宮洞公所時維
四月南風也忽有一人自京来告崔監被執急報金監停止辦公在宮洞
過夏日長無事金監曰間為萬罪之根預備一冊詳評其九靈之要義
遂日記一條集為一書乃遵命以九靈要義為題目主母臺前祈賜力
量之恩揮毫日勤幾個月間成篇納上監曰好待後金侯聖堂有便當
於李主教前監定出来云後果值迎接便付去矣其時迎接閔監及柳監二
位也海上相接閔卜閱覽此冊不可為準還来持納白主教至今未在主教
冊庫内矣當八月初金監傳教為始次至狼川栗棘洞公所而是日也金監
恍御持白監書来投役不披覽即往平安道周行而訪見冷淡教友提醒俾
蒙聖事恩之意分付也稟於金監曰白監分付不敢違越然京城教
冷淡不可成說為我先去京都着實勸勉我將傳教速抵京以此意分付於
京會長寄書矣即日發程向去京城月餘間與本會長周行於門内門外及上

十一

下江村不分晝宵勉力提醒男女諸友皆為喜悅二三次頻聞之家隨其願
意聞道於金監入京後拜見告退監更有託曰平壤去路邊牙山地
方有一公所爾訪去幾日間留在提醒爲迎接日子記以付之乃受而下
來徐監分付舉行
奉白監命平安道地方冷淡教友處遍訪提醒雖盡心竭力以知我無德
之致三年間回頭蒙聖事之恩者無過八十餘人豈不深愧哉
白監初在清國十年傳教而聞於朝鮮教友留在北堂者早知金若翰
以張主教之命傳教於平安道而勸化者多矣問於京鄉各公所會長曰誰能
使平安道教友冷淡者從速回頭歸化哉各會長皆稟曰金若翰外更無其人
是故白監分付至此矣伊時余以金監付託京城教友處聖事預備而來到
牙山公所直走平壤其時府中先此回頭者有四五人矣訪其家留宿爛議冷
淡人之生死也居處也姓名也詳探記之僅爲一百二十餘人也周行各處臨之

涼涼其貌樣也不會但悟甚爲危險時維十月向北寒風也到處人心皆爲
殘暴無論某洞問其人之姓名及家則默無答言諦視余表饑餓物色
出爲其人疑慮躕躇曰此洞内無其人云或自遠訪知其家直到門前明言
覓主則主人出來言賓從何處來余曰宅姓名非誰某耶諦視低沓曰
非我也遂舉手指某洞曰彼去問之無奈日已西暮酒幕無處去路茫然訪
有客室請一夜經宿則每稱無客室云到處風俗客室門外掩而内通惟獨
彼之親查人接待出入也余聞此洞内無書齋房子這間有之云訪去對
先生者人事後退宿於寒房未席而早起頓無朝夕間得食之計矣且往何許
地方訪主人則主人自隣家大舍廊出來修人事後暫擧聖教時勢而縣官
聖事預備則其人忽然變色青黑而回首曰至今亦有欲殺人命行者乎於當
閭自舍廊出來二三十人滿場圍立余安察其動靜徐徐步來默念謂彼人斯
如或追我我有當拒之下言惟仰慕主母而遠來顧視頓無動靜皆平迎接

十二

張主教辦公處隱慈山幾許洄內皆領洗之人而不能訪覓一家至於蘭州
安州地方偶然逢著熟面老成之人蒙許聖事預備者合七八人矣遽然
歲過當春二月剿無尋訪處故歸来白監前辭稟經來緣由則監
六八人回頭猶為不少其後年十月亦因白監命再次向去因其事勢率新
聞教一見預備冬衣一件負而去到平壤府與其弟何教友議曰隱慈
山地方無用別法恐如昨年樣今番則以咸之絡修補商人之樣束裝而去
到家之門前唱呼鞋路咸之箔修補則或有請補者歌呼其價如然請補者
多而至有留宿之家親熟之人也余不諱其人之見聞畫聖號朗誦經
咨有酬酌之人乃將聖教道理及時勢爛熳酬酌而後可見其味之如何為
也教友靜聽謂余曰不然此乃不知其氣象而謂也如此地境酬酌前亦先逢者
大凌侮之辱萬不合當云余亦更想似然矣乃停破此議周行到處逢人
則皆問行何術歟各業異端邪術之名以詰之人余隨其問皆曰不知或有以

醫術詰問者余對曰人有何心病者能治療而略干見效矣其人以為能治心病之名醫傳播其名故各處無論某樣難治之病衆問者多矣於其中或有因已往熟面而酬酢者亦有因先此回頭者之親緣而預備者以此以後聖事預備受諸者至有四五十名矣皆引道於金監地方使蒙聖事之恩是年亦春二月歸來拜謁白監細上聖事者之名記監曰好矣後年十月亦命曰往就辭讓無路即趍去中和地方訪得會長為先尊隨行到處不如初年生疎而酬酢熟矣因此聖事預備蒙許者更至有三四十人矣皆引導領聖事後還來亦春二月也細上其聖事名數於監前稟曰鄙人以無德之致三年間勸人回頭之實效如是寡尠伏願寬恕焉監曰特蒙主恩之佑爾功勞不少矣

白監在全羅道多年顧念京城教友之事情而上洛後為人服事道人召余故告退於金監而上來陪白監經歷之事追憶而感悵多端

十三

余陪金監五六年間承白監命每於秋冬傳教時三次平安道往還而其
年秋白監以總察京都教友之本分上來召余總理監令不敢違逆而上京
買得筆洞一草家排置內服事孫趙巴爾巴羅下服事姜瑪爾各即今朝
鮮姜監也伊時因其姑母姜瑪利亞懇託白監依下與其留在略于教以文
字堅振預備且為代父後因有學堂工夫願意稟白監送于檳榔學堂勤
工歸來首陞神品此於為我東邦教友者豈非大榮而感恩何等哉白監
上京後四五年間辦聖事時分付曰男女教友聖事凡節汝當着實教道
痛悔真情見效後使之告明大聖事預備尤當妥協無有冒領之
弊蓋如是辦公故皆漸仁被化熱情倍加矣至今都下男女教友孰不讚頌白
監之渾厚德行哉李主教在清國離世後因教宗命白監入日本長崎縣
大學堂將行主教陞品禮節為余時維癸未五月望間也與吳致玉共陪
白監發程當日抵濟物浦執日本火輪船名鎮西丸起程第六日到長

崎大抵自濟物浦水路五千餘里云使長友先下陸往朝鮮館聖堂稟告
高趙二監察丁文斐理伯来迎接矣自濟物浦偕来教友~~清國~~上海領事官
若瑟先入大聖堂[illegible]知其與白監偕来緣由大主教欣然迎接後以洋曆
七月初八日聖婦意撒伯國后瞻禮日朝鮮主教陞品之意使馳電綫
於屬内境大阪副主教及諸鐸處知之當其日副主教及諸鐸大會行
大彌撒大主教為主祭副主教及代理高岦二位左右陪從祝聖禮節
濟蹌之諸鐸及衆學士相向拜揖是日也環聖堂玩景而瞻仰者外教
皆聖且美不能盡形容記言我主教着金冠依金杖周行聖堂内濟
合三千餘人云朝鮮二監及李味增爵金多默丁斐理伯崔路加
朴保祿偕居舍館貰得於法國人而每年貰錢一百二十圓也墻内有好
井與果木若干故寓接滋味稍可慰悅是時日本大主教前不可無感
賀禮節敢以余諭隨製未進賀表及律一篇且自朝鮮持来虎皮一張

十四

及若干物產封進大主教滿喜掛戀其賀表於所居壁上視之虎皮則使
日本巧手彫刻其生虎目樣而布在桃席上玩之一日大主教生辰云朝鮮
教友五六人共進獻賀降福後錢幾何賞給矣其時東京主教共我
主教協親聞也三次以電線通奇請見我主教共高監伴乘火輪船
是月十日離去而謂余曰日進趙監房朝鮮物情及言語勸教勉哉
一日趙監問五倫謂何也余以五倫之義解釋作歌二十六句以進監幾日本天
後知其義我味曰好我主教與高監去東京月餘矣至七月十二日自大坂
來臨翌日聖母大瞻禮也八時半我主教行大彌撒禮節甚盛且美
男女教友進參者數千人聖堂外瞻仰之之不知數矣一日與趙監
共乘舟向浦上村大聖堂去教人家多千餘而人名至有五千四七月二
十八日上海去火輪船有便急去是日八時我主教與趙監東裝乘
船顧視向者同行上海領事官先在且有朝鮮三人金思濬安司

果朴書房也步與留食而聖教道理多講多論皆以好心聽之主教亦寬厚以接之三人共讚主教曰好先生云聖朝當無邊大海風浪大作船路蕩漾人皆昏迷中主教亦為嘔逆眠食不健至八月初吉風勢少息安穩矣過楊子江午後二時船泊抵岸清國鐸德三位出待迎接各乘小車入三德堂我等吾友偕乘從船隨入向者於日本聖堂逢著灣州貢淄二鐸與其服事共留在焉握手寒暄不勝欣悅幾日休憩登三德堂上層觀左右壁上朝鮮主教鐸德致命十四位像本懸板或上士冠網中張主教與所少有異於在朝鮮謁見之樣依俙若不識也感慕情新乃述三德堂之義使朝鮮後學追憶張主教之遺蹟永慕不諼矣 此下爾見三德堂記

猗我天主萬德全備而惟以信望愛三德賦畀于君人者何也人而無信猶車之無軌車而無軌則不可以行也人而無望猶農之無秋農而無秋則不可以收也人而無愛猶火之無熱火而無熱則不可以爆也惟一大主為我人

類嘆判萬理盡善盡美豈不先授其能力於人而誠之責之哉凡此厥初品
靈之時各具以為善之良能避惡之良知所以三司腔中萬理充滿記含之
實明悟之辨愛欲之為人人皆然然而憶我宗祖犯命以後七罪糾纏三仇
入世善惡渾淆靈肉偕危於不嘆惜哉信則信矣而信有活死之殊望則
望矣而望有虛假之慮愛則愛矣而愛有公私之欲不信乎大主而信他邪妄
是為死信不望乎大主而望他世權日是為虛望不愛乎大主而愛他朽物是
為私愛肆吾大君大父特彰慈愛之恩降生救世立至一至公之聖教會
付之以聖寵為衆靈生命卑奉教而恒居于聖寵地位者可謂有信望
愛之福人也雖入教會而不保乎聖寵恩光則可謂無信望愛之福人也豈
不惶懼而惕念也哉中華地方寬廣人物繁華天主降福自古迄今粵往
康熙年間教化廣揚聖殿之設至有二百餘所而三德堂之名豈此偶然哉
抑又同治元年特頒新詔革除前禁重修舊堂猗歟美哉敢望中華諸

君子登此堂而慕其德聞茲名而知其義各修其身各稱其德共享永活之
福樂伏切祈懇之微忱云爾 朝鮮明道會後學金若翰 盥手謹誌
上海一大都中西洋諸國各設邑而家皆高且華麗或二三層門前路
廣且濶車馬雜遝喧闐之聲不分晝夜果是東西洋相通之大都會也
處也部中大聖堂五處皆輪回瞻拜南京大監牧倪主教於西郊二十
里許大聖堂在焉一日陪我主教及趙監同車遊行遠望平原廣野層層高
家自成一大村到大聖堂倪主教前親口指環年當五十九蒼顏白髮
儼然如天神矣隨二位主教及諸鐸遊行觀聖堂四處所排置光景一處則萬
品其具排列禽鳥麋鹿魚鱉等類異常之物也一處則做造聖像聖書
聖物之各工人也一處則撑石十層望風臺高揷雲間奇高之樣也一處
則修男修女及各處教養嬰兒之讀書聲也余乃瞻仰可見天主生育
萬物之氣像及吾主教養萬世之真愛也是月二十七日幸有英國船回

十六

去朝鮮便故七時速裝乘船顧視朝鮮人六七在焉此乃自朝鮮政府命送
器械官金明均一行也船往如箭廿九日七時抵濟物浦金官不無意送名啣
於主教而請見主教欣然接待通姓名而欄慢酬酢金官先出去下陸後搜
驗將校入來少無相關而出去矣乃使吾友先下船出陸詳探周旋黃昏
後吾友入來曰採知時勢少無慮云主教換着清服與法國教人共下陸往
臨金生家夜已深矣翌日船中所在不少行裝皆無事出來金生家
即發步行通商京城四牌轎軍出來初二日早發入京城會長與衆
教友持略干酒果出迎中路主教渡西江還宅越並渡麻浦入明洞
大抵今番主教行次少無阻擋往還皆惟我主母保佑之恩切望諸
兄姉妹同心感祝萬千矣　亞孟

自主教陞品後八九年間陪從經來之事追記而感恩無地悔過自訟

朝鮮並收〻以勿主教自若堅志性寬學深究道理撫摩教友諸〻教之陞

然後尤顯謙愛之心上而常欲見國王而嘆其無階下而常欲與宰相親愛故
或與宰臣逢着之席屢次講論十誡大義矣先創嬰孩院收得嬰兒數
百名養之教之而請來西洋修女為主張聚得朝鮮修女幾何教誨之且設養
老院多聚外教間貧窮之老教之養之各務其救靈之事得其實效者多
矣且創設仁愛會而主教先出數百金以助力葬死者而為其煉靈排定其幾
臺彌撒矣一年聞南道凶荒饑餓之說不勝惻隱而為言於德國多財人
倭來德倭氏曰我亦有是心而稍不識拯濟之路故拖至于今矣即匯書
幾何銀錢以給之主教送其銀錢於南道尹監處貧戶成冊隨其情勢
分給救濟人命多矣且十年間為鍾峴聖堂排置丁家之家第次買得先置
冊板修女及主教處所從便安排後於聖堂開基之始政府大臣阻擋者多矣
伊時外衙門督辦趙秉式法國公使去本國而俄國公使代理見事矣一日督
辦率衙門衆官指揮卒幾名埋伏開基之傍而來到俄使並來余參陪主教往

十七

觀督辦東邊亞公使西邊對亞主教東北邊近督辦傍立矣督辦揚聲招寧
禧殿守僕守僕長杏趨前俯伏督辦分付曰上節目冊守僕復趨納節目冊
督辦翻覆冊張至未篇閣擧向主教請見主教受冊詳覽寧禧殿後龍
不許人破山穴立家事節目云矣主教一覽即知其以奸詐添書於末張而蔑主
光新異也主教即乾輪冊於俄使而以洋語使知其奸巧之詐公使以若酷毒
之性大鬧目疾視頭髮起立筋血赤面擧冊以擊督辦之膝頻擬而擲之冊
隊去於督辦足背矣公使不勝怒心更取冊躑躅頻擬翻手遠投之守僕隨去收
取矣公使默無語而下去督辦俛首如死狀主教寧其神請下去引路入房寸
餘位定坐主教回視余而目之隨入同參酌酒行盃時督辦曰我國風俗酬酢
事畢後飮酒恐或醉以失手主教曰不然稍少飮之適氣甚好督判且曰
此間基處惟我大君主爲其祖上寧禧殿之後龍然或執意立天主堂惟我大
君主之心甚爲不好從他請合心處換許之似好主教旋對曰然則新門內大闕

定坐許之否督判答辭曰定坐大闕之坐於人事道理合當乎一定不許此矣
主教曰然則惟我心所合處自初無此外更無他言爲好督判顧視余曰住上一
處外都不知也余對曰主教大人之言非不知我大君主云幸須督辨大人深諒處
斷之事因對酒行盃後相無他酬酢而作別我日後督判送十人曰聖堂家基前
後買得文卷合封送外衙門云故出給送之遂留一望間漢城府踏印
還授自後別無是非而聖堂創建矣主教且爲教諸信輩以翻譯諸聖
書爲己任而第一願意也是故招致如我愚蒙教之以翻譯爲事逐日無
暇中或有出入於洋館與他會集之時每與我從行或有初聞教及不睦之教
友番番送我去矣一日陪以翻譯傳筆暫告曰罪人自初奉教以來讀
年益聖典爲日課故早覺親愛天主之道在隱苦修工夫上矣此願意
恒切于心中伏懇主教特垂寬恕放釋此身則但持聖書幾卷訪得深
山石窟或叢林下至天主所賜生命之終日試着經過也主教舉目四視微

十八

四日遣在諸書翻譯誰可爲哉幾年後更以此意稟聞霈吉主教答曰
所願好意拒之甚難然少從廣揚余曰何謂也主教曰今無人矣無奈不得
退去如是經歷中以余不敏之致在主教前一二番當眼赤面責之境恒不勝
罪悚之餘主教偶然病臥莫當力強惟望主母保佑之恩試藥多日無
奈我東教友所以薄福之致歎主教切備德全主有召昇之命歎是年三月
初三日遽然離世乃備禮節葬於若山三湖亭後麓是時各道會長幾
人上來參預葬禮是乃白主教所以命召之人也無奈還下去而當聖世聖
誕瞻禮更得一齊上來爲期矣丁世一日召余分付曰聖教道理一冊願備
爲好云余曰爲何分付世曰待秋各道會長們上來伊人等都不識道理將
何以傳教乎余曰那人豈能使知其道理歟世曰我甚爾相議勉力可也乃出
給草冊一件捧以持之日進丁世房隨世教道詳題目而做工記之題目序次則
天主造成天堂福樂地獄永罰原祖犯命天主降生受難救贖七聖事述

死候審判朝鮮異端也方故闢破諸端各列目題設旁監每日出外一二次入房考覽評其可否或改書之如是一月間成一大篇也迨聖母瞻禮各道會長十三人果來到矣監出給道理預備冊本文曰爾們輪視此冊如有不解處問這金若翰而明辨後各持一冊隨其意量詳論闢破之說以記之將見其孰善孰否日會一房隨其題目各自做工如是五十餘日異端闢破條論最多監亦日考其做工之論而間以好善之道理教之有術固可讚美也乃治送會長們後監又分付余曰汝以白主教之命聖經翻譯不及者幾卷耶答十九卷本文不及餘在九卷矣監曰然則往養老院溫房宿食而速為翻譯餘在者九月為始不分晝宵或坐或臥執筆翻記字樣不成至歲後二月翻畢是年正月十五日閔主教與宋姜二監來臨矣姜監留在養老院而主教命余教言故幾日間教之避靜後江原道伊川教友迎接姜監以去伊後合封聖經翻譯納上主教前而告退主教曰從爾心為之此乃天主特為矜憐之恩也白主教離世後即為退去而不去者新主教來臨前主教之文卷皆不傳任似或有考閱之事矣留待而如

十九

是吉退主教時許其有如許感祝之恩哉欣悅退出適次子西滿爲其母親初眷
棣禱其恭上來留待矣伊日即爲隨子下來此處山谷些少之家垈邑色薄田數日畊若果
木在高陪白主教在京時何許教友當窘害難茫無去處云故稟告白主教前敢
貸聖會錢二百五十金買得此家垈以給之伊人畢竟不來二家空在也先使大子
搬移于越邊家其後四五年爲次子婦身病治療繼來此家不幸失火沒燒家業
無奈更爲營造以居在追後貧友爲其山農而有來居者追處新聞教爲
其守誡而有移來者多矣此谷內三洞排置適合數三十家豈非天主安排之處
哉尤可感恩者幾年前排置聖堂雖曰不大隨財力創建而迎接本監
頻蒙聖事之恩可謂恩上添恩不勝感祝之至幸望我弟兄姊妹以感謝痛
悔祈求三情禱公禱於主母臺前而哉願如何 亞孟

奉教自述 下篇

落鄉後十年間經歷事略記以爲感荷主恩之資

自京南来四十里廣州上窟（卜居）以後更提起昔年所懷隱修之意以量度之
欲於近處安排則拘於二子體面不美也欲於窮僻處獨修則神形俱為劳弱
惶惚多又端也無奈定一房靜處而有京鄉間来訪之外人則送他房待之
主日瞻禮日洄由教友皆會聽聖經及他神工以此定規守誠為言而者人各
自以為主張難與同心事主一如我皆蒙不辨罪之輕重若無罪而人而
誰能無罪乎罪積而不覺我真是罪藪也罪上添罪日加耶穌苦難日新
聖母痛苦如是用心伏祈動情且追憶吾主耶穌早有訓命曰哭汝及汝子孫罪
係命施行而且遵聖會之命以不省不知之罪多每為遮（昔）明於鐸德前自痛
自責中且以聖教本道理言之敬事天主欲救己靈者當先務對越默想
工夫以敬事一體三位天主聖父怎様在而行何事施我何恩歟聖子怎様
在而行何事施我何恩歟聖神怎様在而行何事施我何恩歟皆足對越
三位默想其恩以感謝矣且天主賦予靈魂三司以三德昇之我以所固有

二十

之三德（全心全靈）以事天主如是守誡之要理總歸於感謝痛悔祈求之三情
幸望諸兄皆各省察自己之思言行爲我早知天主三位恩寵而感謝耶能知自己
罪惡而痛悔耶知我力不能而祈求耶如是常行默想而此三情充滿我心須臾不
離可謂入於救靈之要路矣且知得聖教所訓三路工夫以勉之煉路明路合
路也煉路爲何恒煉已罪精如金美如玉而致爲天堂材料之路也明路爲何恒
講明三位道理效法耶穌表樣而明白其救靈之路也合路爲何我之思言
行一非不關合於天主萬善之路也吾儕守誡凡事無論巨細各以其處
地煅煉已罪而并明耶穌表儀以效法之猶若戾天之鳥其翻而翼合於天主
之路甚亟矣惟我弟兄姊妹信此道理懇望主佑恒慕愛主愛人之命而
各務其救靈之責爲上所云感謝痛悔祈求三情即耶穌聖心所以合而喜悅
者吾主親諭聖女日多達也此三情光榮天主之意題記于下頌曰
感謝
吾主可愛之聖心我願諸神諸人讚揚爾仁慈謝爾愛慕雖無功之人

以爾之愛亦造之存之而贖吾以寶血育吾以聖體且雖負恩之輩而以
爾之愛尚耐之患之爾心之在於我中聖體內寵之爾恩之備於人間聖事
內察之我今欲謝此愛獻爾爾心之聖情爾心之永光
痛悔
耶穌聖心仁愛無涯而日受負恩之辱我伏於爾之臺前深懸衆人之忍心
更悔本身之罪過人與我失敬於爾人與我累辱於爾我深惡之人與我
違逆爾仁人與我抗拒爾恩我深悔之吁吾主聖心矣矜憐我等感化
我等之忍心挈引我心於爾
祈求
至仁耶穌之聖心伏祈於我大彰爾之仁慈我人雖卑污至極而亦仰沐
爾仁望沾爾寵澤爾之仁慈爾之熱愛倘吾不用為聖已榮爾斯仁也
斯愛也究何益於吾哉故求爾心之仁愛恒為聖我榮爾之泉源始得
其所不失本意　亞孟
以義天主安排之恩於此地方設始聖堂迎接神師何等感祝歟

二十一

清溪山南下牛峴下西圻谷內若干有田畓而荒蕪左右有樹木而茂盛以外
樣着之不似人居生而以生利言之穀草年年皆盛化而結實窮難後亦負教
友們接踵聚集蓋豈非天主排置之處耶卜居一二年間一日有何乾食之滯而
然歎腸子相牵如斷偃仰屈伸不得自由無奈死於忽地之境也家眷與洞內人
皆聚撫摩藥餌多灌而少無動靜中精神極清起想我今不領終傅聖
事以此樣終世我之靈魂事至何境耶痛心如裂惟瞻顧主母而已偶忽起
身伸腰直坐腹臍如翻吐逆稍如血塊之一物從口躍出擲中一間越壁仍
偃仰屈伸如常無病伊年秋韓公時迎接韓監陪於此家而稟曰罪人奉
教後常以死候蒙終傅恩主母臺前祈願矣今春忽逢危急之病幾乎不領
終傅而至死境也伏願矜憐此罪人情狀哀誠來往時頻顧見之若何韓監
曰然則有好樣道理於此也方排置一聖堂我亦來往時頻顧見也次至有迎
接新監之道余曰甚好分付願今日即定一聖堂基址韓監即與少年教

友鐵人起去矣一頃後還來曰見於院貸其此洞兩處而此洞基址愈好云余曰
不然此谷內教友家三洞排置則聖堂居中人必皆謂公而甚好事易成也監
亦為然一定今聖堂址先出百五十金為聖堂創設之資故因出歛於本
洞每戶各隨其財力多寡而且通文於近方各公所幾何間出歛即請木手工
錢幾何作定衆教友同心合力建堂告竣雖曰十間小堂財力則為五千
餘金云伊時即請於主教賜一神師而商遂務各處遠近方神師排置故近方
無暇云無奈幾年渴望而自昨年迎接本監頻蒙聖事之恩感祝何既耶
奉侍聖家會像後所屬大小家諸口之靈肉都獻於吾主耶穌聖母瑪
利亞大聖若瑟依下而託賴焉
水原韓監此地方傳教時奉教宗頒賜之命勸入聖家會故以喜樂之心奉侍
聖家像日誦本會經文而每於所著生死禍福惟所信而望而愛者惟聖家三位
保佑之恩是以大小家食口中無論男女老幼有何危急逆境而既托聖家

像前多有得為耶穌瑪利亞若瑟三位如是保佑之澤何等感祝可謂不負恩之人乎惟我同會諸兄尤可愛慕於三位而盡其本分哉以如我卑陋之見愛慕者主之功莫大加於頻領聖體之神功不能頻領承行聖會所示之神領法會好為某某地某時皆宜也曾聞白主教謂余行神領者一日中頻頻尤好云為其與主常不離也且恭敬聖母莫加於誠念玫瑰經之神功雖不能全念十五端逐日念歡喜及痛苦及榮福時每加意敬聖母為好也且讚頌若瑟莫加於耶穌瑪利亞聖名呼時連呼若瑟聖名之神功或有何患難及危病時恒連呼三聖名尤好也此乃以先聖各修之規條為言而非聖會永定之道理幸望諸兄各修善功勉勵聖家會之本分庶幾哉

奉教後四五十年來守誡為名而所行神功隨時有虛而有實有益而無益自愧自恨不能已矣

凡夫吾人奉教之初每過虛熱也余年三十有餘特蒙主恩張主教前領洗

即以不欲在京之心落鄉後厭其外人繁華而擇居山谷靜處與同志人排置
幾家守誠為名自想守誠之道罷工聽襍日則皆念玫瑰十五端而他日則只念五端
遂為害於手足肢體之工今則自幼取便惜身為其補贖以逐日十五端皆自念之尊聖母
臺前獻願而到今不闕矣且想余無煩領聖體之道故承順聖會所訓之命試以
神領法報答吾主之真愛也望彌撒行神領事日以為常第一無闕矣且想余早知聖
教道理初不婚配而既為陷染於俗累無奈也聖會有婚配守貞之例試可為之
乃與內間相議則曰好特許故因禀由於張主教前而無答應矣退來與許私
願以過當自爲風波庶幾若破船之危境然後白主教前詳禀如是經來事情主教
曰其時禀於張學士白禀何以對答學曰無答且一日禀於白學曰聖體神領法
一日不得兩次乎學曰多次並善且一番禀告逐日念玫瑰十五端事情而若
難時常持玫瑰默珠於身上而奔竄之意非他我若逢捕差詰難一定口不出毀
聖教之言此默珠有何為贓物之憑據耶雖我微誠不足以若聖母慈愛之甚厚

二十三

或有保佑之澤也常不離於身而於晝於夜或行於深山危急之時每以手奉念經爲
依賴之資主教靜聽謂余曰此初領洗時默珠歟曰然主教曰爲汝至寶也西洋皆貴
重領洗默珠而終身奉持死後或遺命置殮棺中况如是經驗窘難之默珠歟
因汝功勞聖母亦簡汝而不在煉獄云故以此意通寄於日本長崎在汝子西滿
矣其後文斐理伯出來便付此默珠送來也受以爲恭敬聖母之寶物視如終身
之印佩也上所列神工條目如是而窘難危急之時及在主教依下或奔忙中別
無闕也而念經則但掉舌而已是何神工歟夫諸神工皆奉獻天主而靈神工
夫也對越天主以全心全靈恒發謝悔於三情以爲至要然如我愚蒙自顧守誡
多染於俗累然歟於眞實道理上不能踐行之罪多矣何敢以全心全靈頻發
三情爲言耶勸人責言則明而爲主自行則昏也早在神師依下回憶所行事情及
所守體面則主基堂前萬〻罪悚而人所視個〻愧恧者
一生一死世人常事也我亦一生於世所受本分隨去皆不善一死後事將至何

境
一以冤痛一以惶懼

夫人受生於世天主所授之職皆當各守爲父母者父母本分爲子女者子女本分爲帝王者帝王本分爲臣民者臣民本分爲丈夫者丈夫本分爲婦人者婦人本分爲長上者長上本分爲少幼者少幼本分爲朋友者朋友本分可也爲人而不爲人之本分誰曰人乎爲教友者各守聖教本分可謂救靈若如我愚蒙自奉教初所當本分多々無有成實之效起想如此事情略抄記之以爲自警之戒始於瑞興地方外人勸化者至有四五十人矣爲其逐年辦聖事鳩聚若干物財猶如耶會歷目之據欲爲成冊而張主教前請一會名主教曰予於中國十年傳教南京教友多以明道之名會明其道理勸化外人之義甚好云故乃以明道之會爲名施行其時明道之會長名色也數年後且以主教之命傳教於西北各地方時則俾教會長名色也不幸當丙寅風波明道之會名泯滅而傳教之事多々不成實也伊後白主教來臨傳教各公所差定會長而分付曰爾等如有需達於主教

事當先告於都會長知之都會長稟於主教爲何西洋名曰總會長其
權最高中國名曰堂會長而朝鮮則以都會長名之金若翰差定云矣
且一日主教往見新門內當家閔監而來謂余曰各道排置傳教會會長何如
則好合之意成一部目册閔監成一爲言予亦欲成一取其好善行之爲料
云以排置道理詳議曰於京都定一家而以汝得會名於張主教之名下其家曰
明道會院立主張一人曰院長各道隨其情勢或差一人或二三人每年一
次齊會避靜于本院幾日間默想神工後各分散於掌內地方勉力傳教
以待主命云余曰各道可以傳教之人猶難其得京院主張之人尤難也主教
曰爾亦不能耶是時閔監入去本國主教因聖堂排置事奔汨遂置之矣
主教遂然終世故傳教會長事終無成實之效且主教往祝日本新主教
之時寧去從侄多默時後朴瑩以當家本分爲審省主教房來臨蘭洞在
爲日之補蹟撤後朴瑩每居余行其樣事矣朴瑩曰吾公所辭公時問答

察考有善不善以好善之法成一方文以示我云辭都無路乃以二三把周紙
滿記以献之無爲好曰公所中或於老教友及女教下侍甚不寧於良心以不畫
不下筆語之棄集結其諸求爲好云退來依無人命改書進之無稱善愛置
笑且一日無曰予傳教幾公所而見之愚蒙教友多不教其子女都不識
道理依此人斯將何以救靈工夫耶雖其愚蒙皆以爲聞易知爲言而教之似
好余曰四本問答外愈易之法安在無曰茀深思以爲之乃積僅一冊每日逐
條記之天主造成原祖犯命降生救贖七聖事迹死候審判天堂地獄八條
爲題詳解道理爲言夜則入無處定奪好否筆則筆削則削一日至
於人之靈魂以天主肖像賦畀之論記含聖父肖像也明悟聖子肖像也
愛欲聖神肖像也無曰此何謂也余乃舉記含二字之意如何以證全能
聖父之肖像且解明悟二字之意如何以證全知聖子之肖像且釋愛欲
二字之意如何以證全善聖神之肖像明辨稟告盥溺於前所學習

二十五

之見勇振固執無可奈何投毫停工二日間爭論無已但以傷害無心而不
能無見求之境也第三日進無前低言更告曰眾人早如無留知之矣白主教前
始聞此道理之言則初與所學道理有異故疑心多端十餘日心若難抑知道
除忽然身骨衿洒落如披白雲覩青天也神樂如新或是明利教友於次講論此
道理也無不復固執且以此書之月餘後主教還賜實朴無相與人事後即稟
於主教曰這間余若翻道理工夫多行矣數日後主教曰汝所以工夫冊持來
奉納則主教親手抹削無準十後送於高無刊板以教諸信輩矣其時
奔泊於聖堂閒甚事得止冊板依朴無命冊題目曰愚蒙問答後因主教
所付以溯源慎終為名溯其道理之源而慎其資誠之終為義也大抵聖
教道理可知其漸次益明而閔主教而無此書尚不聞準許頒布而始不
知下回如何也且當他本分皆無有實效近來在此地方別無本分事而只
有教子孫些少本分而已何也余以遠離世俗之意落鄉而無奈係二子而

寄在於衣服食飲等節享薄間皆甘受或外教聞至有譏笑侮辱之境皆不辯不對猶如死人樣而過去故閫內與家間諸事摠不欲聞知必靜而安別無帝累於思言行為少有省察之料是則甚好而或有見聞於他們不義之事恒於心多苦稍不異於自犯也竟如死人而不聞不知甚難然切畏近於罪省察故若干曾過還不如不言此余所恨不為盡死也盡死之人有何見聞歟言語歎動靜歟

信望愛三德救得自己靈魂之本德也救靈本道在於絕其罪也絕罪本法在於知自己毛病習慣而改之也

凡夫人於自己三司包涵信望愛以具之以聖會所教之法對越三位一體天主而默想主恩聖父怎樣在行何事而施我何恩歟聖子怎樣在行何事而施我何恩歟聖神怎樣在行何事而施我何恩歟知其全能全知全善之體及性及其施賜大恩然後信而望而發愛情盡其靈魂

二十六

本分天主不棄道於其常生之路若有一大罪為其靈魂生命之聖神恩寵絶
其路而自落於永苦矣豈不至究切痛哉汝欲斷絶此罪路當知自己毛病
習慣以克之毛病習慣何也驕傲慳吝迷色憤怒貪饕懈怠嫉妬七宗為
靈魂病也欲治此病猶如拔一毛之孔添生二三葉而最立犯其一罪時七魔窺
探增其罪數故曰毛病此七宗毛病中隨其肉軀之清濁分數清者慣於為首
之驕傲不知其自傲也濁者慣於嫉妬比如醜猪喘其花園芬芳踐蔑識濁也且如廁間
生在之鼠習其臭穢而不識故曰習慣也識此毛病習慣不曾為難也知而克
之尤難何為則明辨此毛病習慣而克之享得永遠福樂哉無論誰某切有
享得常生之心當先認三位一體之天主之恩而全心行信望愛德矣且回見
自己之惡言行為悔無自信自望自愛之一端而自覺其淺見薄識也回其己
往自信自望自愛之心全用於他人及他悉者可信其亦有靈魂而與我同類也可
望其亦有相望之心而施我恩也可愛其亦有救靈魂之願而肯愛我也如是愛

人乃可以謂愛主幸演吾人皆遵此道理恒務救靈庶幾通貫世之功可以享得
常生榮福矣　亞孟
天主自厥初設教於世人之教名三而義則一可以追慕至恩感格無己也
天主造生吾人以靈魂肉身結合而肉身則以土水氣火四行以造之靈魂則以愛主
愛人十誡以品賦之猶如刻字於石甚木以為教此所謂性品教也中古每瑟聖人
時刻出二片石十誡令人皆為目見而教之此所謂書教也伊後千有餘年
天主第二位聖子親降生世三十三年間矜憐義臘厄爾百姓以事主救靈
之道教之訓之迨其救贖之期山園被執受難而死三日復活四十日內頻現
於宗徒教示聖會禮儀及聖事七迹而付其權分行於萬方以教之吾主升天
後十日以火舌形降臨使熱其心而闢其舌能通萬國方言天主福音遂播
此所謂寵教也吾人雖曰愚蒙印其良心之性教誡命豈能皆人全忘耶其目
所視書教誡命豈可全昧耶然多有不知不見之稱而犯誡故天主特以慈

二十七

發恩寵設教於萬世萬方而及如我至卑賤極罪惡之人施賜恩寵如傾如
注常不勝感格而大畧提記使同蒙天主公恩之後學欲其一心感恩也初余
張主教前特蒙領堅振恩寵而退去各地方傳教時起想領洗為天主義子
之憑據自不覺知而堅振為耶穌勇兵之效驗到處特現能以抵當三仇之心所
畏不啻惟罪也讀聖經或有不知之言及有人問道理不能對答之時及當有何大
事而不知何如則為好之境自以惱苦之心必須留思以待忽為經言融會於心矣
道理對答意見闊矣惱苦之心自覺度量矣以是施行別無失手故事之
恭畢矣賤年至七八十時此樣年來窃欲報答於天主無限之恩寵而稍無微功可答天主
至公至義之下伏不勝惶惧覥顏我萬罪而至究切痛而已矣 丑孟

天主為吾人施恩中舉第一大恩為何之論感謝無既

天主早有言曰三人聚首談論我道理我必與焉昔三士共聚論天主恩
惠皆大中何恩第一大數有言造成恩惠大者有言救贖恩惠大者

有言降臨恩惠大者各以為我言是甫言是共其爭論時天主遣天神
諸之曰爾們所論各似是而以予思而言之聖體之恩第一為大聖體為
造成救贖降臨恩之大源也今以是全許於我而施賜萬善萬福之恩此
外更有何莫大之恩歟既以為諸恩之大源咸備萬善萬德之天主惟隱藏
而結合我靈內為一則有何善德不肯施於我哉要理問答書不云聖體皆
壓內情禁止私欲順從正理耶此誠天主之至恩至愛也如我愚蒙奉
教之初稍不覺知如是妙理而祗以虛熱誠為聖體神領法而逐日無
闕然稍不覺奧妙之實效矣自主教別世後全敢推隱苦修之宿
功願下此靜處而乃覺似有實效三佛稍遠別無省察以過或辦公時
反惶懼自恨若罪多而不勝察追憶吾主耶穌之所訓哭爾子孫及萬
民罪云依茲訓命告明時多自嘆不足發當心苦不然也幸望愛友不謂
此近闕而徐之以此言試之則漸於恩寵深波自不覺其新光乃月異而歲不同

二十八

慶延予聖域矣　亞孟

在昔聖人聖女恭敬耶穌聖體及聖心規像中擇其合余心之幾條而定為日

領之規似有一分實效故大畧提記欲使同心合意之後學以有益於救靈工夫也

清晨早起即畫聖號起想今日以生活之恩天主共與吾主耶穌復活也記於聖母引到

於聖子其堂前或與彌撒望彌撒而想此彌撒祝成聖體之祭獻天主之大禮受難

遺表寵教之祭禮我們之日日負罪日日救贖也欲使我們各負自己十字架而

所當苦難甘受忍耐追隨吾主之後而得其自贖自祭之寶價其享常生

榮福矣此誠至恩至愛也追憶吾主降孕之時聖母深衷聖情全合聖子絕

妙奇德其願意情行必無異焉且聖母頻領聖體則以主母聖心適合主心念

當引耶穌在我心使我蒙嘗其飴味達其愛情願得愛主愛人之德爲

真如實領聖體時用心而奉侍聖體於我心然後潛心想之惟一無對極尊

極貴之天主如是降格我至卑至惡之人數感悚交執摯無敎天神環圍朝拜

於在我心之耶穌聖毋瑪利亞臨我右肩大聖若瑟瞻我左肩共侍吾主歡樂耶穌主
宰之聖心結合我卑賤之心仰慕恭生活聖父之愛火夾夾中刻吾十字旗號萬苦萬
難之深義剌聖心而痛吾萬民罪之寶血點流不止也吾靈合其聖靈免罪無
遺吾心締其聖心至潔無影吾身合其主性人性補修我所缺所失而新生也
吾素如微塵微出而罪犯之惡僕耶穌今如忠靈之良朋而許其心知其己
責其善也且為大君大父靈神之王遵其教訓命令而施行隨其賜需
用而樽節隨其指揮諸事而承行且為靈神之醫改我諸心病而愈
之且壓我內情禁止私欲順其正理而從之於是乎隱藏為猶如天主降世
藏其主性聖體內藏其人性也今致此奇妙之恩不敢現露以激人之讚美
人侮人辱耐之悅之可慰耶穌聖心所受諸辱且人責人議不辯不對可
酬耶穌聖心所施諸恩且吾主在於聖體內而含默無一言惟與主父相語吾
今欲仿傚聖表亦宜務於含默誠心全向吾主吾主以外我明無求他識我心無願

二十九

他愛肉體宴樂之福肉務克苦之工願其吾主苦生而苦終焉可愛之耶穌我今
拔藃於爾臺前終日將行之工總了求爾納之即於爾聖心中滌之聖之合於爾行
共獻於聖父之永光焉 亞孟

三位一體天主之對越闇路離惡趨善之默想易行勤行道理默想天主對
越自至於親近也

吾人願救自己靈魂者第一要緊神工對越默想也何謂三位一體之對越不辨其
路乃非生活信德也豈可得常生之福哉其於避罪惡務善功之美不務默想乃把
越主之誡命也豈可得救靈之恩哉大抵一體三位之論舉其全能全知全善
生活之三性云也全能聖父以神國在焉而無所不在則萬世萬民及一草一
木皆在聖父體內動作而呼吸相通也全知聖子以神王在焉而無所不知
則世人之生死禍福吉凶都在其掌握中而親執賞善罰惡之權也全
善聖神以神光在焉而無所不照則承順聖父生養之命聖子救贖之恩

而救其寵愛之情以保佑吾人也如是對越各以其君言行爲避惡趨善之妙法不旨行默想自至遠難天主之境如是之人常對越邪魔而祗勤受永罰之工夫默想也豈不寃痛哉豈不矜憐哉夫吾人之意量比如一器不可空置或儲置香汁則其香氣自能上達也或儲置惡汁則其穢氣自流下染也且吾人之目比如明鏡不可不照如有向上照之則天主亦如鏡照應而相愛也如有向下照之則邪魔亦如昏鏡照應而相結也此所謂陷於誘感者豈不危險哉案我諸兄姊妹恒覓救靈要路默默想之矣

天主萬福之恩皆由耶穌聖心以施十三規條第次記之使與同會諸友共務敬禮願其各得實效焉

耶穌親諭聖女瑪爾加里達予聖心於特敬者將賜神愛之寶且於功人敬禮者將感施恩澤而使能得神力感化其忍人之心也凡務救靈責任者皆爲重視此工夫哉一於敬我聖心者隨其地位賜諸緊要之恩二於汝家中賜其平和三於汝困

三十

窮中爲其慰勞。四、於汝生時及臨終時爲其眞實之依託。五、於汝行事降福豊厚。六、使罪人得我聖心慈愛之泉及海波。七、冷淡者爲其熱心者。八、使汝德行也征爲其易至九、於侍我聖心像恭敬之家施其洪恩。十、賜其歸化極惡之能於鐸德。十一、致我聖心規矩以傳者之名刻於予心而永在。十二、於九月內每因初瞻禮六領聖體者使其恒久於善及免於罪過及領聖體終傳而死之恩寵且臨終時我聖心爲汝眞實之依託以我慈悲之心將許汝矣。如我雖無廣救之責任以救我靈及屬下子孫們之本分常慕主母聖心一施之恩信而望而愛而戀求己矣。逐日卧寢時每想聖心於聖体內切仰上主而安息靜默而無乱心念。及此即以我眠仰合聖心呼吸動靜俱以爲愛主之情獻己之意無一不輸於聖心。伏求俯納賜我睡眠養身庶能竭力以事主。亞孟。且繼念至飴耶穌聖心謝爾是日諸恩託爾今夜神形安息於爾聖心中因寤不能頌主求爾聖心以補之我心運動幾許爾亦宜代頌幾許矣每息爾心細之如爲我之愛情爾其奉獻於父。我意既如此眞誠

終夜呼吸之數即願循序以讚主而愛主 亞孟
與彌撒誦 此誦在係聖女瑪加利所著吾即仰體厥心以誦庶加熱心之效可也
天主聖父今爾寵愛之聖子祭已於爾我敢以厥聖心奉獻於爾伏祈納
此祭牲為我神益且其聖心所函諸願諸意諸情諸行懇求并納以其為
我自祭而厥願之外我無他願者則其聖心之動靜無不屬我心之動靜
也屬我心之動靜則我獻之於爾可也伏求納之為贖我之諸罪為謝爾之
洪恩為加我善需之聖寵為賜我臨終之聖佑更懇納之如為我之誠愛
我之欽崇我之讚美蓋爾為足敬足榮唯因厥心故唯以厥心我敢奉獻
於爾之臺前
天主施好生之德既生我後各品其妻子以卑之使相守在今善始善終為命
矣仰慕天主命一以有感謝之由一以有懇求之端
李係納本以宗班後裔大姓名家閨秀也年當二十議婚他醜德齊外人婚

配後十餘年余先奉教即與同心事主各務救靈保祿本性質直似愚甚孝
親友愛之道修身治家之行少無欠缺而與輕薄世態不合而遠之是以自初確信聖
教有意於婚配之貞而相與許願當丙寅大窘時頻經危險之境而避身操心恒
守潔淨乃可嘆服也中年欲其依託於此方長子家而下來之初余為其有益救靈上
夫以神領聖體道理勸以為試幾年後更加提醒以問則逐日施行而無關云可
信其終身行之伊後以欲見其次子婦內外之心上京留在偶病危境故通奇於長子
處而迎朴世昌酬奉聖體是日待子來欣悅酬酢後猶如安眠臨終其善終焉
據多端矣以平常行為及臨終顏備及屍體精美之據見之則孰不讚稱哉京
中男女教友多聚煉禱而廣施葬需故學備殮棺安葬於芯谷山三湖亭後
麓東南向坐局保祿時年六十六矣特蒙主母之恩命如是善始善終感謝無
既至妙子是兄弟及屬下諸口救靈姑不識其守誡之下回而主母恩命之如何尤
不識也但以大小家諸口奉獻於吾主耶穌聖母瑪利亞大聖若瑟像前特以保佑
之恩命使各善始善終之意懇求而已 亞孟

이둥은흠에 십년만 교종의 경축전대사 반포齊시각과 관면을 주차대한 공우
를완호야 이것치 널봉호니
일은 경축전대사 얻을려한 양력류월 이십오일노시축호야 삼이철이십
오일 예수성심첨례에 못츈니지오
일은 성례리신성당이 잇는곳에는 본당신부의지시호심을 쓴라 일네번식 성당
에 죠비홀거시오
일은 성당이 잇는 곳에다도 본당신부ㅣ 못한에 더교우를거느니는 염로
선봉을 다섯번 힝호면 가히 섭오일 죠비호는 규식에 디신이 될거시오
일은 성례리신 성당에서 멀니 살거나 성당이도 만지 업는 곳에는 성당죠비셔
신부를 여써이 공소에 모히거나 혹 각각 집이 제집에서라도 섭오일
동안에 쳘큼도 오는다며 츄분을 츠뎐번식 되이는날 혼거시오
일은 칙이 업거나 칙볼줄 모로는자는 섭오일 동안에 미고 심오란이나 목
쥬세례이를 이일눕혼거시오 그남아는 회와 령성례 내거는 호는 주의와
우상호당은 관면되는처 다는 교화황문유에 쳔년뒤로 봉힝홀
지니 수당호온 므든 공우들은 뎡셩을 본밧호야 이더드지 힝호보셔로
온 이경축전대사의 은혜 엇이를 원호야 힘쓰기를 보라노라
天主降生一千九百일年 辛丑 양曆六月二十四日 教宗第十三位 네오 頒赦

봉교자술 한문사본·한글사본